Yehiel Ilsar

IM STREIT FÜR DIE WEIMARER REPUBLIK

Yehiel Ilsar

IM STREIT FÜR DIE WEIMARER REPUBLIK

STATIONEN IM LEBEN DES HERMANN BADT

:TRANSIT

Der unermüdlichen
Mitarbeit meiner Frau
Miriam verdanke ich das
Buch über ihren Vater
Hermann Badt

Gneisenaustraße 2, Berlin 61
Umschlag und Layout: Gudrun Fröba
Druck und Bindung: Fuldaer Verlagsanstalt
ISBN 3-88747-075-3

INHALT

I.
EINFÜHRUNG

Dieses Buch ist als „Biographische Notizen über Dr. Hermann Badt“ konzipiert. Wer war Hermann Badt? Auf diese Frage versuchen die folgenden Kapitel zu antworten. Heute vergessen oder unbekannt, war dieser Mann in der Weimarer Republik von nicht unbedeutendem Einfluß auf das politische Geschehen, diente seinem deutschen Vaterland und dem jüdischen Volke mit seltenem Engagement und geradliniger Treue, so altmodisch das heute klingen mag.

Er war der ranghöchste jüdische Beamte im damaligen Deutschland – und Sozialdemokrat; zu beidem, seinem Judentum und seiner politischen Überzeugung, hat er sich leidenschaftlich und offen bekannt.

In vielen entscheidenden Situationen hat er als Demokrat Mut bewiesen und versucht, der demokratiefeindlichen Entwicklung, besonders seit Ende der zwanziger Jahre, entgegenzusteuern. Oft von den Rechten geschmäht, war Hermann Badt einer der allzu wenigen hohen Beamten, der ohne Abstriche, ohne Halbherzigkeiten auf dem Boden der Republik stand. Noch im März 1933 war er es, der Otto Braun, den preußischen Ministerpräsidenten, vor dem Zugriff der Nationalsozialisten in das rettende Exil brachte.

Obschon als Biographie gedacht, geht diese Arbeit weit darüber hinaus und zeichnet die Konturen der Weimarer Zeit deutlicher. Die eigenartige, zwiespältige Situation der Juden in Deutschland wird dabei verständlicher. Vielleicht leistet diese Arbeit einen kleinen Beitrag zu gewissen, vernachlässigten Aspekten der Geschichte der Juden in Deutschland.

Biographien bergen die Gefahr, einseitig und langatmig zu sein. Diese Gefahr soll hier nach Möglichkeit vermieden werden durch Aufteilung in für sich bestehende Kapitel, die voneinander unabhängig Entwicklungen und Ereignisse behandeln, deren Darstellung, wo immer möglich, Dokumenten, Zeitberichten und Aussagen von Beteiligten überlassen ist. Dem Leser soll nicht ein von dem Autor allein bestimmtes Bild vermittelt werden, er kann es sich mit der Lektüre der einzelnen Kapitel selbst schaffen.

Die Biographie eines politisch engagierten Menschen, soll sie sinnvoll sein, ist keine Lebensbeschreibung im engeren Sinne. Sie ist Geschichte einer Epoche. Sie ist Zeitgeschichte, erlebt und bewirkt.Sie hat ihren Sitz im Leben des Individuums und der es tragenden Gesellschaft. Im Wechselwirken beider entsteht Zeitgeschichte und Geschichte. Es handelt sich dabei um eine dauernde Wechselwirkung von zahllosen Faktoren verschiedenen Stellenwertes und Gewichts in einer stetig sich ändernden Situation. Zeitweilig dominante Faktoren können ihren Stellenwert für vorübergehend oder gänzlich verlieren und umgekehrt, zeitweilig rezessive Faktoren können an Bedeutung gewinnen und einen vorrangigen Stellenwert für kurze oder längere Zeit einnehmen.

Es wäre falsch, „die Dinge dinghaft und ein für alle Male feststehend, statt fließend, ineinander verschmolzen und von unzähligen geheimen Relationen bestimmt anzusehen." (1)

Es ist die Eigenart jeder geschichtlichen Situation, daß sie Faktoren birgt, die den Blick des Historikers meiden und von ihm trotz Bemühens nicht ganz erfaßt werden können. Meinecke hat diesem Umstand adäquaten Ausdruck verliehen: „Das ist die Dynamik des geschichtlichen Lebens, durch die es geschieht, daß die geschichtlichen Dinge alle ineinander übergehen, daß wir immer nur mehr oder minder breite Grenzraine, nicht scharfe Grenzlinien zwischen ihnen sehen, daß die einzelne geschichtliche Erscheinung in sich so widerspruchsvoll und doch dabei lebensvoll erscheinen kann.“ (2)

Biographie in diesem Zusammenhang ist Geschichte im Zeitraum eines Individuums, gelebt und bewirkt in seiner näheren bzw. weiteren Umgebung – Familie, Milieu, Nation etc.. Ähnliches hatte wohl Goethe im Sinne, als er 1826 schrieb: „Wie sehr wir uns auch mit Geschichte von Jugend auf beschäftigen, so finden wir doch zuletzt, daß das Einzelne, Besondere, Individuelle uns über Menschen und Begebenheiten den besten Aufschluß gibt.“ (3)

Diese Arbeit entsteht aus dem Bedürfnis des Autors, Dr. Hermann Badt, seinen Schwiegervater, der Vergessenheit zu entwinden. Soziologen und Historiker fragen zu Recht, wie es denn zu erklären sei, daß bestimmte Persönlichkeiten gleich nach dem Tode vergessen werden, aber nach einiger Zeit vielleicht sogar zentrale Wichtigkeit erlangen; anderen hingegen wird bei ihrem Ableben Bedeutung zugemessen, die der späteren Prüfung aber nicht standhält.

Nach welchen Kriterien entscheidet die Nachwelt? Ist Wirkungsgeschichte ein objektiv unwandelbares Kriterium, oder ist sie zeitgebunden und kann Zeitumständen gemäß in Vergessenheit geraten, an Stellenwert gewinnen oder in neue Zusammenhänge gebracht werden? Vielleicht hat Meinecke die Antwort. „Es gehört ja zum Wesen geschichtlicher Entwicklung überhaupt, daß auch das Entgegengesetzte, obwohl unvereinbar, doch geschichtlich aufeinander wirkt und einander zu befruchten vermag.“ (4)

Eine Biographie entsteht aus einem Mosaik von verschiedenen mündlichen und schriftlichen Zeugnissen, die auf die Person direkten oder indirekten Bezug haben und sie in ihrer Besonderheit erschließen.

Der Biograph Hermann Badts muß leider auf viele Faktoren verzichten, weil die Ereignisse von 1933, der Zweite Weltkrieg und seine Folgen, der frühe Tod Badts, unauffindbare Dokumente und nicht mehr erreichbare Erinnerungen verstorbener Mitarbeiter und Freunde, einen fast undurchdringbaren Schleier über sein Leben geworfen haben. Wenn dennoch die Biographie Badts gewagt worden ist, so geschah es als Versuch, seine Nachwelt vom Odium des Vergessens zu befreien und im Glauben an Goethes „Vermächtnis“:

„Kein Wesen kann in Nichts verfallen … / Dann ist Vergangenheit beständig, / das Künftige voraus lebendig, / der Augenblick ist Ewigkeit“ (5).

II.
BIOGRAPHISCHE SPUREN

Statt eigener Darstellungen soll der Hintergrund gegeben werden, auf dem sich der Werdegang von dem am 13. Juli 1887 in Breslau geborenen Hermann Badt abspielte, und der diesen, glaube ich, umfassender reflektiert als detaillierte Beschreibungen. Dazu gehören:

1. Nekrolog auf den Vater, Professor Dr. Benno Badt, gehalten vom Rabbiner am offenen Grabe (6);
2. Brief des Lehrers an seinen kranken 7-jährigen Schüler (7);
3. Abschiedsbrief eines Militärvorgesetzten;
4. Militärdienstzeugnis;
5. Beförderungsgesuch des Preußischen Innenministers zugunsten Badts (8);
6. Nekrolog Badts auf seinen Freund, Franz Rosenzweig (9).

1. Trauerrede an der Bahre des Herrn Professors Dr. Benno Wilhelm Badt, am Sonntag den 18. April 1909; gehalten von Dr. Jacob Guttmann, Rabbiner der Synagogen-Gemeinde zu Breslau.
Hochgeehrte Trauerversammlung!
Meine teuren Leidtragenden!
„Der Gerechte lebt in seiner Treue." (Habakuk 2,4) Ja, ein treuer Freund bist Du mir gewesen fast ein halbes Jahrhundert lang, von dem Tage, da wir beide, noch nicht dem Knabenalter entwachsen, an der Pforte des Lehrhauses zusammentrafen, in dem wir unsere theologische Ausbildung genießen sollten, bis in Deine letzten Stunden. Wir sind zu-

sammen jung gewesen und sind zusammen alt geworden, auch in den Jahren, da unsere äußeren Lebenswege sich voneinander schieden, stets auf das Engste und Innigste miteinander verknüpft und verbunden. Seine Freundschaft, der Tiefe seines Gemütslebens entstammend, seine liebevolle Teilnahme haben mich begleitet auf allen meinen Wegen, bei allen Schicksalswendungen, die ich erfahren habe; sie waren mir ein köstlicher Schatz, der mein Leben bereicherte und der sich, als mein Lebensweg mich wieder hierher zurückführte an die Stätte unserer gemeinsamen Jugend, auch auf alle Angehörigen meines Hauses übertragen hat. Wieviel habe ich ihm, seinem freundschaftlichen Zuspruch und seinem weisen Rat, wieviel Anregungen seinem edlen und hochstrebenden Geiste zu verdanken; wie oft habe ich mich an dem würdevollen Ernst seiner Persönlichkeit aufgerichtet und erhoben gefühlt …

Mit aufopferungsvoller Hingebung und Treue und mit nie versiegender Freudigkeit hat unser verklärter Freund sich zuerst der Vorbereitung für seinen Beruf und dann der Ausübung seiner Berufstätigkeit gewidmet. In der Stadt Kurnik geboren, einer geachteten, aber unbemittelten Lehrerfamilie entstammend, war er, früh verwaist, schon im zarten Knabenalter auf sich selbst und seine eigene Kraft angewiesen … Neben dem Studium der jüdischen Theologie hatte er sich der klassischen Philologie zugewendet und sich auf beiden Gebieten trotz der Ungunst der Verhältnisse ein so reiches Maß von Kenntnissen angeeignet, daß er die Meisten seiner Mitstrebenden überragte. Aus der Vereinigung beider Wissenskreise ist seine erste wissenschaftliche Arbeit über die jüdischen Sibyllinen hervorgegangen, die er dann weiter ausgebaut hat und durch die er sich einen Ruf als wissenschaftlicher Forscher erworben hat. Noch in seinen letzten Lebenstagen ist er zu diesem Arbeitsfeld, der jüdisch-hellenistischen

Literatur, zurückgekehrt mit seinem vortrefflichen Beitrag zu der deutschen Philo-Übersetzung, bei deren Fortführung wir ihn als einen der Berufensten schwer vermissen werden. Vor die Wahl eines Lebensberufes gestellt, entschied er sich, der praktischen Theologie, für die er die Autorisation erlangt hatte, entsagend, für den Beruf des Gymnasiallehrers, den er zuerst als Hilfslehrer am hiesigen Gymnasium zu St. Elisabeth und dann 37 Jahre hindurch seit der Begründung des Johannesgymnasiums an dieser Anstalt ausgeübt hat. Ein vorbildlicher Mensch war er auch ein vorbildlicher Lehrer, der sich nicht damit begnügte, seinen Schülern das vorgeschriebene Maß von Kenntnissen zu überliefern und einzuprägen, sondern seine Aufgabe vor Allem darin erblickte, auf die sittliche Erziehung und Charakterbildung seiner Schüler einzuwirken. Auch als Lehrer war er ein Mann von strengem Ernst, der seine Schüler zu gewissenhafter Arbeit, zu treuer Pflichterfüllung anleiten wollte … .

Eine bewundernswerte, nicht hoch genug zu schätzende Treue hat der Verklärte im Dienste unserer Glaubensgemeinde bewahrt.

... Darum betrauert die ganze Gemeinde Israels das Hinscheiden dieses Mannes, auch seine Gegner, die es als einen Vorzug betrachteten, sich mit diesem Manne im Kampf der Geister messen zu dürfen.

Vom Geiste wahrhafter Humanität beseelt, fand der Verblichene die höchste Befriedigung darin, sich der Armen und Hilflosen anzunehmen, denen er selber mit vollen Händen gespendet hat, an allen Werken der Liebe und Barmherzigkeit ratend und fördernd teilzunehmen. Und welch eine ersprießliche Tätigkeit hat er auch in weiteren Kreisen außerhalb unserer Gemeinde im Dienste des Judentums entfaltet …

Einen geliebten Gatten, einen teuren Vater zu verlieren, das ist für jeden Familienkreis eine schwere, bittere Heimsuchung. Um wieviel bitterer noch ist die Heimsuchung, die Euch getroffen hat, die Ihr einen Gatten und Vater beweinet, der Euer Schmuck und Eure Krone gewesen ist, zu dem Ihr mit Stolz emporblicken durftet, der durch den Glanz, der von ihm ausging, Euer Haus durchleuchtet und verklärt hat. Und welch ein seltenes, herrliches, wahrhaft ideales Familienleben hat in diesem Hause gewaltet, in dem Einer nur für den Anderen lebte, ein Jeder aufging in dem Streben, das Leben des Anderen zu erheitern und zu beglücken. Hier in diesem Hause ist die ganze Treue seines Wesens, der ganze Reichtum seines Herzens, die Tiefe des Gemütslebens, die den Verklärten auszeichnete, zur herrlichsten Entfaltung gekommen; hier hat er aber auch ein Glück gefunden, wie er es verdiente und für das er der heißgeliebten Gattin so unendlich dankbar war … .

Es tut uns weh um Dich, geliebter Freund, daß du so früh von uns geschieden bist. Wir hätten Dich so gern noch um uns behalten, uns noch länger an Deinem edlen Wesen und Wirken erfreut … .

2. Brief des Lehrers an seinen kranken siebenjährigen Schüler

Breslau, den 8. März 1894.

Mein lieber Hermann!

So gehts in der Welt: der eine hat den Beutel; der andre hat's Geld. Du hast Verstand, doch liegst Du in der Klappe; andre sind munter, wenn auch im Kopfe Mappe. Wie Du zu dem verdammten Scharlachfieber gekommen sein magst, ist mir ein Rätsel. Doch mag ich nicht erst lange raten. Du hast's nun einmal und mußt darunter leiden. Sehr fatal das für Dich. – Aber es ist dem Menschen gut, wenn er schon in der Jugend erfahren lernt, wie unser lieber Herrgott manchmal einen dicken Strich quer durch eine schöne Rechnung

macht. Und übrigens steht geschrieben: „Wir wissen aber, daß denen, die Gott lieben, müssen alle Dinge zum Besten dienen". Die Prüfung in der Vorschule fällt diesmal fort. Dieses Zöpfchen klunkerte uns bis jetzt immer noch hinten herunter, so daß viele Leute darüber lachten. Bosse hat's weggeschnitten. Sehr schön das von ihm. Montag und Dienstag wollen wir Versetzungsarbeiten schreiben, nun wenn Du auch dabei nicht mitthun kannst, wirst Du doch als Zweiter versetzt. Indem ich Dir baldige vollkommene Genesung wünsche und Dich bitte, Dein Kranksein mit Geduld zu ertragen, grüße ich Dich, Deine Eltern und Geschwister recht herzlich.
Dein
Dich liebender Lehrer
gez. Kläring.

3. Abschiedsbrief eines Militärvorgesetzten
Berlin Wilmersdorf Prager Platz 4a, den 15. April 16.
Sehr geehrter Herr Kriegsgerichtsrat!
Nachdem mein Gesuch um Entbindung von meiner bisherigen Stellung genehmigt worden ist, muß ich mich von Ihnen verabschieden, da unsere gemeinsame Arbeit nun ein Ende gefunden hat. Gerne wäre ich noch weiter mit Ihnen zusammen tätig gewesen, denn wir haben uns jederzeit so wohl verstanden und hatten in allen wesentlichen Rechtsfragen und in der Beurteilung der einzelnen Fälle – ich kann wohl sagen – ohne Ausnahme dieselbe Auffassung. So war unser dienstliches Verhältnis – nach meiner Auffassung wenigstens, und ich hoffe auch nach der Ihrigen – ein sehr glückliches und ich werde an unsre gemeinsame Arbeit stets gern und mit Befriedigung zurückdenken. Nehmen Sie meinen herzlichen Dank für Ihre treue Unterstützung und Ihre mir erwie-

sene Liebenswürdigkeit und Freundlichkeiten. Meine besten Wünsche begleiten Sie auf Ihrem ferneren Lebensweg; möchten Sie einen Beruf und eine Tätigkeit finden, in denen Sie Ihre Geistesfrische, Ihre reichen Kenntnisse und Ihre Freudigkeit zum Arbeiten und zum Schaffen zur vollen Entfaltung und zu reichen Erfolgen führen können. Mit herzlichem Abschiedsgruß, sehr ergebenst
gez. Krebs.
Generalmajor a.D.

4. Militärdienstzeugnis
Kaiserliches Deutsches Militär-Gouvernement, Mlawa, den 28. September 1918. Abt. 88 Ia Nr. 1079/3801 Pers.

Dienstzeugnis über den bisherige
Kriegsgerichtsrat kr. A. Dr. Badt
der Gerichtsstelle Ciechanow.

Dr. Badt ist ein sehr begabter, klar denkender und klar vortragender Jurist. Er hat seine Dienstgeschäfte in der Zeit, in der er dem Militär-Gouverneur als dem Gerichtsherrn über drei Jahre lang unterstanden, vortrefflich geführt und ist den besonderen Anforderungen, die an einen militärischen richterlichen Beamten zu stellen sind, voll gewachsen.

Als Reserve-Offiziers-Aspirant gleich im Anfang des Krieges verwundet, kehrt er nach Wiedererlangung der Felddienstfähigkeit nunmehr in den militärischen Frontdienst zurück. Ich wünsche ihm Gelegenheit zur Auszeichnung und besten Erfolg, den ich in Hinsicht auf seine ganze Persönlichkeit nicht bezweifle.
Der Militär-Gouverneur
gez. v. Heuduck, Generalleutnant

5. *Beförderungsgesuch des Preußischen Innenministers zugunsten Badts*

Beförderungsantrag des Innenministers zum Ministerialdirektor, Berlin, den 15. Oktober 1926

Der Preußische Minister des Innern – H. B. 657.

Im Anschluß an die Erörterungen in der Staatsministerialsitzung am 9. d. Mts. über die Ernennung des Ministerialrats Dr. Badt zum Ministerialdirektor, übersende ich in den Anlagen eine kurze Übersicht über die von mir beabsichtigte Neugliederung des Pr. Ministeriums des Innern durch Bildung einer Personalabteilung zur Entlastung des Staatssekretärs und durch Zusammenlegung der wesentlichen Teile der bisherigen Abteilung I (Verfassungsabteilung) und Ia (Rechtsabteilung) zu einer Verfassungs- und Rechtsabteilung.

Als Leiter der Personalabteilung, in der 1 Ministerialrat, 4 Oberregierungsräte, 3 Regierungsräte, 15 Bürobeamte und 2 Angestellte beschäftigt sind und die 8 Referate umfaßt, ist der am 3. August ernannte Ministerialdirigent Dr. Brand in Aussicht genommen.

Als Leiter der Verfassungs- und Rechtsabteilung, in der 7 Ministerialräte, 3 Oberregierungsräte, 1 Regierungsrat, 3 Assessoren, 28 Bürobeamte und 4 Angestellte beschäftigt sind und die 13 Referate umfaßt, ist Ministerialrat Dr. Badt in Aussicht genommen.

Dr. Badt leitet seit der Ernennung des Ministerialdirektors Schleusener zum Staatssekretär im Finanzministerium, also seit April 1925, die Verfassungsabteilung, seit Ende Juni 1926 auch die Rechtsabteilung meines Ministeriums. Er hat sich, wie mir mein Herr Amtsvorgänger wiederholt mitgeteilt hat, und wie ich aus eigener Beobachtung früher und jetzt weiß, in jeder ihm übertragenen Aufgabe vorzüglich bewährt. Über seine Persönlichkeit gestatte ich mir folgendes mitzuteilen:

Dr. Badt, geboren am 13. Juli 1887, mosaisch, bestand beide juristischen Staatsprüfungen mit dem Prädikat „gut“, das Doktorexamen rigorosum mit dem Prädikat „magna cum laude“. Sein Dienstalter als Gerichtsassessor ist auf den 24. März 1913 festgesetzt. Nach einem Fortbildungsurlaub, den er zu Studienreisen im Ausland, informatorischer Beschäftigung in einer Bank und Anwaltsvertretungen benutzte, kam er zu Beginn des Weltkrieges ins Feld und erwarb sich schon im August 1914 das E. K. II wegen besonderer Umsicht, Unerschrockenheit und Kaltblütigkeit beim Meldereiten im heftigen feindlichen Feuer. Nach seiner Wiederherstellung von einer schweren Verwundung wurde er als Feldkriegsgerichtsrat im Osten verwandt. Aus dieser Zeit befinden sich bei den Personalakten eine Reihe von Dienstzeugnissen hoher Generäle, die sich als militärische Gerichtsherren mit höchster Anerkennung über die juristischen und menschlichen Qualitäten des Dr. Badt aussprechen.

Im April 1919 wurde er als Hilfsarbeiter in das Ministerium des Innern einberufen, zum 1. Juli 1919 unter Ernennung zum Regierungsassessor in die allgemeine Staatsverwaltung übernommen und am 30. August 1919 zum Regierungsrat ernannt. Sein Besoldungsdienstalter als Ministerialrat wurde nach seiner 1920 erfolgten Ernennung auf den 1. April 1920 festgesetzt. Am 12. Juni 1920 ist ihm die Befähigung zum höheren Verwaltungsdienst zuerkannt worden.

Seit Ende des Jahres 1919 hat Dr. Badt eine große Anzahl von Referaten stets zur vollsten Zufriedenheit seiner Vorgesetzten und vorbildlich verwaltet. Seine Ernennung zum Ministerialdirektor hatte mein Herr Amtsvorgänger bereits seit längerer Zeit in Aussicht genommen.

Durch Beschluß des Staatsministeriums vom 15. März 1926 wurde Dr. Badt zum Stellvertretenden Bevollmächtigten zum Reichsrat ernannt, er hat in dieser Eigenschaft demnächst im Reichsrat eine Reihe wichtiger Gesetze zu vertreten.

Wegen der Eilbedürftigkeit der Angelegenheit bitte ich, die Ernennung des Dr. Badt auf die Tagesordnung der nächsten Staatsministerialsitzung zu setzen; die Frage der hauptamtlichen Vertretung im Reichsrat darf ich mir einer mündlichen Erörterung in dieser Sitzung vorbehalten.
gez: Grzesinski.
An alle Herren Staatsminister,
den Herrn Ministerpräsidenten.

6. Erinnerungen Hermann Badts an Franz Rosenzweig (1886 – 1929)

Von der unermeßlichen Größe und Bitternis dieses Verlustes Zeugnis abzulegen muß einer ruhigen Stunde vorbehalten bleiben. Hier soll nun versucht werden, einige Erlebnisse aus dem Zeitablauf nahezu eines Vierteljahrhunderts aufzuzeichnen. Vielleicht, daß auch sie dazu beitragen, denen, die nicht das Glück hatten, Rosenzweig persönlich kennenzulernen, einen ungefähren Eindruck von der Größe und Einmaligkeit dieses Phänomens zu vermitteln.

Schon unser erstes, ganz zufälliges Zusammentreffen war von eigenartigem Reiz.

Ein Münchener Faschingsfest im Winter 1905/1906, veranstaltet, wenn ich mich recht erinnere, vom Künstlerinnen-Verein unter dem Leitmotiv: „Im Garten der Hesperiden". Wir waren Rivalen, bemühten uns gleichzeitig und heftig um die Gunst einer jungen Dame; es kam ein Augenblick, wo das bis dahin leicht und dem genius loci gemäß heiter geführte Wortgeplänkel sich zu einer ernsten Meinungsverschiedenheit zu wandeln drohte. Der Grund? Wir haben später herzlich darüber gelacht. Da wir nämlich beide keine

Ahnung hatten, wes Name und Art der andere sei, hielten wir uns gegenseitig für Antisemiten; jeder glaubte, daß der andere ihm die jüdische Art irgendwie angemerkt habe, und so wurde uns die Austragung der Meinungsverschiedenheit zum point d'honeur. Im Laufe der nun mit ernsteren Untertönen erfolgenden Auseinandersetzung entdeckten wir plötzlich unsere gegenseitige Donquichotterie, und als wir uns erst einmal in der „Jüdischkeit" gefunden hatten, löste sich mit einem Male alle Spannung. Und wenn es mir auch an jenem Abend nicht gelang, Franz Rosenzweig für das zionistische Ideal zu gewinnen, so hatte sich doch diese Diskussion in den folgenden Jahren mehrfach ausgewirkt.

August 1908. Franz Rosenzweig war damals als Rekonvaleszent im lieblichen Hain im Riesengebirge. Dorthin lud er mich dringend ein, als Attraktion stellte er mir die Bekanntschaft einer sehr lieben Cousine in Aussicht, der er – so begründete er die Dringlichkeit der Einladung – „gerne mal einen aktiv begeisterten Juden zu Gemüte führen möchte, denn der passive Enthusiasmus von unsereinem ist doch ein eindrucksloses Ding, das seiner Natur nach schon, ‚nach außen nichts bewegen' kann, selbst wenn es innen ‚thront'".

Von unserem Zusammensein in Hain ist mir außer endlosen, die Judenfrage und die Möglichkeiten ihrer Lösung behandelnden Gesprächen noch ein Erlebnis besonders deutlich in Erinnerung geblieben. Ich kam frühmorgens an und fand Franz noch im Bette. Ich durfte dem „lever" beiwohnen und neckte ihn wegen der langen Dauer und des fast rituellen Zeremoniells, mit dem er es umgab. Er reagierte darauf mit einem langen, Ernstes und Heiteres glücklich mengenden Vortrag. In der Tat sei dieser Augenblick des täglichen Wiedererwachens vom nächtlichen Tode für ihn der größte und heiligste Moment des Tages. Man könne dieses täglich sich erneuernde Wunder garnicht lange genug genießen, man müsse es bewußt in allen seinen Einzelheiten auskosten. Und schon damals fiel, wenn ich mich recht erinnere, jenes Wort, das er später bei anderer Gelegenheit wiederholte und das mir viel zu denken gab. Wahrhaft glücklich, so meinte er, sei nur der zu preisen, dem es beschieden sei, mit Bewußtsein nicht nur dieses tägliche Wiedererwachen, sondern dereinst auch seinen Tod zu erleben, noch wachend vom Diesseits zum Jenseits zu schreiten.

Als ich damals über dies Wort nachdachte, während er mit unendlichem Wohlbehagen in seinem morgendlichen Bade plätscherte und sich seines Körpers freute, ahnten wir beide nicht, daß in diesem Wunsche vielleicht schon ein künftiges Geschick seine dunklen Schatten vorauswarf.

1914. Wenn ich scheinbar willkürlich einige Jahre herausgreife, große Zeiträume überspringe, so geschieht das nicht ohne Grund: Es gab in unserer Freundschaft oft lange Zeiten, in denen wir uns nicht sahen, uns auch kaum schrieben. Dann folgte plötzlich ein sehr intensiver Briefwechsel, entzündet an einer vielleicht ganz zufällig aufgeworfenen Frage. Jeder seiner oft viele Seiten langen Briefe war eine Kostbarkeit. Noch der kleinste, anscheinend flüchtig hingeworfene Kartengruß hatte seine besondere Note, zeigte die „Klaue des Löwen". Wenn es einmal gelingen sollte, seine in alle Winde geflatterten Briefe zu sammeln, müßte daraus ein Bild des Menschen Franz Rosenzweig deutlich werden, das vielleicht mehr noch als seine Werke die leidenschaftliche Liebe verständlich macht, mit der alle an ihm hingen.

Als ich im Jahre 1914 von einem längeren Aufenthalt in Erez Israel wieder nach Berlin zurückkam, waren im folgenden Monat viele unserer Zusammenkünfte mit den Berichten über Einzelheiten ausgefüllt. Bewundernd empfand ich, mit welchen Riesenschritten und mit welchem Ungestüm Franz Rosenzweig seit unserem ersten Zusammentreffen seinen Weg zum Judentum gegangen war. In einer Situation, in der ich durch das unmittelbare Erlebnis der palästinensischen Wirklichkeit in unseren Gesprächen der Gebende hätte sein können, wurde ich mir immer mehr bewußt, wie sehr ich nur noch der Empfangende war. Alles Erlebnis erhielt durch ihn neues Licht und neue Wirklichkeit.

Da kam jenes Extrablatt des Lokalanzeigers mit der falschen, d.h. vorzeitigen Nachricht von der Mobilmachung. Wir erwarben es zusammen auf der Straße und gingen dann erschüttert in seine Wohnung. Die Bedeutung dieser Nachricht war ihm, dem geschulten Historiker, sofort klar, und ich habe oft später an dieses Gespräch gedacht, das das letzte für lange Jahre bleiben sollte.

Der Krieg riß uns auseinander. Nach meiner Verwundung im August 1914 schrieb er mir ins Lazarett; damals wurde er noch mit Rücksicht auf seine medizinische Vorbildung im Lazarettdienst verwandt. Aber nicht lange darauf kam auch er an die Front nach Mazedonien, während ich – infolge meiner Verwundung nicht mehr felddienstfähig – als Kriegsgerichtsrat ins Generalgouvernement Warschau geschickt wurde. Dort trafen wir uns im letzten Kriegsjahr. Er war, von einer schweren Erkrankung kaum wieder hergestellt, nach Warschau kommandiert worden. Meine Dienststelle war einige Schnellzugstunden von Warschau entfernt. So verabredeten wir oft, zeitweise jeden Sonntag, Zusammenkünfte in Warschau. Das Programm war stets das gleiche. Er holte mich von der Bahn ab, und dann machten wir jüdische Entdeckungsreisen in Schulen (10), Chassidimstübel (11), Chedarim (12).

Besonders lebhaft ist mir ein regnerischer Nachmittag in Erinnerung geblieben. Franz Rosenzweig war damals Owel (13) und wir gingen gegen Mincha (14) in eine Chassidimklaus (15). Er wollte zu Mincha und Mariw (16) Kaddisch

(17) sagen. Aber wir hatten nicht damit gerechnet, daß zwischen Mincha und Mariw noch etwa eine Stunde Zeit war. Und so kam es, daß immer von neuem, wenn wieder ein Minjan (18) zusammen war, Mincha gedawnet (19) wurde. Es war ein fortwährendes Kommen und Gehen, mit allen nicht eben angenehmen Begleiterscheinungen. Nachdem wir etwa vier bis fünf mal Mincha gehört hatten, mahnte ich schüchtern zum Gehen und mag wohl auch einige Bemerkungen über die Grenzen meiner Aufnahmefähigkeit gemacht haben. Er aber wollte durchaus bleiben. Und als ich auf die anscheinende Teilnahmslosigkeit einer großen Anzahl der Versammelten hinwies, auf die notwendig abstumpfende Wirkung einer zehnmal wiederholten Tefillah (20), da wollte er eine solche Auffassung unter gar keinen Umständen gelten lassen. Eindringlich und ungestüm sprach er, der doch in ganz anderem Milieu aufgewachsen war, über den Sinn des Gebetes, über das immer wieder an irgendeiner Stelle durch das Gesamtbewußtsein des Minjan im Einzelnen plötzlich entzündete Feuer, über den göttlichen Funken der Hithlahawuth (21) und die Zusammenballung und Entladung aller Spannungen im Schaliach zibbur (22), sprach mit solcher Wärme und Überzeugungskraft, daß dieses Gespräch noch jahrelang in mir nachschwang. Immer mehr merke ich das Vergebliche des Bemühens, den Eindruck dieses Phänomens Franz Rosenzweig in diesem Augenblick in Worte zu fassen. Die Intensivierung seines Judentums in den Jahren nach dem Kriege an den Erlebnissen deutlicher zu machen, die mich ein gütiges Geschick mit ihm teilen ließen, muß späterer Zeit vorbehalten bleiben. Ich denke da an seine Trauung in den ihm und seiner liebreizenden Braut adäquaten Räumen des Lessingmuseums, an Gespräche über Cohen, Mathias Acher (23) und Buber, vor allem aber an die Versuche, die Gedanken seiner Schrift „Zeit ist's ..." in die Wirklichkeit zu übersetzen.

Nicht lange darauf überfiel ihn jene rätselhafte Krankheit. Und dann kamen Jahre, in denen ich nicht wagte, ihm zu schreiben, Jahre, in denen wir mit banger Sorge von dem rapiden Fortschreiten des körperlichen Lähmungsprozesses hörten, gleichzeitig aber auch von dem Wunder seines Schaffens, von der Überwindung alles Körperlichen durch einen erzharten Willen.

Und dann kam der Zeitpunkt, in dem ich ihn das erste Mal wieder besuchen durfte. Trotz aller Vorbereitung, trotzdem man mir seinen körperlichen Zustand auf das genaueste geschildert hatte, war es schwer, die Tränen zurückzuhalten. Da saß der geliebte Freund, völlig gelähmt, der Sprache wie fast jeder Bewegung beraubt. Während ich, um meine Erschütterung nicht zu zeigen, zuerst ununterbrochen zu reden versuchte, törichtes, belangloses und dummes Zeug aneinanderreihte in dem hastigen Bemühen, ihn die innere Bewegung nicht merken zu lassen, lächelten seine Augen in einer so überlegenen Art, daß nach kurzer Zeit die Unrast sich legte und jede Befangenheit wich. Und dann begann er zu antworten. Die winzig kleine Bewegung, die ihm sein an einem großen Holzgestell in einer Schlinge hängender Arm noch gestattete – es handelte sich um eine kleine Bewegung eines Gliedes des Daumens –, wurde durch einen sinnreich von ihm erdachten Apparat auf einen Stift übertragen, der auf einer Scheibe einzelne Buchstaben anzeigte. Und aus diesen Buchstaben formte in unermüdlicher geduldiger Arbeit seine Frau die Worte, die sie auf einer Schreibmaschine zu Papier brachte und dann vorlas. Eine innigere und vollendetere Arbeitsgemeinschaft war nicht denkbar. Aus wenigen Buchstaben erriet sie das Wort, das er meinte, und sah an einem kaum wahrnehmbaren Leuchten seiner Augen, ob sie richtig oder falsch geraten hatte. Seine Antworten und Bemerkungen waren wie immer überlegen, von einem abgeklärten Humor, hatten nichts von der alten Frische und Prägnanz der Formulierungen verloren. So wurde jeder dieser Besuche, die ich wiederholen durfte, zu einem unermeßlich reichen Geschenk für den Gast.

Man müßte von seinem Minjan berichten, von den Freitagabenden. Von dem Wunder, daß es kaum einen Bezirk des Lebens gab, in dem er nicht zu Hause war. Sein Gedächtnis war wie das des Elieser ben Hyrkanos (24), ein „bor sid sch'eno m'abed tipa", „eine ausgekalkte Grube, die keinen Tropfen entschwinden läßt". Auch ein in jüdischen Dingen völlig Unbewanderter wird, wenn er zum Beispiel das kleine Büchlein „Die Schrift und Luther" oder das „Nachwort zur Übersetzung der Gedichte des Jehuda Halevi" liest, sich ein ungefähres Bild dieses eigenartigen, großen und umfassenden Geistes machen können. Und wer dann zum ersten Male das Übersetzungsprinzip, den Sinn und Rhythmus seiner gemeinsam mit Martin Buber herausgegebenen Verdeutschung der „Schrift" in sich aufgenommen hat, wer entdeckt, daß man sie genauso „leinen" (= lesen, d. Verf.) kann, wie den hebräischen Urtext, der wird zu dem gleichen Urteil kommen, das heute schon viele sich zu eigen gemacht haben: Daß nämlich seit Martin Luther kein solches Werk in deutscher Sprache geschaffen worden ist.

Franz Rosenzweigs „passiver Enthusiasmus", von dem er noch 1908 schrieb, er sei ein „eindruckloses Ding und könne nach außen nichts bewegen" – wie war er doch in diesen 20 Jahren im höchsten Maße aktiv geworden, und zu welch ungeheurer Wirkung „nach außen" war er herangereift.

Am 10. Kislew (25) haben wir ihn begraben. Sein Wunsch verbot jede Leichenrede. Um so ergreifender wirkte der hebräische Psalm, den Martin Buber las. Graubärtige Männer vermochten den Tränen nicht Einhalt zu gebieten. Nach frommem Minhag (26) wurde der schlichte Sarg – zusammengesetzt aus sechs nicht gehobelten und nicht polierten Brettern – erst am Grabe geschlossen. Vorher legte man ihm ein Säckchen mit Erde aus dem Grabe unter den Kopf, schüttete ihm Erde von Erez Israel (27) in den Sarg, noch einmal sahen wir unter dem weißen Linnen seinen charakteristisch geformten Kopf, ein Zipfel des Tallith (28) hing über die Kante des Sarges. Die ihm am nächsten gestanden hatten, nagelten dann den Sarg zu. Und als dann der Sarg in der Tiefe verschwunden war, als wir das Grab mit Erde gefüllt hatten, erschien über dem Taunus ein leuchtender Regenbogen, von nie gesehener strahlender Schönheit ... Aber auch alles andere, was Rabbi Jochanan ben Sakkai (29) zum Ruhme seiner fünf Schüler sagte, läßt sich ohne jede Übertreibung auf Franz Rosenzweig anwenden: Er war, wie Rabbi Jose Hakohen, ein „Chasid“ (30) in des Wortes schönster Bedeutung, er war aber vor allem, wie Rabbi Elasar ben Sira h (31), „K'ma'ajan camitgaber“, wie ein „stets stärker fließender Quell“.

Ein jüdisches Blatt hat einen sehr herzlichen und warmen Nachruf auf Franz Rosenzweig mit der Überschrift versehen: „Ein ‚Nichtzionist‘“. Gewiß hat er sich mitunter so bezeichnet. Aber wer wie er seine Übersetzungen der Hymnen und Gedichte des Jehuda Halevi ausklingen ließ in dem herrlichen (32) „Zion halo tischali l'schalom assirajich“, wo auch noch in der Übertragung in jedem Wort jene uralte, leidvolle Melodie des hebräischen Urtextes mitklingt und mitschwingt, der hat, das empfindet man unmittelbar, Zion zeitlebens mit der Seele gesucht. Denn so schließt er dieses Lied: „An Zion“: „Selig, wer harrt, und erlebt's, und schaut wie aufgeht Dein Licht / Des Strahlgeschosse die nächtigen Schatten durchschlagen / Deine Erwählten zu schaun im Glück, zu jubeln mit Dir, / Die neu Du jugendlich prangst wie einst in Urtagen“.

Wenn doch ganz Israel aus solchen „Nichtzionisten" bestehen würde! Eine gewissere Bürgschaft für einen schnellen Wiederaufbau von Erez Israel ließe sich nicht denken.

Als ich den Friedhof verließ, ertappte ich mich bei folgendem Gedanken: Über den Sinn dieses schönen Brauches, unseren Toten Erde aus Erez Israel in den Sarg zu streuen, über das unveräußerliche Recht, das wir durch dieses Mitunsnehmen des Bodens im Laufe der Jahrtausende an dem Lande erworben haben und über die Gedanken, die zu diesen „unveräußerlichen Menschenrechten" kürzlich Eduard Bernstein in seiner Antwort an Kautsky entwickelt hat, muß ich unbedingt bei meinem nächsten Zusammensein mit Franz Rosenzweig sprechen. Und erst einige Zeit später wurde mir plötzlich klar, daß dieses nächste Zusammensein ja nicht mehr stattfinden kann. So sehr hatte ich schon wenige Augenblicke nach der Beerdigung vergessen, daß Franz Rosenzweig körperlich gestorben ist. So unmittelbar lebendig war er mir schon wieder. Schon, nicht noch! Denn wie mir, wird es, glaube ich, uns allen ergehen, die dieses Wunder miterleben durften.

Den stolzen jüdischen Wahlspruch: „Iwri Anochi"(33), wer konnte ihn während seiner körperlichen Lähmung mit mehr Berechtigung auf sich anwenden, als Franz Rosenzweig. Ein Iwri, ein Jenseitiger war er schon im Diesseits für uns, um nun, wie ich glaube, vom Jenseits aus ganz und immer mehr ein Diesseitiger zu werden.

III.
STATIONEN EINER UNGEWÖHNLICHEN KARRIERE

Im Nachlaß Badt befinden sich Urkunden über seine Beamtenlaufbahn. Sie folgen hier in chronologischer Folge.

Es handelt sich um folgende Dokumente sowie um eine Darstellung seiner lange umstrittenen Beförderung zum Ministerialdirektor:

1. Urteil über seine Tätigkeit im Militärgerichtsdienst vom Kaiserlich Deutschen Militär Gouvernement Mlawa, 11. Mai 1917;
2. Ausscheiden aus dem Justizdienste und Übernahme in die allgemeine Staatsverwaltung, 16. Juli 1919;
3. Der Regierungsrat siedelt in den höheren Verwaltungsdienst über, 12. Juni 1920;
4. Der Regierungsrat wird zum Ministerialrat im Ministerium des Innern ernannt, 20. Dezember 1920;
5. Arretierte Ernennung zum Ministerialdirektor.

1. Urteil über seine Tätigkeit im Militärgerichtsdienst:
Kaiserlich Deutsches Militär Gouvernement Mlawa,
Abt. Ia Nr. 610 Pers.
Mlawa, den 11 Mai 1917.
Der für die Dauer des mobilen Verhältnisses als Kriegsgerichtsrat kr.A. bei dem diesseiten Militärgouvernement mit dem Sitz in Ciechanow angestellte Dr. Badt, im Frieden Gerichtsassessor im Dienstbereich des Oberlandsgerichts Bres-

lau, hat hier im Interesse seiner Friedenslaufbahn den Wunsch zum Vortrag gebracht, daß das Militärgouvernement der ihm im Frieden vorgesetzten Dienstbehörde ein Urteil über seine Tätigkeit im Militärgerichtsdienst vorlegen möge.

Der Kriegsgerichtsrat Badt befindet sich seit dem 13. Oktober 1915 in seiner gegenwärtigen Dienststelle, nachdem er zu Beginn des Krieges zum Dienst mit der Waffe herangezogen, im Felde verwundet und mit dem eisernen Kreuz II. Kl. ausgezeichnet worden ist. Seit dem Oktober 1914 ist er im Militärgerichtsdienst verwandt und als solcher bei verschiedenen Militärbehörden in Tätigkeit gewesen. Während seiner jetzt noch andauernden Dienstverwendung bei dem Militärgouvernement Mlawa hat sich derselbe dienstlich in jeder Beziehung gut bewährt. Er hat die ihm übertragenen Geschäfte mit großem Eifer und unbedingter Zuverlässigkeit bearbeitet und zum Teil bemerkenswerte Resultate, zum Beispiel gegenüber der feindlichen Spionage, erreicht. Seine richterliche Tätigkeit ist nirgends von höheren Stellen beanstandet worden, vielmehr hat er bei großer Schnelligkeit im Arbeiten durchweg die richtige militärische Auffassung mit der richterlichen Rechtsauffassung in Einklang gebracht und erhalten. Ich bin daher in der Lage, mich über seine dienstliche Tätigkeit mit unbedingter Anerkennung aussprechen zu können.

Euer Exzellenz darf ich ganz ergebenst anheimstellen, obiges Urteil zu den Personalakten des Dr. Badt zu nehmen.
gez. von Loos,
Generalleutnant und Militärgouverneur
als Gerichtsherr des
Militärgouvernementsgerichts Mlawa.

2. Ausscheiden aus dem Justizdienste und Übernahme in die allgemeine Staatsverwaltung:

Der Minister des Innern, Berlin, den 16. Juli 1919,
N.W.7, Unter den Linden 72/73

Nachdem der Herr Justizminister sich mit Ihrem Ausscheiden aus dem Justizdienste einverstanden erklärt hat, übernehmen wir Sie vom 1. Juli d. Js. ab unter Ernennung zum Regierungsassessor mit dem Dienstalter vom 24. März 1913 endgültig in die allgemeine Staatsverwaltung und überweisen Sie der Regierung in Breslau zur ferneren dienstlichen Verwendung als Justitiar. In Ihrer jetzigen Tätigkeit als Hilfsarbeiter im Ministerium des mitunterzeichneten Ministers des Innern tritt eine Änderung nicht ein.

Das für Sie angefertigte Patent als Regierungsassessor fügen wir mit dem Bemerken bei, daß diese Ernennung Ihr Ausscheiden aus dem Justizdienste in sich schließt.

In der allgemeinen Verwaltung bewilligen wir Ihnen hierdurch eine feststehende Vergütung im Jahresbetrage von 3.900 M (Dreitausendneunhundert Mark) und daneben während der Dauer Ihrer Beschäftigung im Ministerium des Inneren eine Zulage von jährlich 3.600 M (Dreitausendsechshundert Mark) für die Zeit, solange Sie gezwungen sind, einen doppelten Haushalt zu führen. Fällt letzterer Umstand fort, so verringert sich diese Vergütung auf 1.800 M.

Die Zahlung der Beträge erfolgt durch die Bürokasse des Ministeriums des Innern.

Zugleich im Namen des Herrn Finanzministers.

Der Minister des Innern. Heine.

An den nunmehrigen Regierungsassessor Herr Dr. Badt

3. Der Regierungsrat siedelt in den höheren Verwaltungsdienst über:

Berlin, den 12. Juni 1920 Unter den Linden 72/73.
Zur Eingabe vom 31. Mai d. Js. Der Minister des Innern.
Sie werden hierdurch aufgrund des Paragraphen 13 des Gesetzes vom 10. August 1906 (G.S.S. 378) als befähigt zum höheren Verwaltungsdienst erklärt.
Zugleich im Namen des Finanzministers.
Der Minister des Innern. In Vertretung.

4. Der Regierungsrat wird zum Ministerialrat im Ministerium des Innern ernannt:

Der Regierungsrat Dr. Hermann Badt in Berlin ist zum Ministerialrat im Ministerium des Innern ernannt worden.
Berlin, den 20. Dezember 1920.
Die Preußische Staatsregierung, gez: Braun Severing

5. Arretierte Ernennung zum Ministerialdirektor:

Im Nachlaß Dr. Badts findet sich eine kryptische Aufzeichnung aus dem Jahre 1938/39 mit der Überschrift

„Wie wird man preußischer Abgeordneter?“.

Während seines ersten Dienstjahres als Ministerialrat im Ministerium des Innern erschien Dr. Badt häufiger als Vertreter des Staatsministeriums im Preußischen Landtag zur Beantwortung „Kleiner Anfragen“. Entweder zogen ihn die Arbeit und Probleme des Landtages an, oder er fand nicht genügend Befriedigung in seiner Ministerialarbeit, oder er war enttäuscht, daß seine vom Minister des Innern im August 1921 vorgeschlagene Berufung in den Reichsrat zum stellvertretenden Bevollmächtigten des Ministeriums sich nicht realisierte (34).

Jedenfalls steht fest, daß Dr. Badt schon in den letzten Monaten des Jahres 1921 sich für den Preußischen Landtag zu interessieren begann. Er führte Gespräche mit befreundeten Abgeordneten des Preußischen Landtags und kam anscheinend, nach einer Beratung mit dem Fraktionsvorsitzenden der SPD im Landtag, Ernst Heilmann, zum Entschluß, daß er den Weg in den Landtag suchen sollte durch die Schaffung einer eigenen Landesliste in Oberschlesien für die Nachwahlen im Jahre 1922. Er suchte und fand dazu die Unterstützung der bewährten SPD-Parteisekretäre der Provinz, die er davon überzeugte, daß Oberschlesien, im Interesse der Unterstützung seiner Sonderprobleme, durch einen Verfassungsjuristen vertreten sein sollte. Er wurde am 9. November 1922 als Kandidat des Landeswahlvorschlags der SPD im Wahlkreis 9 gewählt.

In den wenigen verbliebenen Wochen bis zum Wahltag hielt Dr. Badt täglich zwei Versammlungen ab, die erste in Zaberce (später Hindenburg). In diesen Versammlungen lernte er reden, und wie er selbst erzählte, seinen angeborenen Humor fleißig zu nützen, wie z.B.: „Hindenburg halt die Ohren steif, sonst heißt Du bald wieder Zaberce". Badt hatte Erfolg und wurde in den Landtag gewählt. In der bereits erwähnten Aufzeichnung heißt es, daß diese die glücklichste Zeit gewesen sei, weil er als Abgeordneter der Landesliste, allen gehörend, sich für viele hat einsetzen müssen und dürfen (35).

Dr. Badt war im Landtag aktiv und gehörte zweifellos zu seinen beredsamen und witzigen Abgeordneten, deren Tätigkeit viel Beachtung fand (36).

Nicht weniger Beachtung fand seine Arbeit bei Vorgesetzten und Kollegen im Ministerium des Innern. Minister Severing nannte ihn den „Büchsenspanner" und berichtete über ihn: „Regierungsrat Dr. Hermann Badt hatte sich auf Empfehlung Dr. Freunds auch mir für die Funktion eines persönlichen Referenten zur Verfügung gestellt. Wir begannen unser Tagewerk am 11. April 1920 mit der Sichtung der an diesem Tage an meine Privatadresse gerichteten Schreiben, die aber zum weitaus größten Teil dienstliche Dinge behandelten. ‚Klagen, nichts als Klagen! Bittschriften, nichts als Bittschriften!' – beginnt der Prinz in Lessings ‚Emilia Galotti' seine täglichen Geschäfte. Ähnlich sollte es nun auch mir ergehen. Einen Vorgeschmack davon hatte ich schon in der Dienststelle des Reichskommissars bekommen. Jetzt aber vermehrten sich die Eingänge von Klagen und Bittschriften in einem erheblichen Umfange. Als ich einige der neuesten Sendungen, die, wie mir auf dem ersten Blick erschien, von Querulanten stammten und deren Ersuchen mir unerfüllbar erschienen, zerriß und in den Papierkorb beförderte, war mein junger Mitarbeiter über dieses vereinfachte Verfahren über alle Maßen entsetzt. Er setzte mir auseinander, daß es bisher Gepflogenheit gewesen sei, alles, was nicht unverkennbar als privat dem Minister eingesandt sei, zur dienstlichen Bearbeitung in den Geschäftsgang zu geben." (37)

Gemäß dem Geschäftsverteilungsplan für das Ministerium des Innern vom 1. Juni 1920 erhielt Dr. Badt als Regierungsrat das 11. Referat, das folgende Themata umfaßte: „... gesetzgeberische Änderungen auf dem Gebiete des Beamtenrechts (Befähigungsbestimmungen), Disziplinarrecht, Vor- und Fortbildung des Beamten, staatswissenschaftliche Fortbildungskurse, Angelegenheiten der Arbeiterreferenten" (38).

Ende 1920 war Dr. Badt zum Ministerialrat avanciert worden, was im Geschäftsverteilungsplan vom Januar 1921 zum Ausdruck kam. Er war der Abteilung XIII zugeteilt und verantwortlich für das 11. Referat, das fünf Aufgabenbereiche hatte: 1. Beschaffung, einschließlich Polizeibeschaffung; 2. Fabrikbetriebe; 3. Lohnangestellte und Lohnempfänger der Schutzpolizei; 4. Selbstschutz- und Einwohnerangelegenheit, Freikorps, Zeitfreiwilligenkorps; 5. Rechtssachen der Abteilung XIII, (Polizeiabteilung, Beamtenvertretungen und -Verbände sowie Verbandspresse).

Das Referat Dr. Badts änderte sich grundlegend seit dem Geschäftsverteilungsplan vom August 1922. Dr. Badt wurde der Abteilung I, die vom Ministerialdirektor Dr. Meister geleitet wurde, zugeteilt und war verantwortlich für das erste Referat, das aus vier Arbeitsgebieten bestand: Verfassungssachen, Angelegenheiten des Landtages und des Staatsrates, Angelegenheiten des Reichstages und Reichrates, Wahl des Reichspräsidenten und politische Angelegenheiten des Auslandes (39).

Dieser schnelle und wichtige Wechsel der Arbeitsgebiete eines jungen Ministerialrates ist ungewöhnlich und spricht für das Vertrauen, das seine Vorgesetzten in ihn setzten. Das erste Referat, das geht aus seinen Arbeitsgebieten hervor, war sehr nachgefragt, brachte viel Prestige mit sich und galt als Sprungbrett für eine vielversprechende Karriere. Dr. Badt war bereits am 19. August 1921 von Minister Severing als stellvertretender Bevollmächtigter zum Reichsrat vorgeschlagen worden. Die letztendliche Ernennung sollte aber fünf Jahre auf sich warten lassen (40).

Badts Entschluß, Landtagspolitiker zu werden, hatte eine positive Reaktion des Ministeriums des Innern zur Folge. In den Akten des Ministeriums findet sich ein Rundschreiben an alle Registraturen vom 20. Januar 1923: „Herr Ministerialrat Dr. Badt wird, nachdem er zum Landtagsabgeordneten gewählt worden ist, zur Unterstützung des Herrn Ministers vielfach in Angelegenheiten tätig sein, die nicht zu seinem Referat gehören. Im Auftrage des Herrn Staatssekretärs ersuche ich die Registratur, Herrn Ministerialrat Dr. Badt auf Wunsch das erforderliche Aktenmaterial zur Verfügung zu stellen. Gez: Bürodirektor Henke.“ (41)

In Aufzeichnungen Dr. Badts im Jahre 1939 finden sich humoristische Andeutungen, daß er „von seiner Umgebung maßlos überschätzt wurde". Er schreibt in diesen von einer „Eigenschaft", die „im Licht der preußischen Verwaltung als bis dahin noch nie vorhanden gewesen. Ich war der Erste, der die aufsehenerregende Entdeckung gemacht und benutzt hat, daß in jedem Jahr der 1. Mai auf den 1. Mai zu fallen pflegt. Eine Tatsache, die bis zu meinem Eintritt ins Ministerium völlig unbekannt war. Bis dahin pflegte man die Vorbereitungen für den 1. Mai, polizeilicher und versammlungstechnischer Art im besten Fall im März zu beginnen, während ich sehr bald herausgefunden hatte, daß es der Sorgfältigkeit dieser Vorbereitungen zugute kommen müßte, wenn man schon im Januar mit ihnen begann. So ging es mit 100 anderen, jährlich wiederkehrenden Daten."

Es wäre übertrieben zu behaupten, Badt sei bei seinen Kollegen besonders beliebt gewesen. Sein Wissen, seine Integrität und unermüdliche Arbeitskraft waren geschätzt, aber wurden sicherlich auch beneidet. Viele hielten ihn für „überaus aktiv und ehrgeizig" (42). Er war „als Sozialdemokrat wie als Zionist, zu beiden sich vorbehaltslos bekennend" vielen unbequem. „Vor ehrlicher Überzeugung und dem Mut für sie einzustehen, habe ich stets Achtung gehabt, ich konnte sie auch Badt, der im Kriege an der Front seinen Mann gestanden hatte und schwer verwundet worden war, nicht versagen. Er war zweifellos ein scharfsichtiger Jurist und sehr fleißig, aber seine guten Eigenschaften vermögen seine verderblich politische Wirksamkeit nicht zu entschuldigen. Ihn trifft die ganze Verantwortung für die zahllosen Einbürgerungen von Ostjuden, die in den Jahren 1919 bis 1933 einen unglaublichen Umfang angenommen haben" – so sein badischer Kollege Dr. Hermann Fecht. (43)

In diesen Worten und Werturteilen wird die Wand erkennbar, gegen welche Badt in seiner Karriere häufig prallte. Badt, der geborene Optimist, bewertete dies anders. So ist einerseits in seinen Aufzeichnungen zu lesen, „er sei der erste Jude, der nach der Revolution in das Ministerium des Innern, bis dahin Hort der Reaktion, bei welchem es undenkbar gewesen wäre, daß auch nur ein Kassenbote, der Akten von einem Zimmer ins andere trug, ein Jude gewesen wäre, gelangte. Der erste Jude mußte, wenn er nicht ganz blödsinnig war, innerhalb der Blaublütigen, oder aus Beamtenadel stammenden Herren, natürlich Karriere machen." Andererseits schrieb er anderenorts, daß er über ein und ein halbes Jahre lang die Stellung eines Ministerialdirektors und Abteilungsleiter de facto bekleidete ohne Aussicht, zum Ministerialdirektor ernannt werden zu können. Er war und blieb Ministerialrat, was er seit dem Jahre 1920 gewesen war.

Er erwähnte außerdem, daß einige der preußischen Kabinettsminister und allen voran der Ministerpräsident Braun gegen diese Ernennung waren. Braun soll erklärt haben, „solange er im Amte sei, würde dieser unangenehme Mensch, der Badt, der stets widersprechen muß, nie zum Ministerialdirektor ernannt werden und wenn er von seinem Vorgesetzten, dem Innenminister, noch 100 Mal vorgeschlagen werde. Die beiden demokratischen Minister des Kabinetts waren selbstverständlich gegen Badt, weil sie, es war ein offenes Geheimnis, überzeugte Antisemiten waren." (44)

Kann Braun der Vorwurf gemacht werden, er sei Antisemit gewesen? Gibt es darauf eine eindeutige Antwort? Ernst Hamburger, der Braun aus einer jahrzehntelangen engen Zusammenarbeit sehr gut kannte, scheint diese Frage zu verneinen. Braun erwähnt in seinem Buch „Von Weimar zu Hitler", er sei von Höpker-Aschoff (45) darauf aufmerksam gemacht worden, daß in der Pressestelle des Staatsministeriums vier Juden tätig waren. Er selbst habe auf solche Dinge nicht geachtet.

Braun spricht auch in seinen Erinnerungen davon, warum er einen Juden, Herrn Weichmann, ausgewählt habe, anstelle eines Beamten christlicher Religion. Er habe sich das überlegt und, nachdem er die beiden Kandidaten gesehen habe, sich entschlossen, solchen blöden Einwänden keine Rechnung zu tragen und Weichmann zu ernennen (46).

Hamburger, von den drei jüdischen Freunden Brauns sprechend, meint: „... es ist doch auffallend bei der geringen Zahl persönlicher Freunde, daß diese alle jüdisch waren. Hinzu kommt, daß Friedeberg und Simon politisch von Braun absolut abweichende Vorstellungen hatten. Was hat ihn zu diesen gezogen? Herr Staudinger, dem ich diese Frage stellte, meinte, daß Braun intelligente Gesprächspartner brauchte, Menschen die ihm zuhörten und mit denen er sich aussprechen konnte ... Braun hat in der Landtagsfraktion zuweilen, wenn er sich über die Radikalen ärgerte, von ‚jüdischen Rechtsanwälten' gesprochen. Das war für ihn sozusagen ein einheitlicher Begriff, wenn er Grundzüge des Denkens charakterisieren wollte, die von seiner Art der Überlegungen und des Urteils abwichen." (47)

Der letzte Abschnitt läßt die Frage offen, ob und inwieweit Brauns Stellung zu Juden von der „traditionellen" abweicht. Äußerungen Brauns über Badt, die Nichterwähnung Badts oder die Art seiner Erwähnung in seiner Autobiographie „Von Weimar zu Hitler" sind jedenfalls nicht eindeutig: „War dieser preußische Vertreter der Bürgerblockregierung des Reiches, besonders ihrem Innenminister, dem im Reichsrat oft seine sachliche Überlegenheit fühlbar wurde, schon nicht bequem, so noch weniger der zweite Bevollmächtigte Preußens, Ministerialdirektor Dr. Badt. Dieser war ein ausgesprochenes Gegenstück zu seinem Kollegen Brecht. Schon rein äußerlich. Dieser groß und schlank, beherrscht, jener klein (48) und von quecksilbriger Beweglichkeit, dieser von ruhiger Objektivität und Gemessenheit, jener von übersprudelnder Vitalität und schwer zu zähmendem Betätigungsdrang. Beide ergänzten sich ausgezeichnet.

Daß Badt Jude und Sozialdemokrat war, machte ihn bei dem deutschnationalen Reichsminister von Keudell nicht gerade beliebter, noch weniger, daß er inoffiziell die Verbindung zwischen mir und den mir politisch nahestehenden Ministern anderer deutscher Länder zur Herbeiführung gleicher Stellungnahmen im Reichsrat und Reichstag pflegte. Bei aller Diskretion war das doch durchgesickert, und das steigerte den Unmut des Reichsinnenministers gegen diesen preußischen Reichsratsbevollmächtigten und verführte ihn wohl auch in einer Reichratssitzung diesen unter einer unberechtigten Beschuldigung scharf anzugreifen, was mich hinwiederum zwang, in die folgende öffentliche Reichsratssitzung zu gehen – was sehr selten geschah – und zur Wahrung des Ansehens Preußens diesen Angriff mit gebotener Schärfe zurückzuweisen. Ich muß ja gestehen: auch mir fiel der Übereifer Badts, dieses klugen und rührigen Menschen, mitunter auf die Nerven und doch hatte ich meine innere Freude an seiner Aktivität, auch wenn diese Gegenwirkungen auslöste, die mich zwangen, für ihn einzuspringen." (49)

Der Abschnitt mag verschieden interpretiert werden. Jedenfalls enthält er eine unbekannte Tatsache, die auf Badts „inoffizielle" Verbindungen zwischen Braun und ihm nahestehenden Ministern anderer deutscher Länder hinweist. Es waren Badts Idee und jahrelange Bemühungen im Landtag Preußens, ein Gesetz zur Annahme zu bringen, daß die Stellungnahme und Abstimmungen der Bevollmächtigten der preußischen Provinzen im Reichsrat mit denen der Bevollmächtigten des Staatsministeriums abgestimmt werden sollten. Das Gesetz ist nie erlassen, aber die Auswirkungen seiner Bemühungen sind späterhin unter Politikern als die „lex Badt“ bekannt geworden (50).

Eine kaum zufällige Unterlassung betrifft das Schweigen Brauns in der Angelegenheit des Panzerkreuzers, bei der Badt die Idee hatte und durchführte, die befreundeten Minister der Länder des Reichs dafür zu gewinnen, ihre Bevollmächtigten im Reichsrat zu veranlassen, in dieser Sache mit Preußen zu stimmen. Das hatte den unerwarteten Erfolg, daß der Reichsrat Preußens Antrag auf Ablehnung der ersten Rate für den Panzerkreuzerbau mit 36 gegen 32 Stimmen annahm (51). Eine andere Unterlassung liegt in dem Bericht Brauns über seine „Abreise“ in die Schweiz. Braun schreibt darüber: „… ich trat daher meinen Schlafwagenplatz an eine geeignete Begleitung für meine Frau ab, und verließ am 2. März (1933) abends, begleitet von einem ergebenen fahrgewandten parteigenossischen Beamten, in meinem Wagen Berlin. Am Sonntag abend langte ich in Ascona an und konnte am Montag mittag in Bellinzona meine Frau in Empfang nehmen … “ (52)

Der Biograph Brauns berichtet darüber: „Badt, der ihn am Tag nach dem Reichstagsbrand besuchte, fand ihn im Wohnzimmer, eine Jagdflinte in stetiger Reichweite. Badt drang in Braun, Berlin zu verlassen – nach dem Wahltag könne es zu spät sein. Braun weigerte sich, er wolle lieber mit der Flinte ein paar Nazis mit in den Tod nehmen.

Doch am 1. März klingelte Brauns Telephon, und es meldete sich ein Beamter aus dem Büro des Reichspräsidenten: seine Verhaftung stehe bevor, er solle unverzüglich Deutschland verlassen. Das war Wasser auf Badts Mühlen; er redete stundenlang auf Braun ein, stellte ihm vor, er habe alles getan, was er noch tun könne, und es sei sinnlos, sich schließlich von ein paar SA-Leuten umbringen zu lassen – wer werde dann für seine schwerkranke und hilflose Frau sorgen? Badts Fähigkeit zum intensiven Zureden war in Kollegenkreisen geradezu sprichwörtlich, und vor allem der Hinweis auf die kranke Frau verfehlte seine Wirkung nicht. Die Panik, die Braun bisher unterdrückt hatte, brach nun hervor, sein stets latenter Fluchttrieb kam hinzu: Nichts war leichter, als jetzt, im womöglich letzten Moment, die eifrig angebotene Hilfe Badts zu akzeptieren.

Badt sorgte für alles. Er ließ die für den Nachmittag des bevorstehenden Wahltages bestellten Schlafwagenkarten Brauns auf den Namen der Krankenschwester seiner Frau umschreiben, er besorgte Wahlscheine, die es ihm und Braun ermöglichen sollten, ihre Stimmen irgendwo im Reichsgebiet abzugeben und er fungierte als Chauffeur. Am 2. März verließen sie Berlin in dem kleinen Auto, das Braun einst angeschafft hatte, um seine Frau in der Umgebung herumzufahren.

Während der zweitägigen Fahrt quer durch Deutschland nahm die Furcht ständig zu: Kam er noch durch? Wird er vielleicht doch bei irgendeiner Straßenkontrolle, vielleicht sogar noch an der Grenze festgenommen? In panikartiger Stimmung erreichten Braun und Badt am Nachmittag des 4. März 1933 Friedrichshafen am Bodensee. Romanshorn auf der schweizerischen Seite lag wie zum Greifen nahe. Sollte er noch einen Tag warten und morgen wählen? Kam es noch darauf an? Angesichts der abfahrbereiten Fähre verließen Braun alle Bedenken, schließlich war Samstag und die Nachricht von seinem Grenzübertritt, falls sie überhaupt publiziert werden sollte, würde erst am Montag, am Morgen nach der Wahl, in den Zeitungen stehen. In der Eile wies Braun dem Grenzbeamten anstelle seines neutralen Personalausweises seinen Dienstpaß vor, wurde sogleich als preußischer Ministerpräsident erkannt und entsprechend zuvorkommend behandelt; um seinem Auto Platz zu machen, wurde sogar noch ein Eisenbahnwagen von der Fähre gezogen. Am sicheren Schweizer Ufer angekommen, trennte sich Braun von Badt, der mit dem Zug nach Konstanz fuhr, um dort noch zu wählen. Er selbst fuhr geradewegs weiter nach Ascona." Soweit die Darstellung Schulzes (53).

Eine zusätzliche Version muß erwähnt werden. In der Schweiz angekommen, fuhr Dr. Badt im Wagen nach Unterengstringen bei Zürich zu seinem langjährigen Freund Dr. Jacob Zucker, wo sich die übermüdeten Reisenden Ruhe und Erholung gönnten, die sie beide so nötig hatten. Am nächsten Morgen fuhr Braun mit dem Zug, in Begleitung einer der Familie Zucker befreundeten Dame nach Ascona. Dr. Badt kehrte nach dem Abschied von Braun direkt nach Deutschland zurück (54).

Dr. Badt in seinen kryptischen Aufzeichnungen erwähnt lediglich „sein letztes Husarenstück: die Rettung des Ministerpräsidenten Braun im März 1933". Ein Vergleich und eine Wertung der verschiedenen Niederschriften über die „Abreise" sind hier nicht am Platze, aber die Frage bleibt offen: ist es Zufall oder Absicht, daß „der ergebene fahrgewandte parteigenossische Beamte" nicht mit Namen genannt wurde?

Im Nachstehenden scheint die chronologische Folge von großer Wichtigkeit zu sein. Am 16. Juli 1926 bewilligte Braun das Ersuchen Severings um Entlassung (55). Nach vielem Hin und Her und nicht geringen Schwierigkeiten in der SPD-Fraktion des Landtags wurde Albert Grzesinski am 6. Oktober 1926 zum Innenminister ernannt. Es ist mit Sicherheit anzunehmen, daß dieser Ernennung Gespräche zwischen Braun und Grzesinski über die Regierungspolitik Preußens, die Gestaltung des Innenministeriums und seiner unmittelbaren Aufgaben vorangingen. Die Ernennung Badts zum Ministerialdirektor wurde in der Staatsministerialsitzung am 9. Oktober 1926 behandelt (56). Ohne vorausgehende Abmachung in diesem Punkte hätte die Ernennung so unmittelbar nach dem Antritt Grzesinskis wahrscheinlich nicht erfolgen können. Ohne dieses zu erwähnen, heißt es in Badts Aufzeichnungen: „Schließlich war die Ernennung ... doch erfolgt, nachdem dem gütigen, aber unendlich weichen Innenminister Severing der wesentlich robustere und unbedenklichere Grzesinski gefolgt war. Das Argument, mit dem Grzesinski damals in der Kabinettssitzung die endliche Ernennung des B. durchgesetzt hatte, war merkwürdig genug: das alte Beamtentum – B. war alter kaiserlicher Beamter, Vorkriegsassessor mit doppeltem Prädikat – würde es nicht verstehen, wenn ein Beamter, der der Dienstälteste in der Abteilung sei, der eineinhalb Jahre lang sämtliche Referate der Abteilung verwaltet und dabei nie danebengehauen hätte, und gegen dessen menschliche Qualitäten nichts einzuwenden sei, einen anderen vor die Nase gesetzt bekäme. Diesem Argument hatte sich schließlich der Ministerpräsident gefügt."

In den Sitzungsberichten des Preußischen Staatsministeriums am 27. September 1926 führt das Sitzungsprotokoll unter Punkt 8 folgenden Text: „Außerhalb der Tagesordnung trat das Staatsministerium der Auffassung des Herrn Ministerpräsidenten bei, daß bei Ernennungsvorschlägen von Beamten gegen die zur Vervollständigung der Personalangaben erfolgende Benennung der Konfession des zu Ernennenden verfassungsrechtliche Bedenken nicht bestehen und beschloß, daß künftighin die Konfession in den Personalvoranschlägen angegeben werden soll." (57) Dieser Beschluß wurde nach Abwicklung der Tagesordnung und etwa eine Woche vor der Bekanntgabe der Ernennung Grzesinski zum neuen Innenminister, der drei Tage nach seinem Amtsantritt die Beförderung Badts im Staatsministerium vorbrachte, gefaßt. Ist das eine rein zufällige Folge von Geschehen? Ist es blosse Koinzidenz, daß in jenen Tagen Braun im Staatsministerium die Angabe der Konfession des zu Befördernden im Amte fordert und durchsetzt mit dem Hinweis, daß eine solche Erwähnung nicht verfassungswidrig sei?

Hingegen stellte der Reichsminister des Innern bereits am 28. Juli 1922 fest: „Die Angabe der Religion des Beamten in den Personalnachweisen ist ungesetzlich." (58) Diese Feststellung stützt sich auf die ReichsverfassungArt. 136, Abs. 2 und Abs. 3: Abs. 2: „Der Genuß bürgerlicher und staatsbürgerlicher Rechte sowie die Zulassung zu öffentlichen Ämtern sind unabhängig von dem religiösen Bekenntnis". Abs. 3: „Niemand ist verpflichtet, seine religiöse Überzeugung zu offenbaren. Die Behörden haben nur soweit das Recht, nach der Zugehörigkeit zu einer Religionsgesellschaft zu fragen, als davon Rechte und Pflichten abhängen oder eine gesetzlich angeordnete statistische Erhebung dies erfordert."

Als am 28. Februar 1930 der Rücktritt Grzesinskis vom Amt bekannt wird, ist Badt „aufs äußerte bestürzt und betroffen ... Umsomehr empfinde ich in diesem Augenblick das Bedürfnis, Ihnen, da ich Sie leider nicht mehr sprechen konnte, auf diesem Wege noch einmal zu sagen, wie unendlich ich diese Wendung bedauere. Sie wissen ja am Besten, in welchem Maße ich Ihnen zu Dank verpflichtet bin; denn, wenn ich in den letzten Jahren im Reichsrat und in der Leitung der Abteilung einige Erfolge erzielen konnte, so verdanke ich diese, dessen werde ich mir stets bewußt bleiben, lediglich der Energie, mit der Sie mir bei Antritt Ihres Amtes diese Arbeitsmöglichkeit schufen." (59)

Andererseits hat Ministerpräsident Braun nie gescheut, für Dr. Badt in die Bresche zu springen, wenn dieser antisemitisch angegriffen wurde, oder wenn der Angriff auf ihn anscheinend auch antisemitische Hintergründe hatte.

Braun war wahrscheinlich kein Antisemit, jedoch war er in seiner Haltung jüdischen Beamten gegenüber zweifellos pragmatisch, er ließ sich von der politischen Stimmung beeinflussen. Er stand darin nicht allein als SPD-Politiker.

Hier sei nur ein Fall pragmatischen Verhaltens herausgegriffen, der keinen Sonderfall darstellt. Es handelt sich um einen Brief Severings, gegen den man den Vorwurf des Antisemitismus nicht erheben kann. Er schreibt an seinen Parteikollegen Beim in Magdeburg: „Paul Hirsch wäre ein idealer Landeshauptmann; seine Kenntnisse in der kommunalen Verwaltung, die sich nicht nur auf Theorie, sondern auf Erfahrungen in seinem jetzigen Amte stützen, befähigen ihn zweifellos zu diesem Amt. Wenn er nur nicht mit dem ‚Geburtsfehler' des Juden behaftet wäre. Es dürfte Dir nicht unbekannt sein, daß der erste Landeshauptmann, der aus den Reihen der Sozialdemokratie gewählt ist, Caspari in Schneidemühl, ebenfalls Jude ist, und ich habe das Gefühl, daß bei der Präsentation Hirsch's eine gewisse Presse wieder von der ‚Verjudung der Sozialdemokratie' reden würde. Ich weiß nicht, ob wir uns ohne Not derartigen Situationen aussetzen sollen." (60)

Diese und ähnliche politisch-pragmatische Haltungen der Weimar-Regierungen haben die Geschicke Deutschlands mitgeformt. Die Ernennung Badts schlug weite Kreise. Schulze bemerkt dazu: „Eine weitere Abteilungsleiterstelle im Innenministerium wurde mit der ausdrücklichen Begründung, auf die volksparteilichen Wünsche brauche keine Rücksicht genommen zu werden, mit dem als überaus aktiv und ehrgeizig bekannten sozialdemokratischen Ministerialrat Hermann Badt besetzt, der gleichzeitig im Reichsrat die Stellung eines stellvertretenden Bevollmächtigten Preußens im Hauptamt übernahm." (61) Die Deutsche Allgemeine Zeitung äußert sich dazu in einem Artikel: „Preußens neuer Vertreter im Reichsrat. Der dem Lande Preußen zugesprochene und nach der Landtagsentscheidung von der Regierung bei ihren nunmehr 14 Stimmen zu übernehmenden neuen Sitz im Reichsrat war bisher unbesetzt geblieben. Wie wir hören, wird der bisherige Ministerialrat Dr. Badt heute zum Leiter der Verfassungsabteilung im Innenministerium und gleichzeitig zum Vertreter Preußens im Reichsrat ernannt werden ... Bei der jetzt getroffenen Entscheidung legt man in Rechtskreisen besonderes Gewicht auf die Feststellung, daß erneut ein Zionist unter auffälliger Bevorzugung zu führender Stelle in der Preußischen Verwaltung berufen wird.

Dr. Badt war von 1922 bis Sommer d.J. Mitglied des Landtags. Er war auf der sozialdemokratischen Landesliste gewählt, und zwar infolge eines Zählversehens, das im März entdeckt und im Juli vom Wahlprüfungsgericht dahin korrigiert wurde, daß der Stadtrat Dr. Marx aus Bonn an Stelle Dr. Badts ins Preußenhaus einzog. In der Zwischenzeit wurde versucht, beiden Abgeordneten ihre Mandate zu erhalten, und als die Rechte Lärm schlug, mußte Badt auswandern." (62) Das Urteil des Wahlprüfungsgerichts wurde am 8. Juli 1926 erlassen (63).

Die „Jüdische Rundschau" spricht ihre Befriedigung über die Beförderung Badts aus: „Das Staatsministerium ernannte unseren Gesinnungsgenossen, den bisherigen Ministerialrat im Preußischen Innenministerium, Dr. Hermann Badt, zum Ministerialdirektor und zum Hauptbevollmächtigten Preußens im Reichsrat. Dr. Badt ist der erste ungetaufte Jude, der in Preußen in der Beamtenlaufbahn zur Stellung eines Ministerial-Direktors emporgerückt ist. Diese Ernennung ist von grundsätzlicher Bedeutung. Seit 20 Jahren steht Dr. Badt in der zionistischen Organisation und tritt für eine zionistische Lösung der Judenfrage ein. Er ist deswegen von jüdischer Seite heftig bekämpft worden. Man ging sogar soweit, bis in die letzten Tage vor seiner Ernennung, Behörden vorzuhalten, daß er als Zionist in staatsbezüglichem Sinne nicht genügend zuverlässig sei. Das Staatsministerium hat durch die Ernennung Dr. Badts zu erkennen gegeben, daß es weit von der Auffassung abrückt, die seinerseits in den Sozialdemokraten und nun mehr in den Zionisten vaterlandslose Gesellen erblickt, und zwar nur deshalb, weil diese die Ansicht vertreten, daß gewisse Menschheitsprobleme nur auf internationalem Wege zu lösen sind. Ähnlich wie in England, Frankreich und den Vereinigten Staaten gelangte nun auch in Preußen ein Zionist unbeschadet seiner jüdischen Parteistellung auf den Posten eines hohen Staatsfunktionärs. Dr. Badt hat seiner Karriere niemals Konzession gemacht und stets in entschiedenster Weise die Forderung jüdisch-assimilatorischer Kreise, formell aus der zionistischen Organisation auszutreten, abgelehnt.

In den letzten Tagen setzte – offenbar von einer bestimmten Stelle aus einheitlich geleitet – in der antisemitischen Tagespresse eine starke Hetze gegen die bevorstehende Ernennung Dr. Badts ein. Die ‚Deutsche Tageszeitung' und die ‚Deutsche Zeitung' brachten unter der fettgedruckten Überschrift ‚Der Zionist Badt ein Hindernis für eine große Koalition' eine mehrspaltige Zuschrift ‚von unterrichteter Seite', derzufolge Ministerialrat Dr. Badt für einen besonderen einflußreichen Posten in der preußischen Verwaltung in Aussicht genommen worden sei. Auf diesen Posten erhebe jedoch die ‚Deutsche Volkspartei' Anspruch. Werde das preußische Kabinett diesem Wunsche der deutschen Volkspartei nicht Rechnung tragen, so wird hieran das Zustandekommen der großen Koalition in Preußen scheitern. Gegen die Kandidatur des Ministerialrats Dr. Badt wurde insbesondere geltend gemacht, er sei ein ‚strenggläubiger Zionist', der am Sabbat nicht einmal eine Unterschrift eigenhändig vollzieht.

In ähnlicher Weise wandte sich die ‚Kreuzzeitung' gegen die Ernennung eines ‚eifrigen Zionisten' für einen so hohen

Posten. Demgegenüber machte u.a. das ‚Berliner Tageblatt' darauf aufmerksam, daß diese Hetze doch sehr durchsichtig sei. Dr. Badt habe das in Frage kommende Amt tatsächlich schon seit eineinhalb Jahre mit bestem Erfolg verwaltet, ohne bisher freilich formell ernannt zu sein. Während sonst gerade die Rechtsparteien immer – theoretisch – die Besetzung solcher wichtigen Posten mit Fachbeamten verlangten, ertönen hier, wo man gegen die fachliche Eignung des ganz hervorragend qualifizierten Beamten nichts sagen könne, plötzlich der Ruf nach Besetzung der Stelle mit einem Parteimann.

Der ‚Vorwärts' wies unter der Überschrift ‚Eine Zweckhetze' darauf hin, daß die seit eineinhalb Jahren sich gegen die Ernennung des Ministerialrats Dr. Badt geltend machenden Widerstände wohl auch darin ihren Grund hatten, daß Dr. Badt Sozialdemokrat sei. Um seine Ernennung zu verhindern, eröffnet jetzt die deutschnationale Presse einen antisemitischen Feldzug gegen den ‚Zionisten Badt'.

In parlamentarischen Kreisen ist man, wie die JTA meldet, davon überzeugt, daß sich in der Tat diese Ernennung durch das Bekenntnis Dr. Badts zum Zionismus verzögert habe, da die hervorragende fachliche Eignung dieses Beamten bisher selbst von seinen politischen Gegnern stets ausdrücklich anerkannt wurde." (64)

„Der nationaldeutsche Jude, Mitteilungsblatt des Verbandes nationaldeutscher Juden" hingegen spricht sich kritisch über Badts Ernennung aus: „Der Zionist als Preußischer Ministerialdirektor. Der als jüdischnationaler und als besonders gehässiger Gegner unseres Verbandes bekannte bisherige Ministerialrat Dr. Badt ist Preußischer Ministerialdirektor und nunmehr offizieller Leiter der Abteilung für Preußische Verfassung im Preußischen Ministerium des Innern geworden. Diese Abteilung ist die gleiche, von der u.a. an der Entscheidung des Ministeriums über den – mit zionistischen Ordnungswidrigkeiten begründeten – Einspruch gegen die Gültigkeit der letzten Repräsentantenwahlen der Berliner jüdischen Gemeinde mitgewirkt wird.

Praktisch hat sich durch die Ernennung Badts zum Ministerialdirektor, abgesehen vom Titel und Gehalt, gegenüber dem Zustand, der schon seit geraumer Zeit bestand, nichts geändert. Herr Badt leitet die Verfassungsabteilung schon längst, bisher als sogenannter ‚Dirigent'. Mehrfache innerhalb des letzten Jahres gemachte Versuche, ihm auch zu der offiziellen Stellung eines Ministerialdirektors zu verhelfen, sind gescheitert. Die jetzt vollzogene Ernennung fällt zeitlich mit dem Wechsel in der Person des Ministers zusammen.

In den zionistischen und anderen jüdischen Blättern angrenzender Richtungen ist natürlich die Beförderung als großer Erfolg ‚des Judentums' mit hellem Jubel gefeiert worden. Wir durften uns an Reminiszenzen aus der Studienzeit und dem Militärleben des Beförderten sowie an dem Anblick seines Lichtbilds erfreuen. Daß die Ernennung in der Herrn Dr. Badt parteipolitisch nahestehenden Tagespresse (Herr Badt ist Sozialdemokrat) begrüßt worden ist, bietet nichts Auffälliges. Das gleiche gilt davon, daß die sonstige Tagespresse, von der deutschen Volkspartei nach rechts, die Beförderung abfällig als sozialistisches Parteimanöver beurteilt hat … Radikal-judenfeindliche Zeitungen haben natürlich auch diesen Anlaß zu verallgemeinernden Ausfällen gegen die Gesamtheit der Juden benutzt. Nach dem offiziellen Zentrums-Organ, der ‚Germania' (Nr. 376 vom 11. Dezember 1926) hat zunächst Herr Dr. Steiniger von der ‚Arbeitsgemeinschaft' die Ernennung des Herrn Dr. Badt als eine ‚Ohrfeige für den Staats- und Reichsrat' bezeichnet. Im Anschluß daran hat der Zentrumsvertreter Dr. Belzer erklärt, das Zentrum habe die Ernennung des Herrn Dr. Badt ‚mit Mißbehagen' aufgenommen …" (65)

Nach der Beförderung fand ein Gespräch zwischen dem Ministerpräsidenten Braun und Dr. Badt statt, das seinem Inhalt nach wohl als ungewöhnlich bezeichnet werden darf und von Badt so festgehalten wurde: „Am 27. Oktober 1926, am Tage, nach dem Badt von seiner Ernennung zum Ministerialdirektor, Leiter der Verfassungs- und Rechtsabteilung des Preußischen Innenministeriums und Bevollmächtigten zum Reichsrat (in dieser Eigenschaft unterstand er unmittelbar dem Ministerpräsidenten Braun) erfahren hatte, war er am Morgen zur feierlichen Antrittsvisite bei Braun. Otto Braun war ungemein menschlich und liebenswürdig, und ohne die früheren Gegensätze irgendwie zu vertuschen, sagte er dem Badt, er habe sich schließlich zur Ernennung entschlossen und hoffe, daß nun einige Jahre vertrauensvoller Zusammenarbeit folgen würden. Mit dem gleichen Freimut antwortete ihm Badt, er müsse zugeben, daß er vielleicht durch seine zu stürmische, in der Form nicht immer richtige Opposition in der Fraktion Braun schwer verärgert habe, aber wenn Braun von vertrauensvoller Zusammenarbeit für einige Jahre spräche, so sei es sein ehrliches und aufrichtiges Bestreben, diese vertrauensvolle Zusammenarbeit herzustellen. Dazu gehöre aber vor allem eines: Er sei von tiefstem Mißtrauen gegen die Person Weismanns erfüllt. Er lasse es ganz dahingestellt, ob alle die bösen Geschichten über Weismann, die kolportiert wurden, auf Wahrheit beruhen oder nicht. Tatsache sei jedenfalls, daß er Weismann für einen zwar unerhört geschickten, aber faulen und oberflächlichen Beamten halte, der gerade durch seine Betriebsamkeit und Wendigkeit eine große Gefahr für Braun darstelle. Nach dem strengen Beamtenkodex sei er als Reichsratbevollmächtigter verpflichtet, jede Angelegenheit, die er dem Ministerpräsidenten vortragen wolle, vorerst beim Staatssekretär zur Sprache zu bringen. Dadurch sei die Möglichkeit gegeben, daß dieser von ihm nicht geschätzte Weismann vorher zu Braun ginge und ihm das, was Badt im Einzelfall vorschlagen würde, in entstellter und subjektiver Form vortrage. Wenn dann Braun ohne Anhörung des Badt entscheiden würde, so könnten die schwersten Mißgriffe und vielleicht nicht wieder gutzumachende Schäden eintreten. Badt bäte daher um eines, was er als Grundbedingung eines vertrauensvollen Zusammenarbeitens ansehe: daß er jederzeit das Recht direkten Vortrages bei Braun habe. Er wolle selbstverständlich die Form wahren, d.h. er wolle jede Sache zunächst dem Staatssekretär Weismann vortragen, müsse aber sicher sein, daß Braun mit Weismann über eine solche Sache erst dann spreche, wenn er Badt Gelegenheit gegeben habe, seine Sache selbst Auge in Auge mit Braun vorzutragen.

Er sei sich bewußt, daß das eine sehr anmaßende Forderung sei, er sei sich auch bewußt, daß er dadurch zeitlich viele Forderungen stelle, die mit dem Arbeitsprogramm des Ministerpräsidenten Braun, mit seinem wahrscheinlich voll besetzten Tag und seiner Tageseinteilung nur schwer zu vereinbaren seien, aber er könne nicht anders als auf dieser Forderung bestehen, denn bei ihren Besprechungen würden sie öfter Dinge streifen müssen, die er als Parteiangelegenheit unmöglich vorher dem Weismann, den er politisch für höchst unzuverlässig halte, vortragen könne. Er versprach dem Braun, daß er sich immer sehr kurz fassen würde; in der Regel würde kein Vortrag länger als höchstens 5 Minuten dauern, es sei denn, daß Braun selbst eine Verlängerung dieser 5 Minuten wünscht.

Diese offenen Worte haben auf Braun sichtlich Eindruck gemacht. Er nahm zunächst, wie das bei seiner anständigen Grundgesinnung nicht anders zu erwarten war, Weismann in Schutz. Es sei schon möglich, so sagte er, daß viel von dem, das über Weismann erzählt werde, auf Wahrheit beruhe. Was die Spielergeschichten anlange, so schienen sie sich im wesentlichen darauf zu beschränken, daß Weismann öfter beim Spiel „kalte Füße" bekommen habe, d.h. daß er das Spiel in einem Augenblick abgebrochen habe, in welchem er im Gewinn gewesen sei, was in Spielerkreisen im allgemeinen nicht als honorig gelte. Was die anderen von Badt erwähnten politischen Dinge beträfe, so könne Badt ganz beruhigt sein. Er, Braun, sei sich über die positiven und negativen Eigenschaften Weismanns durchaus im Klaren, er kenne seine politische Wendigkeit und Repräsentationsfähigkeit, die ihm, dem Ministerpräsidenten oft sehr wertvoll gewesen seien. Er kenne auch seine Amoralität und politische Charakterlosigkeit und wisse sie in Rechnung zu stellen. Aber Badt könne völlig beruhigt sein, er, Braun, wisse ganz genau, daß man erzähle, Weismann beherrsche ihn, Braun, vollkommen und was Weismann energisch wolle, das könne er bei Braun immer durchsetzen. Dieser Satz sei ganz falsch. Braun bediene sich Weismann als eines in vieler Hinsicht recht guten Werkzeuges, aber in größeren Dingen lasse er sich niemals von ihm in seine politische Konzeption hineinreden und diese Frage wolle er gern vertrauensvoll mit dem bewährten Parteigenossen Badt besprechen.

Badt fiel nach dieser Unterredung ein Stein vom Herzen. Fortan gestaltete sich die Zusammenarbeit mit Braun so angenehm, daß in kurzer Zeit auf beiden Seiten alle Differenzen vergessen waren. Es dauerte auch nicht lang, da äußerte Braun Heilmann gegenüber, er habe doch den Badt bisher vollkommen unterschätzt." (66)

Die Beförderung Dr. Badts im Jahre 1926 verlief in zwei Etappen: Am 15. März 1926 sendet der Innenminister Severing eine nochmalige Note an den Ministerpräsidenten, in der sein „Wunsch" ausgesprochen wird, drei seiner Beamten, von Leyden, Dr. Badt und Dr. Suren zu „stellvertretenden

Bevollmächtigten gleichzeitig“ zu ernennen. In diesem Schreiben wird ausgeführt, daß der Minister, dem Wunsche des Ministerpräsidenten, die Zahl der stellvertretenden Bevollmächtigten im Reichsrat nach Möglichkeit zu verringern, Rechnung tragend, in den letzten Jahren es vermieden habe, selbst freigewordene Stellen im Reichsrat zu besetzen. Die Folge ist: „der Mangel an stellvertretenden Bevollmächtigten hat bereits zu erheblichen Unerträglichkeiten geführt.“

Diesem Wunsche wurde nach zehn Tagen stattgegeben. Am 25. März 1926 beschied das Staatsministerium, Dr. Badt, Dr. Suren und von Leyden zu stellvertretenden Bevollmächtigten des Reichsrats zu bestätigen (67).

Befragt, welchen Ausschüssen des Reichsrats er zugeteilt zu werden wünsche, wählte Dr. Badt den Ausschuß III (innere Verwaltung) und Ausschuß VIII (Verfassung- und Geschäftsordnung).

Nach den Erörterungen im Staatsministerium und den Veränderungsvorschlägen Grzesinskis in seinem Ministerium trat eine grundlegende Änderung im Dienstauftrag Dr. Badts ein. Nach der Ernennung zum Ministerialdirektor und stellvertretenden Bevollmächtigten zum Reichsrat im Hauptamte wurde Dr. Badt Leiter der Abteilung I, der Verfassungs- und Rechtsabteilung, die sieben Referate und 79 Sachgebiete umfaßte und von 13 Referenten – sieben Ministerialräte, drei Oberregierungsräte, ein Regierungsrat – und zwei Assessoren, 28 Bürobeamten und vier Angestellten betreut wurde. (In Badts Abteilung arbeitete übrigens Dr. Globke als „Hilfsarbeiter“; dieser spielte später im Zusammenhang mit den „Nürnberger Gesetzen“ eine fatale Rolle. Nach 1949 war er Staatssekretär unter Adenauer!) Als stellvertretender Bevollmächtigter zum Reichsrat im Hauptamte nahm Dr. Badt an den Sitzungen des Staatsministeriums teil (68).

IV.
BADTS REDEN IM PREUSSISCHEN LANDTAG ODER DER FALL BORKUM

Badts Tätigkeit im Preußischen Landtag begann bereits als junger Ministerialrat des Preußischen Ministerium des Innern. In dieser Kapazität beantwortete er, als Vertreter des Staatsministeriums, Kleine Anfragen im Landtag. In den Sitzungsberichten des Preußischen Landtags vom 7. Juni 1921, erscheint sein Name zum ersten Mal in Beantwortung der „Kleinen Anfrage Nr. 56 des Abgeordneten Buchhorn (D.V.P.), über die Wahl des Zigarrenfabrikanten Schropp zum Landrat des Kreises Zellerfeld -Drucksache 135".

In der Darstellung des Fragestellers soll die Wahl Schropps zum Landrat angeblich erfolgt sein als Entschädigung für Verluste, die er nach seiner erfolgten Wahl zum SPD-Landtagsabgeordneten erlitten habe. Badt, seine Bemerkungen auf Aussagen Schropps stützend, stellt die Behauptung des Abgeordneten Buchhorn in Abrede und bedauert, daß Zeugen nicht vernommen werden konnten, weil der Fragesteller keine angegeben hat. Mit dieser Art Tätigkeit scheint Badt zu Beginn seiner unmittelbaren Bekanntschaft mit dem Landtag beschäftigt gewesen zu sein (69).

Es handelt sich zunächst um Beantwortung wirklich „kleiner Anfragen". Am 30. September jedoch ist es die Aufgabe Badts, eine Anfrage politischer Natur, die Beziehungen zwischen Polen und Preußen betreffend, zu beantworten. Es war die „Kleine Anfrage Nr.196 der Abgeordneten Winckler und Genossen der Deutschnationalen Volkspartei über den

Schutz der Deutschen in den ehemals preußischen Landesteilen Polens, – Drucksache Nr. 575" – (70).

Als gewählter Landtagsabgeordneter ändert sich die Tätigkeit Dr. Badts im Gremium des Landtags. Er erscheint im Plenum nicht nur in Vertretung seines Amtes, sondern als gewähltes Mitglied des Landtages und seiner Ausschüsse, besonders in Verfassungsfragen.

Es mag ein purer Zufall sein, daß zu den ersten aktiven Beteiligungen des jungen Landtagmitglieds Badt auf die „Erste Beratung des Gesetzentwurfs zur Änderung der Paragraphen 39 und 40 des Gesetzes über die Verhältnisse der Juden vom 23. Juli 1847 – Drucksache Nr. 4127 –" fällt.

Sein Beitrag in der allgemeinen Besprechung – er ist der erste Redner in dieser Beratung – zeugt von einer tiefen Kenntnis der Materie und einer ungetrübten staatsrechtlichen Stellungnahme zum Problem. Dr. Badt führte u.a. aus: „Die Abgrenzung der Rechte des Staates auf der einen Seite gegenüber den Rechten der Religionsgesellschaften auf der andern wird im Einzelfall nicht ganz einfach sein, und auch bei dem vorliegenden Gesetzentwurf wird eingehend zu prüfen sein, ob er sich in den Schranken hält, die durch Artikel 137 der Reichsverfassung dem staatlichen Eingriffsrechte gezogen sind. Die Tatsache allein, daß der Inhalt des Gesetzentwurfs den Wünschen einiger Synagogengemeinden oder vielleicht auch aller Synagogengemeinden entspricht, kann demgegenüber nicht von ausschlaggebender Bedeutung sein und kann uns von dieser Prüfung nicht entbinden. Dabei wird aber auch weiter zu prüfen sein, ob nicht überhaupt das ganze Gesetz von 1847 in einem solchen Umfange durch die spätere Rechtsentwicklung und zuletzt durch die Reichsverfassung aufgehoben ist, daß auch unter diesem Gesichtspunkt von einer Novellengesetzgebung Abstand zu nehmen sein dürfte. Er wird sich vermutlich ergeben, daß von den 73

Paragraphen nur ganz wenige heute noch Bedeutung haben, und es entsteht dann die Frage: Soll man diesen ganz zerfallenen Bau durch eine Gesetznovelle künstlich aufbessern, soll man gewissermaßen durch neuen Anstrich sein Scheindasein verlängern, oder muß es nicht vielmehr Aufgabe des Gesetzgebers sein, das Wenige, was heute noch in dem Verhältnis zwischen Staat und Synagogengemeinden gesetzlicher Regelung bedarf, in einem neuen Gesetz zusammenzufassen?" Sein Vorschlag, die weitere Beratung an den Verfassungsausschuß zu überweisen, wurde angenommen (71).

Als zusätzliches Beispiel diene die „Beratung der Mitteilungen des Herrn Ministerpräsidenten und des Herrn Ministers des Innern, betreffend die Anrufung des Staatsgerichtshofs durch den Staatsrat zur Entscheidung über seine verfassungsmäßigen Rechte".

Zu diesem Punkt der Tagesordnung der 214. Sitzung am 28. Februar 1923 hatten die Abgeordneten der Deutschnationalen Volkspartei beantragt: „Von den Drucksachen Nr. 3055 und Nr. 4761 Kenntnis zu nehmen und eine Beschlußfassung bis nach Entscheidung des Staatsgerichtshofs vorzubehalten". Als Vertreter der Antragsteller erhielt Dr. Negenborn das Wort. Er warf die Frage auf, ob es zweckmäßig sei, das Problem vor den Verfassungsausschuß zu bringen, der die Stärke der Parteien des Landtages widerspiegelt und dessen Urteile daher nicht objektiv sein können. Es sei daher die objektiv „richterliche Prüfung des Staatsgerichtshof" vorzuziehen, zumal „das Plenum Stellung nehmen muß zu dem, was der Verfasungsausschuß beschlossen hat".

In seiner Stellungnahme führt Dr. Badt aus, daß die Klage des Staatsrats drei Fragen betrifft: 1. Hat das Staatsministerium den Staatsrat über seine laufenden Geschäfte immer ordnungsgemäß informiert? 2. Kann der Staatsrat Gesetzgebungsbeschlüsse des Landtags, die nach drei Beratungen gefaßt sind, für unwirksam erklären – eine solche Feststellungsklage sei geradezu ein Eingriff in die Rechte des Landtages. 3. Wird die Rechtmäßigkeit von Notverordnungen infragegestellt, welche „das Staatsministerium zusammen mit dem in der Verfassung vorgesehenen ständigen Ausschuß des Landtags erlassen." Badt beantragt die Überweisung an den Verfassungsausschuß. Im Verlauf der Debatte, an der auch Abgeordnete der KPD, des Zentrums und der DVP teilgenommen hatten, folgte der Landtag Badts Antrag (72).

Die Debatten des Landtags spiegeln nicht nur die Beredsamkeit und Anschauung der Abgeordneten wider, sie sind zugleich ein wichtiger Beleg für die politischen Zustände und Bestrebungen der im Landtag vertretenen Parteien und damit des Volkes, dessen Sprachrohr sie sind bzw. sein wollen. Die Gesetzesvorlage für den „Haushalt des Ministerium des Innern" für das Jahr 1926 gab den Herren Abgeordneten des Landtags, ganz abgesehen von der Stellungnahme zum eigentlichen Problem, eine verhältnismäßig freie Themenwahl für ihren Auftritt auf der nationalen Bühne Preußens, mit dem sie ihre zukünftigen Wähler zum Landtag zu beeindrucken suchten.

Das eigentliche Thema „Haushalt des Ministerium des Innern" diente anscheinend als Stichwort für eine freie Diskussion, die wenig Überraschendes produzierte. Die Abgeordneten untereinander kannten sich so gut, daß sie in vielen Fällen im Voraus ahnten, was die Rede ihres Kollegen bringen würde. Die Immunität des Abgeordneten schützte ihn vor Strafverfolgung, selbst im Falle der üblen Nachrede oder der bewußt entstellten Wiedergabe der Äußerung eines Kollegen der gegnerischen Partei.

Ein beliebiges Zitat Severings, herausgegriffen aus seiner Rede im Landtag zur Debatte über den „Haushalt im Ministerium des Innern", kann das exemplifizieren. Es handelt sich dabei um eine Entgegnung zu Aussagen, die er gemacht hatte oder die entstellt wiedergegeben worden war. Bei dieser Gelegenheit führte Severing aus: „Was soll man dazu sagen, wenn sich allen Ernstes ein deutschnationaler Abgeordneter hier auf die Tribüne des Landtags stellt und sagt: ‚Der Minister Severing hat deswegen ein Interesse an der Durchführung der Landgemeindeordnung, weil er sozialdemokratische Amtsvorsteher machen will. Unser Kollege von dem Osten hat früher schon einmal in einer Rede darauf aufmerksam gemacht, daß der Minister Severing auf dem Görlitzer Parteitage gesagt habe: ‚Die Amtsvorsteher, die Reichswehr und die Polizei müssen in sozialdemokratischen Händen sein!‘ Also weil der Sozialdemokrat Severing die Amtsvorsteher erobern will, deswegen wendet sich Herr Negenborn gegen die Landgemeindeordnung! Das ist doch ganz unglaublich. Ich war mir einer solchen Äußerung über die Amtsvorsteher und ihre Eroberung nicht bewußt.“ (73)

Die Wiedergabe der folgenden, nicht gerade kurzen Rede Badts, die nicht das eigentliche Thema berührt, ist eine Art Zeitdokument, welches die sozio-politische Situation in manchen Teilen Preußens illustriert:

„Meine Damen und Herren, wenn man das Fazit der Kritik zieht, die in den mehrtägigen Debatten im Hauptausschuß und hier im Plenum aus den Kreisen der Rechten, auch aus den Kreisen der Deutschen Volkspartei gegen das System Severing gerichtet worden ist, dann fällt es einem auf, daß diese Kritik immer wieder in zwei Vorwürfen gipfelt. Zum Ersten wird das System der Auswahl der Beamten bemängelt. Man habe, so wird behauptet, zuviel Außenseiter in die Verwaltung gebracht, die den Erfordernissen ihres Amtes weder, was die Kenntnisse, noch was die persönliche Lebensführung betrifft, gewachsen seien. Zum Zweiten wird gerügt, man habe zu wenig Rücksicht auf die gefühlsmäßige

Einstellung des ‚alten' Beamtentums genommen. Man könne unmöglich von diesen alten Beamten eine freudige Bejahung des heutigen Staates oder auch nur eine freudige Teilnahme an einer Verfassungsfeier verlangen. Man müsse überhaupt, so ist gesagt worden, diesem Geist des alten monarchischen Preußen mehr Rechnung tragen, und dürfe infolgedessen auch gegen die sogenannten vaterländischen Verbände, Stahlhelm usw., nicht so vorgehen, wie das in der Ära Severing geschehen sei.

Nun meine Damen und Herren, man kann einer solchen Kritik auf zwei Arten begegnen. Man kann entweder einen Rückblick werfen auf das frühere monarchische System mit seinem starren Prinzip, die Beamten einer nur ganz bestimmten Gesellschaftsschicht zu entnehmen, und wird dann unschwer feststellen, daß die damalige, völlig einseitige Zusammensetzung des Beamtenkörpers weit größere Mißstände gezeitigt hat, als sie heute dem System Severing zum Vorwurf gemacht werden. Man kann unter Berufung auf klassische Zeugen, wie das hier geschehen ist, auf Bismarck, Eulenburg, Zedlitz-Trütschler, Eckardstein, Waldersee, und wie sie alle heißen, zeigen, daß auf jeden Schelmen von heute nicht nur anderthalb, sondern mindestens die dreifache Anzahl aus der früheren Zeit kommt … .

Man kann aber auch auf eine ganz andere Art diese Angriffe abwehren, indem man nämlich nicht hier und da einzelne Beamte des früheren und heutigen Systems herausgreift und miteinander vergleicht, sondern indem man die Betrachtung auf einen kleinen, örtlich begrenzten Teil des preußischen Staatsgebietes richtet, etwa auf einen Regierungsbezirk, einen Kreis oder eine Gemeinde, und dann einmal feststellt, wie sich innerhalb dieses kleinen Kreises die sämtlichen Beamten einem bestimmten markanten Vorkommnis gegenüber eingestellt haben. Freilich muß man dabei aber auch wirklich alle Beamten betrachten, Beamte des alten und des neuen Systems, Beamte der Gemeinden und Staatsverwaltung, richterliche Beamte, Staatsanwälte und, wenn es nötig ist, auch kirchliche Beamte. Sie werden mir zugeben, daß eine solche, wenn ich so sagen darf, induktive Methode hervorragend geeignet ist, ein der Wahrheit nahekommendes objektives Bild von den heutigen Zuständen in Preußen zu gewinnen, und so lassen Sie mich denn Ihren Blick auf solch einen kleinen, örtlich begrenzten Bezirk richten. Ich werde mich dabei bemühen, mit der Objektivität einer photographischen Kamera die Dinge wiederzugeben, um zu zeigen, wo die wirklichen Hindernisse liegen, die es verschuldet haben, daß die Volksgemeinschaft, die wir erstreben, bisher noch nicht zustande gekommen ist, die wahre Volksgemeinschaft, bei der jeder den Nöten und den Leiden des anderen Verständnis entgegenbringt und ihm hilfreich die Bruderhand reicht.

Das Stichwort hat mir in dankenswerter Weise Herr Abgeordneter Milberg gegeben, und da der Herr Minister in seiner Antwort ihm gegenüber etwas kurz war, wird es dem Herrn Abgeordneten Milberg vielleicht ganz erwünscht sei, wenn ich seinen Ausführungen etwas mehr Rechnung trage. In seiner Rede nahm der Fall Borkum einen merkwürdig großen Raum ein. Zu diesem Punkt steht ja auch eine große Anfrage auf der Tagesordnung; ich will daher gerade diesen Fall Borkum als Ausgangspunkt für meine Betrachtungen wählen. Die Vorgänge im allgemeinen darf ich als bekannt voraussetzen; freilich haben sie sich wesentlich anders abgespielt, als der Abgeordnete Milberg es dargestellt hat.

Zunächst schon die Vorgeschichte. Unrichtig ist es, daß seit Jahrzehnten in Borkum niemand dieses Idyll des Absingens der ‚Borkumhymne' gestört hat und daß erst ein sozialdemokratischer Landrat und ein demokratischer Regierungspräsident kommen mußten, um hieran Ärgernis zu nehmen. O nein! Wenn Sie nur die letzten Jahrzehnte betrachten,so werden Sie finden,daß es immer auch unter den Badegästen aufrechte Naturen gegeben hat, die aus ihrem Ekel, aus ihrer Empörung über diese Vorgänge keinen Hehl gemacht haben, die sich mit Beschwerden an die Regierung wandten, diesen Zuständen ein Ende zu machen. 1900 war es der Königliche Baurat Hensel, der sich über die Vorgänge so entrüstete, daß er ein eigenes Antiborkumlied dichtete. Freilich ist ihm das übel bekommen. 1905 gaben die Insulte gegen einen jüdischen Gemäldehändler aus Düsseldorf der deutschen Presse Gelegenheit, darauf hinzuweisen, daß auf Borkum geradezu ‚russische Zustände' eingerissen seien, und die Regierung energisch aufzufordern, diesem Treiben ein Ende zu machen. 1906 war es der mutige Oberbürgermeister von Hildesheim, Dr. Struckmann, der erst in einer Eingabe an das Ministerium und dann in einer längeren Rede im Herrenhause treffende Worte fand, um diesen Skandal zu kennzeichnen. 1909 wandte sich der Sozialdemokratische Wahlverein von Borkum, also ein Teil der Inselbewohner, an die Behörden. Freilich, die Antwort, die der Wahlverein bekam und die auch in dem zur Erörterung stehenden Beschluß des Amtsrichters erwähnt ist, ist in jeder Beziehung beschämend. In diesem Bescheid des Regierungspräsidenten heißt es nämlich, man müsse zugeben, daß der wirtschaftliche Aufschwung von Borkum nur auf das Singen des Liedes zurückzuführen sei. Überdies habe bisher nur ein jüdischer Kriegsteilnehmer, der in der Militärkuranstalt in Borkum seiner Heilung entgegensah, dagegen protestiert! Ich bitte darauf zu achten: es scheint dem Regierungspräsidenten zwar in der Ordnung, daß auch der jüdische Staatsbürger sein Leben fürs Vaterland in die Schanze schlägt; daß er aber dann, wenn er zerschossen nach Haus kommt, in der gemeinsten

Weise sich in Borkum beschimpfen lassen muß, ist ebenso in der Ordnung. Und der Regierungspräsident hält es nicht einmal für nötig, auch nur zu prüfen, ob nicht andere rechtliche Gesichtspunkte, Paragraph 130 des Str. GB., Paragraph 33 b der Gewerbeordnung und Art. 111 der Reichsverfassung die Möglichkeit zum Einschreiten geben. So war es unter der Herrschaft der Beamten des ancien régime.

Nun kommen die neuen Beamten. Es kommt ein sozialistischer Landrat, ein demokratischer Regierungspräsident, und diese vielgeschmähten ‚Außenseiter', die beide nicht beruflich vorgebildet sind in dem Sinne, wie Sie, meine Herren von den Rechten, es fordern – sie sind aber befähigt durch ihre Lebenserfahrungen –, besitzen soviel Rechtskenntnis, daß sie sofort die Gesetzesbestimmungen finden, die es ermöglichen, dem Skandal ein Ende zu machen. Dabei beschränken sie sich in ihrem Vorgehen auf ein Minimum, sie gehen garnicht so weit wie der frühere konservative Landrat, der einmal erwog, allerdings nur ‚erwog', eventuell das Singen des ganzen Liedes zu verbieten. Nein, sie wollen nur endlich einmal verhindern, daß ein kommunales Organ, die Badekapelle, sich an diesem Skandal beteiligt.

Wer fällt nun den staatlichen Organen in den Arm?

Da ist zunächst von den Kommunalbeamten der Badedirektor, ein früherer Rechtsanwalt aus Göttingen, natürlich stramm völkisch, der es für seine vornehmste Aufgabe hält, in jeder öffentlichen Stellungnahme die Autorität der Behörden herabzusetzen, gegen den Landrat und den Regierungspräsidenten zu hetzen, ja, schließlich offen zur Sabotage gegenüber ihren Anordnungen aufzufordern, und der sich in der Verunglimpfung der Staatsbehörden das denkbar Stärkste leistet.

Dann ist es weiter der Vertreter der christlichen Nächstenliebe, der Pastor Münchmeyer, ein völkischer Hetzapostel, wie ein zweiter wohl nirgends existiert, der seine Hauptaufgabe nicht nur darin sieht, gegen die Juden zu hetzen, sondern der auch die Bevölkerung gegen die örtlichen Behörden und gegen die Behörden in Emden aufwiegelt und so eine Pogromhetze entfesselt, die im weiteren Verlauf zu Tätlichkeiten geführt hat.

Es ist dann weiter – und das ist das schlimmste – der Richter. Herr Abgeordneter Milberg hat hier gesagt, er habe die Begründung dieser einstweiligen Verfügung gelesen und er müsse sagen, sie sei hieb- und stichfest. Nun, Herr Abgeordneter Milberg hat mir einmal in einer schwachen Stunde verraten, er habe es bis zum Referendar, oder, wenn ich mich recht erinnere, nur beinahe bis zum Referendar gebracht. Darum möchte ich nur ganz schonend sagen, daß dieses sein Urteil vom Sonnabend einen günstigen Qualifikationsbericht über seine juristischen Kenntnisse jedenfalls nicht ersetzen kann.

Ich will aber doch hoffen, daß bei voller Kenntnis des Sachverhalts sein Rechtsempfinden anders reagiert hätte. Denn wie liegen die Dinge? Dieser Beschluß ist das Ungeheuerlichste, was wir seit langem in Preußen erlebt haben; ich kann mich der Kritik, die der Republikanische Richterbund daran geknüpft hat, nur durchaus anschließen. Im einzelnen will ich mich hier über die juristischen Fehler dieser einstweiligen Verfügung und über die Gründe, aus denen sie überhaupt garnicht hätte ergehen dürfen, nicht weiter äußern, da die Sache der Entscheidung des Kompetenzkonfliktsgerichtshofes unterliegt und es sich also insoweit um ein schwebendes Verfahren handelt. Aber ganz abgesehen davon, ob der Richter überhaupt zu dem Erlaß einer solchen einstweiligen Verfügung berechtigt war, muß man doch sagen, daß sein ganzes Verhalten in dieser Angelegenheit dringend einer Aufklärung bedarf. Zunächst einmal hat er die Legitimation dessen, der den Antrag gestellt hat, gar nicht geprüft, obgleich es ihm ohne weiteres klar sein mußte, daß der Badedirektor, dessen Vollmacht dem Richter vorgelegt wurde, nicht die Gemeinde Borkum vertreten kann. Der Richter hat ferner ‚wegen Eilbedürftigkeit' eine mündliche Verhandlung nicht anberaumt. Es mag ja sonst üblich sein, bei einstweiligen Verfügungen von einer mündlichen Verhandlung abzusehen. Aber in diesem Falle muß es dem Richter doch klar sein, daß irgendein Schaden nicht entstehen konnte, wenn die Kurkapelle vielleicht 24 oder 48 Stunden länger nicht das Borkumlied spielt. Es wäre ihm ohne weiteres möglich gewesen, nach telephonischer Rücksprache mit dem Landrat einen beschleunigten Verhandlungstermin anzuberaumen. Er hat das unterlassen. Er hat weiter den preußischen Staat, vertreten durch den Regierungspräsidenten, in die unerhörte Strafe von 100.000 Goldmark für jeden Fall der Zuwiderhandlung genommen. Und, was das schlimmste ist, er hat seine Begründung mit einer Fülle von Ausfällen gegen die dortigen Verwaltungsbehörden gespickt, die weder sachlich gerechtfertigt waren, noch in der Form irgendwie vertreten werden können. Dabei darf eines nicht übersehen werden: Der Landrat hatte den Richter am Tage vorher ausdrücklich durch den Kreissekretär davon in Kenntnis setzen lassen, daß das Vorgehen gegen die Kurkapelle auf den Vorschriften der Gewerbeordnung fuße; der Richter setzt sich in seiner Begründung mit keinem Worte mit dieser Rechtsauffassung auseinander, beschuldigt aber gleichwohl die Behörden der ‚vollendeten Rechtsbeugung' und erhebt gegen sie den schweren, ehrenrührigen Vorwurf, sie hätten ‚bewußt zu Unrecht in einer an Nötigung grenzenden Weise' das Bad Borkum wirtschaftlich geschädigt. Das schreibt ein Richter, der genau im Bilde ist, daß sowohl Regierungspräsident wie Landrat von der Rechtmäßigkeit ihres Verhaltens völlig überzeugt sind. Kann man einem solchen Richter auch nur den guten Glauben zubilligen?

Aber es kommt noch schöner. Bereits am Abend vorher ist in Borkum der Pastor Münchmeyer in der Lage, mitzuteilen: Morgen wird eine einstweilige Verfügung ergehen! – Und die Verfügung, die erst drei Tage später zugestellt worden ist, kann bereits am nächsten Tage als Extrablatt auf Borkum erscheinen. Das wirkt peinlich, besonders dann, wenn ganz zufällig der Pastor Münchmeyer der Vetter der Frau des Richters ist, nicht wahr? Nach alledem darf ich wohl annehmen, wenn der Herr Abgeordnete Milberg diesen Beschluß daraufhin noch einmal ansieht, dann kann er an der Leiche dieses so schmählich gemeuchelten Rechts nur die Worte finden, die Antonius an der Leiche Cäsars spricht: O, judgment, thou art fled to brutish beasts and men have lost the reason. ‚O Urteil, du entflohst zum stumpfen Vieh, der Mensch ward unvernünftig', oder falls es ihm vielleicht nicht ‚national' erscheint, in dieser Zeit den großen Briten zu zitieren – und bei der merkwürdigen Auffassung von nationaler ‚Würde', die die Herren von der Rechten hier gezeigt haben, muß man damit rechnen –, dann kann er ja etwas mehr in der Atmosphäre des Herrn Pastor Münchmeyer, wie sie sein sollte, bleiben und den 82. Psalm zitierend den Richtern zurufen: ‚Ad-mataj tischp'tu-awel, uf'ne r'schaim tiss'u?' ‚Wie lange noch werdet ihr Unrecht richten und die Person des Übeltäters bevorzugen?' Ich fürchte aber, er wird auch das nicht zitieren; denn es ist, wie zugegeben werden muß, von einem Juden geschrieben. Ich muß es also ihm überlassen, ob er ein entsprechendes völkisches Zitat findet, das das hier geschehene Unrecht ebenso treffend brandmarkt.

Aber leider ist dieser Richter nicht der einzige seiner Art. Als die Borkumhymne von der Badekapelle nicht mehr gespielt werden sollte, beantragte die Kapelle des Hotel Kaiserhof die Erlaubnis zum Spielen der Borkumhymne. Sie wurde versagt. Die Kapelle wollte sie trotzdem spielen. Vor dem Betreten des Podiums wurden die Musiker noch einmal darauf aufmerksam gemacht, daß eine Polizeistrafe unvermeidlich sei. Die Polizeistrafe erfolgte, und heute vor acht Tagen wurde sie im Einspruchsverfahren vom Amtsgericht Emden aufgehoben, weil die Kapelle ja der Ansicht sein konnte, sie dürfe trotz der verweigerten Genehmigung spielen, – die Kapelle, die genau wußte, daß sie die Genehmigung brauchte, denn sie hatte sie ja beantragt!

Und versagt hat weiter im großen Umfange die Staatsanwaltschaft. Ich kann hier nur ganz kurz die einzelnen Punkte dieses ganz empörenden Komplexes mitteilen. In Borkum erscheint ein Extrablatt von dem famosen Badedirektor Hempelmann, worin es u.a. heißt: ‚Regierungsbehörden sabotieren Reichsverfassung und rechtswirksame Gerichtsbeschlüsse. ... Der Wahrheit zuwider hat der Landrat in Emden – Genosse Bubert – dem Bürgermeister Borkums telephonisch mitgeteilt, daß die einstweilige Verfügung ... aufgehoben sei ... Ein geradezu empörender Eingriff in die Selbstverwaltungsrechte Borkums. Man denke: Borkum ist wegen der ungesetzlichen verfassungswidrigen Handlungen seines Regierungspräsidenten gezwungen, gegen ihn eine Zivilklage ... einzureichen und erreicht auch einen ... Gerichtsbeschluß. Um die ungünstigen Folgen der Zuwiderhandlung gegen diesen Beschluß zu vermeiden,wird er von einem Regierungspräsidenten und Landrat in Deutschland sabotiert. ... Ob die vorgesetzten Behörden solche das Recht geradezu scheuende Beamte noch länger unter ihren Fittichen behalten werden ... entzieht sich unserer Kenntnis. Borkum den 5. Juli 1924. Die Badedirektion.‘

Sie werden mir zugeben, gröbere Beleidigungen kann man schwerlich in einem kleinen Extrablatt häufen. Das wird dem Oberstaatsanwalt geschickt, und nach zwei Monaten endlich schickt der Oberstaatsanwalt in Aurich dieses

Blatt der Polizeiverwaltung in Borkum mit der flehentlichen Bitte, ihm doch mitzuteilen, wo denn eigentlich die Beleidigung der Behörden in diesem Blatte enthalten sei: es genüge ja, die betreffende Stelle anzustreichen. Man wird zugeben, die Polizeiverwaltung in Borkum als Rechtsgutachter des Herrn Oberstaatsanwalts in Aurich – das hat mindestens den Reiz der Neuheit!

Es geht aber noch weiter. Es entsteht ein Strafverfahren, weil die zu Unrecht und im Widerspruch mit den geltenden Bestimmungen erfolgte Wahl des Badedirektors auf Weisung des Landrats beanstandet war – und weil trotzdem der Badedirektor erklärte: ich pfeife auf die Verfügung der Behörden –, es entsteht also ein Strafverfahren gegen den Badedirektor wegen Amtsanmaßung, und auch in diesem Verfahren droht die Einstellung, weil der Staatsanwalt der Ansicht ist: Wenn der Badedirektor auch ein früherer Rechtsanwalt ist, bewußt rechtswidrig wird er wohl nicht gehandelt haben, er konnte glauben, er sei zu Unrecht abgesetzt, außerdem sei es auch zweifelhaft, ob es sich um ein öffentliches Amt handle!

Es kommt aber noch schöner! Der Reichstagsabgeordnete Henning hat, wie Ihnen bekannt sein dürfte, ein Telegramm an den Landrat geschickt des Inhalts, er ersuche sofort alle weiteren Schritte zu unterlassen und die bisherigen rückgängig zu machen, widrigenfalls er die Sache im Parlament zur Sprache bringen und den Landrat persönlich haftbar machen werde. Die Berliner Presse hat dazu sofort bemerkt, das sei der typische Fall des Paragraph 114, Beamtennötigung, jeder Student im ersten Semester müßte wissen, daß das ganz unerhört sei. Ich frage, ob der Staatsanwalt schon an den Reichstag herangetreten ist mit der Bitte um Aufhebung der Immunität des Abgeordneten Henning, denn der Tatbestand ist hier doch ganz klar. Interessant ist aber weiter, daß sofort auf Borkum ein zweites Extrablatt erschienen ist, in dem der aufhorchenden Bevölkerung von diesem Vorgehen des Herrn Henning Kenntnis gegeben wird. Darin heißt es zum Schluß: ‚Die deutschvölkische Reichstagsfraktion hat zugleich erklärt, daß sie unter allen Umständen die Sache bis zum erfolgreichen Ende im Sinne Borkums durchkämpfen würde, sowohl im Reichstag, als auch nötigenfalls bis vor dem ordentlichen Staatsgerichtshof in Leipzig ... Besonderes Verdienst in dieser Frage gebührt dem Reichstagsabgeordneten unseres Kreises Weser-Ems, Major Henning, der auch in Kürze selbst hier erscheinen wird.'

Nun, wie das besondere ‚Verdienst' aussieht, das ihm gebührt, hat in diskreter Weise der ‚Vorwärts' verraten, indem er nämlich unter der Überschrift ‚Hennings Baderechnung' folgende Notiz brachte: ‚Borkum hat seinen neuen Skandal. Natürlich wieder einen deutschvölkischen! Den Mittelpunkt bildet der Reichstagsabgeordnete Major a.D. Henning, der dort sechs Wochen zur Kur weilte und erkleckliches in der Propagierung des nationalistischen Borkumlieds leistete. Es ist unbekannt, ob die hohe Badedirektion darin ein besonderes Verdienst erblickte, jedenfalls gewährte sie dem deutschvölkischen Reichstagsabgeordneten die sonst nur Ärzten zukommenden Freibäder und wollte die Hälfte seiner Kurkosten auf Rechnung der Badekasse übernehmen. Die Gemeindekommission lehnte diese seltsame Zumutung natürlich ab. Große Aufregung in Borkum, und eines Tages war der deutschvölkische Reichstagsabgeordnete und Major a.D. verschwunden – ohne seine Rechnung beglichen zu haben. Der Besitzer des ‚Kaiserhofs' steht nun mit einer unbeglichenen Rechnung von 607 M. da, der deutschvölkische Radaupastor Münchmeyer lamentiert über Mangel an ‚nationaler Gesinnung' und die Gemeindekommission stellt sich auf die Hinterbeine. Der Fall verdient in einer neuen Strophe des Borkumliedes gesungen zu werden. Wer dichtet sie?'

Übrigens gilt auch hier der Satz: ‚Wie der Herr, so's Gescherr'. Wie Henning, so auch der völkische Badedirektor Hempelmann. Die Stelle des Badedirektors war ausgeschrieben mit 3000 M. Gehalt, entsprechend dem Gehalt der staatlichen Badedirektoren. In der ersten Sitzung des Gemeindevorstands ließ sich nun Hempelmann unter seinem Vorsitz – er hatte nicht einmal soviel Takt, wenigstens während der Beratung dieses Punktes den Vorsitz niederzulegen – für die vier Sommermonate ein Gehalt von 7000 M. bewilligen!

Man wird zugeben: Wenn es sich nicht um das judenreine Borkum handelt, würden Sie, meine Herren von der Rechten, das mit dem Ausdruck ‚jüdische Geschäftstüchtigkeit' bezeichnet haben.

Ein recht unerfreuliches Kapitel ist auch das Verfahren oder das Nichtverfahren der Staatsanwaltschaft gegen den Pastor Münchmeyer. Pastor Münchmeyer gehört zu jenen wenig erbaulichen Erscheinungen, die wir, die wir im Felde waren, im Kriege erlebt haben. Es gab gewiß viele treffliche Feldgeistliche, es gab aber auch, das mag mir mit Freimut zu sagen erlaubt sein, eine gewisse Spielart, die den ganzen Tag gestiefelt und gespornt herumlief und gar nicht martialisch genug auftreten konnte. Zu dieser Spielart gehörte nun, wie ich einer Notiz des ‚Vorwärts' entnehme, der Pastor Münchmeyer, der es als Feldgeistlicher sogar fertigbrachte, mit der Reitpeitsche auf die Kanzel zu gehen. Der Witz der Truppe pflegte diesen Feldgeistlichen als das ‚reitende Wort Gottes' zu bezeichnen. Nun, nach dem Kriege setzte Pastor Münchmeyer offenbar seinen Ehrgeiz daran, nicht nur ein reitendes, sondern auch ein ‚radelndes Wort Gottes' zu sein. Als solches sah er sein Hauptvergnügen darin, auf der Strandpromenade die Frau eines sozialistischen früheren Gemeindevertreters niederzuradeln. So übersetzt dieser völkische Held das Dichterwort: ‚Ehret die Frauen …‘ in die harte Welt der Tatsachen! Er wird für diese Heldentat endlich in Polizeistrafe genommen, erhebt aber Einspruch. Dieser Einspruch hat zur Folge, daß die Tat durch ein merkwürdiges Versehen des Amtsanwalts verjährt. Und dieses Versehen wiederholt sich zufällig noch einmal. Dagegen, wenn einer meiner Parteigenossen, wenn der Redakteur des dortigen Parteiblattes dem Pastor Münchmeyer, der in einer Rede die roten Minister Rathenau und Erzberger beschimpft hat, ‚politische Leichenfledderei‘ vorwirft, dann wird der Redakteur wegen Beleidigung zu einer Geldstrafe von 250 M. verurteilt. Ich darf erinnern an die Taxe für die Beleidigung des Reichspräsidenten, er habe Oberschlesien verschachert: 50 M., oder an einen der jüngsten Fälle, in dem ein Beleidiger des Ministers Wendorff zu 30 M. verurteilt worden ist.

Versagt hat leider auch völlig das Konsistorium. Diesem sind alle Fälle von Vergehen des Pastors Münchmeyer mitgeteilt worden, die Fälle der Juden- und Behördenhetze, die nicht übertroffen werden können. Ich darf vielleicht als ein Beispiel von vielen auf ein Protokoll verweisen, das in Borkum aufgenommen worden ist. Darin berichtet ein jüdischer Kaufmann aus Emden folgendes: Am Sonntag, den 12. Juni, sei er zu einem eintägigen Aufenthalt nach Borkum gekommen. Sein Handgepäck habe er bei einem Borkumer Geschäftsfreund abgestellt. Dieser Geschäftsfreund habe ihm später mitgeteilt, der Pastor Münchmeyer habe ihm am Abend desselben oder des nachfolgenden Tages auf dem Bahnhof vor versammeltem Publikum eine große Szene gemacht und ihn beschimpft. Wie ein Wilder sei der Pastor auf ihn losgesprungen und habe ihm zugerufen: ‚Sie Judenfreund, Sie haben einen Juden bei sich aufgenommen! Ich werde Sie in die Öffentlichkeit bringen!‘

Der jüdische Kaufmann aus Emden fügt hinzu, dieses Verhalten des Pastors Münchmeyer habe ihn umso mehr empört, als er selbst während des Krieges eingezogen gewesen sei und seinen Dienst zum Teil bei einem auf Borkum stationierten Truppenteil abgelegt hätte. Damals also sei er gut genug für Borkum gewesen; heute müsse er bei einem harmlosen Besuche der Insel Gewalttätigkeiten von der durch den Pastor Münchmeyer aufgehetzten Bevölkerung befürchten.

Dies ist einer der Fälle, in welchem Pastor Münchmeyer seinen Terror unmittelbar ausgeübt hat. Solcher Fälle könnte ich Ihnen Dutzende vorführen, z.B.ein Eingesandt aus der ‚Borkumer Zeitung', das folgenden Wortlaut hat: ‚Ein jüdischer Vorstoß. Gestern wurden hier zwei Juden erkannt. Man staunt über die Frechheit dieser Plattfüßler und brauchen sie sich nicht darüber zu wundern, wenn ihnen Unliebsamkeiten erwachsen. Die Badegäste werden heute, wie wir hören, dem Wirt, der sie vielleicht unwissend aufnahm, eine Frist von 15 Minuten stellen; in der Zeit haben entweder die beiden Orientalen hinaus zu sein oder sämtliche andere Gäste ziehen aus und niemand zieht wieder ein. Die Badegäste werden den Namen des Hauses heute bekannt geben'.

Das Eingesandt stammt, wie festgestellt wurde, von Pastor Münchmeyer, sein Inhalt ist übrigens, um mit Bethmann-Hollweg zu sprechen, ‚erstunken und erlogen'.

Weitere Fälle könnte ich anführen, wo es sich nicht um Juden, sondern um Katholiken handelt! Der Syndikus Dr. Schuster z.B., der bloß wegen seiner schwarzen Haare von Münchmeyer für einen Juden gehalten wurde, wurde insultiert.

In einem ähnlichen Fall hat Pastor Münchmeyer nachts um 11 Uhr die Lokale revidiert und dabei den christlichen Molkereibesitzer Schulz, den er gleichfalls irrtümlich für einen Juden hielt, insultiert.

In Dutzenden von Fällen hat ferner dieser streitbare Pastor die Behörden in der übelsten Weise verunglimpft. Der dortige Kreisrat wurde als ‚Unteroffizier übelster Sorte, der nur durch Revolution sein Pöstchen erhalten habe und Geschenken zugänglich' sei, beschimpft. Dabei handelt es sich um einen pflichttreuen Beamten, der seit 25 Jahren diesen Posten bekleidet! Schließlich hat der Pastor die Badegäste so gegen den Kreisrat aufgehetzt, daß dieser sich tätlichen Angriffen nur schwer entziehen konnte. Den Landrat hat Münchmeyer eine Zeit lang in fast täglichen ‚Eingesandts' an die Badezeitung verunglimpft. Er ging so weit, daß er sogar eines Tages die Nachricht verbreitete, der Landrat sei in Borkum anwesend, worauf ein Teil der Badegäste eine drohende Haltung einnahm. In Wahrheit weilte der Landrat damals gar nicht auf Borkum. Auch davor schreckte dieser merkwürdige Prediger der Nächstenliebe nicht zurück, die Minister der Republik und die Farben des deutschen Reiches in der unflätigsten Weise zu beschimpfen. Die Sachen sind alle dem Konsistorium unterbreitet worden, es ist aber nichts darauf erfolgt.

Was für Zustände hier in diesem völkischen Eldorado entstanden, das wirkt besonders interessant, wenn man bedenkt, daß es sich ja hier um den völkischen Zukunftsstaat handelt, der vollkommen judenrein ist. Wie steht es mit der Achtung von Recht und Gesetz? Da finden Sie z.B. in der ‚Borkumer Zeitung' bewegende Klagen über das neureiche Protzentum, über Schlemmerei und Prasserei, über unsittliches Betragen am Strande, über Trunkenheitsexzesse in Bars und Dielen, also Klagen, die Sie sonst immer gewohnt sind in der völkischen Presse über die sogenannten Judenbäder zu finden; da erfährt man, daß es dort mit den Begriffen von Mein und Dein nicht eben genau genommen wird, daß große Fahnen am Strande gestohlen werden usw. Alle diese

Dinge kann ich leider nur kurz streifen, da die Zeit nicht ausreicht, Ihnen ausführliche Beispiele zu geben.

Nun, zur Ehre der Badegäste und der Inselbewohner muß ich feststellen, es ist nur ein ganz kleiner Teil der Badegäste, der diese völkische Hetze betreibt und die erwähnten Ausschreitungen billigt. Ich habe verschiedene höhere Staatsbeamten gesprochen, die dort gewesen waren und die gesagt haben, sie seien empört, daß früher nichts geschehen sei, daß noch nicht mehr geschehen sei, dem Skandal müsse ein Ende gemacht werden. Leider ist es nicht zu einer Protestversammlung in Borkum selbst gekommen. Ich habe mich bemüht, dort im Sommer eine Versammlung zu veranstalten, es ist aber nicht möglich gewesen, da ich infolge des völkischen Terrors keinen Saal erhalten konnte, weil jeder Angst hatte. Vielleicht ist es im nächsten Jahr möglich, wenn es dann noch nötig sein sollte – ich hoffe allerdings, daß es nicht mehr nötig sein wird. In Borkum hat sich nämlich in den letzten Wochen ein merkwürdiger Umschwung vollzogen. Es scheint, als wenn diese vergiftete Atmosphäre aus sich heraus Antitoxine gebildet hat. Im offiziellen Teil einer der letzten Nummern der ‚Badezeitung‘ Nr.117 kann man folgendes lesen: ‚Sonst war die Saison die unruhigste, die wir wohl bisher zu verzeichnen gehabt haben … Ob die in diesem Sommer betriebene Politik zum Vorteile der Allgemeinheit ausschlägt, möchten wir stark bezweifeln, aber die Verantwortung trifft unsere Verwaltungen. Wenn hier die nötige Einsicht früher gekommen wäre, so hätte die letzte Gemeindeausschußsitzung, aus welcher mancherlei in die Öffentlichkeit durchsickerte, nicht stattzufinden brauchen. Die Nackenschläge der diesjährigen Politik werden wir in den nächsten Jahren spüren. Bisher war die Judenfrage keine Frage der Borkumer, sondern eine solche der Badegäste. Die Einwohnerschaft hatte sich bisher gar nicht darum gekümmert. In diesem Jahre ist die Badeverwaltung aktiv in diese Angelegenheit verwickelt worden. Alte Badegäste haben sich, durch diese Treibereien angewidert, mit den Worten verabschiedet: Auf Nimmerwiedersehen!

Wenn in der letzten Gemeindeausschußsitzung harte Worte gefallen sind und die Entlassung des Badedirektors vorgenommen wurde, so hat man damit doch nur einen Schritt vorwärts gemacht. Solange Mitglieder der Verwaltung sich aktiv an Hetzreden beteiligen, solange werden wir eine ruhige Entwicklung nicht finden und die Sorge um unsere Zukunft wird immer vor uns schweben. Und wer gibt uns die Gewähr, daß neben der Judenfrage nicht auch die bereits angeschnittene Katholikenfrage aufgeworfen wird? Damit würde man unserer Existenz den Todesstoß geben. Die ganze Gemeinde wird über die künftige Gestaltung gehört werden müssen, bevor die Karre gänzlich verfahren ist. Die Einwohnerschaft wird sich nicht bereitfinden, die Kosten dieses Experiments zu tragen und darf hierzu auch nicht herangezogen werden.'

Nun wird mir mitgeteilt, daß der Badedirektor entlassen worden sei, nicht ohne daß er vorher noch einen Zusammenstoß mit den Behörden hatte. Er hatte die Polizeistunde übertreten, sich schwer betrunken und die Polizisten, als sie morgens gegen vier Uhr das Lokal, in dem er zechte, kontrollierten, ins Gesicht geschlagen und beschimpft. Sie sehen, das kommt also auch in einem deutschvölkischen Eldorado vor, wobei die Herren Völkischen allerdings nicht so geistesgegenwärtig sind, wie jener Bürgermeister, der sich darob die besondere Anerkennung des Herrn Abgeordneten Negenborn zuzog, sich rechtzeitig in den Rinnstein zu legen.

Meine Damen und Herren, ich würde gern noch auf die Ausführungen des Herrn Abgeordneten von Campe über den Stahlhelm eingegangen sein, und ich hätte dazu um so mehr Anlaß, als auf Borkum – O Ironie des Schicksals! – sogar der Führer des Stahlhelms, ein Dr. Schmidt, wegen seines jüdischen Aussehens beschimpft und in eine Keilerei verwickelt worden ist. Herr von Campe, dessen Objektivität ich sonst sehr hoch schätze, hat hier ein ganz schiefes Bild des Stahlhelms gegeben, indem er von ihm als der Organisation aller Frontsoldaten gesprochen hat, der jeder beitreten könnte, in der jeder willkommen sei. Ich habe schon dabei sofort den Zwischenruf gemacht: ‚Ich bin z.B. nicht willkommen'! Wenn der unter dem Zeichen ‚Fds.' schreibende Skribent der ‚Kreuzzeitung' -ob dies ‚Fds.' die Abkürzung von ‚Perfidus' oder ‚Infidus' ist, entzieht sich meiner Kenntnis – zu diesem Zwischenruf bemerkt, natürlich sei ein ‚Zionist' im Stahlhelm nicht willkommen, so wird niemand auf dieses plumpe Ablenkungsmanöver hereinfallen. Denn er weiß sehr gut, daß der Beschluß des Stahlhelmvorstandes dahin geht, alle Juden auszuschließen. Ich bitte Herrn Dr. von Campe, sich einmal klar zu machen, daß z.B. Ludwig Frank (74), wenn er heute noch unter uns weilte, vom Stahlhelm ausgeschlossen wäre ... Ich glaube, das genügt, um zu zeigen, wie schief sein Urteil über den Stahlhelm gewesen ist.

Lassen Sie mich meine Ausführungen dahin zusammenfassen: die Behörden haben früher gegen die empörenden Zustände in Borkum nichts getan. Die höhere Staatsweisheit des ancien régime gipfelte eben in dem Satze: ‚Da kann man nix machen!' Bis endlich neue Beamte kommen – Außenseiter nach ihrer Auffassung –, die mit Energie, Klugheit und Kenntnissen gegen diesen Skandal vorgehen. Sie gehen in dem Bewußtsein dagegen vor, daß Artikel 111 der Reichsverfassung in flagrantester Weise verletzt ist und daß sie die verfassungsmäßigen Zustände wieder herzustellen haben. Sie gehen deshalb vor, weil sie die Verfassung freudig, nicht nur gezwungen, nicht nur vernunftmäßig, nicht nur juristisch bejahen. Sie sind entschlossen, sich, wenn's darauf ankommt, mit dem Teufel oder seinem örtlichen Vertreter auf Borkum, dem Pastor Münchmeyer, herumzuschlagen, um das Recht wiederherzustellen. Nun frage ich: Bei wem liegt die Schuld, wenn das Ziel noch nicht restlos erreicht ist, wenn die wahre Volksgemeinschaft, wie sie alle wünschen müssen, denen das Wort mehr ist als bloße Phrasen, bisher noch nicht Wirklichkeit wurde? Die Volksgemeinschaft, wo jeder sich bemüht, den anderen zu stützen, wo derjenige, der geistig oder wirtschaftlich bevorzugt ist, es als seine Ehrenpflicht empfindet, dem armen Bruder, dem Mühseligen und Beladenen, zu helfen? Wer hetzt statt dessen einzelne Teile der Bevölkerung gegeneinander?

Aber, meine Damen und Herren, lassen Sie mich trotz allem zum Schluß meiner frohen Zuversicht Ausdruck geben, daß wir auch hiermit weiterkommen werden. Es geht ja jetzt überall mit Riesenschritten vorwärts; in der Außenpolitik, wo der Gedanke des Völkerbundes endlich wirklich Leben gewinnt, im Innern, wo die republikanische Idee sich von Tag zu Tag mehr durchsetzt, wofür das Reichsbanner Schwarz-Rot-Gold, dessen rapides Anwachsen auch heute der Herr Minister zu unserer Freude mit Genugtuung begrüßt hat, beredtes Zeugnis ablegt. Möge Borkum auch in dieser Hinsicht ein Symbol sein! So wie dort die vergiftete Atmosphäre, ich erwähnte das schon, aus sich heraus Antitoxine gebildet hat – man hat dort jüngst den völkischen Hetzapostel Münchmeyer verprügelt und den völkischen Badedirektor weggejagt –, so hat auch unsere durch Stahlhelm und Wehrwolf vergiftete Atmosphäre aus sich heraus das Reichsbanner Schwarz-Rot-Gold erzeugt. Nach fünf bangen Jahren geht es endlich überall vorwärts, überall zeigt sich dies Morgenrot einer neuen Zeit. Wenn man sieht, wie endlich die Vernunft triumphiert, dann kann man es dem Professor

Viktor Basch durchaus nachempfinden, wenn er gestern Huttens Wort zitierte: ‚Es ist eine Lust zu leben'. Lassen Sie mich also in der frohen Hoffnung schließen, daß im nächsten Jahre, wenn inzwischen der Frühlingssturm der Neuwahlen über das Land dahingebraust ist und alles Morsche mit hinweggefegt hat, sich auch die Zustände auf Borkum völlig geändert haben werden. Vielleicht findet sich irgendein Mäzen, der für die Jugend des Reichsbanners Schwarz-Rot-Gold ein Erholungsheim auf Borkum stiftet, in dem sich die jungen Leute für ihren nicht leichten Kampf stählen und kräftigen können. Dann werden wir es erleben, daß auch auf Borkum die Flagge Schwarz-Rot-Gold wehen wird – zum Zeichen dafür, daß das vielgeschmähte System Severing, daß wir, daß die Republik gesiegt hat.“ (75)

V.
GEGEN DIE BAYERISCHEN VOLKSGERICHTE

In seinen spärlichen Aufzeichnungen erwähnt Badt, was er für seine bemerkenswertesten und persönlichsten Leistungen hält. Zu diesen zählt er „den Kampf um das Wiederaufnahmeverfahren gegen die Urteile der Bayerischen Volksgerichte".

Die turbulenten Geschehnisse in Bayern infolge des konvulsivischen Endes des Ersten Weltkrieges brachten es mit sich, daß auf Grund der Verordnung vom 19. November 1918 Volksgerichte eingeführt wurden. Die Verordnungen wurden in kurzen Abständen geändert (76), bis schließlich der Landtag Bayerns, am 12. Juli 1919, das „Gesetz über die Einsetzung von Volksgerichten bei inneren Unruhen" mit folgendem Wortlaut erließ (77):

„Art. 1.: Wenn durch hoch- oder landesverräterische Unternehmungen oder durch Verbrechen wider die Ausübung staatsbürgerlicher Rechte, durch Aufruhr, Auflauf oder Landfriedensbruch oder durch das Überhandnehmen von Verbrechen gegen Leben und Eigentum oder die Bildung von Banden zum Begehen solcher Verbrechen die öffentliche Sicherheit, Ruhe und Ordnung derart gestört oder gefährdet werden, daß sie nur durch außerordentliche Maßnahmen erhalten oder wiederhergestellt werden können, so können durch Beschluß des Gesamtministeriums für das ganze Gebiet oder Teile des Freistaats Volksgerichte eingesetzt werden.

Art. 2. Die Einsetzung der Volksgerichte ist in Bezirken, für die sie erfolgt, öffentlich zu verkünden. Die Verkündung soll durch öffentlichen Anschlag oder durch Bekanntmachung in den öffentlichen Blättern sowie durch öffentlichen Ausruf erfolgen.

Art. 3. Wer in Bezirken, für die Volksgerichte eingesetzt sind, a) zu Hochverrat, Landesverrat, Mord, Raub, Brandstiftung oder zu einem Verbrechen nach den Paragraphen 311, 312, 315, 322, 323 und 324 des RStGB oder zum Widerstande gegen die Staatsgewalt auffordert, b) öffentliche Beamte oder Personen des Soldatenstandes zu einer strafbaren Handlung gegen die Pflichten der Unterordnung oder zur Verletzung einer sonstigen Dienstpflicht auffordert, wird wenn nicht die Gesetze eine schwerere Strafe androhen, mit Gefängnis bis zu einem Jahr bestraft.

Art. 4. Folgende Verbrechen und Vergehen werden, wenn sie in einem Bezirk, für den ein Volksgericht eingesetzt ist, nach Verkündung der Einsetzung von Zivil- oder Militärpersonen begangen oder fortgesetzt werden, durch das Volksgericht abgeurteilt: 1. Hoch- und Landesverrat, 2. Verbrechen wie die Ausübung staatsbürgerlicher Rechte, 3. Verbrechen und Vergehen des Widerstandes gegen die Staatsgewalt, 4. Verbrechen und Vergehen wider die öffentliche Ordnung in den Fällen der Paragraphen 124 mit 127, 130 und 141 des StGB, 5. Notzucht, 6. Mord, Todschlag, Raub und Erpressung in den Fällen der Paragraphen 254 und 255 StGB, 7. schwerer Diebstahl, 8. gemeingefährliche Verbrechen und Vergehen nach den Paragraphen 306 bis 308, 311 bis 313, 315, 317, 318a, 321 bis 324 StGB, 9. Verbrechen gegen das Sprengstoffgesetz, 10. die nach Art. 3 dieses Gesetzes strafbarten Handlungen, 11. Begünstigung und Hehlerei, soweit sie sich auf die vorbezeichneten Handlungen beziehen.

Art. 5. Die Zahl, die Sitze und Bezirke der Volksgerichte bestimmt, soweit hierüber der die Einsetzung der Volksgerichte anordnende Beschluß des Gesamtministeriums nichts vorsieht, der Präsident des Oberlandesgerichts.

Art. 6. Die Volksgerichte entscheiden als erkennende Gerichte in einer Besetzung mit fünf Richtern, nämlich mit zwei Berufsrichtern und drei Laienrichtern, als beschließende Gerichte in der Besetzung mit drei Berufsrichtern. [...]

Art. 9. Das Verfahren vor den Volksgerichten bezweckt die rascheste Aburteilung der Beschuldigten. Es ist nicht an die Förmlichkeiten des ordentlichen Strafverfahrens gebunden. [...]

Art. 20. Gegen die Urteile des Volksgerichts gibt es kein Rechtsmittel. Auch die Wiederaufnahme des Verfahrens findet nicht statt.

Art. 21. Begnadigungsgesuche haben keine aufschiebende Wirkung. Todesurteile dürfen aber erst dann vollstreckt werden, wenn der Ministerrat beschlossen hat, von seinem Begnadigungsrecht keinen Gebrauch zu machen.

Art. 22. Die Todesstrafe ist durch Erschießen zu vollstrecken. [...]

Art. 27. Dieses Gesetz tritt am 1. August 1919 in Kraft".

Der Artikel 20 ist ohne Zweifel mit der Absicht zur Abschreckung abgefaßt worden, zeitigte blutige Ernte und erregte heftigen Widerstand in vielen Kreisen auch außerhalb Bayerns. Die Frage, ob das Gesetz über die Einsetzung der Bayerischen Volksgerichte die Reichsverfassung verletze, wurde vom Reichsgericht in seinem Urteil am 1. April 1922 verneint (78).

Die Problematik der Gesetzesvorlage war den darüber beratenden Mitgliedern des bayerischen Landtags nicht entgangen. In der Sitzung des Landtags am 5.Juli 1919 konnten der demokratische Abgeordnete Dr. Dirr und der bayerische Justizminister Dr. Müller (Meiningen) dem Plenum des Landtags von dem Übereinkommen berichten, zu dem sie gelangt waren, das, wie sie glaubten, die Schwierigkeiten des Gesetzesvorschlages beseitige. In der Erklärung Dr. Dirrs heißt es:

„Wir haben unsere Bedenken zurückgestellt, weil die Staatsregierung auf eine von mir gestellte Aufforderung und Bedingung hin ausdrücklich erklärte, daß sie bereit sei, ein gewisses Äquivalent für das fehlende Wiederaufnahmeverfahren durch eine entsprechende Einrichtung des Begnadigungsverfahren zu geben. Ich habe das Verlangen gestellt, daß das Begnadigungsverfahren so eingerichtet werden müßte, daß in allen Fällen, in denen sich auch nur die geringsten Zweifel an der Schuld des Angeklagten ergeben sollten, in eine vollständige Nachprüfung des materiellen Inhalts und des ganzen tatsächlichen Bestandes des Falles eingetreten werden müsse. Wir erreichen damit eine Nachprüfung des ganzen Falles. Stellen sich dann die Zweifel an der Schuld des Angeklagten als berechtigt heraus oder ergibt sich etwa gar die Unschuld des Angeklagten, so muß nicht nur die Begnadigung erfolgen, sondern die Justizbehörden und das Staatsministerium sind dann, ich möchte beinahe sagen, mit Gesetzeskraft gehalten, eine vollständige Rehabilitierung des als unschuldig erkannten Verurteilten herbeizuführen. Also nicht nur eine Begnadigung, sondern durch ausdrückliche Erklärung die Feststellung seiner Unschuld! Diese Feststellung der Justizbehörden muß nach unserer Ansicht die Wirkung haben, die eine Freisprechung hätte, also eine vollständige Rehabilitation des Angeschuldigten herbeiführen. Unter dieser Voraussetzung, die durch eine Erklärung des Herrn Justizministers gestern im Ausschusse nach unserer Auffassung erfüllt worden ist, haben wir auch dem Art. 20 in der Regierungsfassung zugestimmt. Wir erwarten vom Staatsministerium, daß es entsprechend seiner Zusage, die es gestern gegeben hat, und die wohl heute in der Vollsitzung wiederholt werden wird, ausdrückliche Bestimmungen über das Begnadigungsverfahren erlassen wird.“ (79)

Auf diese Erklärung hin entgegnete Justizminister Dr. Müller (Meiningen): „Ich habe entsprechend meiner Zusage gestern im Ausschuß folgende Erklärung abzugeben: Die Begnadigung ist gerade in einem Freistaat dazu bestimmt und geeignet, Härten und Unbilligkeiten bei der Handhabung der Strafrechtspflege auszugleichen. Nach dieser Richtung soll das Begnadigungswesen in Bayern bei der im Staatsministerium der Justiz schon in Angriff genommenen Reform noch weiter ausgebaut und die Begnadigung mehr zu einem Akt der Rechtspflege gemacht werden. Schon bisher sind Begnadigungsgesuche in volks- und staatsgerichtlichen Sachen besonders sorgfältig gewürdigt worden. Ich werde dafür sorgen, daß dies auch in Zukunft geschieht, und zu diesem Zweck anordnen, daß bei der Behandlung der Begnadigungsgesuche in volksgerichtlichen Sachen Einwendungen gegen die Richtigkeit des Urteils gründlich nachgegangen wird und nachträglich aufgetretene Zweifel an der Schuld des Verurteilten, soweit irgendmöglich, aufgeklärt werden. Sollte sich bei der Behandlung solcher Begnadigungsgesuche herausstellen, daß ein Fehlspruch vorliegt, so wird dies in der Begnadigungsentschließung in einer Form zum Ausdruck gebracht werden, die geeignet ist, dem Verurteilten volle Genugtuung zu geben. Es kann dies insbesondere in der Weise geschehen, daß mit dem Erlasse der Strafe auch die Löschung im Strafregister angeordnet und für eine etwa ungerechtfertigte Strafvollstreckung eine angemessene Entschädigung gewährt wird." (80)

Es ist nachträglich kaum zu verstehen, daß die Herren Abgeordneten des Bayerischen Landtags sich mit dem Ausweg des „Begnadigungsverfahren" abgefunden haben. Der Begriff birgt in sich eine Konnotation, die für einen unschuldig Verurteilten kaum annehmbar ist. Wie soll er sich entschließen, ein Gesuch um Begnadigung für ein Vergehen einzureichen, das er gar nicht begangen hat? Waren etwa die Vertreter des bayrischen Volkes im Landtag von der Voraussetzung ausgegangen, die Obrigkeit kann nicht irren und sicher, daß, wenn jemand vom Gericht eines Deliktes wegen angeklagt ist, es dafür schon einen Grund geben wird – nach dem Worte des Patriarchen zum Tempelherrn: „Tut nichts, der Jude wird verbrannt"(81). Die Rechtsprechung beruht zwar auf Gesetzen, die Auslegung dieser, die Beurteilung des Angeklagten und des angeblich von ihm begangenen Verbrechen ist von den politischen Meinungen und den Vorurteilen des Richters, bzw. der Geschworenen nicht immer unbeeinflußt. Unhaltbar jedoch und geradezu grotesk wird die Situation im Falle, wenn Ermittlungs- und Untersuchungsrichter identisch und zusätzlich sogar Präsident des verhandelnden Volksgerichtshofs sind, eine Möglichkeit, die das Gesetz vom 12. Juli 1919 nicht ausschließt. Die Praxis der Volksgerichtshöfe in Bayern ist als derart skandalös empfunden worden, daß das Problem durch den Antrag der Fraktion der Vereinigten Sozialdemokraten schließlich vor einen eigens dafür geschaffenen Unterausschuß des Auswärtigen Ausschusses des Reichstags kam. Es wurde anschließend in einer zweitägigen Debatte in der 372. Sitzung des Reichstages am 2. und 3. Juli 1923 verhandelt.

Der unmittelbare Anlaß dazu war das Fechenbach-Urteil. Fechenbach war persönlicher Sekretär und Vertrauter des Ministerpräsidenten Kurt Eisner, der am 21. Februar 1919 von Graf von Arco erschossen wurde. Fechenbach wurde vom Landgericht München I angeklagt, er habe sich widerrechtlich Dokumente des Ministerium des Äußern angeeignet und mittels ihrer Veröffentlichung Landesverrat begangen. Die Anklage des Landesverrats wurde nicht erhoben, weil Fechenbach erklärte, er habe mit der Veröffentlichung nichts zu tun gehabt. Von der Anklage der Entwendung der

Dokumente wurde er am 16. November 1920 freigesprochen. Er konnte nachweisen, daß sie auf amtlichem Wege und zu amtlicher Benutzung in seinen Besitz gelangt waren, aber wegen der turbulenten Umstände nach dem Morde des Ministerpräsidenten Eisner nicht zurückerstattet werden konnten (82).

Der Freispruch schützte Fechenbach jedoch nicht vor einem zweiten gerichtlichen Verfahren. Am 10. August 1922 wurde er in München in Untersuchungshaft genommen (83) wegen der Beschuldigung, Landesverrat begangen zu haben durch die Veröffentlichung von geheimen Tatsachen, deren Verbreitung dem Staat schädlich waren. Die Ermittlungen und Voruntersuchung wurden von Dr. Hass geführt, der auch Vorsitzender des Volksgerichtshofs München I war, und die Klage gegen Fechenbach vom 3. bis 20. Oktober 1922 führte (84), ihn für schuldig erklärte und zu einer Gesamtstrafe von zehn Jahren Zuchthaus und Verlust der bürgerlichen Ehrenrechte verurteilte (85). Die Klage stützte sich auf den Tatbestand, daß Fechenbach zwischen dem 17. April und 20. April 1919 dem schweizer Journalisten René Payot zwei Geheimdokumente zur Veröffentlichung überlassen hatte, die dieser am 29. April 1919 in der Pariser Zeitung „Le Journal" veröffentlichte, um Deutschland bei den stattfindenden Friedensverhandlungen in Paris zu diskriminieren. Bei einem Dokument handelte es sich um eine von dem katholischen Politiker Matthias Erzberger im September 1914 verfaßte Eingabe an das bayerische Außenministerium (86).

Die Klage bezüglich der Erzbergerschrift wurde im Laufe der Gerichtsverhandlung fallengelassen, da nachgewiesenermaßen diese schon vorher von Eisner bekanntgegeben und am 9. April 1919 in den „Münchener Neuesten Nachrichten" veröffentlicht worden war (87). Das zweite inkriminierende Dokument, das sogenannte Rittertelegramm vom 24.

Juni 1914, dessen Veröffentlichung der offenbare Grund für die Verurteilung Fechenbachs zu der hohen Zuchthausstrafe war, lautete: „Papst billigt scharfes Vorgehen Österreichs gegen Serbien und schätzt im Kriegsfalle mit Russland russische und französische Armee nicht hoch ein. Karsek hofft ebenfalls, daß Österreich diesmal durchhält und wüßte nicht, wann es sonst noch Krieg führen wollte, wenn es nicht einmal eine ausländische Agitation, die zum Morde des Thronfolgers geführt hat und außerdem bei jetziger Konstellation Österreichs Existenz gefährdet, entschlossen ist, mit den Waffen zurückzuweisen. Daraus spricht auch die Angst der Kurie vor dem Panslawismus. Ritter." (88)

Dem Leser fällt wahrscheinlich sofort auf, daß nichts, was das Telegramm des bayerischen Gesandten Ritter beim Vatikan enthält, Deutschland oder Bayern irgendwie hätte implizieren und die außenpolitischen Interessen eines der beiden Länder hinsichtlich der Entente beeinträchtigen können. Diese Tatsache allein erschwert das Verständnis, wie es zu einer Anklage auf Landesverrat hat kommen können, zumal die Publikation die Interessen beider Länder nach dem Krieg überhaupt nicht tangiert.

Eine nähere Prüfung des Telegramms legt es nahe, daß seine undiplomatische Sprache und Abfassung es kaum wahrscheinlich machen, daß der Papst oder sein Kardinal Staatssekretär Merry del Val sich so hätten ausdrücken können. Das Telegramm nennt keinen Namen des Gesprächpartners – umschreibt ihn mit „Karsek" –, noch erwähnt es Datum oder Gelegenheit des Gesprächs, was gegen alle Gepflogenheit diplomatischer Berichterstattung ist.

Dieser Umstand allein macht seinen Inhalt suspekt und stellt seine Glaubwürdigkeit infrage. Das militärische Urteil des Papstes über die russischen und französischen Armeen mag interessant erscheinen, aber kein Generalstabchef irgendeines Landes, das einen Krieg gegen Frankreich oder Russland erwägt, hätte einen Deut auf sein militärisches Urteil über die besagten Armeen gegeben. Die angebliche Meinung des Kardinals ist eher als scharfmacherisch anzusehen und scheint mit der Absicht geäußert worden zu sein, daß sie an die österreichische Adresse gelange. Der letzte Satz, die Gefahr des Panslawismus betreffend, scheint auch für Österreich bestimmt worden zu sein, dessen Grenzen slawische Nationen und Minderheiten umschlossen.

Es ist unwahrscheinlich, daß ein in der Politik erprobter Kardinal wie Staatssekretär Merry del Val, von dem gesagt wird, „er ist der erste der großen Staatssekretäre des 20. Jahrhunderts“, die ihm zugemuteten Äußerungen gemacht hat. Er wurde vom Papst Pius X, kurz nach seiner Wahl, zum Kardinal erhoben. „Pius eröffnete die Reihe der Päpste, die sich bis heute vergebens bemüht haben, zwei Weltkriege zu verhindern, beziehungsweise zu beenden und der Entfaltung der verschiedenen Formen zeitgenössischer Staatstyrannei wirksam zu begegnen. Den ersten Weltkrieg hatte er geahnt.“ (89)

Wie wenig der Vatikan sich von der Veröffentlichung des Telegramms betroffen oder selbst nur berührt fühlte, beweist die Tatsache, daß Ritter nach der Veröffentlichung nicht zur persona non grata erklärt und nach Bayern heimgeschickt wurde, nein, selbst Ende 1924 war Herr Ritter immer noch Gesandter Bayerns beim Vatikan!

Jedenfalls scheint das Telegramm Ritters ausgereicht zu haben, Fechenbach vor ein Volksgericht mit der Anklage zu stellen, Akten oder Informationen, deren „Geheimhaltung einer anderen Regierung gegenüber für das Wohl des Deutschen Reiches oder eines Bundesstaates erforderlich war, dieser Regierung mitgeteilt oder öffentlich bekannt gemacht zu haben“ (90). Darüber hinaus genügte die Anklage auf Grund dieses Telegramms, Fechenbach für schuldig zu erklären und ihn zu zehn Jahren Zuchthaus zu verurteilen.

Die Presse nahm sich sofort dieses Urteils an, das im allgemeinen scharf kritisiert wurde. Die Fraktion der Vereinigten Sozialdemokraten im Reichstag sandte schon am 23. Oktober 1922 an die Reichsregierung eine Interpellation, welche erst am 2. und 3. Juli 1923 zur Besprechung des Reichstags gelangte (91). Selbst der Bayerische Landtag befaßte sich mit dem Fall Fechenbach am 16. und 17. November 1922. Der Justizminister Roth soll bei dieser Gelegenheit sich auf den Artikel 102 der Reichsverfassung: „Die Richter sind unabhängig und nur dem Gesetz unterworfen" berufen und daraus gefolgert haben, deswegen „sei die Kritik eines Gerichtsurteils in der Öffentlichkeit und im Parlament nicht gestattet." (92)

Die Mehrheit der Redner in der Reichstagsdebatte übten Kritik an der Prozeßordnung, an den Verhandlungen und am Urteil des bayerischen Volksgerichts. Der Reichstag nahm den Antrag Nr. 6033 Dr.Bells (Zentrum), an „die Reichsregierung zu ersuchen, die Reform des Strafprozeßrechts möglichst zu beschleunigen, um dadurch die vollständige Rechtseinheit auf strafprozessualem Gebiet für Deutschland herbeizuführen". Dr. Bell begründete seinen Antrag mit dem Hinweis auf die Tatsache: „Vor allem widerspricht es den Grundsätzen der deutschen Strafprozeßordnung, daß der Ermittlungsrichter und der Untersuchungsrichter zugleich auch Mitglied des erkennenden Volksgerichts ist." (93)

Der Konflikt Bayern-Reich über die Gerichtszuständigkeit, die Auslegung der Reichsverfassung und den Vollzug des Republikschutzgesetz es ging jedoch erst in den ersten Monaten des Jahres 1924 zuende. Durch die Bayerische Verordnung vom 27. März 1924 wurden die Volksgerichte in Bayern mit Wirkung vom 1. April 1924 und das Volksgericht München I mit Wirkung vom 15. Mai 1924 aufgehoben (94). Die Aufhebung der Volksgerichte in Bayern bedeutete jedoch nicht die Aufhebung oder Unterbrechung der Zuchthausstrafe, die vom Volksgericht München I über Fechenbach verhängt worden war. Erst Ende 1924 wurde Fechenbach auf Beschluß der bayerischen Regierung aus der Haft entlassen, wobei sie erklärte: „das Gutachten des Obersten Landgerichts habe in erneuter Prüfung die Schuld" des Verurteilten bestätigt (95). Der Strafrest wurde bis zum 1. Oktober 1928 ausgesetzt, dies konnte aber unter Umständen jederzeit widerrufen werden.

Ein Begnadigungsverfahren, und insbesondere das bayerische Begnadigungsverfahren, war weit entfernt von einem im Gesetz vorgesehenen Wiederaufnahmeverfahren. Trotz der Aufhebung der Volksgerichte blieben ihre Urteile rechtskräftig und das Wiederaufnahmeverfahren gegen sie war nicht zugelassen. Im Hinblick darauf brachte die Fraktion der SPD im Reichstag einen Antrag ein, daß die Urteile der bayerischen Volksgerichte nicht sakrosankt seien und Einspruch gegen sie erhoben werden könne. Die Gesetzesvorlage gelangte am 25. Mai 1925 zur zweiten und dritten Beratung des Plenums im Reichstag. Die Gegner der Vorlage argumentierten, daß diese in die angestammten Rechte des Staates Bayern eingreife und seinem Hoheitsstatus widerspeche. Die staatsrechtliche Selbstständigkeit Bayerns sei unantastbar. Letztlich wurde das Gesetz mit einer Stimmenmehrheit von 148 gegen 126 angenommen (96).

Bayern glaubte sich durch dieses Gesetz, Urteile bayerischer Gerichtshöfe durch eine gerichtliche Reichsinstanz überprüfen zu lassen, in seinen Hoheitsrechten verletzt, Es versuchte, dieses Gesetz selbst nach der 3. Lesung im Reichstag noch zu vereiteln.

Das vom Reichstag verabschiedete Gesetz (97) befugt die Reichsgerichtsbarkeit, die Wiederaufnahme der Verhandlungen von Urteilen der bayerischen Volksgerichte anzuordnen. Bei der Entscheidung über die Wiederaufnahme des Verfahrens darf der Richter, der im Volks- oder Standgericht Bayerns über den Angeklagten zu Gericht gesessen und das Urteil gefällt hat, nicht mitwirken. Ebensowenig darf er dem Gerichtsverfahren, vor dem die neuen Verhandlungen stattfanden, als Richter beisitzen. Dieses Gesetz, ohne die Strafprozeßordnung der bayerischen Volksgerichte zu ändern, schaffte eine Abhilfe ihrer Mängel.

Bayern war nach der Annahme des Gesetzes in der 3. Lesung bestürzt, aber nicht verzweifelt. Bayerns Vertreter im Reichsrat war natürlich mit den Paragraphen 53 und 54 der Reichsratsordnung vertraut. Paragraph 53 besagt, daß das vom Reichstag angenommene Gesetz als solches erst veröffentlicht wird, nachdem der Reichsrat es bestätigt, d.h. keinen Einspruch dagegen erhebt. Ein solcher muß innerhalb von zwei Wochen nach der Verabschiedung der 3. Lesung dem Reichstag zugesandt werden. Sind zwei Wochen nach der 3. Lesung im Reichstag ohne den Einspruch des Reichsrats vergangen, wird das Gesetz mit seiner Veröffentlichung im Reichsgesetzblatt rechtskräftig. Der Paragraph 54 beschäftigt sich mit dem Einspruch des Reichsrats. Beschließt dieser den Einspruch, so genügt seine Kenntnisnahme durch den Vorsitzenden des beschließenden Reichsratsplenums – im allgemeinen der Reichsminister des Innern oder sein zuständiger Vertreter – als Zurückweisung des Gesetzes an den Reichstag. Bayern versuchte, die Bedeutung des Gesetzes in der Öffentlichkeit zu bagatellisieren. „Die Bayerische Regierung hat noch keinen Beschluß darüber gefaßt, ob sie von dem Einspruchsrecht beim Reichsrat gegenüber der vom Reichstag, am 25. Mai 1925, beschlossenen Möglichkeiten eines Wiederaufnahmeverfahrens in Bezug auf die bayerischen Volksgerichtsurteile Gebrauch machen solle. Im Übrigen wird in bayerischen Regierungskreisen dem betreffenden Reichstagsbeschluß keine praktische Bedeutung beigemessen. Auf keinen Fall stellt dieser Beschluß nach Ansicht hiesiger zuständiger Stellen eine innerpolitische Belastung in den Beziehungen zwischen Bayern und dem Reiche dar." (98)

Dieser anscheinend absichtlich irreführende Bericht aus München hinderte den Bevollmächtigten Bayerns zum Reichsrat, Herrn von Preger, nicht, schon am nächsten Tag, am 28. Mai 1925, im Reichsratsausschuß den Einspruch gegen das Gesetz über das Wiederaufnahmeverfahren der Volksgerichtsurteile erfolgreich mit acht gegen fünf Stimmen zu erheben. Es kann sich kaum um einen Zufallserfolg von Pregers handeln. Abstimmungen im Reichsrat gingen im allgemeinen gut vorbereitete Absprachen voraus. Auch die Festlegung der Tagesordnung war im allgemeinen nicht eine Angelegenheit des letzten Augenblicks. Bayern brachte in der Ausschußsitzung keine Argumente vor, die nicht bereits im Reichstag vorgetragen worden waren. Sie genügten offenbar, die Mehrheit der Mitglieder im Reichsratsausschuß zu überzeugen, gegen den Beschluß des Reichstags Einspruch zu erheben. Die Vollsitzung des Reichsrats folgte dem Beschluß des Ausschusses und beschloß, gegen den Gesetzentwurf Einspruch zu erheben. (99)

Der „Vorwärts" veröffentlichte am nächsten Tag einen Artikel, der die Bestürzung über den Einspruch des Reichsrats zum Ausdruck brachte und seine Leser informierte, daß die Gegner des vom Reichstag angenommenen Gesetzes behaupten, es gäbe kein praktisches Bedürfnis für eine Wiederaufnahme des Verfahrens gegen Urteile des bayerischen Volksgerichtshofs. Jedoch, so heißt es im Artikel, „sitzen auf Grund von volksgerichtlichen Urteilen 2000 Menschen in den Gefängnissen und Zuchthäusern Bayerns." (100)

Artikel 74 der Reichsverfassung sieht vor, daß der mit Gründen versehene Einspruch des Reichsrats dem Reichstag zur weiteren Beratung und Entscheidung innerhalb von vier Wochen nach der Verabschiedung der Gesetzesvorlage durch den Reichstag vorzulegen ist.

Zur nochmaligen Bestätigung des Gesetzes ist aber eine Zweidrittelmehrheit der Stimmen im Reichstag nötig, die mit aller Wahrscheinlichkeit im vorliegenden Fall nicht zu erbringen war. Badt erwähnt in seinem Nachlaß die tiefe Bedrückung, die ihn nach dem Reichsratsbeschluß ergriff. Er vermutete hinter dem – von ihm – unerwarteten Erfolg Bayerns die lange Hand des Staatssekretärs Weismann. Ob Dr. Weismann in dem Falle Hebammendienst geleistet hat, ist anscheinend nicht beweisbar. Dr. Badt machte sich Gedanken darüber, wie das Gesetz trotz des Einspruchs des Reichsrats zu retten sei. Als Verfassungsrechtler war er sich darüber im Klaren, daß der Einspruch, soll er rechtskräftig werden, innerhalb der in der Verfassung vorgeschriebenen Frist von vier Wochen, der genehmigten Begründung des Reichsratsplenums bedarf. Andererseits, um das Gesetz rechtskräftig zu gestalten, genügt es, daß der Reichsrat beschließt, den Einspruch zurückzuziehen oder nicht zu begründen. Wie war das zu bewerkstelligen innerhalb der kurzen zur Verfügung stehenden Zeit? Auch dafür hatte Dr. Badt eine Antwort, die ihn vielleicht an das gewünschte Ziel bringen konnte. Viele Wege standen ihm damals nicht offen. Er war noch nicht Bevollmächtigter Preußens zum Reichsrat. Ohne die Zustimmung des Ministerpräsidenten für eine Änderung der Haltung Preußens bei einer nochmaligen Abstimmung im Reichsrat und ohne wenigstens einige der Provinzialvertreter Preußens und Vertreter einiger Länder zum Reichsrat dafür zu gewinnen, war ein solches Unterfangen aussichtslos. Dr. Badt verfiel auf die Idee, die öffentliche Meinung für diesen Fall einzusetzen. Der praktische Weg dazu war gar nicht einfach.

In der kurzen ihm zur Verfügung stehenden Zeit, Tag und Nacht arbeitend, verfaßte er etwa 25 Zeitungsartikel gegen die „Ungeheuerlichkeit" des Einspruchs des Reichsrats, der das Reichsgesetz für die Wiederaufnahme des Verfahrens gegen Urteile der Volksgerichte Bayerns gefährdete. 25 Zeitungsartikel mußten aus verschiedenen Aspekten und mit immer wieder neuen Begründungen geschrieben werden, um den Eindruck zu erwecken, sie seien von 25 verschiedenen Autoren in allen Teilen Deutschlands verfaßt und veröffentlicht worden. Dieses gelang ihm mit Hilfe seines Freundes Dr. Goslar, der über weitverzweigte Beziehungen zur Presse verfügte. Die Artikel erschienen in Zeitungen in allen Teilen Deutschlands, von „Ostpreußen über Schlesien, Brandenburg, bis zur Rheinprovinz. Diese Artikel wurden, wie es damals in der Presseabteilung des Preußischen Staatsministeriums üblich war, sorgfältig herausgeschnitten, aufgeklebt und jeden Morgen in einer blauen Mappe dem Ministerpräsidenten vorgelegt". Die Artikel erschienen anonym, und es war, nach Badts Meinung, unmöglich, hinter diesen nur einen Verfasser zu vermuten, oder einen Verfasser zu verdächtigen. Braun, dem die Mappe täglich überreicht wurde, mußte also in jenen Tagen bei der Lektüre dieser Artikel den Eindruck gewinnen, daß sich in weiten Kreisen Preußens die Erregung gegen den, für sie unverständlichen, Einspruch ihrer Regierung gegen das Gesetz verbreite.

Folgender Artikel, der im „Vorwärts", am 13. Juni 1925 anonym veröffentlicht wurde, trägt eindeutig den Stempel Dr. Badts: „Das ‚Versehen' des Reichsrats. Sein Einspruch gegen das Wiederaufnahmeverfahren. Gegen das vom Reichstag nach langem Hin und Her auf sozialdemokratischen Initiativantrag hin beschlossene Gesetz, durch das die Wiederaufnahme des Verfahrens gegen die Urteile der bayerischen Volksgerichte ermöglicht werden sollte, ist im Reichsratsausschuß und danach in der öffentlichen Vollsitzung des Reichsrats Einspruch einzulegen beschlossen worden.

Eine stichhaltige Begründung für diesen Einspruch kann nicht gegeben werden und ist bis heute zu geben auch nicht einmal versucht worden.

Welchen Weg gibt es, diesen Einspruch ungeschehen zu machen und damit dem vom Reichstag beschlossenen Gesetz zur Wirksamkeit zu verhelfen? Artikel 74 der Reichsverfassung schreibt vor, daß der Einspruch binnen vier Wochen nach der Beschlußfassung des Reichstags begründet werden muß. Wird eine solche Begründung nicht gegeben, so wird der Einspruch nachträglich unwirksam und das Gesetz ist nunmehr verkündungsreif. Nun muß über die Begründung des Einspruches in öffentlicher Reichsratssitzung Beschluß gefaßt werden. Diese Beschlußfassung ist unseres Wissens noch nicht erfolgt. Es ist also noch Zeit, hier das frühere ,Versehen' wieder gut zu machen. Wenn alle deutschen Länder, die die Erhebung des Einspruchs an sich für unrichtig halten, nunmehr geschlossen gegen jede Art der Begründung eines solchen Einspruchs stimmen, ist der Einspruch gefallen.

Nehmen wir an, daß es sich bei dem Einspruchsbeschluß wirklich um ein ,Versehen' handelt. Es ergab sich nämlich damals in der öffentlichen Sitzung vom 28. Mai, daß außer Preußen insgesamt 17 Stimmen anderer deutschen Länder gegen den Einspruch waren. Preußen selbst stimmte zum großen Befremden aller nicht mit. Nachträglich erklärt der ,Amtliche Preußische Pressedienst' das damit, daß in einer Vorbesprechung der preußischen Reichsratsmitglieder einige Vertreter der preußischen Provinzen dem Stimmführer erklärt hatten, sie würden für den Einspruch stimmen. Bekanntlich werden ja die Preußen im Reichsrat zustehenden 26 Stimmen zur Hälfte durch die preußische Staatsregierung, zur anderen Hälfte durch die 13 Vertreter der preußischen

Provinzen abgegeben. Offenbar wollte also der preußische Stimmführer vermeiden, daß in einer öffentlichen Sitzung des Reichsrats das peinliche Schauspiel eines Auseinanderfallens der preußischen Stimmen gegeben würde; lediglich aus diesem Grunde beteiligte er sich anscheinend überhaupt nicht an der Abstimmung. Das war ein taktischer Fehler. Eine einfache Überlegung zeigt, daß wenn auch nur vier Stimmen von dreizehn Provinzen mit der preußischen Staatsregierung gestimmt hätten, daß dann der Einspruch gefallen wäre; denn die Mehrheit von 66 beträgt 34. Hätte also der preußische Stimmführer als erster das Gewicht der 13 Regierungsstimmen gegen Einspruch in die Waagschale geworfen und es dann dem einzelnen Provinzialvertreter überlassen, die Verantwortung für das Nichtzustandekommen des Gesetzes ihrerseits zu übernehmen, wir zweifeln nicht daran, daß dann mindestens vier, wahrscheinlich aber weit mehr Provinzialvertreter ihm gefolgt wären.

Aber noch ist es – wie gesagt – nicht zu spät. Der preußische Stimmführer muß jetzt die Initiative ergreifen und das, was damals versäumt ist, jetzt wieder gutmachen.

Man wende nicht ein, aus Gründen der Loyalität müsse der einmal Überstimmte sich der Mehrheit fügen, und da nun einmal der Einspruch beschlossen sei, müsse auch die Begründung beschlossen werden. Das mag für andere Fälle richtig sein, ist aber hier ein Trugschluß, weil eine wirkliche Mehrheit im Reichsrat für den Einspruch gar nicht vorhanden ist. Es handelt sich also lediglich darum, nunmehr die wahre Meinung der Mehrheit des Reichsrats dadurch zur Geltung zu bringen, daß in der vermutlich zu Beginn der nächsten Woche stattfindenden öffentlichen Vollsitzung des Reichsrats alle diejenigen, die gegen den Einspruch sind, auch ihre Stimmen gegen die etwa vorgeschlagene Begründung abgeben.

Geschieht das, dann fällt der Einspruch ins Leere, dann kann das vom Reichstag beschlossene Gesetz endlich verkündet werden, dann bietet sich endlich ein Weg, Fechenbach und den anderen Opfern der bayerischen Volksgerichte den Makel zu nehmen, den ein Haßgericht ihnen angehängt hat."

Badts Schritte scheinen über seine Zeitungsartikel hinausgegangen zu sein. Der kommunistische Landtagsabgeordnete Pieck brachte am 16. Juni im Landtag einen Urantrag (Drucksache Nr. 694) ein mit der dringlichen Bitte, diesen bereits auf die Tagesordnung des nächsten Tages, 17. Juni, zu setzen. Einer solchen Bitte kann nur dann stattgegeben werden, wenn ihr von keiner Seite im Haus widersprochen wird. Niemand im Landtag widersprach dieser Bitte, obschon ein anderer Antrag Piecks (Drucksache Nr. 616), der schon längere Zeit vorher eingebracht worden war und das Erschiessen eines Arbeiters in Teltow betraf, vom Haus abgelehnt wurde.

Der Urantrag auf Drucksache (Nr. 694) lautet: „Im Reichsrat ist am 28. Mai dieses Jahres Einspruch gegen das vom Reichstag beschlossene Gesetz über die Wiederaufnahme des Verfahrens gegenüber Urteilen der bayerischen Volksgerichte erhoben worden.

Die Mehrheit für diesen Beschluß wurde dadurch herbeigeführt, daß auf Veranlassung des preußischen Stimmführers, des Staatssekretärs Weismann, die preußischen Stimmen sich an der Abstimmung nicht beteiligten und zwar deshalb nicht, weil unter den preußischen Vertretern keine Übereinstimmung über das vom Reichstag beschlossene Gesetz vorhanden war. Es ist aber sicher, daß mit Hilfe der für das Gesetz stimmenden preußischen Vertreter eine Mehrheit für das Gesetz sich ergeben hätte. Da nach Zeitungsmeldungen am Donnerstag, den 18. Juni, die Abstimmung im Reichsrat über die Begründung des Einspruchs erfolgen soll und damit sich die Möglichkeit der Korrektur der ersten Abstimmung bietet, beantragt die Fraktion der kommunistischen Partei: ‚Das Staatsministerium wird ersucht, den preußischen Stimmführer im Reichsrat zu beauftragen, dafür zu sorgen, daß möglichst alle preußischen Vertreter gegen die Begründung und für die Aufhebung des Einspruchs stimmen.'" Der Antrag wurde von der Mehrheit des Hauses angenommen (101).

Die von Dr. Badt unternommenen Schritte waren nicht wirkungslos geblieben. Das Staatsministerium Preußens beauftragte seinen Bevollmächtigten zum Reichsrat, Ministerialdirektor Dr. Nobis, im Namen Preußens die Nichtbegründung des Einspruchs zu beschließen. Als der Tag zur Begründung des Einspruch kam, hatte Dr. Badt bereits für einen weiteren wichtigen Verbündeten im Reichsrat gesorgt, dem er damals noch nicht angehörte. Es war sein Vorgesetzter im Preußischen Innenministerium, Ministerialdirektor Dr. Meister, der spätere Staatssekretär des Ministeriums und danach Senatspräsident beim Obersten Verwaltungsgericht. Dr. Meister gewann durch Badt die Überzeugung, daß der Einspruch ein großes Unrecht verlängere und versprach ihm aktive Unterstützung. Er ließ sich von ihm als seinen persönlichen Berichterstatter zu jener Reichsratsitzung begleiten, um ihm die Möglichkeit zu geben, seine Meinung zu äußern. Als ihm das Wort erteilt wurde, führte Dr. Badt u.a. aus, daß Preußen zwar dem Einspruch im Reichsrat nicht zugestimmt hatte, inzwischen aber zur Einsicht gelangt war, daß dieser ein bestehendes Unrecht und die Möglichkeit von nicht wiedergutzumachenden Fehlurteilen auf lange Zeit verlängere. „Preußen sei daher – (die Ermächtigungen zu den folgenden Ausführungen hatte sich Badt vorher von seinen Vorgesetzten geben lassen) – der Meinung, daß man diesen unglückseligen Einspruch entweder zurücknehmen oder mindestens durch eine Nichtbegründung wirkungslos machen sollte."

In der am 18. Juni stattgefundenen Sitzung des Reichsrats brachte der Berichterstatter, Ministerialrat Schäfer, namens der Ausschüsse VII und III mündlich die beschlossene Begründung dieser für den Einspruch des Reichsrats vom 28. Mai gegen den Gesetzentwurf des Reichstags.

„Gegen das Gesetz sind verfassungsrechtliche Bedenken erhoben, weil die bayerischen Volksgerichte vor dem Inkrafttreten der neuen Reichsverfassung auf Grund des früheren vertragsmäßigen Rechtes Bayerns, den Ausnahmezustand für Bayern selbstständig zu regeln, eingesetzt und durch Artikel 178 Abs. 2 der Reichsverfassung in ihrer vollen bisherigen Rechtseigenschaft aufrecht erhalten worden seien; die bezüglichen bayerischen Bestimmungen könnten daher nicht nachträglich mit rückwirkender Kraft durch ein einfaches Reichsgesetz geändert werden.

Ausschlaggebend waren jedoch für den Reichsrat bei Einlegung seines Einspruchs politische Bedenken.

Die Reichsregierung hat nämlich im August 1922 die schriftliche Zusage gegeben, daß das Reich die Hoheitsrechte der Länder nicht unter Abänderung der verfassungsmäßigen Zuständigkeiten des Reichs an sich ziehen, weiter, daß es von seinem in der Reichsverfassung bereits begründeten, aber noch nicht ausgeschöpften Zuständigkeiten nicht ohne Not und, soweit möglich, nicht ohne Zustimmung des Reichsrats Gebrauch machen werde.

Diese Erklärung haben die damaligen, die Reichsregierung tragenden Koalitionsparteien des Reichstags (Sozialdemokraten, Zentrum, Demokraten) gebilligt.

Die Bayerische Regierung betrachtet es für einen unter Verletzung dieser Zusagen erfolgenden Eingriff in ihre Justizhoheit, wenn nunmehr das Reich die Zuständigkeit zur Regelung des Wiederaufnahmeverfahrens gegen die Urteile der bayerischen Volksgerichte an sich ziehen würde. Denn selbst wenn das fragliche Gesetz nicht als verfassungsänderndes zu erachten wäre, so sei doch eine dringende Notwendigkeit zu einer ergänzenden gesetzlichen Regelung nicht gegeben, und zwar schon um deswillen nicht, weil die Volksgerichte bereits seit über einem Jahr zu bestehen aufgehört hätten. Dieser Auffassung hat der Reichsrat Rechnung getragen und deshalb den Antrag Bayerns auf Einlegung des Einspruchs zugestimmt ..."

Es folgte für viele eine Überraschung, als der Stimmführer Preußens, Ministerialdirektor Dr. Nobis, auftragsgemäß diese Begründung zurückwies und die Nichtbegründung des Einspruchs beantragte. Die Pressekampagne und der vom Landtag angenommene Beschluß hatten den Vertreter Bayerns bereits unsicher gemacht. Die Debatte über die Einspruchsbegründung versprach nichts Gutes. Aber er faßte allen Mut zusammen und führte aus: „Namens der Bayerischen Staatsregierung bitte ich Sie, den gestellten preußischen Antrag auf Zurückziehung des Einspruchs abzulehnen und dem Ausschußbeschlusse beizutreten. Es ist meines Erachtens ein ungewöhnlicher Vorgang und trägt nicht dazu bei, das Ansehen des Reichsrats zu mehren, wenn er einen vor drei Wochen formgerecht gefaßten Beschluß wieder umstößt, ohne daß die Sachlage sich irgendwie geändert hat. Denn ich kann darin, daß eine gewisse Presse zur Zurückziehung des Beschlusses aufgefordert oder daß der Preußische Landtag einem kommunistischen Antrag entsprechend einen dahingehenden Beschluß gefaßt hat, eine Änderung der Sachlage nicht erblicken. Die Gründe, die damals für die Erhebung des Einspruchs maßgebend waren, sind vom Ausschußreferenten schon in der Plenarsitzung des Reichsrats vom 28. Mai vorgetragen worden, und sind nunmehr in der von der Mehrheit des Ausschusses beschlossenen Begründung niedergelegt; sie bestehen unverändert auch heute noch fort. Sie gehen in der Hauptsache dahin, daß das Versprechen, das seinerzeit im Jahre 1922 der Bayerischen Regierung von der Reichsregierung mit Zustimmung der damaligen Koalitionsparteien gegeben worden ist, nämlich nicht ohne Not in die Justizhoheit Bayerns einzugreifen, gehalten werden müsse. Ich bitte deshalb das Plenum des Reichsrats, nicht Beeinflussungen von außen her sich zugänglich zu zeigen, sondern auf seinem vor drei Wochen als recht erkannten Standpunkt zu verharren und den preußischen Antrag abzulehnen ." (102)

Es kam zur Abstimmung über den Antrag Preußens auf Nichtbegründung und Zurückziehung des Einspruchs, der mit 38 gegen 26 Stimmen und zwei Enthaltungen angenommen wurde.

Fechenbachs Bemühen auf Wiederaufnahme seines Verfahrens hatte endlich Erfolg. Im Dezember 1926 hob das Reichsgericht das Fehlurteil des Volksgerichts München I gegen ihn auf.

Das Auftreten Badts im Reichsrat hatte für ihn ein unangenehmes Nachspiel. Der enttäuschte Bevollmächtigte Bayerns beschwerte sich beim Preußischen Staatsministerium, daß Dr. Badt in seiner Reichsratsrede etwas gesagt hatte, was als Verletzung bayerischer Hoheitsrechte angesehen werden könnte. Staatssekretär Weismann, an den die Beschwerde zuerst gelangte, war geneigt, Dr. Badt ein Disziplinverfahren anzuhängen , das ihn in seiner Beamtenlaufbahn sicherlich nicht gefördert hätte. Dr. Weismann trug die Angelegenheit dem Ministerpräsidenten Braun vor, der in diesem Falle gegen seinen Staatssekretär entschied.

VI.
„ZOLA“ IM STEIGERPROZESS

Das Eingreifen Dr. Badts in den Steigerprozeß fällt ungefähr in das Jahr seines Wirkens für die Wiederaufnahme von Gerichtsverhandlungen Verurteilter des Volksgerichtshof in Bayern. In beiden Fällen geht es um die Wiedergutmachung von erlittenem oder zu erleidendem Unrecht durch ein Gericht, das den Angeklagten anscheinend bereits verurteilt hat, bevor der Prozeß begonnen hat.

Der Steigerprozeß fand in Lemberg, Polen, statt. Was hatte Dr. Badt, der zum Zeitpunkt der Ereignisse Ministerialrat im Preußischen Ministerium des Innern und Mitglied des Preußischen Landtags war, überhaupt damit zu tun? Er wird darüber selbst Antwort geben, in einem von ihm verfaßten und veröffentlichten Artikel nach dem Freispruch des Angeklagten Steiger (103).

Im Hintergrund des in Lemberg begangenen Verbrechens lag der Wunsch der großen ukrainischen Minderheit Polens zur Selbständigkeit und Eigenstaatlichkeit, die sie nach dem Ersten Weltkrieg, zwischen 1918 und 1919 kurz genossen und daraufhin von einer geheimen Militärorganisation mittels Terror angestrebt wurde. Der im Jahre 1922 gewählte Präsident Polens, Professor Gabriel Narutowicz, erlag im selben Jahr einem gegen ihn gerichteten Mordanschlag. Der auf ihn folgende Präsident Stanislaw Wojciechowski war den Ukrainern ein neuer Opferkandidat. Badt schreibt:

„Als am 5.September 1924 in Lemberg eine Bombe gegen den Wagen des polnischen Staatspräsidenten Wojciechowski geschleudert wurde, eine Bombe, die glücklicherweise nicht explodierte, da wurde als angeblicher Täter, lediglich auf die Aussagen einer hysterischen Ballettänzerin hin, eines Fräulein Pasternack, der jüdische Student Stanislaus Steiger festgenommen. Er wurde vor ein Standgericht gestellt, sein Schicksal schien besiegelt. Schon stand die Exekutivabteilung bereit, um sogleich nach Fällung des Urteils die Todesstrafe zu vollstrecken. Der Sarg war schon beschafft. Da, im letzten Augenblick, stimmte einer der vier Richter mit ‚Nein'. Die übrigen drei bejahten die Schuldfrage. Da das Standgericht Todesurteile nur einstimmig fällen kann, mußte der Prozeß dem Schwurgericht überwiesen werden. Warum verweigerte der vierte Richter seine Zustimmung zum Todesurteil? Schon im September 1924 waren an die Lemberger Tageszeitung ‚Chwila' zwei Briefe einer geheimen ukrainischen Militärorganisation zur Weiterleitung an das Gericht geschrieben worden, in denen behauptet war, der Täter sei in dieser Organisation zu suchen, das Attentat sei als politische Demonstration gegen die Unterdrückung der ukrainischen Bevölkerung durch die Polen gedacht gewesen.

Diese Briefe mußte man beachten. Bei dem angeblichen Täter Steiger war irgendein Motiv für seine Tat schlechterdings nicht zu entdecken. Nach übereinstimmenden Aussagen aller Zeugen war Steiger ein stiller, in sich gekehrter Mensch, er hatte sich nie mit Politik befaßt. Ihm, als einem überzeugten Pazifisten, lag jeder terroristische Akt vollkommen fern. Er hatte nur ein Verbrechen begangen, er war Jude und nicht nur das, er bekannte sich zu seinem Judentum, er war Mitglied der zionistischen Vereinigung Makabi. Für den Staatsanwalt bedeutete dieses Bekenntnis freilich fast schon einen Schuldbeweis. Er leistete sich vor dem Standgericht das unvergeßliche Geständnis: ‚Man hat hier während der Verhandlung eine Frage gestellt, aus welchen Gründen das Attentat vollbracht worden ist. Das weiß ich nicht, und ich will auch nichts davon wissen.' Es sagte der hohe Beschädigte, daß es nicht in seiner Absicht liegt, den konzentrierten Kreis des Verbrechens zu verbreitern. Das heißt ins Deutsche übersetzt: Das politische Interesse Polens erfordert es, daß das Bestehen einer Organisation mit revolutionären Zielen geleugnet wird. Keine ukrainische Organisation, ein einzelner Jude sollte es sein.

Während der Untersuchungshaft war versucht worden, von dem unglücklichen Steiger durch Schläge und Mißhandlungen ein Geständnis zu erpressen. Es war vergebens. Je länger die Untersuchung dauerte, desto mehr Menschen begannen zu glauben, daß Steiger unmöglich der Täter sein konnte. Angesehene polnische Juristen, aber auch die Leiter der Polizei in Warschau und Lemberg, schließlich sogar der frühere polnische Innenminister Hübner äußerten sich in diesem Sinne. Aber alles das prallte an der vorgefaßten Meinung des Untersuchungsrichters und der Lemberger Kriminalpolizei ab. Mit einer Handbewegung gingen sie über diese Bedenken hinweg.

Über die Briefe des ‚ukrainischen obersten Rates' ging man hinweg, weil nach den Berichten der Polizeibehörde ‚bis jetzt in der ganzen politischen Bewegung die Tätigkeit irgend einer revolutionären Militärorganisation nichts gezeigt habe, was zur Behauptung berechtigt, daß eine solche Organisation (...) besteht'.

Dabei wußte schon damals in Lemberg jeder, der sich auch nur oberflächlich mit den Verhältnissen in dem polnisch gewordenen Teile der Ukraine befaßt hatte, daß eine solche Militärorganisation nicht nur bestand, sondern daß sie auch äußerst aktiv war, daß die zahlreichen Attentate auf Staatseigentum, die Sprengungen von Brücken und öffentlichen Gebäuden auf diese Organisation zurückzuführen waren, daß auch das Attentat auf den früheren Staatspräsidenten Pilsudski,das gleichfalls in Lemberg geschehen war, von diesem Kreise beschlossen und ausgeführt worden ist. Das wußten alle. Nur der Staatsanwalt wollte und durfte nichts davon wissen.

Es mehrten sich die Dinge, von denen man nichts wissen wollte. Eines Tages entdeckte nämlich einer der Verteidiger in den umfangreichen Gerichtsakten ein ganz unscheinbares Blatt, das bisher auch der Aufmerksamkeit der übrigen Verteidiger entgangen war. Das geschah kurz vor der Eröffnung der Verhandlung im Oktober 1925. Das Blatt enthielt den Bericht eines Polizeiagenten über ein Geständnis, das ein Ukrainer Namens Olczanski schon vor Jahresfrist beim Überschreiten der deutschen Grenze vor der Polizeibehörde in Beuthen abgelegt hatte. Olczanski hatte dort zum erstenmal seine Tat eingestanden. Er bat, ihm das Asylrecht zu gewähren. Dieser Bitte sei entsprochen worden. Olczanski habe sich nach Berlin gewendet, wo er sich aufhalte. Was hatte nun der Untersuchungsrichter während der ganzen Zeit der Voruntersuchung auf diesen Bericht hin unternommen? Er hatte sich damit begnügt, daß er auf diesen Polizeibericht folgenden Vermerk setzte: ‚Ein Ukrainer namens Olczanski war z.Zt. des Attentates in Lemberg nicht polizeilich gemeldet.‘ Auf Grund dieses Vermerks, der ja natürlich die Täterschaft des O. vollkommen ausschloß, wurde dieser Bericht ‚zu den Akten‘ geschrieben.“ (104)

Der Prozeß gegen den Angeklagten Steiger begann am 12. Oktober 1925 vor dem Lemberger Schwurgericht. Einundsechzig Zeugen und Sachverständige waren zum Prozeß geladen. Am Tage der Eröffnung des Prozesses meldeten sich im Büro Dr. Badts zwei Herren, die ihn dringend zu sprechen wünschten. Einer der beiden Herren war Dr. Badt gut bekannt. Es handelte sich um Dr. Alfred Klee, Gründer der Jüdischen Volkspartei in Berlin, nachmals Vorsitzender der

Zionistischen Vereinigung in Deutschland und der Schwiegervater Dr. Hans Goslars, ein Kollege und Freund Dr. Badts. Der andere Herr war Dr. Badt unbekannt, Herr Israel Waldmann, ein ukrainischer Jude und Nationalist, der enge Beziehung zur ukrainischen Nationalbewegung unterhielt. Anscheinend waren dem Besuch bei Dr. Badt fruchtlose Versuche Waldmanns vorangegangen, die ukrainischen Nationalisten zu bewegen, die Verantwortung für den Mordanschlag gegen den polnischen Staatspräsidenten öffentlich zu übernehmen. Sein nächster Versuch, das Lemberger Schwurgericht über die Identität des Mörders und über die Motive seines Mordanschlags aufzuklären, mißlang ebenfalls (105).

Klee und Waldmann wollten Dr. Badt, den Landtagsabgeordneten, sprechen, in der Hoffnung, er könnte vielleicht einen Weg finden, um einen Justizmord des Schwurgerichts in Lemberg zu vermeiden. Waldmann erzählte alles, was er über das versuchte Attentat auf den polnischen Präsidenten, seine Hintergründe und über den mutmaßlichen Attentäter wußte. Die Nachforschungen Badts bestätigten die Angaben Waldmanns und veranlaßten ihn, am 17. Oktober 1925 eine „Kleine Anfrage" an die Adresse des Preußischen Staatsministeriums im Landtag einzubringen. Die „Kleine Anfrage" trägt die Nummer 580 und lautet: „Am 12. Oktober d. Js. hat in Lemberg der Prozeß wegen des am 5. September 1924 begangenen Bombenattentats gegen den polnischen Staatspräsidenten begonnen. Dieses Verfahren droht zu einem zweiten Dreyfus-Prozeß zu werden, wenn nicht rechtzeitig die in Frage kommenden preußischen Behörden dasjenige, was ihnen nach meinen Informationen über die Person des wirklichen Attentäters bekannt sein soll, zur Kenntnis der Öffentlichkeit und damit auch des Lemberger Gerichts bringen.

Angeklagt wegen des Attentats ist der Student Steiger, der jedoch mit dem Attentat nach der Auffassung hervorragender Juristen nicht das mindeste zu tun hat, sondern lediglich sich damals zufällig in der Zuschauermenge befunden hat. Wie ich Zeitungsberichten entnehme, sollen auch der frühere polnische Innenminister Hübner und bedeutende Warschauer Sicherheitsbeamte von der völligen Unschuld Steigers überzeugt sein.

Der wirkliche Täter ist ein Ukrainer namens Theophil Olczanski (Olszanzki), der von einem ukrainischen Militärkomitee für diese Tat bestimmt worden ist und sie auftragsgemäß ausgeführt hat.

Theophil Olczanski hat, wie sich aus einem bei den Akten des Lemberger Gerichts befindlichen Bericht ergeben soll, am 2. Oktober 1924 die deutsche Grenze in Beuthen überschritten und ist dabei von den deutschen Grenzposten angehalten worden. Bei seiner Vernehmung hat er, wie ich Zeitungsberichten entnehme, sich offen zu dem Attentat bekannt und dieses Geständnis glaubhaft gemacht. Er war im Besitz einer größeren Geldsumme und gab an, nach Berlin zu reisen, wohin ihn ein dortiger Freund eingeladen hatte. Nach telegraphischer Rückfrage in Berlin sollen der Weiterreise nach Berlin keine Schwierigkeiten in den Weg gelegt worden sein. Olczanski soll darauf vom 15. Oktober 1924 ab in Berlin ordnungsmäßig gemeldet gewesen sein und hier als politischer Flüchtling das Asyl für sich in Anspruch genommen haben; wegen des unbefugten Grenzübertritts soll er lediglich mit einer geringen Geldstrafe belegt worden sein.

Ich frage das Staatsministerium: 1. Wieviel von dem vorstehend geschilderten Sachverhalt ist preußischen Polizeibehörden bekannt geworden? 2. Ist Veranlassung genommen worden, diese Kenntnis an die polnische Staatsregierung weiterzuleiten, und wann ist das geschehen? 3. Ist beabsichtigt, falls die zu 2. erwähnte Weiterleitung bisher noch nicht oder nur unvollkommen erfolgt sein sollte, sie mit tunlichster Beschleunigung nachzuholen, damit in Lemberg nicht inzwischen ein Unschuldiger zum Tode verurteilt, damit ferner vermieden wird, daß Unterlassungen preußischer Polizeibehörden für den Ausgang dieses zweiten Dreyfus-Prozesses mitverantwortlich gemacht werden? Berlin, den 17. Oktober 1925."

Es ist anzunehmen, daß Dr. Badt seinen Innenminister über das Gerichtsverfahren und die „Kleine Anfrage" unterrichtet und ihn um Beschleunigung der Beantwortung wegen der Dringlichkeit der Angelegenheit gebeten hat. Die Antwort Severings trägt das Datum vom 20. Oktober 1925, bestätigt die Aussagen Waldmanns und fügt eine Reihe von wichtigen Einzelheiten hinzu, die mindestens teilweise in den Gerichtsakten des Schwurgerichts in Lemberg vermerkt waren. Im Wortlaut der Antwort des Innenministers heißt es (106): „Zu 1: Die auf Grund der ‚Kleinen Anfrage' angestellten Ermittlungen haben folgenden Sachverhalt ergeben: Am 3.Oktober 1924 nachmittags wurde der Student Theophil Olczanski, geboren nach seiner Angabe am 17. März 1905 in Chyrow (Polen), ukrainischer Staatsangehöriger, wegen unbefugten Grenzübertritts durch Beamte des Polizeiamts Beuthen (Oberschlesien) festgenommen und eingeliefert.

Bei seiner polizeilichen Vernehmung am gleichen Tage hat O. erklärt und durch eigenhändige Namensunterschrift bestätigt, daß er aus Polen geflüchtet sei, weil er vor einigen Wochen an einem Freitag nachmittag gegen 3 Uhr ein Attentat auf den polnischen Staatspräsidenten Wojczechowski in Lemberg verübt habe. Er habe auf den am Mariatzkyplatz in Lemberg vorbeifahrenden Staatspräsidenten eine Bombe geworfen. Den Auftrag hierzu habe er von der ukrainischen Organisation (Ukrainska-Wischkowa-Organisatia) erhalten. Gleichzeitig machte O. genaue Angaben über eine Reihe von Personen, die ihm bei seiner Flucht aus Polen behilflich gewesen seien. Bei seiner gerichtlichen Vernehmung hat O. in der öffentlichen

Sitzung des Amtsgerichts Beuthen am 4. Oktober 1924 diese Angaben vor dem Richter wiederholt. Das Gericht hat sein Geständnis für glaubhaft erachtet und O. wegen unbefugter Grenzüberschreitung zu einer Gefängnisstrafe von 2 Wochen und zu den Unkosten des Verfahrens verurteilt. Es wurde ihm Strafaussetzung bis zum 1. Oktober 1926 unter der Bedingung gewährt, daß er alsbald eine Geldbuße von 30 Reichsmark bezahlte. Bei der Bemessung der Strafe hat das Gericht als strafmildernd berücksichtigt: ‚seine Jugend, sein Geständnis, ferner daß er durch Vorlegung von Ausweispapieren seine Person glaubhaft ausgewiesen habe, und daß er ein politischer Flüchtling sei'. O. hat sich am 15. Oktober 1924 in Berlin unter Vorlage einer Bescheinigung des Amtsgerichts Beuthen des Inhalts, daß er politischer Flüchtling sei, ordnungsmäßig angemeldet. Seine Berliner Adresse hat er alsbald dem Amtsgericht Beuthen mitgeteilt.

Am 2.September 1925 hat O. sich von Berlin nach Marienburg abgemeldet. Von Marienburg ist er wieder nach Berlin abgemeldet, ohne jedoch bisher in seine frühere Wohnung zurückgekehrt zu sein. Die Ermittlungen nach seinem gegenwärtigen Aufenthaltsort sind noch nicht abgeschlossen.

Zu 2 und 3: Ob der vorstehend geschilderte Sachverhalt zur Kenntnis der zuständigen polnischen Behörden gebracht worden ist, ist gegenwärtig noch Gegenstand von Ermittlungen. Unabhängig davon habe ich jedoch im Hinblick auf das in der Anfrage erwähnte Verfahren gegen den Studenten Steiger in Lemberg das Auswärtige Amt gebeten, den zu 1.geschilderten Sachverhalt mit tunlichster Beschleunigung zur Kenntnis der zuständigen polnischen Dienststellen zu bringen. Severing."

Die „Kleine Anfrage" erregte Mißvergnügen in den Reihen der Deutschnationalen Volkspartei, deren Vertreter im Landtag, Herr Dallmer, am 20. Oktober mit einem kleinen

Hieb auf den Beamten Badt an die Adresse des Preußischen Ministeriums des Innern die Kleine Anfrage Nr. 584 richtete: „Der Abgeordnete Dr. Badt sagt in der kleinen Anfrage Nr. 580 (Drucksache Nr. 1297): ‚... wenn nicht rechtzeitig die in Frage kommenden preußischen Behörden dasjenige, was ihnen nach meinen Informationen über die Person des wirklichen Attentäters bekannt sein soll ...'

Aus dem weiteren Inhalt geht hervor, daß er die preußischen Polizeibehörden meint. Herr Abgeordneter Dr. Badt ist Ministerialrat im Ministerium des Innern, dem die Polizeibehörden unterstehen.

Ich frage das Staatsministerium: Hält das Preußische Ministerium des Innern es für richtig, wenn einer seiner Beamten seine Informationen über dem Ministerium unterstellte Behörden auf diese Weise zur Kenntnis des Ministeriums bringt? Berlin, den 20. Oktober 1925." (107)

Severings Antwort im Landtag ließ nicht lange auf sich warten. Sie wurde am 26. Oktober 1925 an den Präsidenten des Preußischen Landtags gesandt und vielleicht im Bewußtsein, daß das Problem über die Zuständigkeit des Ministerium des Innern hinausgehe, wurde eine Abschrift der Antwort an den Ministerpräsidenten Otto Braun zur Kenntnisnahme weitergeleitet. Die Antwort ist kurz und lautet (108): „... Es trifft nicht zu, daß der Ministerialrat Dr. Badt ‚Informationen über dem Ministerium unterstellte Behörden' lediglich durch die Kleine Anfrage Nr. 580 ‚zur Kenntnis des Ministeriums' gebracht hat.

Dr. Badt hat vielmehr, unmittelbar nachdem ihm in seiner Eigenschaft als Landtagsabgeordneter gewisse Informationen zugegangen waren, diese unverzüglich an die zuständigen Dienststellen weitergeleitet."

Das Auswärtige Amt in Berlin, der dringlichen Bitte des Preußischen Ministerium des Innern Folge leistend, ließ die

Akten der polnischen Justizbehörde auf dem schnellsten Wege zukommen und schickte ihr auf Wunsch zusätzlich einen Auszug aus den Akten des Beuthner Gerichtes (109). Über den Fortgang der Affäre berichtet Badt weiter:

„Unbegreiflicherweise setzte sich das Lemberger Gericht über diese Selbstbeschuldigung Olczanskis hinweg und lehnte eine Reihe von Beweisanträgen der Verteidigung, die seine Täterschaft einwandfrei dartun mußten, schlankweg ab. Das Gericht bekundete dadurch eine großzügige Nichtachtung der preußischen Polizei- und Gerichtsbehörden, indem es durchblicken ließ, diese Behörden seien offenbar auf den Schwindel irgendeines Menschen hereingefallen, der sich durch solche Angaben das Asylrecht in Deutschland sichern wolle. Das Gericht ging sogar soweit, in einem weiteren Beschluße zu verkünden, daß die Angelegenheit Olczanski für das Verfahren gegen Steiger ohne jede Bedeutung sei. Als wäre garnichts dazwischen gekommen, wurden Tag für Tag und Woche auf Woche die von dem Staatsanwalt benannten Zeugen vernommen, die Steigers Schuld beweisen sollten. Da waren angeblich in der Dachkammer einer früher von ihm bewohnten Wohnung Handgranaten gefunden worden, deren chemische Zusammensetzung ähnlich der der vorgefundenen Reste der Sprengbombe gewesen sein sollen. Da erschien plötzlich eine neue Zeugin Viktoria Ledel, von der niemand vorher etwas gewußt hatte und die gleichfalls beschwor, daß Steiger die Bombe geworfen habe. Der Hauptbelastungszeugin, der Balletteuse Pasternack, wurde allerdings eine Reihe unangenehmer Widersprüche nachgewiesen. Während sie sich in dem ersten Verfahren vor dem Landgericht recht unbestimmt geäußert hatte, insbesondere nichts davon gesagt hatte, daß sie gesehen habe, wie Steiger die Bombe warf, schilderte sie nun die Ausführung des Wurfes in allen Einzelheiten. Während sie früher mehr mit Mutmaßungen geantwortet hatte (... natürlich war es der Jude ... Wer anders als ein Jude wirft denn sonst Bomben?‘) beschwor sie jetzt sogar, daß sie gesehen habe, wie Steiger die Bombe aus der Brusttasche seines Mantels gezogen und gegen den Wagen des Staatspräsidenten geworfen habe. Daß der Mantel Steigers, wie sofort nachgewiesen war, gar keine Brusttasche hatte, irritierte sie dabei wenig, irritierte aber auch – und das war weit schlimmer – anscheinend auch einen Teil der Geschworenen nicht. Überhaupt zeigte es sich immer mehr, daß die Hetze der polnischen Presse auf einen Teil der Geschworenen nicht ohne Eindruck geblieben, man mußte allen Ernstes damit rechnen, daß hier ein viel entsetzlicherer Dreyfus-Prozeß mit der Verurteilung eines Schuldlosen enden würde.“ (110)

Nun aber besann sich die ukrainische Organisation, die Ukrainska-Wischkowa-Organisatia, welche Olczanski mit dem Attentat beauftragt hatte, und erkannte, daß sie keinen politischen Gewinn aus der Angelegenheit erzielen konnte, wenn der Angeklagte Steiger des Attentates überführt werden würde.

Das Attentat sollte ja den Ukrainern und den Polen beweisen, daß die Ukrainska-Wischkowa-Organisatia existiert und aktiv ist, und politische Morde nicht scheuend, ihre Forderungen durchzusetzen gedenkt. Zu diesem Zwecke aber mußte dem Lemberger Schwurgericht klar und deutlich bewiesen werden, daß der wirkliche Attentäter aus ihren Reihen kommt.

Badt selbst hatte häufiger in Berlin Führer der ukrainischen Bewegung gesprochen und sie auf diesen Punkt aufmerksam gemacht. Er schreibt: „Gegen Ende November meldete sich schließlich Olczanski freiwillig beim Berliner Polizeipräsidium und legte hier nochmals ein eingehendes Geständnis ab, gab eine genaue Schilderung der Vorgeschichte des Attentates, seiner Beweggründe und aller Einzelheiten der Ausführung, daß, wie es am Schluße des amtlichen Berichtes des Polizeipräsidiums heißt, jeder Zweifel an der Täterschaft Olczanskis ausgeschlossen sein mußte. Das Preußische Ministerium des Innern hat die Übersendung dieses Geständnisses an das Lemberger Gericht derart beschleunigt, daß es bereits am Tage nach dem Eingang beim Ministerium durch Vermittlung des Auswärtigen Amtes der Berliner polnischen Gesandtschaft überreicht war. Wenige Tage darauf wurde es in Lemberg verlesen. Und trotz der überzeugenden Darstellung des wirklichen Täters wollte die Lemberger Staatsanwaltschaft auch über dieses neue Geständnis zur Tagesordnung übergehen. Die polnische Presse verbreitete das Märchen, man habe das Geständnis Olczanskis für 60.000 Dollar gekauft. Die Verteidiger sahen sich genötigt, das Gericht um Schutz wegen der ihnen täglich zugehenden Drohbriefe zu bitten. Auch die Geschworenen erhielten Briefe mit Todesandrohung für den Fall der Freisprechung Steigers und ein Zeuge, der für Steiger günstig ausgesagt hatte, wurde auf der Straße von antisemitischen Studenten überfallen und mißhandelt". (111)

Das Urteil wurde schließlich am 20. Dezember 1925 erteilt. Von den zwölf Geschworenen haben nur acht den Mut gehabt, den Angeklagten Steiger von aller Schuld frei zu sprechen, vier Geschworene haben sich anscheinend durch öffentlichen Druck von der angeblichen Schuld des jüdischen Angeklagten überzeugen lassen (112).

Die öffentliche Meinung, wie nicht selten in ähnlichen Fällen in der Vergangenheit, war von der Schuld des jüdischen Angeklagten überzeugt und reagierte auf seinen Freispruch in einer nicht ganz unbekannten Weise: Sie inszenierte einen kleinen Judenpogrom.

VII.
DIE LEX BADT

Badt hat sein Wirken für das Gesetz der einheitlichen Abgabe der preußischen Stimmen im Reichsrat, von ihm „lex Badt“ genannt, als eine seiner wichtigsten staatspolitischen Leistungen im Landtag angesehen. Worum ging es dabei?

Der Artikel 61 der Reichsverfassung bestimmt, daß kein Land des Reichs mit mehr als zwei Fünftel der Stimmen des Reichsrats in diesem vertreten sein kann. Die Verfassung wollte damit vermeiden, daß Preußen, das größte und zahlenmäßig stärkste Land des Reichs – Preußen besaß ungefähr zwei Drittel der Reichsbevölkerung –, von vornherein die Stimmenmehrheit im Reichsrat besitze.

Der Artikel 63 der Reichsverfassung beschränkte die Staatsregierung Preußens bezüglich der Beschickung der Bevollmächtigten Preußens zum Reichsrat. Die Regierungen der Länder bestimmten ihre Vertreter im Reichsrat. Die Regierung Preußens hingegen konnte nur dreizehn Bevollmächtigte zum Reichsrat ernennen, während die übrigen 13 Vertreter Preußens zum Reichsrat von den 13 Provinzialverwaltungen der preußischen Provinzen bestellt wurden. Insgesamt hatte Preußen 26 von 66 Bevollmächtigten im Reichsrat. Der Artikel 63 der Reichsverfassung hat viele Jahre die Staatsregierung Preußens und den Preußischen Landtag mit der Frage beschäftigt, ob ein preußisches Gesetz zur Sicherung einer einheitlichen Stimmabgabe der preußischen Vertreter im Reichsrat nach Maßgabe dieses Artikels zulässig sei oder nicht.

Dieser Artikel lautet: „Die Länder werden im Reichsrat durch Mitglieder ihrer Regierungen vertreten. Jedoch wird die Hälfte der preußischen Stimmen nach Maßgaben eines Landesgesetzes von den preußischen Provinzialverwaltungen bestellt.

Die Länder sind berechtigt, so viele Vertreter in den Reichsrat zu entsenden wie sie Stimmen führen." (113)

Die Ausführungsbestimmungen des Absatz 1, Satz 2 des Artikels 63 wurde im preußischen „Gesetz über die Bestellung von Mitgliedern des Reichsrats durch die Provinzialverwaltungen" am 3. Juni 1921 erlassen (114).

Jeder Provinzialvertreter besaß freies Stimmrecht und konnte nach Gutdünken, ohne Rücksicht auf die Politik und das Interesse der preußischen Staatsregierung, über die Abgabe seiner Stimme verfügen. Das freie Stimmrecht der Vertreter der Provinzialvertreter war im Paragraphen 8 der preußischen Verfassung vom 3. Juli 1921 gewährleistet. Manche der Provinzialvertreter im Reichsrat verstanden vielleicht nicht, was von ihnen erwartet wurde, oder kümmerten sich wenig um das Staatsinteresse Preußens oder waren vielleicht mehr daran interessiert, ihre Unabhängigkeit zu postulieren und stimmten nach Belieben.

Praktisch hatte das Staatsministerium Preußens direkten Einfluß nur auf die 13 Stimmen der Staatsregierung, besaß also im Reichsrat kaum mehr Einfluß als Bayern, das über 11 Stimmen verfügte.

Im Hinblick auf die traditionelle Rivalität zwischen Bayern und Preußen war die Position des letzteren im Reichsrat im Vergleich zu seiner Bedeutung im Reich wesentlich schwächer.

Der Einfluß der Staatsregierung Preußens auf die Provinzialvertreter im Reichsrat war nicht vorhanden bis unbedeutend, es sei denn, daß der Provinzialvertreter über seine

Parteiführer beeinflußbar war. Der Vertreter der Provinz im Reichsrat wurde einmal in vier Jahren für vier Jahre vom Provinzialausschuß gewählt und war für diese Zeit quasi souverän. Er war keinem Rechenschaft schuldig und konnte für seine Stimmabgabe von keinem zur Rechenschaft gezogen werden – vielleicht mußte er manchmal auf die Partei schielen, die ihn bei der Wahl unterstützt hatte, aber im Grunde bestimmte er selbst, wie er im gegebenen Moment zu einem Problem im Reichsrat Stellung nahm und stimmte.

Die Frage der einheitlichen Stimmabgabe Preußens im Reichsrat beschäftigte die Staatsregierung und den Landtag Preußens. Dr. Badt, sozusagen der „Büchsenspanner Preußens im Landtag", versuchte diesen zu bewegen, ein Gesetz zu erlassen, das die Stimmabgabe aller Vertreter Preußens im Reichsrat im Sinne der von der Staatsregierung festgelegten Politik regelte. Während der Jahre seiner Mitgliedschaft im Landtag arbeitete er unermüdlich daraufhin, glaubte sich häufig dem Ziele nahegekommen zu sein, aber erreichte es nie. Nachdem er aus dem Landtag schied, blieb dieses ein offenes Problem, bis er selbst eine praktische Lösung, die sogenannte „lex Badt" fand, und mit Erfolg nutzte.

Die erste offizielle Erwähnung Badts zu dem Problem, so weit sie anscheinend dokumentarisch belegbar ist, geschah in der 250. Sitzung des Preußischen Landtags. In der Fortsetzung der 2. Beratung über den Haushalt des Preußischen Staatsministeriums für das Rechnungsjahr 1923 verkündete der Präsident Leinert am 9. Juni 1923 u.a. den Eingang eines „Entschließungsantrages (Drucksache Nr. 5563) der Abgeordneten Limbertz (Essen), Heilmann (Berlin), Dr. Badt, Dr. Bredt, Drewitz, Holzamer, Ladendorff und Genossen" mit folgendem Wortlaut: „Der Landtag wolle beschließen: das Staatsministerium zu ersuchen, mit tunlichster Beschleunigung einen Gesetzentwurf vorzulegen, der unter Abänderung des Gesetzes über die Bestellung von Mitgliedern des Reichsrats durch die Provinzialverwaltungen vom 3. Juni 1921: a) die einheitliche Abgabe der preußischen Stimmen in den Vollversammlungen des Reichsrats gewährleistet; b) Vorsorge trifft, daß durch die Stimmabgabe der gewählten Mitglieder die wirkliche Stellungnahme der Provinzen zutreffender als bisher zum Ausdruck kommt, so daß insbesondere die gewählten Mitglieder sich nicht dauernd in Widerspruch zu ihrem Wahlkörper setzen können." (115)

Von den genannten Abgeordneten gehörten Bredt, Drewitz und Ladendorff der Wirtschaftspartei und nicht der SPD an. Es mag darauf hingewiesen werden, daß auch die DVP für eine einheitliche Stimmabgabe Preußens im Reichsrat war. Ihr Abgeordneter Dr. Wiemer führte in der obigen Sitzung aus: „Auch uns befriedigt der heutige Zustand nicht, und das Durcheinander und Gegeneinander, das hier mitunter hervortritt ..., ist sicherlich kein erwünschter Zustand. Ob ein Landesgesetz eine Besserung schaffen kann – ein solches ist im Hauptausschuß empfohlen worden –, mag zweifelhaft sein. Die Frage kann erwogen werden. Aber jedenfalls ist es doch unbedingt notwendig, für eine einheitliche Stimmabgabe zu sorgen. Es kann nicht geduldet werden, daß der preußische Einfluß im Reichsrat durch Auseinanderfallen der preußischen Stimme geschmälert wird." (116)

Die Crux des Problems in den vielen Debatten im Landtag, die sich über viele Jahre erstreckten, war anscheinend das Bestreben der Rechtsparteien, zumindest seit 1923, die Stimmabgabe der Provinzialvertreter zum Reichsrat vom Staatsministerium unabhängig zu wissen, wahrscheinlich in der Absicht, Preußens Gewicht im Reichsrat herabzusetzen. Die offizielle Begründung wurde mit dem Artikel 63 der Reichsverfassung gegeben. Immer wieder kam zum Ausdruck, so auch vom Vertreter der Deutschnationalen Volkspartei (DNVP), Gräf (Anklam), daß „die Reichsverfassung ausdrücklich vorschreibt, daß die provinziellen Reichsratsvertreter nach ihrer eigenen Auffassung stimmen können", und daher sei es unmöglich, „die einheitliche Stimmabgabe dieser Vertreter landesgesetzlich fest(zu)legen ..." (117)

Die Erklärung Dr. Wiemers (DVP), daß „eine einheitliche Abgabe der preußischen Stimmen in der Vollversammlung des Reichsrats ... unbedingt geboten" sei, wurde durch den Zwischenruf des Abgeordneten Gräf (Anklam) unterbrochen: „Nur durch Änderung der Reichsverfassung!" Wie immer wieder von diesem und anderen Abgeordneten betont wurde, handelte es sich um den Artikel 63 Abs. 1 der Reichsverfassung. Zum Teil stützten sich die Meinungen dieser Herren auf Erklärungen Dr. Preuß', der in der verfassungsgebenden Nationalversammlung in Weimar zum Ausdruck gebracht haben sollte, „bei einer einheitlichen Abgabe der preußischen Stimmen im Reichsrat würden die Tendenz und die Absicht des Artikels 63 in ihr Gegenteil verkehrt". Der Redner führte noch aus, daß Artikel 63 der Reichsverfassung ausdrücklich lautet: „die Hälfte der preußischen Stimmen" und nicht etwa „die Hälfte der preußischen Vertreter". Das schien ihm dafür zu sprechen, „daß auch wirklich die Hälfte der preußischen Stimmen im Reichsrat durch Vertreter abgegeben werden müßten, die von den Provinzialverwaltungen bestimmt worden seien". Soweit der Abgeordnete der Deutsch-Nationalen Volkspartei (118). „Ein bereits mehrfach erwähnter Mitunterzeichner des Antrags" – offenbar Dr. Badt – erwiderte: „... Im übrigen sei ja durch Artikel 63 der Reichsverfassung in den Worten – nach Maßgabe eines Landesgesetzes- ausdrücklich auf die Möglichkeit einer landesgesetzlichen Regelung hingewiesen worden." (119)

Die Lektüre dieser Debatten im Landtag ist unbefriedigend. Sie gibt keine Antwort auf die Frage: hören die Abgeordneten überhaupt einander zu oder hören sie weg, damit sie besser aneinander vorbeireden können? Der Artikel 63 Abs.1 der Reichsverfassung ist einfach formuliert und enthält nichts Unverständliches. Er sei hier noch einmal zitiert: „Die Länder werden im Reichsrat durch Mitglieder ihrer Regierungen vertreten. Jedoch wird die Hälfte der preußischen Stimmen nach Maßgabe eines Landesgesetzes von den preußischen Provinzialverwaltungen bestellt." Darüber hinaus besagt der zweite Satz des Artikels 63, Abs.1 der Reichsverfassung nichts. Er verweist auf ein diesbezügliches Landesgesetz, das der Landtag Preußens am 3. Juni 1921 erließ, das bereits erwähnte „Gesetz über die Bestellung von Mitgliedern des Reichsrats durch die Provinzialverwaltungen". Staatssekretär Erich Zweigert, im Namen des Reichsinnenministers, weist in seiner Antwort vom 2. September 1921 an die Ortsgruppe Kiel des Schleswig-Holsteiner Bundes darauf hin: „Die Gestaltung des Stimmrechts der von preußischen Provinzialverwaltungen bestellten Mitglieder des Reichrats im Rahmen des Artikels 63 der Reichsverfassung ist nach der Reichsverfassung eine innere Angelegenheit Preußens." (120)

Diese Antwort des höchsten Beamten im Reichsinnenministerium ist klar und eindeutig. Sie spricht – abweichend von der Formulierung des Artikels 63 der Reichsverfassung – nicht von „preußischen Stimmen", denen Abgeordneter Gräf (Anklam) eine besondere Deutung zum Unterschied von den „preußischen Vertretern" beilegt. Sie sagt präzise „die Gestaltung des Stimmrechts der von den preußischen Provinzialverwaltungen bestellten Mitglieder des Reichsrats ... ist nach der Reichsverfassung eine innere Angelegenheit Preußens."

Preußen hat die Bestellung der Provinzialvertreter zum Reichsrat – wie bereits mehrfach erwähnt – im Gesetz vom Juni 1921 geregelt. Nur Paragraph 8, Abs. 2 dieses Gesetzes nimmt Bezug auf die Stimmabgabe der gewählten Mitglieder, d.h. der Provinzialvertreter. Absatz 2 sagt wörtlich: „In den Vollsitzungen des Reichsrats steht den gewählten Mitgliedern freies Stimmrecht zu; jedoch sollen die Gegenstände der Tagesordnung vorher zwecks Herbeiführung einheitlicher Stimmabgabe in gemeinschaftlicher Beratung der bestellten und der gewählten Mitglieder beraten werden." Den gewählten Mitgliedern ist freies Stimmrecht im Plenum des Reichsrats zugesichert. Dieses freie Stimmrecht – wenigstens im Wortlaut des Gesetzes – ist durch nichts und niemanden beschränkt, weder durch die Staatsregierung noch durch den Provinzialausschuß. Anscheinend sind – das Gesetz schweigt darüber – die Provinzialvertreter niemandem unterstellt noch können sie für ihre Haltung zur Verantwortung gezogen oder für die Dauer ihrer Amtszeit abgesetzt werden. Allerdings spricht Paragraph 6, Abs. 1 von einem „nachträglichen Eintritt eines Ausschließungsgrundes", ohne diesen näher zu präzisieren. Im Prinzip scheint also die Absetzbarkeitsmöglichkeit gegeben zu sein, wenn ein „Ausschließungsgrund" vorliegt.

Der Nachsatz des Paragraphen 8 Abs. 2 stellt den Grundsatz auf, daß „zwecks Herbeiführung einheitlicher Stimmabgabe in gemeinschaftlicher Beratung der bestellten und der gewählten Mitglieder beraten werden" soll. Liegt in dieser Bestimmung eine Empfehlung oder Verpflichtung?

Das aufgezeichnete Problem ist von grundlegender Bedeutung und hat im Landtag keine Lösung gefunden, wie uns scheint, aus widerstrebenden politischen und nicht objektiven Gründen (121).

Wie sind die Verhandlungen im Landtag verlaufen? Als Dr. Badt am Montag, den 11. Juni 1923, das Wort erhielt, erinnerte er das Plenum des Landtags daran, daß ein ähnlicher wie der vorliegende Antrag Nr. 5563 bereits im Jahre

1921 vom Abgeordneten der DVP, von Eynem, eingebracht und vom Abgeordneten der DNVP, Dr. Kries, sekundiert worden war: „Für uns ist der Gedanke unerträglich, daß Preußen sich im Reichsrat selbst totstimmen könnte. Wir sind der Auffassung, daß es mit dem Einheitsstaate Preußen auf die Dauer vollständig unvereinbar ist, wenn die Stimmen Preußens im Reichsrate unterschiedlich abgegeben werden können ..."(122)

Gräf (Anklam), Abgeordneter der DNVP, erwiderte darauf, daß seine Parteifreunde im Jahre 1921 die Bestellung von Provinzialvertretern prinzipiell abgelehnt hatten und nicht die einheitliche Stimmabgabe Preußens im Reichsrat. Er erinnerte ferner an die Aussagen des Ministerpräsidenten Braun im Hauptausschuß, „daß es fast immer gelungen sei, in den Vorbereitungen der von der Regierung bestellten und von den Provinzen gewählten Reichsratsmitglieder eine einheitliche preußische Stimmabgabe zu erzielen." Ein Gesetz scheint überflüssig zu sein, der Antrag selbst steht dem Sinne der Reichsverfassung zuwider, da sie „ausdrücklich vorschreibt, daß diese provinziellen Reichsratsvertreter nach ihrer eigenen Auffassung stimmen können", und deshalb darf „die einheitliche Stimmabgabe dieser Vertreter landesgesetzlich" nicht festgelegt werden (123). Leider hat Gräf (Anklam) versäumt anzugeben, wo die Reichsverfassung dies festlegt.

Scheinbar vergaß Herr Gräf (Anklam) seinen Landtagskollegen mitzuteilen, daß Ministerpräsident Braun, nach seiner Aussage im Ausschuß, zu dem Problem in der Landtagssitzung vom 22. Juni 1923 noch einmal Stellung genommen hat, in der er zusätzlich zu seiner geäußerten Meinung im Ausschuß ausführte: „Nun ist neuerdings in einer politisch nicht unwichtigen, wirtschaftlich sogar sehr bedeutenden Frage ein Auseinanderfallen der preußischen Stimmen zutage getreten. In diesem Fall zeigt es sich, daß diejenigen, die mit aller Gewalt und unter teilweiser Vergewaltigung der tatsächlichen Verhältnisse die Einheit des Reichs anstreben wollten und dazu einen Schritt zu tun glaubten, das Verkehrteste getan haben, was sie eigentlich im Sinne ihrer Forderungen hatten tun können. Was hat man erreicht? Dadurch, daß man die selbstständige Provinzialvertretung für den Reichsrat durch die Reichsverfassung geschaffen hat, hat man den Einfluß Preußens im Reichsrat noch mehr geschwächt, als er ohnehin schon durch die Reichsverfassung geschwächt worden war. Es kann jetzt dahin kommen, wie der Vorgang zeigt, daß auch in wichtigen Fragen die preußischen Stimmen dadurch, daß sie sich aufheben, vollkommen ausgeschaltet werden, und daß damit der Einfluß Preußens im Reichsrat vollständig eliminiert wird. Derartiges führt nicht zur Vereinheitlichung des Reiches, sondern führt sicherlich zu einer noch viel größeren Zerrissenheit und Unklarheit im Staatsleben." (124)

Dr. Badt stellte in seiner Entgegnung fest, daß der Parteifreund Gräfs (Anklam), Dr. von Kries, in der bereits erwähnten Sitzung vom 11. Mai 1921 erklärt hatte, in Anlehnung an die Darlegung des demokratischen Abgeordneten Koch, daß die einheitliche Stimmabgabe Angelegenheit des preußischen Landesgesetzes sei.

Änderungsvorschläge über die Bestellung von Mitgliedern des Reichsrats durch die Provinzialverwaltung sind im Landtag häufig eingereicht und verhandelt worden. Es ging dabei nicht immer um die gemeinsame Stimmabgabe der Vertreter Preußens. Wie im Gesetzentwurf vom 24. Mai 1923, Drucksache Nr. 6217, handelte es um winzige Änderungen des Paragraphen 10 des Gesetzes vom 3. Juni 1921, die durch administrative Entwicklungen notwendig wurden. In diesem Falle hatte der Verfassungsausschuß des Landtags die kleine Änderung in diesem Paragraphen, die Worte „ein gemeinsamer Provinzialausschuß besteht“, durch die Worte „eigene Provinzialausschüsse nicht gebildet sind“, ersetzen zu lassen, zwar empfohlen, aber die Mehrheit des Plenums stimmte für die Rückverweisung des Gesetzentwurfs an den Verfassungsausschuß.

Die Fraktion der Deutschen Volkspartei brachte am 2. Januar 1924 einen Gesetzentwurf (Nr.7426) ein, der einen einzigen, aber bedeutenden Paragraphen enthielt, und zwar die Aufhebung des Paragraph 8, Abs. 2: „In den Vollsitzungen des Reichsrat steht den gewählten Mitgliedern freies Stimmrecht zu: jedoch sollen die Gegenstände der Tagesordnung vorher zwecks Herbeiführung einheitlicher Stimmabgabe in gemeinschaftlicher Beratung der bestellten und gewählten Mitglieder beraten werden!“ Die Landtagsgremien beschäftigten sich mit der Vorlage; die Verhandlungen darüber wurden – wie gewöhnlich in politisch geladenen Entwürfen – dem Verfassungsausschuß überwiesen.

Der Versuch jedoch, die einheitliche Abstimmung der Vertreter Preußens im Reichsrat zu sichern, wurde fortgesetzt. Wir gehen wahrscheinlich nicht fehl in der Vermutung, daß der spiritus rector eines neuen Gesetzentwurfes, der nur eine scheinbar unbedeutende „Änderung“ enthält, Dr. Badt sein muß. Der Gesetzentwurf Nr. 192 vom 2. Februar 1925 lautet: „Der Landtag hat folgendes Gesetz beschlossen: Einziger Artikel. Paragraph 10 des Gesetzes über die Bestellung von Mitgliedern des Reichsrats durch die Provinzialverwaltungen vom 3. Juni 1921 (Gesetzs. S. 379) und in Paragraph 1 Abs. 2 des Gesetzes die Worte ‚unbeschadet der Vorschrift des Paragraph 10‘ werden gestrichen.“

Selbst die Begründung ist entwaffnend einfach. Die Absicht des Gesetzes, so heißt es in der Begründung, ist sehr beschränkt und bezieht sich lediglich auf jene Provinzen, die

1921, zur Zeit der Gesetzverkündung, sich „in der Neu- oder Umbildung befanden ... Die Streichung des Paragraphen 10 bedeutet ... hinsichtlich der Provinz Grenzmark Posen-Westpreußen nur die Beseitigung einer inzwischen inhaltlos gewordenen Bestimmung. Hinsichtlich der Provinzen Ober- und Niederschlesien hat sie aber die materielle Bedeutung, daß an Stelle des beiden Provinzen gemeinsamen Provinzialausschußes mit dem Inkrafttreten des Gesetzes als Wahlkörper die Einzelprovinzialausschüsse zuständig werden." (125)

Am 9. Mai 1925 kam es zur ersten Beratung des Gesetzentwurfs. Nur Dr. Badt meldete sich zu Wort. Er führte aus, daß der Gesetzentwurf bereits zwei Jahre vorher zum ersten Mal auf der Tagesordnung, aber wegen Landtagsauflösung nicht zur Erledigung gekommen war. Ein Grund für die Verzögerung lag in der Tatsache, daß seine politischen Freunde der Ansicht waren und sind, „daß es nicht genügt, nur den Paragraph 10 zu ändern, sondern daß dieses Gesetz über die Bestellung von Mitgliedern des Reichsrats durch die Provinzialverwaltungen auch in einigen anderen wesentlichen Punkten abänderungsbedürftig ist." Er beantragte die Überweisung des Gesetzentwurfs an den Verfassungsausschuß. Diesem Antrag wurde widerspruchslos stattgegeben (126).

Die Beratung des Gesetzentwurfs im Verfassungsausschuß des Landtags fand am 21. und 24. September 1925 statt. Als Vorsitzender des Verfassungsausschuß amtierte der Abgeordnete der Deutschnationalen Volkspartei Gräf (Anklam) und als Berichterstatter Dr. Badt. Letzterer wies darauf hin, daß der Ausschuß die Kompetenz besitze, Paragraphen zu behandeln, die im Änderungsentwurf nicht angezeigt sind, aber dem Ausschuß als änderungsbedürftig erscheinen. Er erinnerte an den Antrag – Drucksache Nr. 5563 –, der am 9. Juni 1923 eingebracht und in der Ausschußsitzung des Landtags vom 14. Juni 1923, in seinem Hauptpunkte – die einheitliche Abgabe der preußischen Stimmen im Reichsrat zu gewährleisten – angenommen worden war. In der weiteren Beratung wurde ein Antrag des Zentrums, daß der vorliegende Gesetzentwurf nicht erweitert werde, mit Simmenmehrheit abgelehnt (127).

Das Ergebnis der zweitägigen Beratungen im Verfassungsausschuß war in der Hauptsache die Annahme des Gesetzentwurfes vom 2. Februar 1925, der die Drucksachennummer 192 trägt. Es lagen noch 2 weitere Änderungsanträge vor, die erst am 1. Dezember 1925 im Ausschuß zur Verhandlung kamen. Den Antrag Nr. 1. hatten die Sozialdemokraten zur Änderung des Gesetzes vom 3. Juni 1921 eingebracht. Dieses waren ihre Vorschläge: „1. Paragraph 2 Abs. 2 erhält folgende Fassung: Jeder Wahlkörper wählt in einem Wahlgange ein Mitglied und ein stellvertretendes Mitglied zum Reichsrat. Die Wahl erfolgt nach den Grundsätzen der Verhältniswahl. 2. Paragraph 6 erhält folgenden Abs. 3: (3) In Fällen vorübergehender Behinderung ist jedes Mitglied verpflichtet, mit der Vertretung seinen gewählten Stellvertreter oder eines der vom Staatsministerium bestellten Mitglieder zu beauftragen. 3. Paragraph 8 erhält folgende Fassung: (1) Die Vorschläge über die Richtung der Stimmabgabe im Reichsrat werden zwischen den bestellten und den gewählten Reichsratsmitgliedern vorberaten. (2) Kommt hierbei eine Einigung nicht zustande, so hat jedes der gewählten Mitglieder das Recht, eine nochmalige Beratung des Gegenstandes mit dem Staatsministerium zu verlangen. (3) In den Ausschüssen des Reichsrats führt ein vom Staatsministerium bestimmtes Mitglied die Stimme Preußens. (4) In den Vollsitzungen des Reichsrats werden die Stimmen Preußens gemäß der Entscheidung der Vorberatung einheitlich durch ein vom Staatsministerium bestimmtes Mitglied abgegeben. Jedem gewählten Mitglied steht hierbei das Recht zu, seine von dem

Beschluß der Vorberatung abweichende Stellungnahme im Reichsrat bekanntzugeben."

Antrag Nr. 2 stammte von der Deutschnationalen Volkspartei: „1. Nach Paragraph 6 wird folgender Paragraph 6a eingefügt: ‚Paragraph 6a Im Fall der Behinderung ist jedes Mitglied verpflichtet, mit seiner Vertretung den gewählten Stellvertreter zu beauftragen. Nur wenn auch dieser verhindert ist, oder zu einer einzelnen Sitzung nicht zeitig genug kommen kann, ist das Mitglied berechtigt, seine Vertretung einem beliebigen anderen Mitglied des Reichsrats zu übertragen. 2. Nach Paragraph 7 wird folgender Paragraph 7a eingefügt: Paragraph 7a. Jeder Ausschuß- und Vollsitzung des Reichsrats geht eine gemeinsame Sitzung aller preußischen Mitglieder des Reichsrats vorher. Kommt in dieser keine Einigung über eine einheitliche Abgabe der preußischen Stimmen zustande, so hat jedes gewählte Mitglied des Reichsrats das Recht, eine nochmalige Beratung des Gegenstandes mit dem Staatsministerum zu verlangen. 3. Im Paragraph 8 Abs. 1 der zweite Satz zu streichen." (128)

Die nächste Beratung des Landtags über den Gesetzentwurf zur Änderung des Gesetzes über die Bestellung von Mitgliedern des Reichsrats durch die Provinzialverwaltungen fand am 16. Dezember 1925 statt. Es lagen die Anträge des Verfassungsausschusses und zusätzlich drei Änderungsanträge vor. Dr. Badt, der Berichterstatter, berichtete ausführlich über die im Ausschuß behandelten Anträge und Beschlüsse.

Der Zentralpunkt seiner Ausführungen war die Frage, „ob es möglich ist, durch ein preußisches Gesetz die Abgabe aller 26 preußischen Stimmen sicherzustellen" (129). Die Mehrheit des Ausschusses sah im Artikel 63 der Reichsverfassung kein Hindernis für die Annahme eines entsprechenden preußischen Gesetzes. Dr. Badt empfahl die Annahme der Ausschußanträge.

Dr. Lauscher, Abgeordneter des Zentrums, führte aus, daß die Schwierigkeit der Änderung des Gesetzes im Artikel 63 der Reichsverfassung liege, der den Provinzen die selbstständige Stimmenabgabe im Reichsrat zugestehe. Dr. Badt wies an Hand der Entstehungsgeschichte des Artikels 63 auf, daß die Absicht der Verfassungsväter offenbar falsch interpretiert worden ist. Ursprünglich lautete die Fassung des Artikels: „Die Länder mit Ausnahme von Preußen werden im Reichsrat durch Mitglieder ihrer Regierungen vertreten." In der Endfassung sind die Worte „mit Ausnahme von Preußen" eliminiert worden. Das könnte doch nur bedeuten, daß auch Preußen im Reichsrat durch Mitglieder der Regierung vertreten sein sollte, implizit bedeutete das, daß die Vertreter der Provinzen im Reichsrat als „Mitglieder der Regierung" angesehen waren. Letzten Endes handelte es sich doch um die Vertretung Preußens und um ihre Stimme im Reichsrat, um die prävalente Meinung Preußen und nicht um die einer beliebigen Provinz. Wenn Preußen im Reichsrat als Land vertreten ist, müssen ihre Bevollmächtigten zum Reichsrat zur Verantwortung gezogen werden können. In der obwaltenden Situation könnten jedoch die 13 Provinzialvertreter im Reichsrat den Beschluß von 450 Abgeordneten im Landtag bei der Abstimmung im Reichsrat ignorieren, ohne daß man sie zur Verantwortung ziehen könne. Die Provinzen schienen wenig Interesse an den Vollsitzungen des Reichsrats zu haben. Von den gewählten Mitgliedern der Provinzen hätten im Jahre 1925 nur etwa 25 Prozent an diesen teilgenommen.

Die preußische Staatsregierung könne nur dann für die Haltung Preußens im Reichsrat vom Landtag verantwortlich gemacht werden, wenn sie „die Kontrolle" über die 26 Stimmen Preußens im Reichsrat besitze. Es sollten die provinzialen Mitglieder des Reichsrat die gleichen Rechte wie die bestellten Mitglieder des Staatsministeriums haben und ihre

Bedenken und Meinungen dem Staatsministerium gegenüber frei äußern und seine Beschlüsse beeinflussen können.

Obschon, gemäß Paragraph 8, Abs. 2 des Gesetzes vom 3. Juni 1921, zwecks Abgabe einer einheitlichen Stimme, eine gemeinsame Beratung der gewählten und bestellten Mitglieder vorgesehen sei, käme es zu Überraschungen, wie z.B. in der Locarno-Abstimmung, für die sicherlich nicht provinziale sondern staatspolitische Aspekte ausschlaggebend sein sollten. Die provinzialen Vertreter im Reichsrat könnten und sollten befruchtend auf die Beschlüsse des Staatsministeriums wirken, und eine Wechselwirkung zwischen Provinz und Regierung bewerkstelligen. Zum Schluß gab Dr. Badt zu bedenken, daß der Antrag Nr. 1858 des Zentrums die Gefahr in sich berge, die Debatten der Staatsminister im Staatsministerium, die geheim sind, damit die Minister sich frei äußern, der Öffentlichkeit zugänglich gemacht werden und dadurch für die Minister eine unmögliche Situation schaffen und in Zukunft die Debatten beeinflussen könnten (130).

Zur dritten Beratung über die Änderung des Gesetzes über die Bestellung von Mitgliedern des Reichsrats durch die Provinzialverwaltungen kam es in der 117. Sitzung des Landtags am 15. Januar 1926. Ihr lag die Drucksache Nr. 1956 vor (131). Wie Dr. Badt als Berichterstatter erläuternd ausführte, war es im Ausschuß gelungen, das Gewicht der Provinzialvertreter im Reichsrat im vollen Ausmaße zu sichern durch die sogenannte „Preußische Kurie“. Diese Lösung sollte den Provinzialmitgliedern ermöglichen, falls es in der Beratung der 26 Vertreter Preußens zu keiner Übereinstimmung käme, ihre Bedenken und Zweifel dem Kabinett des Staatsministeriums einzeln oder als überstimmte Gruppe vorzubringen. Für zahlenmäßigen Stimmenausgleich war dadurch gesorgt, daß die 8 Stimmen der Staatsminister den 13 Stimmen der Provinzialvertreter gleichgewertet werden sollten. Da jedes Mitglied in der Abstimmung unbeschränkt war und auf seiner Meinung bestehen konnte, sollte jede Ministerstimme mit 13 und jede Provinzialstimme mit 8 multipliziert werden (132).

Badt und die Lösungen des Ausschuß überzeugten die Gegner des Gesetzesvorschlags zwar nicht; jedoch in der 2. und 3. Lesung kam es zu einem Kompromiß mit dem Zentrum, und am 15. Januar 1926 wurde der Gesetzesvorschlag angenommen.

Diese Entscheidung war nur von kurzer Dauer. Am 26. Januar legte der Staatsrat Einspruch gegen den Beschluß des Landtags ein. Um den Einspruch zu entkräften, bedurfte es einer kaum möglichen Zweidrittel-Mehrheit der Stimmen im Landtag. Die interessierten Parteien, die SPD, die DDP und die DVP änderten die Gesetzesvorlage dahin, daß die einheitliche Stimmabgabe der Gesamtvertretung Preußens im Reichsrat nur dann gewährleistet ist, wenn in der gemeinsamen Vorbesprechung nicht mehr als 10 Stimmen gegen den zu behandelnden Vorschlag im Reichsrat stimmten (133).

Dieser Antrag wurde vom Ausschuß angenommen, kam in die Vollversammlung des Landtags, wo er wegen Ermangelung des Quorums während der zweiten Lesung am 24. März 1926 nicht mehr zur Abstimmung gelangte (134). Anscheinend war eine große Mehrheit des Landtags gegen die Änderung der Gesetzvorlage und demonstrierte diese Gegnerschaft durch Verlassen des Sitzungssaales vor der Abstimmung.

Dr. Badts Mitgliedschaft im Landtag endete am 8. Juli 1926, nachdem das Wahlprüfungsgericht feststellte, daß bei der Zählung des Wahlergebnis der Nachwahl von 1922 in Oberschlesien ein Irrtum unterlaufen war. Mit seinem Ausscheiden verliefen die Bemühungen im Landtag zur Änderung des Gesetz über die Bestellung von Mitgliedern zum Reichsrat durch die Provinzialverwaltungen im Sande.

Das Problem blieb ungelöst, und das Unbehagen der Staatsregierung bezüglich Preußens einheitlicher Stimmabgabe dauerte an. In seiner neuen Position, als Ministerialdirektor und Preußens Bevollmächtigter zum Reichsrat im Hauptamte, wurde das Problem der einheitlichen Stimmabgabe Preußens zu Badts unmittelbarem Problem. Aus der Erfahrung im Landtag hatte er zur Genüge gelernt, daß eine gesetzliche Lösung in seiner bestehenden Zusammensetzung nicht erreichbar war. Andererseits bedeutete der ungelöste Zustand für das Staatsministerium eine politische Belastung, die Dr. Badt als ernannter Vertreter Preußens zum Reichsrat anscheinend als sein persönliches Problem adoptierte.

Seine Ernennung zum stellvertretenden Bevollmächtigten Preußens zum Reichsrat fand am 25. März 1926 statt. Genau einen Monat vorher, am 25. Februar 1926, hatte der Reichsrat entschieden, daß die zusätzlich auf Preußen entfallende Stimme im Reichsrat von dem Staatsministerium geführt werden wird (135). Dadurch wurde das Staatsministerium mit einer Stimme im Reichsrat gestärkt, doch das Problem der einheitlichen Stimmabgabe Preußens wartete noch auf die Lösung.

„Badts Vorschlag, den Reichsrat zum politischen Instrument zu machen, Badts System der ‚Lettres de Cachet', sein System vor jeder Reichsratsvorbesprechung am Donnerstagmorgen 16 Eilbriefe an alle Parteigenossen in den verschiedenen Regierungen zu schreiben, in welchen er diesen ausführlich darlegte, welche Dinge auf der Tagesordnung der Reichsratvollsitzung am Donnerstagnachmittag standen und welche Instruktionen er dafür erforderlich halte, funktioniere ausgezeichnet und sei überhaupt ein Einfall, auf den vor Badt noch niemand gekommen sei. Die mangelnde Zusammenarbeit zwischen den Parteigenossen in den einzelnen Regierungen und der Reichtagsfraktion habe er schon immer lebhaft beklagt. Oft sei es vorgekommen, daß die bewährtesten Parteigenossen, die als Sozialdemokraten z.B. den Gedanken der Reichseinheit ehrlich und voll bejahten, in der heimischen Atmosphäre ihres kleinen Ländchens schlimmste antipreußische Partikularisten geworden seien und sich für den Gedanken einer Einheitsfront der kleinen Länder gegen Preußen hätten mißbrauchen lassen. Dieses System der Geheimbriefe hat so gut funktioniert, daß etwa ein halbes Jahr, nachdem Badt Reichsratbevollmächtigter geworden war, der Reichsrat, auf den bisher die Reichstagsfraktion als auf eine Institution, die nur dazu in die Verfassung eingebaut sei, dem Reichstag Schwierigkeiten zu machen, herabgeblickt hatte, durch Badts Tätigkeit ein sehr geschätzter Faktor der Politik geworden war." (136)

Dr. Brecht erwähnte diese „Lösung" im Zusammenhang mit der Panzerkreuzeraffäre: „Mein Kollege Badt kam daher auf den Einfall, vor wichtigen Abstimmungen an politisch nahestehende leitende Regierungsmitglieder anderer Länder Briefe zu schreiben, in denen er sie bat, ihre Bevollmächtigten ausdrücklich zu beauftragen, mit Preußen zu stimmen." (137) Es ist durchaus anzunehmen, daß Dr. Badt ähnliche Briefe auch an nahestehende Regierungspräsidenten der Preußischen Provinzen geschrieben hat.

Anscheinend hat Dr. Badt kurz nach seiner Ernennung zum Reichsrat seinen Vorschlag dem Staatsministerium vorgebracht, wie die einheitliche Stimmabgabe der Vertreter Preußens im Reichsrat auch ohne ein neues, nicht erzielbares, preußisches Gesetz erfolgreich zu gewährleisten sei. Sein überzeugendes Argument war, daß die Provinzialvertreter zum Reichsrat gewählt werden vom Provinzialausschuß. Dieser war aus Parteivertretern zusammengesetzt, entsprechend dem Ergebnis der Wahlen zur Provinzialregierung. Der Provinzialausschuß wählt den Kandidaten der Provinz zum

Reichsrat gemäß den Parteivorschlägen der Provinz. Es ist kein Geheimnis, daß in einem solchen Wahlgang der vorgeschlagene Kandidat der zahlenmäßig stärksten Partei die Wahl gewinnt. Natürlich fühlt sich der gewählte Provinzialvertreter seiner Partei verpflichtet, selbst wenn er rechtlich Stimmfreiheit im Reichsrat besitzt. Außerdem möchte dieser Vertreter seine Kandidatur zur nächsten Wahl wieder anmelden und gewählt werden. Dazu, falls er erfolgreich sein will, bedarf er der Zustimmung seiner Partei. Diese wird ihre Wahl für oder gegen ihn fällen, gemäß der Art und Weise, wie er als Vertreter der Provinz auch seine Partei vertreten hat. Die Parteikanäle zwischen Staatsministerium und Provinzialregierung dienen der legitimen Beeinflußung des Provinzialvertreters zum Reichsrat im Sinne des Beschlusses des Staatsministeriums und der entsprechenden gemeinsamen Stimmabgabe der Vertreter Preußens im Reichsrat.

In der Sitzung des Staatsministeriums vom 9. November 1926 wird Dr. Badt beauftragt, für die im Reichsrat bevorstehende Abstimmung die nötigen Instruktionen zur einheitlichen Stimmabgabe Preußens in die Wege zu leiten. Wir haben die Aussage Dr. Brechts: „Das gab in einigen Fällen den Ausschlag." (138) Der unmittelbar Beteiligte, Dr. Badt, sagte selbst: „... für eine seiner bemerkenswertesten und persönlichsten Leistungen hält er ... die sogenannte lex Badt, d.h. das Gesetz über die einheitliche Stimmabgabe der preußischen Reichsratsstimmen ..." (139).Wenn das der Eindruck Dr. Badts ist, darf wohl angenommen werden, daß es sich nicht nur um einige wenige Fälle gehandelt hat, sondern daß das Ziel der einheitlichen Stimmabgabe durch den von Dr. Badt vorgeschlagenen und durchgeführten Weg im allgemeinen gesichert werden konnte.

VIII.
DIE AFFÄRE KEUDELL – BADT

Die Affäre kann als Zeitspiegel der Weimarer Republik im Jahre 1927 dienen. Sie beschäftigte die politischen Kreise des Reiches intensiv im Sommer und Herbst 1927.

Walther v. Keudell war seit dem 29. Januar 1927 Reichsinnenminister in der Koalitionsregierung des Reichskanzlers Wilhelm Marx (Zentrum) und gehörte als einer der vier Vertreter der DNVP dem Kabinett an. In den Jahren 1916 bis 1920 bekleidete er das Amt eines Landrats in Königsberg (Neumark) und war Mitglied des Reichstags von 1924 bis 1930. Keudell war Rittergutsbesitzer und bis 1929 Mitglied der Deutsch-Nationalen-Volkspartei.

Badt war Jude und Zionist, der höchste jüdische Beamte Preußens, der sich bewußt und stolz zum Judentum und Zionismus bekannte.

Als v. Keudell sich am 3. Februar 1927 dem Reichsrat als Reichsinnenminister vorstellte, sagte er u.a.: „Als Sohn eines Staatsmannes, der an der Bismarckischen Verfassung mitgearbeitet hat, bin ich aufgewachsen in der Vorstellung von der geschichtlichen Bedeutung der Länder für unser Reich … " Keudell war zweifellos seiner nationalistischen Erziehung nie entwachsen. Aus seinem Amt als Landrat wurde er 1920 in den Ruhestand versetzt wegen seiner Umtriebe im Kapp-Putsch. Als Reichsinnenminister war er bemüht, seinen vermeintlichen nationalen Pflichten nachzukommen. Kaum im Amte, entließ er Heinrich Schulz, der seit 1919 Staatssekretär im Reichsinnenministerium und als solcher Ressortleiter der Abteilung für Schul- und Bildungsfragen gewesen war. Schulz besaß anscheinend den Schönheitsmakel, sozialdemokratischer Bildungspolitiker und Mitglied des Reichstags zu sein und mußte gehen. Der Ministerialdirektor Dr. Arnold Brecht, Leiter der Abteilung für Verfassung und Beamtentum und zuletzt „geschäftsführender Staatssekretär" im Reichsinnenministerium – seit 1921 –, wurde im April 1927 auf Veranlassung des neuen Reichsinnenministers aus parteipolitischen Erwägungen durch den Oberverwaltungsgerichtsrat von Kameke ersetzt (140).

Sich mit den nationalen Belangen der Deutschen Studentenschaft identifizierend, hielt der neue Reichsinnenminster es für nötig, dieser in ihrem Konflikt mit dem preußischen Kultusminister Carl Heinrich Becker seine Sympathie auszusprechen. Es ging um den Beschluß des Preußischen Landtags für eine Änderung der Verordnung vom 18. September 1920 über die Bildung von Studentenschaften an den preußischen Hochschulen (141).

In seinem Brief vom 24. Dezember 1926 an die Deutsche Studentenschaft hatte der Kultusminister über die Durchführung des Landtagsbeschlusses nähere Angaben gemacht, gegen welche die Studenten protestierten. Der Minister beschloß daraufhin, eine Urabstimmung durchführen zu lassen, die auf den 30. November 1927 anberaumt wurde. Am 27. November 1927 adressierte Reichsinnenminister v. Keudell an die Deutsche Studentenschaft folgendes Telegramm: „Im Geiste unter Ihnen in innerer Verbundenheit bekennt sich erneut zu Ihnen, mit herzlichen Grüßen und Wünschen, v. Keudell." (142)

War es ein purer Zufall, daß die deutsche Studentenschaft gerade am selben Tag zu einer großen Protest-Kundgebung im Zirkus Busch, Berlin, aufgerufen hatte, wo v. Keudells Telegramm verlesen wurde und es zu üblen Angriffen auf die preußische Regierung kam, begleitet von antisemitischen und nationalsozialistischen Ausfällen?

Preußen sah in diesem Sympathie-Telegramm einen Affront, und Otto Braun protestierte dagegen in seinem Schreiben an Reichskanzler Marx. Der Reichskanzler stellte sich schützend vor seinen Minister und erinnerte in seinem Antwortschreiben, daß dieser als Reichstagsmitglied das Recht habe, seine eigene Meinung zu äußern, ohne damit die Regierung zu kompromittieren (143).

Am 15. Juni 1927 hatte die sozialdemokratische Fraktion des Reichstags den Entwurf eines Gesetzes über den Nationalfeiertag, bestehend aus 2 Paragraphen, einbringen lassen: „Paragraph 1: Nationalfeiertag des Deutschen Volkes ist der 11. August als Verfassungstag. Er ist Fest- oder allgemeiner Feiertag im Sinne reichs- und landesrechtlicher Vorschriften. Paragraph 2: Am Nationalfeiertage sind alle öffentlichen Gebäude in den Reichsfarben zu beflaggen. In allen Schulen sind,für Lehrer und Schüler, verbindlich der Bedeutung des Tages entsprechende Ferien zu veranstalten; fällt der Nationalfeiertag in die Schulferien, so finden diese Gedenkfeiern bei Wiederbeginn des Unterrichts statt." (144)

Im Plenum des Reichsrats, am 7. Juli 1927, berichtete Ministerialdirektor Dr. Badt namens der Ausschüsse III und VIII über Anträge und Bemerkungen Preußens zu dem im Reichstag eingebrachten Gesetzentwurf.

Der Bevollmächtigte Bayerns, Dr. v. Preger, plädierte auf Vertagung der Debatte, um den Beschluß des Rechtsausschuß des Reichstags abzuwarten. Preußens Wortführer im Reichsrat, Staatssekretär Dr. Weismann, sprach sich gegen den Antrag Bayerns aus, mit der Begründung, daß Initiativanträge des Reichstags dem Reichsrat überwiesen werden, damit die Stellungnahme der Länder dem Reichstag bei seinen Beschlüssen richtungsweisend sein können. Der bayerische Antrag wurde daraufhin mit 41 gegen 26 Stimmen abgelehnt. Ein zweiter Antrag Bayerns, den Preußischen Antrag als verfrüht anzusehen, weil Bayern der Ansicht sei, die Festlegung eines Nationalfeiertages sei nur durch ein verfassungsänderndes Gesetz möglich, wurde mit 42 gegen 25 Stimmen zurückgewiesen. Es wurde ferner beschlossen, dem Antrag Preußens zuzustimmen, „daß der Verfassungstag (11.August) zum Nationalfeiertage zu erklären sei, daß die Verabschiedung dieses Gesetzes nach Möglichkeit beschleunigt werden müsse, damit es noch vor dem 11. August 1927 in Kraft treten könne, und daß eine Verbindung dieses Gesetzes mit dem Gesetzentwurf auf Drucksache 3443 (...) abgelehnt werde." (145)

Der Antrag auf Drucksache 3443 wurde – anscheinend zwecks Torpedierung des sozialdemokratischen Antrags 3428 – am 18. Juni 1927 von Reichstagsabgeordneten des Zentrums als Gesetzentwurf betreffend Schutz der Feiertage eingebracht. Er bestand aus 2 Paragraphen: „Paragraph 1: Reichsrechtlich anerkannte Feiertage sind außer den Sonntagen: der Neujahrstag, der Ostermontag, der Himmelfahrtstag, der Pfingstmontag, der erste und zweite Weihnachtstag. Ferner bleiben als reichsrechtlich anerkannte Feiertage geschützt der Karfreitag, der Fronleichnamstag und der Bußtag am Mittwoch vor dem letzten Trinitatissonntag, soweit diese Tage nach dem 11. August 1919 bestehenden Landesrechte staatlich anerkannte Feiertage waren.

Paragraph 2: Die reichsrechtlich anerkannten Feiertage sind Fest- oder allgemeine Feiertage im Sinne reichs- und landesrechtlicher Vorschriften." (146)

In seinen Ausführungen zu Beginn der Vollsitzung des Reichsrats hatte Dr. Badt anscheinend erwähnt, daß die ursprünglich für den 30. Juni 1927 vorgesehene Sitzung des Plenums auf acht Tage vertagt worden war.

Der Rechtsausschuß des Reichstags tagte am nächsten Tag zur Beratung über den Verfassungsfeiertag. Abgeordneter Dr. Rosenfeld nahm Bezug auf den Reichsratsbeschluß des Vortages, erinnerte an einen früheren Beschluß des Reichsratsausschusses, daß mit der Einführung des Verfassungstages als Nationalfeiertag die kirchlichen Feiertage aufzuheben wären und beantragte, den vorliegenden Gesetzesvorschlag sofort zu erledigen, damit er noch rechtzeitig – vor dem 11. August – von dem Reichstag verabschiedet werde. Der Antrag wurde mit 14 gegen 10 Stimmen abgelehnt. In seinen Ausführungen zum gestellten Antrag gab Dr. Rosenfeld seiner Verwunderung darüber Ausdruck, daß der Reichsrat erst am 7. Juli seinen Beschluß über den Verfassungsfeiertag gefaßt habe, obschon das Problem seit längerer Zeit zur Behandlung vorlag. Der Reichsinnenminister erwiderte, daß die Verzögerung der Behandlung des Antrags auf Grund eines Beschlusses des Reichsrats erfolgt war. Dr. Badt, der dieser Sitzung des Rechtsausschusses beiwohnte, glaubte, als Vertreter Preußens im Reichsrat und Berichterstatter des Ausschusses zu dem Problem des Verfassungsfeiertages dem Rechtsausschuß des Reichstages eine umfassendere Antwort schuldig zu sein und erklärte, daß es Preußen daran gelegen war, die Frage so früh wie möglich zu erledigen. Der Reichsrat hatte ursprünglich in Erwägung gezogen, einen Initiativantrag einzubringen mit der Maßgabe, den Verfassungstag zum Nationalfeiertag zu erklären. Als der sozialdemokratische Initiativantrag im Reichstag dem zuvorkam, hatte Preußen alles getan, um diesen Antrag im Reichsrat sofort zur Erledigung bringen zu lassen. Jedoch das Reichsministerium des Innern setzte erst auf die ausdrückliche Forderung Preußens eine Aussschußsitzung des Reichsrats zur Beratung des Antrags an. Der Reichsinnenminister v. Keudell stellte Dr. Badts Aussage über die verzögerte Einberufung des Ausschusses in Abrede.

Die folgende Darstellung über den Vorgang der Dinge im Rechtsausschuß des Reichstags gab der Reichsminister des Innern außerhalb der Tagesordnung des Reichsrats am 14. Juli ab: „Der Abgeordnete Dr. Rosenfeld hat am 8. Juli im Rechtsausschuß des Reichstags von der Reichsregierung und der Preußischen Regierung Auskunft darüber erbeten, wie es komme, daß das Reichsratsplenum seine Entschließung zur Feiertagsfrage erst am 7. Juli hätte fassen können, während es für den Rechtsausschuß des Reichstags von größter Wichtigkeit gewesen wäre, wenn der Reichsrat schon früher Beschluß gefaßt hätte, weil es dann voraussichtlich gar nicht zur Verbindung der politischen und der kirchlichen Feiertagsfrage im Rechtsausschuß gekommen wäre. Der Herr preußische Vertreter, Ministerialdirektor Dr. Badt, hat daraufhin in der gleichen Sitzung Mitteilungen über die Vorgänge im Reichsrat gemacht, die zu den Ausschußberatungen des Reichsrats am 30. Juni und 7. Juli und zu der Plenarberatung der Feiertagsfrage am 7. Juli geführt haben. Er hat dabei hervorgehoben, daß es von preußischer Seite mehrfachen Druckes auf die Reichsregierung bedurft habe, um dem Reichsrat die von preußischer Seite gewünschte Stellungnahme zu dieser Gesetzesvorlage zu ermöglichen. Er hat ausgeführt, daß Preußen, um die Beratung der Angelegenheit im Reichsrat durchzusetzen, erst habe in Aussicht stellen müssen, daß es von den Befugnissen der Geschäftsordnung Gebrauch machen werde, um diese Beratung zu erzwingen.

Demgegenüber ist folgendes festzustellen: 1) Die Reichsregierung hätte auch ohne das Vorgehen Preußens die Reichsratsausschüsse so rechtzeitig zugezogen, daß ihre Stellungnahme noch vor Abschluß der Beratung der Feiertagsfrage im Rechtsausschuß des Reichstags herbeigeführt worden wäre. 2) Die Mitteilung, Preußen habe der Reichsregierung gegenüber die Anwendung der geschäftsordnungmäßigen

Mittel zur Erzwingung der Reichsratsberatung in Aussicht gestellt, gibt Vorgänge wieder, die sich in einer Ausschußberatung des Reichsrats am Sonnabend, dem 25. Juni abgespielt haben. 3) Der Herr preußische Vertreter hat bei seiner Darstellung der Vorgänge, die er dem Rechtsausschuß des Reichstags gab, die Tatsache verschwiegen, daß die zuständigen Ausschüsse des Reichsrats bereits am 30. Juni die Angelegenheit beraten haben, also eine Woche vor dem Abschluß im Plenum.

Durch die einseitige Darstellung des preußischen Vertreters ist der Anschein erweckt worden, als ob die Reichsregierung die Verantwortung dafür trage, daß die Entschließung des Reichsrats nicht schon vor Beginn der Beratungen im Rechtsausschuß des Reichstags vorlag. Namens der Reichsregierung muß entschieden Verwahrung dagegen eingelegt werden, daß der preußische Vertreter auf die Anfrage des Abgeordneten Dr. Rosenfeld in einer Weise sachliche Antwort gab, die das Verhalten der Reichsregierung in falschem Lichte erscheinen lassen mußte, während es für die Reichsregierung nach der Geschäftsordnung des Reichsrats unmöglich war, darüber Mitteilung zu machen, daß die Verschiebung der Plenarentschließung des Reichsrats vom 30. Juni auf den 7. Juli völlig außerhalb der Einwirkung durch die Reichsregierung lag.

Nach dieser Darstellung des tatsächlichen Herganges stelle ich wiederholt fest: 1) Auch ohne den sogenannten Druck der Preußischen Regierung hätte die Reichsregierung den Reichsrat rechtzeitig mit der Frage befaßt. 2) Die Mitteilung des Herrn Ministerialdirektors Dr. Badt im Rechtsausschuß des Reichstags enthält einen Bruch der Vertraulichkeit der Sitzungen der Ausschüsse des Reichsrats. 3) Durch die Darstellung des Herren Ministerialdirektors Dr. Badt ist die Öffentlichkeit irregeführt worden. 4) Herr Ministerialdirektor

Dr. Badt hat den nicht zuständigen Rechtsausschuß des Reichstags zum Richter zu machen versucht über den Reichsrat und dessen Ausschüsse sowie über den Schriftverkehr der Vorsitzenden des Reichsrats mit dessen Mitgliedern.

Gegen ein derartiges Verfahren lege ich Verwahrung ein und gebe dem Wunsche Ausdruck, daß sich derartige Vorgänge nicht wiederholen möchten. Andernfalls wäre es unmöglich, die Verantwortung für eine den Geschäftsordnungen entsprechende und im Sinne der Reichsverfassung liegende Zusammenarbeit von Reichsrat und Reichstag zu übernehmen."

Ministerialdirektor Dr. Badt erwiderte folgendes: „Diese Erklärung kommt der Preußischen Staatsregierung völlig überraschend. Sie ist ihr nicht, wie das in anderen Fällen üblich ist, vorher zugeleitet worden. Ich muß mir daher eine Gegenerklärung vorbehalten. Aber ich muß schon jetzt erklären, daß ich die Vertraulichkeit in keiner Weise gebrochen habe. Ich habe im Rechtsausschuß nichts vorgebracht, was ich nicht hätte vorbringen können, nachdem es der Berichterstatter der Ausschüsse hier im Plenum vorher vorgetragen hatte. Die Vertraulichkeit besteht nur, solange die Dinge nicht im Plenum zur Sprache gebracht worden sind. Ich muß also diesen Vorwurf sowohl gegen meine Person als auch gegen mich als Vertreter der Preußischen Staatsregierung mit allem Nachdruck zurückweisen. (…)"

Zum Abschluß der Erklärungen des Reichsinnenministers und des Ministerialdirektors Dr. Badt stellte der bayerische Gesandte Dr. v. Preger folgenden Antrag: „Die Angelegenheit ist von so schwerwiegender Bedeutung, daß der Reichsrat nicht in der Lage ist, heute dazu Stellung zu nehmen. Ich beantrage, entsprechend der bisherigen Gepflogenheit, die Angelegenheit dem Geschäftsordnungsausschuß zu überweisen." (147) Diesem Antrag wurde stattgegeben.

Die vom Reichsinnenminister erhobene öffentliche Anschuldigung gegen Dr. Badt waren vom Standpunkt der Prozedur des Reichsrats ungewöhnlich. Sie waren nach Form und Inhalt schwerwiegend und konnten als Angriff auf den Bevollmächtigten Preußens im Reichsrat und damit auch auf Preußen selbst verstanden werden und das gespannte Verhältnis zwischen Reich und Preußen noch mehr trüben. Ferner war der Reichsrat betroffen von der Tatsache, daß eine interne Angelegenheit, statt sie intern und mit den zuständigen Behörden abzuklären, an die große Glocke gehängt worden war und die Stellung des Reichsrats in der öffentlichen Meinung beeinträchtigen konnte.

Das Bewußtsein eines Mißgriffes begann anscheinend den Reichsinnenminister zu quälen, nachdem er seine Erklärung im Plenum des Reichsrats abgegeben hatte. Schon am Tag darauf, am 15. Juni 1927, hielt er es für nötig, den Reichskanzler von dem Vorfall schriftlich in Kenntnis zu setzen: „Unter Bezugnahme auf meine neuliche Mitteilung, daß ich gezwungen sein würde, mich gegen die sachlich wie persönlich unqualifizierbaren, mich völlig überraschenden Angriffe des preußischen Ministerialdirektors Badt im Rechtsausschuß des Reichstags meinerseits in dem allein zuständigen Reichsrat zu verwahren, gestatte ich mir, in der Anlage den Wortlaut meiner gestrigen im Plenum des Reichsrats abgegebenen Erklärung zu überreichen.

Ich darf hinzufügen, daß ich, um die heikle Aufgabe des Herrn Reichskanzlers, auf die Verminderung von Reibungen zwischen Preußen und dem Reich hinzuwirken, meinerseits nicht zu erschweren, meinen Protest in erster Linie an die Adresse des preußischen Ministerialdirektors Badt, nicht an das Land Preußen, gerichtet habe. Der Hauptvertreter der preußischen Stimmen im Reichsrat ist von mir darüber mündlich verständigt worden.“(148)

Der Reichsinnenminister ist ex officio Vorsitzender des Reichsrats. Der Brief enthält mehr, als er zu sagen beabsichtigt. Der unliebsame Vorfall scheint im voraus überlegt und von dem Reichsinnenminister beabsichtigt worden zu sein. Der Brief nimmt Bezug auf die "neuliche Mitteilung", es handelte sich anscheinend um eine mündliche Mitteilung am oder nach dem 8. Juli, in welcher der Reichsinnenminister nicht nur den Vorfall berichtete sondern auch andeutete, daß er daran dachte, ihn nicht auf sich beruhen zu lassen. Nach seinem Verständnis waren die „Angriffe des preußischen Ministerialdirektors" persönlich und sachlich unberechtigt. Es ist nicht ausgeschlossen, daß v. Keudell dem Reichskanzler den Vorfall erzählte und seine beabsichtigte Reaktion andeutete, um herauszufinden, wie Dr. Marx, der Kanzler, sich dazu stellen würde. Die betonte Bezeichnung „preußischer Ministerialdirektor" scheint nicht zufällig gewählt worden zu sein. Ein Ministerialdirektor wagte es, gegen den Reichsinnenminister im Rechtsausschuß des Reichstags aufzutreten und zumal ein Preuße! Keudell spielt auf den Gegensatz zwischen Preußen und Reich an, vielleicht in Erwartung der Zustimmung des Reichskanzlers zum angedeuteten Gegenschritt. Es ist anzunehmen, daß dieser die Mitteilung anhörte und nicht reagierte, was v. Keudell möglicherweise als Zustimmung für seine Haltung in Vergangenheit und Zukunft auslegte. Er schien sich über die Tragweite seines Schrittes im Klaren gewesen zu sein, denn im Brief an den Kanzler präzisierte er, vor welchem Forum das Ereignis sich zugetragen hatte: im Plenum des Reichsrats. Minister von Keudell vergaß nicht hinzuzufügen, daß er in keiner Weise die bestehende Spannung zwischen Reich und Preußen verschärfen wollte, und daher seinen Protest nicht gegen Preußen, sondern gegen den preußischen Ministerialdirektor erhoben hatte.

Preußen und sein Ministerpräsident Braun haben die Absicht v. Keudells nicht mißverstanden. Braun reagierte unerwartet scharf und erinnert an den Vorfall in seinen Memoiren: „Daß Badt Jude und Sozialdemokrat war, machte ihn bei dem deutschnationalen Reichsminister von Keudell nicht gerade beliebter, noch weniger, daß er inoffiziell die Verbindung zwischen mir und den mir politisch nahestehenden Ministern anderer deutscher Länder zur Herbeiführung gleicher Stellungnahmen im Reichsrat und Reichstag pflegte. Bei aller Diskretion war das doch durchgesickert, und das steigerte den Unmut des Reichsministers gegen diesen preußischen Reichsratsbevollmächtigten und verführte ihn wohl auch in einer Reichsratssitzung diesen unter einer unberechtigten Beschuldigung scharf anzugreifen, was mich hinwiederum zwang, in die folgende öffentliche Reichsratssitzung zu gehen – was sehr selten geschah – und zur Wahrung des Ansehens Preußens diesen Angriff mit gebotener Schärfe zurückzuweisen." (149)

In seiner Erklärung im Plenum des Reichsrats am 21. Juli zerpflückte Braun die Anschuldigungen v. Keudells, deckte ihre Irrtümer und Haltlosigkeit auf und verlangte, daß v. Keudell vor dem gleichen Forum, vor dem er seine Beschuldigungen gemacht hatte, diese zurücknehme und sich persönlich bei Dr. Badt entschuldige. Die Ausführungen des Ministerpräsidenten stellten den Vorfall in ein völlig neues Licht und ließen durchblicken, daß v. Keudell die Affäre vom Zaune gebrochen hatte mit der Absicht, das Vorgehen Preußens im Reichsrat zur Bestätigung der Gesetzesvorlage zur Erhebung des Verfassungstags zum Reichsnationalfeiertag zu vereiteln.

Einleitend bemängelte Dr. Braun das ungewöhnliche Vorgehen v. Keudells, die Angelegenheit in einer Vollsitzung des Reichsrats, die öffentlich ist, vorgetragen zu haben, bevor

– wie üblich – sie zur Kenntnis und Untersuchung des Staatsministeriums gebracht wurde. Sachlich seien die Vorhaltungen des Reichsinnenministeriums verwunderlich, da, gemäß dem amtlichen Protokoll des Rechtsausschusses des Reichstags, v. Keudell zweimal geäußert hat, „der Vertreter der Preußischen Regierung habe keine Mitteilung von dem Gange der vertraulichen Beratung im Reichsratsausschusse machen können." Anschuldigungen, die er offenbar eine Woche vorher als gegenstandslos und unwahr hingestellt hatte, waren eine Woche später relevant und richtig geworden. Hätte jedoch der preußische Vertreter die Äußerungen, die ihm unterstellt worden, gemacht, selbst dann wäre die Anschuldigung haltlos, weil in der Vollsitzung des Reichsrats, die der Rechtsausschußsitzung des Reichstags vorangegangen war, „die vertraulichen Mitteilungen" bereits gemacht worden waren. Dieser Vorwurf ist also völlig unberechtigt. Ebenso grundlos ist der Vorwurf, Dr. Badt habe verschwiegen, daß der Reichsratsausschuß bereits am 30. Juni die Eingabe beraten und damit „die Öffentlichkeit irregeführt" habe. Braun brachte ein Zitat v. Keudells, das seinen Ausführungen in der Rechtsausschußsitzung des Reichstags vom 8. Juli entnommen war, bevor Dr. Badt das Wort ergriffen hatte: „Vor acht Tagen ist die Angelegenheit auf die Tagesordnung der nächsten Sitzung gesetzt worden. Bis dahin haben sich die Ausschüsse des Reichsrats damit beschäftigt." Wie kann also Dr. Badt, der nach ihm gesprochen hat, ein Geheimnis gelüftet haben?

Der Ministerpräsident erwähnte ferner, daß der Staatssekretär Preußens, Dr. Weismann, bereits in der Plenarsitzung des Reichsrats vom 30. Juni berichtet hatte, daß, auf Wunsch eines Landes, die Beratungsergebnisse der Ausschüsse des gleichen Tages über den Initiativantrag des Reichstags erst in der folgenden Vollsitzung zur Behandlung kommen werden.

Das Geheimnis war demnach bereits am 30. Juni ein „öffentliches Geheimnis". Ferner hatte Staatssekretär Zweigert, im Namen des Reichsministeriums des Innern, am 5. Juli vor dem Rechtspflegeausschuß des Reichstags eine ähnliche Erklärung – wie die Weismanns – abgegeben.

Auch Dr. Badt hatte in der Plenarsitzung des Reichsrats vom 7. Juli, der Dr. Rosenfeld beiwohnte, nur erwähnt, daß acht Tage vorher die im Reichsratsausschuß beschlossene Vertagung der Vollsitzung des Reichsrats auf Grund eines Antrages eines Landes erfolgt war. Der Vorwurf, ein Geheimnis am 8. Juli gelüftet zu haben, kann Dr. Badt also garnicht gemacht werden. Zum Schluß seiner Ausführungen fügte Ministerpräsident Braun hinzu, daß der Vorfall dazu angetan wäre, die Bemühungen Preußens„„ungeachtet sachlicher Meinungsverschiedenheiten ein gutes Verhältnis zwischen Reich und Preußen zu pflegen, ... zu beeinträchtigen."

Dr. v. Keudell konnte auf die Darlegung Brauns nur erwidern, die Angelegenheit werde in den Ausschüssen „geprüft" und sei quasi sub iudice (150).

Brauns Erklärung wurde, auf Beschluß des Reichsrats, dem 8.Ausschuß überführt. Dieser Ausschuß untersuchte den Zwischenfall Keudell – Badt, und am 23. Juli konnte der Berichterstatter, Gesandter Boden, Bevollmächtigter Braunschweigs und Anhalts, dem Ausschuß das Ergebnis der Untersuchung und die Vorschläge zur Beendigung des Zwischenfalls vorlegen (151).

Zur Frage, ob Dr. Badt die „Vertraulichkeit der Sitzungen der Reichsratsausschüsse gebrochen" habe, führte Gesandter Boden aus, daß die Aussagen im Stenogramm der Sitzung des Rechtsausschusses des Reichstags vom 8. Juli überprüft worden seien. „Der Ausschuß ist zum Schluß gekommen, daß das Stenogramm ... den Vorwurf des Vertraulichkeitsbruchs gegen Dr. Badt nicht stützt."

Um die Frage mit Sicherheit beantworten zu können, hatte der Ausschuß weiteres Material herangezogen: den ausführlichen Bericht der Ausschußsitzung in der Abendnummer der „Vossischen Zeitung“ vom 8. Juli, amtliche Notizen des Reichsinnenministeriums zur Sitzung des Rechtsausschusses des Reichstags und die Darstellung der beiden Hauptbeteiligten über den Verlauf dieser Sitzung.

Interessant sind die Folgerungen, zu welchen der Berichterstatter nach der Überprüfung dieser Unterlagen gelangte. „Ich hatte erst geglaubt, man werde in dieser Frage zu einer reinen formalen Bejahung der Schuldfrage oder wenigstens zu einem non liquet kommen, aber nach gewissenhafter Prüfung der gesamten Unterlagen muß ich diese Annahme fallen lassen und würde demgemäß zu diesem einzigen Hauptpunkt unserer materiellen Prüfung der Vorgänge zu der Auffassung gelangen, Ihnen etwa folgende Feststellung vorzuschlagen ... Der Ausschuß hat die Überzeugung gewonnen, daß der dem Herrn Ministerialdirektor Dr. Badt in der Erklärung des Herrn Reichsministers des Innern gemachte Vorwurf, er, Badt, habe die Vertraulichkeit von Sitzungen der Reichsratsausschüsse gebrochen, in dem tatsächlichen Hergang keine – oder ich will die Abmilderung zu Ihrer Erwägung stellen –, keine ausreichende Stütze findet.“ (152)

In seinen weiteren Ausführungen berührte der Berichterstatter eine peinliche Seite der Sache und zwar „die psychologisch-politische Wertung des vorliegenden Vorganges vom Standpunkt der Anforderungen aus, die an ein vertrauenvolles und harmonisches Zusammenwirken zwischen Reichsregierung und Reichsrat zu stellen sind.“ (153)

Im Gegensatz zur bisherigen Gepflogenheit „hat sich der Reichsminister des Innern gegen das Mitglied des Reichsrats sogleich mit einer Erklärung in die Öffentlichkeit geflüchtet, von der einmal gesagt werden muß, daß sie sachlich schwerwiegende und unbedingt ernste Vorwürfe gegen den Bevollmächtigten aussprach, den Vorwurf der Indiskretion, den Vorwurf der Irreführung der öffentlichen Meinung durch Verschweigen von Tatsachen u. dergl. – alles Vorwürfe, die teils, wie wir jetzt von uns aus zu dem Vorwurf der Indiskretion sagen müssen, der Begründung entbehren, teils, soweit unser Eindruck in diesen im übrigen der Auseinandersetzung zwischen Preußen und dem Reich unterfallenden Punkten reicht, doch wohl auf einigermaßen schwachen Füßen zu stehen scheinen. Zum zweiten muß aber von dieser Erklärung gesagt werden, daß sie in ihrer Form, mit der sich durchziehenden ungewöhnlichen Schärfe, schon im ersten Augenblick wohl auf allen Seiten im Reichsrat einen überraschenden und, sagen wir mal ehrlich, beinahe peinlichen Eindruck hervorgerufen hat, ein Eindruck, der besonders daran haften bleibt, daß die Erklärung letzten Endes doch auf eine Art Abrüffelung des angegriffenen preußischen Bevollmächtigten, Herrn Ministerialdirektor Dr. Badt, hinausläuft."(154)

Hier drängt sich die Erinnerung der vielleicht nicht ganz zufälligen Äußerung Brauns in seinen bereits zitierten Erinnerungen auf: „Daß Badt Jude und Sozialdemokrat war, machte ihn bei dem Reichsinnenminister v. Keudell nicht gerade beliebter ...". Möglicherweise glaubte v. Keudell, diese stramme Attacke gegen den Vertreter Preußens im Reichsrat reiten zu dürfen, weil dieser Jude war, in der Annahme, daß seine Reichsratskollegen eine öffentliche „Abrüffelung" des Juden Badt nicht mißbilligen werden. Jedoch scheint er mit seiner „Verwahrung" zu weit gegangen zu sein, daß ähnliche Dinge, falls sie sich wiederholen sollten, es ihm unmöglich machen würden, „die Verantwortung für eine im Sinne der Reichsverfassung liegende Zusammenarbeit von Reichsregierung und Reichsrat zu übernehmen." Der Berichterstatter drückte sein Befremden darüber in den Worten aus:

„Daß eine Erklärung solcher Tragweite, solcher Form, abgegeben in unserer Vollsitzung, uns, den Reichsrat, zu einer Stellungsnahme nötigt, halte ich, wie gesagt, für unerläßlich." (154) Der Minister v. Keudell hatte anscheinend übersehen, daß es sich bei seinem scharfen Angriff nicht allein um die Person Badt handelte, sondern um den Reichsrat zugleich, eine von der Reichsregierung unabhängige Institution.

Der Berichterstatter bemerkte ferner, der Appell des Reichsinnenministers, daß solche Vorfälle sich nicht wiederholen mögen, erwecke den Anschein, als wäre er Vorsitzender des Reichsrats. Aber diesen Vorsitz führte er – verfassungsmäßig – als formaler Leiter der Sitzung, ohne Mitglied des Reichsrats zu sein und ohne Stimmrecht zu besitzen. „Es folgt daraus, daß der Herr Minister v. Keudell die Gesamterklärung, auch in dem etwas persönlich gefärbten Schlußteil, nur in seiner Eigenschaft als Vertreter der Reichsregierung, als Reichsminister ausgesprochen hat. Inwieweit ihm dabei die Billigung der Reichsregierung, d.h. des Reichskabinetts, zur Seite stand, ist eine Sache für sich, die uns nichts angeht." (155)

Der Berichterstatter erhob ferner die Frage, warum der Reichsminister den „Weg zur sofortigen Flucht in die Öffentlichkeit" gewählt hatte. Wenn er schon die persönliche Fühlungnahme mit dem preußischen Ministerpräsidenten, der wahrscheinlich Verständnis für die Beschwerde gezeigt und Abhilfe geschaffen hätte, gescheut und den Reichsrat als Beschwerdestelle vorgezogen hatte, so war ihm sicherlich bekannt, daß der Geschäftsausschuß des Reichsrats die zuständige Stelle für solche Fälle war. „Daß der Weg nicht beschritten ist, darf um so mehr bedauert werden, als der Minister augenscheinlich das Gefühl hatte, der Reichsrat würde zweckmäßig noch mit der Sache befaßt werden; äußerte er doch im Rechtsausschuß des Reichstags in seiner zweiten Rede die Meinung, die Gründe der Verzögerung könnten, wenn es gewünscht werde und der Reichsrat damit einverstanden sei, später im Reichsrat selbst erörtert werden. Das war die richtige Empfindung; daß sie sodann aufgegeben wurde, muß man aufrichtig beklagen." (156)

Zum Schluß stellte der Berichterstatter die Frage, ob im Gesamtverhalten Dr. Badts irgendetwas den Minister zu seinem Vorgehen veranlaßt haben möchte. Sachlich, das ist die Meinung des Berichterstatters, treffe Dr. Badt keine Schuld. Der Reichsminister mag persönlich den Eindruck gehabt haben, daß die Frage des Mitglieds des Reichstags und die Antwort Dr. Badts vorher miteinander abgestimmt worden seien, „dem Reichsministerium des Innern die ganze Schuld an der Verzögerung der Sache im Reichsrat vor der Öffentlichkeit aufzubürden ... Es ist meine Überzeugung, daß der Herr Minister, der ja auch die Persönlichkeiten im Reichsrat alles in allem erst kurze Zeit kennt, mit dieser Auffassung im Irrtum war; ich halte mich vielmehr davon überzeugt, daß es Herrn Dr. Badt ernst mit dem war, was er ja auch verschiedentlich ausweislich der Unterlagen ausgesprochen hatte, daß er keinen Vorstoß gegen die Reichsregierung unternehmen, ihr keine Schwierigkeiten bereiten wollte, es ihm vielmehr nur darum zu tun war, von seiner, der preußischen, Regierung jeden Gedanken eines Vorwurfes, als ob sie eine Schuld an der Verzögerung der Dinge treffe, abzuwenden." Andererseits, fügte der Berichterstatter hinzu, wäre Dr. Badt schon länger im Reichsrat gewesen und in das „besonders konstruierte Verhältnis zwischen Reichsrat und Reichsregierung eingelebt gewesen wäre, er doch vielleicht die Form gefunden hätte, um, ohne der Sache seiner Regierung etwas zu vergeben, sein Auftreten im Rechtsausschuß etwas anders, kürzer und rücksichtsvoller und damit jeden dolosen Anschein gegenüber der Reichsregierung vermeidend einzurichten." (157)

Abschließend schlug der Berichterstatter dem Reichsrat folgende Entschließung vor: „Der Reichsrat hat den gesamten Sachverhalt, der der Erklärung des Herrn Reichsministers des Innern in der Vollsitzung des Reichsrats am 14. Juli zugrunde liegt, eingehendst geprüft. Er spricht danach, indem er den Vorgang im Übrigen als eine Angelegenheit zwischen Preußen und der Reichsregierung ansieht, folgendes aus: 1) Der Reichsrat geht davon aus, daß die Frage, ob ein Bruch der Vertraulichkeit von Sitzungen der Reichsratsausschüsse (Paragraph 35 der Geschäftsordnung des Reichsrats) vorliegt, nicht nur nach formalen Rücksichten sondern nach den Gesamtumständen des Falles zu beurteilen ist. Er vermag danach nicht anzuerkennen, daß der von dem Herrn Reichsminister des Innern, Dr. von Keudell, gegen den stellvertretenden preußischen Bevollmächtigten zum Reichsrat, Herrn Ministerialdirektor Dr. Badt, erhobene Vorwurf, letzterer habe in seinen Mitteilungen in der Sitzung des Rechtsausschusses des Reichstags am 8. Juli die Vertraulichkeit einer Sitzung der Reichsratsausschüsse gebrochen, in den tatsächlichen Hergängen eine Stütze (resp. ausreichende Stütze) findet. 2) Der Reichsrat nimmt an, daß der Herr Reichsminister des Innern bei seiner Erklärung am 14. Juli mit von der Absicht geleitet war, Interessen des Reichsrats selbst zu dienen. Er geht auch nicht an dem persönlichen Eindruck vorbei, den der Herr Reichsminister des Innern von den Gesamtumständen der Erörterung im Rechtsausschuß des Reichstags am 8. Juli hatte und der ihn zu der Erklärung vom 14. Juli führte. Er kann aber nicht umhin auszusprechen, daß die Erklärung selbst in der gewählten Form als ungewöhnlich und von den bisherigen Gepflogenheiten abweichend betrachtet werden muß.

Der Reichsrat erachtet es danach als die Aufgabe der einzusetzenden Bemühungen, eine Ordnung und Beilegung der Angelegenheit herbeizuführen, die sie den Regeln eines vertrauensvollen und harmonischen Zusammenwirkens zwischen Reichsregierung und Reichsrat anpaßt." (158)

Die gelinde Abfuhr des Reichsministers des Innern, der Versuch seine, der Sache nach, grundlosen Anschuldigungen Dr. Badts als subjektiv verständliches Mißverständnis zu werten und den Fehlgriff Dr. Badts in der Form- und Wortwahl seiner Erklärung seiner Unerfahrenheit im Reichsrat zuzurechnen, fanden keine Zustimmung.

Preußen fand, daß die vom Berichterstatter Friedrich Boden vorgeschlagene Rückenstütze für v. Keudell die Erklärung des preußischen Vertreters im Rechtsausschuß des Reichstags in ein trübes Licht setze. Aber im Grunde war Preußen mit dem Vorschlag des Berichterstatters nicht ganz unzufrieden. Anders lag der Fall bei der Reichsregierung, gemäß dem Bericht Bodens in der Sitzung des Reichsratsauschusses für Geschäftsordnung und Verfassung vom 1. August 1927. Der Vizekanzler und Reichsjustizminister Oskar Hergt habe ihm gesagt, „falls etwa der Reichsratsausschuß dazu neigen sollte, bezüglich des zweiten Teils den Standpunkt des Berichterstatters sich zueigen zu machen, die Konsequenzen für die Reichsregierung noch nicht zu übersehen wären."(159) Das war ein klarer Hinweis auf den Ernst der Situation und die Möglichkeit einer Regierungskrise, falls der Reichsrat den Abschnitt 2 des Vorschlags adoptierte. Die Worte des Reichsjustizministers waren Druck und Drohung zugleich. Der gefährlichen Situation gegenwärtig, beschloß der Ausschuß nach längerer Beratung die Vertagung des Reichsratsausschusses, um der Reichsregierung die Möglichkeit zu geben, die im Reichsratsausschuß für sie neu geschaffene Situation zu erörtern. Dieser Beschluß wurde erleichtert durch das Votum des Vertreters Hessens, Ministerialrat Edward, welcher ausführte, „es müßte sich ermöglichen lassen, durch Erklärungen des Reichsministers des Innern und der preußischen Regierung die Sache aus der Welt zu schaffen, ... die Sache auf kavaliersmäßige Weise zu erledigen ..." (160)

Was zuerst als strammer Husarenritt erschien, entpuppte sich nachträglich als Gefährdung der Reichsregierung. Reichskanzler Marx bat seinen Minister v. Keudell um eine nochmalige Darstellung der unliebsamen Vorfälle. In dessen mehrseitigem Schreiben vom 11. August heißt es u.a.: „Ich war und bin noch heute empört darüber, daß er im Rechtsausschuß den Schriftwechsel meines Ministeriums mit dem Preußischen Innenminister nach Datum und Inhalt wiedergab und dann jenes von mir als vertraulich anzusehende geschäftsordnungsmäßige Vorgehen Preußens etwa in der Form bekannt gab: ‚Erst nach Erschöpfung aller anderen geschäftsordnungsmäßigen Mittel gelang es, den Widerstand des Reichsministeriums des Innern durch die bekannte preußische Drohung, das preußische Ultimatum, zu brechen.'" (161) Der Ärger, den diese Worte hervorrufen konnten, ist sehr verständlich, vor allem, wenn das Reichsministerium des Innern, für das v. Keudell die Verantwortung trug, die Dr. Badt zugeschriebene Aussage verursachte.

Minister v. Keudell versuchte nicht, den von Dr. Badt angeblich dargestellten Sachverhalt zu beanstanden. Er beklagt nur seine Bekanntgabe durch Dr. Badt. Weiterhin erklärt v. Keudell in diesem Brief seine bereits geäußerte Begründung, warum er seine Erklärung im Plenum des Reichsrats abgegeben habe, diesmal jedoch mit einer Wendung ins Apologetische: „Die Reichsregierung bezw. ich selbst hatten einen Anspruch auf Abwehr gegenüber dem ebenso ungewöhnlichen wie außerordentlich wirkungsvcllen Angriff des Herrn Badt. Eine Befassung eines Reichsratsausschusses hätte bei der Art des gegenwärtigen Zustandes zwischen Preußen und dem Reich nicht nur zu einer Versandung der Angelegenheit, sondern mit Wahrscheinlichkeit dazu geführt, daß Dank der von Herrn Badt angewandten Methoden das Reichsministerium des Innern auch hier in die Rolle des Angeklagten gedrängt worden wäre." (162)

Wir kennen nicht die Reaktion des Reichskanzlers auf diesen Brief. Vielleicht hatte er Gelegenheit, an seinen Minister einige Fragen zu richten, wie z.B., ob die von „Herrn Badt angewandten Methoden" im Plenum des Reichsrats weniger wirkungsvoll sind als im Rechtsausschuß des Reichsrats, dessen Debatten geheim sind, ja, um welche besondere Methoden es sich handelt, die Herr Badt im Reichsratsplenum verwendet? Hat der Vorsitzende des Reichsrats nicht die Möglichkeit, „die Versandung" von Angelegenheiten zu verhindern? Hat das Vorgehen v. Keudells in der Vollsitzung des Reichsrats – wie er anscheinend geglaubt hatte – die Entspannung zwischen Reich und Preußen gefördert? Minister v. Keudell fühlte sich anscheinend nicht ganz wohl in seiner Haut, und gegen Schluß des Briefes findet sich die rührende Stelle: „Über die Zweckmäßigkeit meines Vorgehens wird man gewiß verschiedener Ansicht sein können, und auch ich beanspruche auf Grund meiner noch nicht langen Praxis die Richtigkeit des eingeschlagenen Weges nicht in allen Einzelheiten für mich." (163)

Anscheinend hatte der Reichskanzler seinen Minister um weitere Aufklärungen des Vorfalls gebeten, nachdem er, in der von ihm einberufenen Besprechung mit Landesvertretern im Reichsrat am 9. August 1927, ohne Preußen daran zu beteiligen, ihre Meinungen über den Vorfall zur Kenntnis genommen hatte. Das Schreiben des Minister v. Keudell ist vom 11. August; er hatte demnach nicht viel Zeit zur Vorbereitung seiner brieflichen Darstellung des Zwischenfalls, da der Reichskanzler die nächste Besprechung bereits auf den 12. August 1927 festgelegt hatte und von seinem Minister vorher schriftlich informiert sein wollte.

Das Ziel der Besprechung – wiederum ohne Hinzuziehung von Vertretern Preußens – war der Versuch, einen für Reich und Preußen gemeinsam akzeptablen Kompromißvorschlag zu erreichen, der Preußen in der Reichsratsausschußsitzung gleichen Datums unterbreitet werden sollte. Jedoch ist zu bemerken, daß der „Kompromißvorschlag" bereits am 6. August vorlag, und die „Besprechungen" dienten anscheinend dazu, die Reaktion der eingeladenen Bevollmächtigten zum Reichsrat kennenzulernen (164).

In der Reichsratsausschußsitzung vom 12. August 1927 protestierte der Bevollmächtigte Preußens gegen die Nichteinbeziehung preußischer Vertreter zu beiden Besprechungen und äußerte seine Bedenken zu dem unterbreiteten, folgendermaßen lautenden Kompromißvorschlag des Reichskanzlera: „Die Erklärungen des Reichsministers des Innern Dr. v. Keudell und des Ministerpräsidenten Dr.Braun in den Sitzungen des Reichsrats vom 14. und 21. Juli 1927 haben zu ausführlichen Verhandlungen im Geschäftsordnungsausschuß des Reichsrats und sodann zu einer persönlichen Aussprache zwischen Herrn v. Keudell und Herrn Dr. Braun geführt, an der auch Staatssekretär Zweigert und Ministerialdirektor Badt teilnahmen. In diesen Beratungen und Besprechungen sind die in der Auseinandersetzung zu Grunde liegenden Tatbestände einer eingehenden Prüfung unterzogen worden. Es hat sich danach ergeben, daß die Schärfe der Auseinandersetzung überwiegend in gewissen Mißverständnissen ihre Ursache gehabt hat. Der Reichsminister des Innern hatte aus den Darlegungen, die Ministerialdirektor Badt am 8. Juli 1927 im Rechtsausschuß des Reichstags machte, den Eindruck eines nicht zu billigenden Verhaltens des Herrn Badt erhalten. Er hat sich jedoch, nachdem die Gründe, die Herrn Badt geleitet haben, bis ins einzelne zur Erörterung gebracht wurden, davon überzeugt, daß Herr

Badt zu den Ausführungen, die er in Wahrung des Standpunktes der Preußischen Regierung gemacht hat, sich berechtigt halten konnte. Auf Grund dieser Aussprache haben beide Teile anerkannt, daß die Angelegenheit in befriedigender Weise geregelt ist.“ (165)

Worin der Kompromiß in diesem Entwurf, nach der Kenntnisnahme der Berichte und Entschließungsvorschläge des Reichsratsausschusses, bestehen soll, ist nicht ersichtlich. Anscheinend hatte der Reichskanzler übersehen, daß Preußen den Fall als illegitimen Versuch auffaßte, seine Souveränität in der Person seines Bevollmächtigten zum Reichsrat zu diskreditieren. Der Kompromißvorschlag des Reichskanzlers mußte von Preußen als Rehabilitierungsversuch des Reichsministers des Innern aufgefaßt werden, besonders nach der ausführlichen Kritik des Berichterstatters Boden im Reichsratsausschuß VIII, der wenig Entschuldigung für die expulsiven und unbegründeten Anschuldigungen des Reichsministers gegen Dr. Badt finden konnte, und wurde verständlicherweise zurückgewiesen.

Preußen entwarf von sich aus einen Gegenvorschlag, der in der Auffassung Preußens dem Ablauf der Dinge – zumindest im Verständnis Preußens – gerechter wurde; er war bereits nach der Sitzung des Reichsratsausschuß vom 12. August 1927 angefertigt und dem Reichsminister v. Keudell zugesandt worden: „Der Ausschuß des Reichsrats für Verfassung und Geschäftsordnung hat sich mit der von Herrn Reichsminister v. Keudell in der Sitzung des Reichsrats vom 14. Juli abgegebenen Erklärung eingehend befaßt. Er ist dabei zu dem Ergebnis gelangt, daß ein Bruch der Vertraulichkeit der Ausschußberatung des Reichsrats (Paragraph 35 der Geschäftsordnung des Reichsrats) nicht in Frage kommt.

Auf Anregung des Ausschusses hat im Anschluß hieran eine Aussprache zwischen Herrn Reichsminister Dr. von

Keudell, dem Herrn Ministerpräsidenten Dr. Braun und Herrn Ministerialdirektor Dr. Badt über die gesamten, der Erklärung des Herrn Reichsministers Dr. v. Keudell zugrundeliegenden Vorgänge stattgefunden. Diese Aussprache hat zunächst Klarheit darüber gebracht, durch welche Umstände Herr Reichsminister Dr. von Keudell zu seiner damaligen Auffassung gekommen ist. Sie hat ferner ergeben, daß Herr Reichsminister Dr. v. Keudell seine ursprüngliche Beurteilung der Vorgänge nicht aufrecht erhalten kann, also weder den Vorwurf des Bruches der Vertraulichkeit noch den Vorwurf der Irreführung und des Verschweigens einer wesentlichen Tatsache.

Sämtliche Beteiligten sehen hiernach die Angelegenheit als in zufriedenstellender Weise erledigt." (166)

Der Entwurf Preußens hat sich enger an den Vorschlag des Berichterstatters des Reichratsausschusses gehalten, der anscheinend vom Reichskanzler nicht gebilligt werden konnte. Er schien auf keinen Fall sich mit einem Kompromiß einverstanden erklären zu können, der seinen Minister des Innern nicht weitmöglichst exonerierte und damit die Gefahr des Regierungsrücktritts ausschaltete. Der Kompromißvorschlag Preußens war für die Reichsregierung unannehmbar, ebensowenig wie der Entwurf des Reichskanzlers für Preußen annehmbar war. Jedoch zögerte der Reichskanzler mit seiner Antwort auf den Entwurf Preußens, die am 19. Oktober noch auf sich warten ließ. Ministerpräsident Braun beauftragte seinen Staatssekretär Weismann, in der Angelegenheit bei dem Staatssekretär der Reichskanzlei, Dr. Pünder, zu intervenieren, und sie am 20. Oktober „im Plenum des Reichsrats zur Sprache zu bringen, auch wenn noch keine Antwort der Reichsregierung gekommen sei." (167)

Dr. Weismann telephonierte mit seinem Kollegen Dr. Pünder und teilte ihm den Auftrag des Ministerpräsidenten mit. Dr. Pünder reagierte sofort und gab die schriftliche Aufzeichnung seines Telephongesprächs mit Dr. Weismann an den Vizekanzler und Reichsjustizminister Oskar Hergt und an den Reichsminister des Innern, v. Keudell, noch am gleichen Tag weiter. Es geschah aber nichts, beide Herren hüllten sich in tiefes Schweigen. Am nächsten Tag, um 14 Uhr, erreichte Dr. Pünder eine weitere telephonische Information Dr. Weismanns, daß Ministerpräsident Braun ihn beauftragt habe, „mitteilen (zu) lassen, der Erklärungsentwurf des Herrn Reichskanzlers befriedige ihn nicht, der Streit müsse nun ausgefochten werden." Die leichte Drohung vom Vortage, „die Angelegenheit morgen im Plenum des Reichsrats zur Sprache zu bringen, auch wenn keine Antwort der Reichsregierung gekommen sei", war entweder nicht ernstgenommen oder mißverstanden worden. Es gibt auch die Möglichkeit, daß die Herren beschlossen hatten, eine Entscheidung durch den Reichsrat herbeiführen zu lassen, vielleicht sogar nach Absprache mit wohlwollenden Bevollmächtigten zum Reichsrat, die Schuldfrage für den Reichsinnenminister günstiger beantworten zu wollen. (168)

Am 20. Oktober kam es zu einer weiteren Niederschrift des Reichsratsausschusses VIII, in der Gesandter Boden von den bisher fehlgeschlagenen Versuchen eines Kompromisses zwischen Reich und Preußen berichtete. Er verfehlte nicht, darauf hinzuweisen, daß Preußen, nach dem fehlgeschlagenen Versuch des Reichsratsausschusses vom 12. August 1927, einen zusätzlichen Schritt zur Schlichtung des Problems unternommen hatte. Beide Versuche hatten den Punkt einer „persönlichen Aussprache zwischen den Beteiligten" gemeinsam. „Der Herr Reichsminister des Innern hat sich zu einer solchen Aussprache nicht entschließen können". (169)

Der Berichterstatter Boden beendet seine Ausführungen mit der Mitteilung: „Da diese Angelegenheit nunmehr seit mehr als 3 Monaten die Öffentlichkeit beschäftigt, legt Preußen besonderes Gewicht auf möglichst beschleunigte Erledigung. Sollte jedoch der Reichsratsausschuß eine nochmalige Ausschußberatung für erforderlich halten, so will Preußen nicht widersprechen. Dabei wird jedoch vorausgesetzt, daß die endgültige Erledigung in der nächsten Plenarsitzung erfolgt." (170)

Auch in letzter Minute scheint Preußen damit signalisiert zu haben, es wäre immer noch zu einem Kompromiß bereit. Anscheinend war es jedoch dem Reichsminister des Innern klar geworden, und auf ihn allein schien es wirklich anzukommen, daß jeder für Preußen annehmbare Kompromißvorschlag für ihn selbst schwere Folgen haben würde, die er nicht auf sich nehmen konnte oder wollte. Preußens Signal wurde nicht registriert und blieb unbeantwortet. Es kam zur Plenarsitzung des Reichsrats am 27. Oktober 1927. Nachdem Gesandter Boden namens des VIII. Ausschusses den Verlauf der Angelegenheit ausführlich rekapitulierte, sagte er u.a.: „1. Die Frage, ob durch eine im Reichstag gemachte Mitteilung über geschäftliche Vorgänge aus einer Sitzung der Reichsratsausschüsse die Vertraulichkeit im Sinne des Paragraph 35 der Geschäftsordnung des Reichsrats verletzt wird, hängt insbesondere von einer Abwägung der Rechte und Pflichten ab, die sich für die Bevollmächtigten der Länder aus Artikel 33 der Reichsverfassung und Paragraph 35 der Geschäftsordnung des Reichsrats ergeben. Bei der Entscheidung der Frage sind die Gesamtumstände des einzelnen Falles maßgebend zu berücksichtigen. Im vorliegenden Falle konnte Ministerialdirektor Dr. Badt den Standpunkt seiner Regierung im Reichstag nicht ohne Erwähnung der geschäftlichen Vorgänge im Reichsratsausschusse darlegen. Da das Maß der hiernach erfolgten Mitteilung über Vorgänge, die an sich unter die Vertraulichkeit des Paragraph 35 der Geschäftsordnung fallen, dem Ermessen der einzelnen Ländervertreter, oder ihrer Regierungen überlassen bleiben muß, kann nicht anerkannt werden, daß der Vorwurf des Reichsinnenminister Dr. v. Keudell, Ministerialdirektor Dr. Badt habe die Vertraulichkeit einer Sitzung der Reichsratsausschüsse verletzt, in den tatsächlichen Hergängen eine Stütze findet. Daß auf Grund einer abweichenden Auslegung der Geschäftsordnung der Reichsinnenminister Dr. v. Keudell zu seiner Auffassung gelangen konnte, verkennt der Reichsrat hierbei nicht. 2. Was den Vorwurf der Irreführung anlangt, so steht fest, daß Ministerialdirektor Dr. Badt in der Sitzung des Rechtsausschusses des Reichstags am 8. Juli über die Gründe gesprochen hat, die nach Meinung der Preußischen Regierung die Verzögerung der Beratung in der Feiertagsfrage im Reichsrat veranlaßt haben. Der Reichsminister des Innern hat gegen diese Darstellung Stellung genommen und in ihr eine Irreführung der Öffentlichkeit erblickt.

Der Reichsrat ist hierzu der Meinung, daß die sachliche Auseinandersetzung über diese Frage von den Regierungen des Reiches und Preußens auszutragen ist, da die Darlegungen des Ministerialdirektors Dr. Badt nicht im Namen des Reichsrats, sondern im Namen der Preußischen Regierung erfolgt sind. Er beschränkt sich deshalb auf folgende Meinungsäußerung: Der Reichsminister des Innern konnte zu seinem Vorwurf der Irreführung dadurch gelangen, daß Ministerialdirektor Dr. Badt bei seinen Darlegungen über die Verzögerung der Beratung der Feiertagsfrage den Umstand unerwähnt ließ, daß die Vertagung der Beratung vom 30. Juni auf den 7. Juli nicht auf Wunsch der Reichsregierung, sondern auf Verlangen eines Landes erfolgt ist. Andererseits konnte Ministerialdirektor Dr. Badt annehmen, daß er den erwähnten Umstand nicht nochmals ausdrücklich mitzuteilen brauchte, weil er den Grund für die Vertagung der

Reichsratsberatung vom 30. Juni auf den 7. Juli in der öffentlichen Vollsitzung des Reichsrats am Tage zuvor bereits selbst vorgetragen hatte.

Neben diesen beiden, die sachlichen Vorwürfe gegen den Ministerialdirektor Dr. Badt behandelnden Punkten war der Reichsrat 3. vor die Frage gestellt, wie das Vorgehen des Reichsministers des Innern Dr. von Keudell, so wie es sich in der Vollsitzung am 14. Juli abgespielt hat, formell vom Standpunkt der bisher für das Zusammenwirken von Reichsregierung und Reichsrat geltenden Regeln zu würdigen sei. Die Beratung dieses Punktes kann heute auf sich beruhen bleiben, nachdem der Reichsminister des Innern in einer inzwischen dem Reichsrat zugegangenen Erklärung die ausdrückliche Versicherung abgegeben hat, daß ihm bei der gewählten Art des Vorgehens jede Absicht einer Beeinträchtigung der Würde und des Ansehens des Reichsrats ebenso wie die Absicht, einem Mitglied des Reichsrats eine Rüge zu erteilen, ferngelegen habe. Der Reichsrat erblickt hiernach, zumal kein Zweifel besteht, daß die erklärte Auffassung des Reichsministers des Innern zugleich als die Auffassung der Reichsregierung gelten kann, keinen Anlaß zu der Besorgnis, als könnte der Vorgang vom 14. Juli sich zum Schaden des seitherigen vertrauensvollen und harmonischen Zusammenwirkens zwischen Reichsrat und Reichsregierung wiederholen. Er sieht damit diesen Punkt als zur Befriedigung erledigt an.

Ich habe namens des Ausschusses für Verfassung und Geschäftsordnung zu beantragen, die Vollsitzung des Reichsrats wolle nach diesem Vorschlag des Ausschusses beschließen."

Im Verfolg von Paragraphen 448 und 451 der Niederschriften wurde einstimmig beschlossen, dem Vorschlag des Ausschusses zuzustimmen. (171)

Nach diesem Beschluß der Vollsitzung des Reichsrats gab Staatssekretär Weismann für Preußen folgende Erklärung ab:

„Die Preußische Staatsregierung stimmt den soeben vom Reichsrat einstimmig angenommenen Ausschußbeschlüssen zu. Sie entnimmt ihnen an erster Stelle, daß auch der Reichsrat den dem Ministerialdirektor Dr. Badt gemachten Vorwurf des Bruches der Vertraulichkeit nicht für begründet erachtet, zweitens, daß der Reichsrat sich zur Entscheidung der Frage, ob eine Irreführung der öffentlichen Meinung durch die Darlegungen des preußischen Bevollmächtigten im Reichstag vorliegt, für nicht zuständig erklärt hat.

Indem ich außerdem Genugtuung darüber Ausdruck gebe, daß die Besorgnisse, die im Reichsrat angesichts des Vorgehens des Reichsinnenministers Dr. von Keudell entstanden sind, durch seine schriftliche Erklärung beseitigt sind, darf ich den Herrn Vorsitzenden bitten, dem Herrn Reichsminister des Innern den Wunsch der Preußischen Staatsregierung zu übermitteln, daß er in einer Plenarsitzung des Reichsrats Herrn Ministerialdirektor Dr. Badt die ihm zukommende Erklärung abgibt.“ (172)

Der Vorsitzende erwiderte auf die Erklärung Dr. Weismanns: „Ich werde den Herrn Reichsminister des Innern von dem Verlaufe der Verhandlungen im Reichsrat unterrichten und ihm den Wunsch der Preußischen Staatsregierung übermitteln.“ (173)

Staatssekretär im Reichsinnenministerium Zweigert hatte den Vorsitz in dieser Plenarsitzung des Reichsrats anstelle seines Ministers von Keudell. Er nahm also die Aufgabe auf sich, seinem Minister den Wunsch Preußens zu übermitteln (174). Ob die erwartete Entschuldigung in der Plenarsitzung des Reichsrats erfolgte, darüber befindet sich in den Protokollen der Reichsratssitzungen nach dem 27. Oktober 1927 und nachher keine Aufzeichnung.

Die „Vossische Zeitung“ kam am nächsten Tag mit einem längeren Artikel heraus, der im Fettdruck die Überschrift trug:„Der Reichsrat berichtigt Keudell. Für die gestrige Reichsratssitzung mit ihrem verstärkten Andrang von Zuhörern war bemerkenswerte Vorsorge getroffen. Die bisher nur durch einen Spieltisch repräsentierte Öffentlichkeit erhielt einen umfangreichen Pressetisch, die Kordel, welche bisher das niedere Volk vom hohen Reichsrat trennte, war gefallen, und an den Wänden waren Stühle für die Reichstagsabgeordneten aufgestellt. Auch Damen der Gesellschaft waren erschienen, dem Schauspiel beizuwohnen.

Das ‚Schauspiel' war sehr triste. In zwanzig Minuten erledigte man 13 Punkte der Tagesordnung, eine respektable Leistung! Für den Fall Keudell-Badt verwandte man zehn Minuten.

Nach der Verlesung der Bodenschen Erklärung stimmte der Reichsrat ohne Widerspruch den darin formulierten Beschlüssen zu. Erst dann erhob sich der preußische Staatssekretär Weismann, um in seiner formulierten Erklärung den Standpunkt seiner Regierung festzulegen. Den Wunsch, es möge der Minister Keudell nunmehr endlich in der Plenarsitzung Ministerialdirektor Badt die ihm zukommende Erklärung abgeben, versprach Staatssekreär Zweigert zu übermitteln ..."

Der Kompromißbeschluß ist anscheinend stark geformt vom Gespräch des Vizekanzlers und Reichsjustizministers Oskar Hergt mit dem Berichterstatter Boden, von dem dieser in der Sitzung vom 1. August 1927 des Reichsratsausschusses berichtete.

IX.
DER KAMPF UM DEN PANZERKREUZER A

Die Novemberrevolution von 1918 hatte in Deutschland eine Situation geschaffen, die vielleicht mit einem bekannten Witz treffend wiedergegeben werden kann: Der Hausherr erzählt seinen Gästen über seine glückliche Ehe, in der Streitigkeiten eine große Seltenheit sind. In allen kleinen Problemen entscheidet seine Frau, er in allen wichtigen. Befragt, wie diese Abmachung verwirklicht wird, antwortet er ohne Zögern: „Ob meine Frau sich einen Wollmantel oder einen Persianer anschaffen soll, darüber entscheidet sie; aber in wirklich wichtigen Fragen, was z.B. Präsident Reagan Parteisekretär Gorbatschow sagen soll, darüber entscheidet bei uns nur ich!"

Die Revolution setzte den Kaiser und seine Regierung ab. In der Folge wurde eine neue Verfassung eingeführt, welche bestimmte, der Reichspräsident und der Reichstag seien vom Volke in geheimen Wahlgängen zu wählen, ihre Befugnisse und Amtsdauer festlegte und vorschrieb, daß der Reichspräsident den Reichskanzler ernennt, der seinerseits die Reichsminister erwählt und dem Reichspräsidenten zur Bestätigung vorschlägt. Die neue Exekutive des Reiches lag in den Händen einer Regierung, welche die Bürokratie des Kaiserreichs im Großen und Ganzen im Amte beließ, die ihrerseits ihre traditionsgemäße Politik fortzusetzen suchte.

Der Ehemann ist gleichsam die Regierung, seine Frau hingegen die alte Bürokratie, die in der Weimarer Republik wenig von ihrer Macht, die sie im Kaiserreich besaß, eingebüßt hat.

Carl Severing glaubte an die Notwendigkeit der „Säuberung der Verwaltung“ (175). Er rügte die Tatsache, daß höhere Verwaltungsbeamte sich der Kapp-Putschregierung zur Verfügung gestellt hatten. Otto Braun zielte auf das gleiche Problem, als er von der Notwendigkeit der „Republikanisierung der Beamten“ sprach. In dem Verwaltungsapparat „war der militärische Geist … noch stark vorherrschend“ (176). Zum Verständnis der neuen Situation fügte Braun hinzu: „Viele von ihnen, vornehmlich höhere und leitende Beamte, kamen dabei bald in einen Gewissenskonflikt. Sie hatten in ihrem Diensteid zu ‚Gott dem Allmächtigen‘ geschworen, daß sie ‚Seiner königlichen Majestät von Preußen ihrem allergnädigsten Herrn untertänig, treu und gehorsam‘ sein wollen, und nun sollten sie Machthabern treu und gehorsam dienen, denen der Ludergeruch der Revolution anhaftet. Denn nach der bisherigen Auffassung dienten sie ja nicht dem Volke, sondern ihrem königlichen Herrn …“(177)

Diese Tatsachen bilden zum Teil den Hintergrund der ernsten Regierungskrisen im Zusammenhang mit dem Panzerkreuzer A. Die geschichtliche Situation jener Zeit ist durch eine Neigung gekennzeichnet, welche als Ergebnis einer Rundfrage zum Ausdruck kommt. Die Monatsschrift „Europäische Gespräche, Hamburger Monatshefte für auswärtige Politik“ hatte 1927 an 200 deutsche Persönlichkeiten die Frage gerichtet: „Soll Deutschland Kolonialpolitik treiben?“ Diese Frage bestand aus drei Unterfragen: „1. Soll das Deutsche Reich den Erwerb von Kolonien anstreben? 2. Soll eine Kolonie-Betätigung des Deutschen Reichs im Rahmen eines Kolonialmandats angestrebt werden? 3. Soll das Deutsche Reich sich darauf beschränken, für seine Angehörigen und für seinen Rohstoffbezug in fremden Kolonien wie in den Mandatsgebieten volle Gleichberechtigung mit den anderen Mächten zu fordern?“

Der Zeitpunkt der Rundfrage, die Fragen und ihre vorsichtigen Formulierungen waren offenbar nicht zufällig gewählt. Es kamen fünfzig Antworten ein, u.a. die von Konrad Adenauer, der für Kolonien votierte. Obschon die Mehrheit der Antworten Kolonien ablehnte (178), war der Kolonialgedanke anscheinend noch ziemlich lebendig.

In einem Bericht jener Tage aus Washington hieß es, daß der amerikanische Marineminister dem Kongreß ein Flottenprogramm unterbreitet hatte, das den Bau von 25 Kreuzern, neun Zerstörern, 32 Unterseebooten und fünf Flugzeugmutterschiffen vorsah und zusammen rund drei Milliarden Mark kosten sollte. Allerdings war daran eine Bedingung geknüpft: die vorgesehene Produkion sollte sofort eingestellt werden, wenn es zur Einberufung einer internationalen Konferenz zur Beschränkung von Seerüstungen käme (179).

Am selben Tag gab die Presse bekannt, daß der erste Lord der britischen Admiralität im Unterhaus erklärt hatte, die englische Regierung sähe im neuen amerikanischen Flottenprogramm keinen Grund, den von ihr geplanten Bau von zwei Kreuzern aufzugeben (180).

Seit Jahren arbeitete in Genf eine Internationale Abrüstungskommission, deren Aufgabe es war, die Internationale Abrüstungskonferenz, die im September 1928 stattfinden sollte, vorzubereiten. Auf dieser führte Reichskanzler Hermann Müller u.a. aus: „Es muß endlich zur Erfüllung des vertraglichen Versprechens kommen, daß der Entwaffnung Deutschlands die allgemeine Abrüstung nachfolgen sollte.“ (181)

In getrennten Noten an Frankreich und England hatte Außenminister Stresemann bereits in den ersten Monaten des Jahres 1925 erklärt, Deutschland sei an einem Nichtangriffspakt mit beiden Mächten interessiert, der die im Vertrag von Versailles festgelegten westlichen Grenzen garantieren würde. Bezüglich der Ostgrenzen hingegen sei Deutschland zu Schiedsverträgen mit den östlichen Nachbarn zur endgültigen Grenzlegung bereit. Infolgedessen konnte Austin Chamberlain im Unterhaus erklären: „Deutschland ist also bereit, sowohl im Westen wie im Osten absolut auf den Gedanken zu verzichten, die im Friedensvertrag gezogenen Grenzen mit Hilfe eines Krieges zu ändern." (182)

Stresemann „teilte die in Deutschland zu einer Art nationalem Dogma erhobene Auffassung, daß ‚wir die polnischen Grenzen niemals freiwillig anerkennen werden' ... Für eine spätere Revision der Grenzen mit Polen behielt sich die deutsche Regierung eine Regelung ‚auf friedlichem Wege' vor, wobei sie an Artikel 19 der Völkerbundssatzungen dachte, der die Revision unanwendbar gewordener Verträge ermöglichte." (183) Der Trend der Politik war augenscheinlich vom Geist der Abrüstung und des Friedens getragen. Die erkennbaren Meilensteine sind das Locarno-Abkommen vom 16. Oktober 1925, der Beitritt Deutschlands zum Völkerbund am 9. September 1926, der Freundschafts- und Neutralitätsvertrag zwischen Deutschland und der Sowjetunion vom 24. April 1926, die Aufhebung der alliierten Militärkontrolle in Deutschland am 31. Januar 1927, die Verhandlungen, die seit Frühjahr 1927 über den „Verzicht auf den Krieg als Mittel der nationalen Politik" geführt wurden und schließlich mit der Unterzeichnung des Kellogg-Pakts am 28. August 1928 endeten. Vor diesem Hintergrund stellt sich die Frage, was den Zentrums-Reichskanzler Wilhelm Marx und seinen deutschdemokratischen Reichswehrminister Otto Geßler veranlaßte, im Dezember 1927 die erste Rate in Höhe von 90,3 Millionen Mark für den Bau des 10.000 Tonnen Panzerschiffes „A" in den Haushaltsvorschlag einzusetzen?

Stresemanns Bemühungen um Verständigung mit den Mächten wurde von den revanche-hungrigen Militär- und Rechtsgruppen nicht geteilt. In den Augen des nationaldeutschen Bürgertums war Stresemann das Unglück Deutschlands (184). Zwar ratifizierte die Reichsregierung die von Stresemann ausgehandelten Verträge – den Rheinpakt – am 22. Oktober 1925, was die deutschnationalen Mitglieder im Auswärtigen Ausschuß des Reichstags nicht daran hinderte, diese mit der Begründung abzulehnen, daß sie von den Lebensnotwendigkeiten des deutschen Volkes absehen und den Verzicht auf deutsches Land und Volk bedeuten (185). Die deutsch-nationalen Reichsminister mußten darauf zurücktreten, dennoch gelang es der reduzierten Reichsregierung, daß die Verträge am 27. November 1925 vom Reichstag mit großer Stimmenmehrheit, 292 gegen 174 Stimmen, angenommen wurden (186).

Die Reichswehr hatte seit 1921 mit Wissen der Regierung enge Beziehungen mit der Sowjetunion geknüpft. Deutsche Fachleute halfen den Russen beim Aufbau ihrer Rüstungsindustrie, die auch für die Reichswehr Kriegsmaterial und Waffen herstellte. Die Junkerswerke bauten in der Sowjetunion Fabriken, die auch zur Herstellung von Militärflugzeugen für die Reichswehr bestimmt waren. Reichswehrsoldaten hielten auf russischem Boden – mit Einverständnis der russischen Behörden – Übungen mit Waffengattungen ab, die ihnen nach dem Versailler Vertrag untersagt waren (187). Die nötigen Geldausgaben waren in den bewilligten Haushaltsplänen der Reichswehr nicht ersichtlich. Vielleicht kamen die erforderlichen Gelder aus den geheimen Fonds des Kapitäns Lohmann, von denen noch die Rede sein wird, und die dem Reichswehrminister Geßler den Gedanken an Rücktritt anscheinend nahelegten (188).

Der Chef der Heeresleitung, General Hans von Seckt, war ein ausgesprochener Gegner der Politik Stresemanns und der Locarnoverträge. Er stand auf dem Standpunkt: „Verständigung kann nur ein Erfolg der Feinde sein.“ (189) Seine untragbare schiefe Beziehung zu Normen loyalen Verhaltens, zur übergeordneten Zivilbehörde und zur Verfassung führten zu seinem Zwangsabschied im Oktober 1926.

Die „Ausschöpfung" der vom Versailler Vertrag zugelassenen Waffengattungen und Mengen war ersehntes Ziel der Heeresleitung und konnte auf besonderen Wunsch des dafür verständnisvollen Reichspräsidenten durchgesetzt werden.

In der Vorlage des Reichshaushaltplans für das Jahr 1928/29, der dem Reichstag und dem Reichsrat zur Beurteilung und Verabschiedung vorgelegt wurde, war als Ausgabe im Wehretat die erste Rate für den Bau des Panzerschiffs „A" vorgesehen (190).

In dem vom Reichsminister für Finanzen, Dr. Köhler, an den Reichsrat am 24. November 1927 gesandten „Entwurf eines Gesetzes für die Feststellung des Reichshaushaltsplan für das Rechnungsjahr 1928" befindet sich unter der Rubrik „Einmalige Ausgaben" der Reichsmarine, Kap. E 22, „Schiffbauten und Armierungen, A. Neubauten" u.a. die Aufstellung: „1. neu: Bau des Panzerschiffes A. 1. Teilbetrag 6.000.000 RM. Anschlag 40.000.000 RM ... 7. neu: Artilleristische Armierungen des Panzerschiffes A, 1. Teilbetrag 3.000.000 RM, Anschlag 20.400.000 RM."

Die beigefügte Erklärung lautet: „Den Bestimmungen des Versailler Vertrages entsprechend als erster Ersatzbau für ein veraltetes Linienschiff. Sämtliche uns belassenen Linienschiffe haben bereits jetzt ihr im Versailler Vertrag festgelegtes Lebensalter und zwar zum Teil erheblich überschritten."

In den Anlagen zu den stenographischen Berichten des Reichstags finden sich die Ausführungen des Generalberichterstatters des Reichsrats, Dr. Brecht, in der Vollsitzung des Reichsrats vom 17. Dezember 1927. Es heißt dort u.a.:

„Bei der Reichswehr sind die einmaligen Ausgaben beim Heer von 46,3 auf 40,7 (also um 5,6 Millionen) und bei der

Marine von 84,1 auf 75,3 (also um 8,8 Millionen) geringer eingesetzt. Für Schiffsneubauten sind bei der Marine mit einer Ausnahme nur spätere Raten von begonnenen und früher bewilligten Neubauten angefordert. Die Ausnahme bildet ein Panzerschiff, dessen Bau nach dem Versailler Vertrag zum Ersatz eines der uralten Linienschiffe zulässig ist und das insgesamt mit Armierung 80 Millionen kosten soll. Es werden die ersten Teilbeträge von insgesamt 9,3 Millionen angefordert. Die Ausschüsse haben dieser Gestaltung des Reichswehrhaushalts nach eingehender Prüfung und Erörterung zugestimmt …

Namens der Ausschüsse habe ich zu beantragen, dem Reichshaushaltsplan für das Rechnungsjahr 1928 und dem Entwurf eines Reichshaushaltsgesetzes in der Fassung zuzustimmen, die sie durch die Beschlüsse der Ausschüsse erhalten haben." (191)

In seiner Eigenschaft als Generalberichterstatter des Reichsrats durfte Dr. Brecht lediglich die Beschlüsse der Ausschüsse des Reichsrats der Vollversammlung referieren. In dieser Funktion stand es ihm jedoch nicht zu, über die Stellung Preußens zu berichten; das hatte er wahrscheinlich in den Ausschüssen, wo es angängig war, getan. Jedoch hielt er darüber dem preußischen Ministerkabinett bereits in seiner Sitzung vom 6. Dezember 1927 einen Vortrag. Brecht wies auf die gespannte Finanzlage hin und legte dem Kabinett nahe, im Reichsrat den Antrag auf Streichung dieser beantragten Rate zu stellen. Ministerpräsident Braun war von der Vorlage des Wehretats überrascht und übersah sofort seine politischen, wirtschaftlichen und sozialen Folgen. Seine Minister, einschließlich der Vertreter des Zentrums, der DDP und des parteilosen Kultusminister Carl Heinrich Becker äußerten sich im Sinne Brechts. Das Kabinett faßte den Beschluß: „Zu dem im Ordentlichen Haushalt des Reichswehrministeriums D Marine vorgesehenen Ausgaben für den Bau des Panzerschiffes A-1 Teilbetrag und Artilleristische Armierung des Panzerschiffes A-1 Teilbetrag sind grundsätzliche Bedenken zu erheben. Ein etwa von Vertretern anderer Länder mit Aussicht auf Erfolg gestellter Antrag auf Streichung dieser Ausgaben ist zu unterstützen." (192)

Dieser wässerige Beschluß des Kabinetts spricht weder für das Selbstvertrauen der Preußischen Regierung noch für ihre reale Stimmstärke im Reichsrat noch für eine Entscheidung, dem Antrag des Reichswehrministeriums mit aller Kraft entgegenzutreten. Der Kabinettsbeschluß trägt den Anschein eines notwendigen Lippenbekenntnisses. Die Vertreter Preußens im Reichsrat dürfen einen „Antrag auf Streichung dieser Ausgabe" nicht einbringen, sie dürfen ihn lediglich „unterstützen". War das Kabinett nur halbherzig für die Streichung, oder war es der Aussichtslosigkeit des parlamentarischen Kampfes dafür gewiß, oder glaubte es aus innerpolitischen Gründen, einer Vorlage des Reichswehrministeriums, d.h. der Reichswehr, nicht ernsthaft entgegentreten zu dürfen?

Das Staatsministerium scheint jedoch im Verlaufe der Sitzung den gefaßten Beschluß als für nicht ganz ausreichend und zufriedenstellend erkannt zu haben. Vielleicht ist es unter Druck des einen oder anderen anwesenden Ministers oder Beamten – leider sind in den erhaltenen Protokollen des Staatsministeriums nur die Beschlüsse, aber nicht die Beratungen aufgenommen – zu dem weiteren Beschluß gekommen: „Zur Herstellung von Anträgen auf Streichung von Ausgaben im Einzelnen, insbesondere beim Haushalt des Reichswehrministeriums, wird die Ermächtigung erteilt." (193)

An der Sitzung des Staatsministeriums nahm wie üblich, in seiner Eigenschaft als Bevollmächtigter Preußens zum Reichsrat im Hauptamte, Dr.Hermann Badt teil. Er war über diesen letzten Beschluß des Kabinetts nicht ganz unglücklich; er mag sogar den Beschluß mit herbeigeführt haben. Die gemeinsame Stimmabgabe der Vertreter Preußens im Reichsrat war zwar nicht verpflichtend (194), aber Badt hatte eine Idee. Er besprach sie mit seinem Kollegen Brecht, der ihr zwar keine großen Aussichten gab, jedoch Badt beipflichtete, den Versuch zur Durchführung seines Planes zu wagen. Badt setzte sich sofort an die Arbeit und auf Grund der ersten Reaktionen bezüglich ihrer Unterstützung eines eventuellen Antrags Preußens auf Streichung des Betrages für den Panzerkreuzerbau, die er von seinen Kollegen im Reichsrat erhielt und über die er die Minister informierte, konnte das Ministerkabinett bereits am 13. Dezember 1927 seine acht Tage alten Beschlüsse ändern: „Außerhalb der Tagesordnung wurde auf den Bericht des Ministerialdirektors Dr. Brecht über den Standpunkt der Verhandlungen über den Reichshaushaltsplan für das Rechnungsjahr 1928 im Reichsrat beschlossen: Die vom Staatsministerium ernannten Mitglieder des Reichsrats haben ... zu den in Ordentlichem Haushalt des Reichwehrministeriums D. Marine vorgesehenen Ausgaben für Bau des Panzerschiffes und Artilleristische Armierung des Panzerschiffes ‚A' die Ablehnung für das Rechnungsjahr 1928 und die Hinausschiebung der Entscheidung über diese Ausgabe um ein Jahr zu beantragen ..." (195)

Selbst dieser Beschluß zeugt von der Scheu des Staatsministeriums, den Antrag des Reichswehrministeriums einfach abzulehnen und offen zu erklären: Wir sind gegen den Bau eines Panzerkreuzers. Es begnügte sich von vornherein mit dem maximalen Beschluß einer „Hinausschiebung der Entscheidung" um ein Jahr, der anscheinend auf einem Vorschlag Dr. Brechts beruhte (196).

Die Marine scheint über diese Vorschläge und Beschlüsse im Preußischen Staatsministerium im Dunkeln gelassen worden zu sein. Am 15. Dezember 1927 schreibt der Referent

Bänneker der Marine-Haushaltsabteilung an Regierungsrat Erwin Planck der Reichskanzlei: „Anliegend beehre ich mich, die zugesagten Abdrucke der Stellungnahme des Reichswehrministeriums zu den Bemerkungen Preußens über den Bau des Panzerschiffes ‚A' zu übersenden. Die gleichen Abdrucke sind gestern an die Bevollmächtigten der Länder beim Reichsrat verteilt worden ..." Korvettenkapitän Bänneker fügt Einzelheiten über die vorgesehene Bewaffnung des Schiffes bei. Diese Details waren anscheinend für die vorzubereitende Entgegnung der Reichskanzlei zu den Bemerkungen Preußens im Reichsrat wichtig (197).

Über den Ausgang der Bemühungen Dr. Badts schreibt Dr. Brecht in seinen Memoiren: „Das Reichswehrministerium war zuversichtlich, daß es nicht nur in den Ausschüssen, wo Preußen nur eine Stimme hatte, sondern auch im Reichsratsplenum die Mehrheit erzielen würde, weil die Sympathien der Ländergesandten offenbar auf seiner Seite waren. Aber Kollege Badt schrieb rechtzeitig an die führenden Minister der sozialdemokratisch oder demokratisch besetzten Landesregierungen, sie möchten ihre Gesandten mit der Anweisung versehen, der Streichung zuzustimmen. Das hatte den Erfolg, daß die Streichung im Reichsratsplenum mit 36 gegen 32 Stimmen beschlossen wurde." (198)

Der Vorschlag Preußens auf Streichung der Ausgaben für den Panzerkreuzer wurde vom Staatssekretär des Staatsministeriums Dr. Weismann in der Reichsratssitzung am 17. Dezember 1927 vorgebracht. Er „beantragte namens Preußens mit Rücksicht auf die gespannte und namentlich für das folgende Jahr noch völlig undurchsichtige Finanzlage des Reichs, die bereits zur Kürzung der Fonds für wichtige andere Aufgaben geführt hat, und außerdem um die von den Ausschüssen zusätzlich wieder eingesetzten nötigsten Stützungsmittel für die unter den Kriegsfolgen besonders leidenden Gebiete und die besetzten Gebiete im Interesse einer gesunden Finanzwirtschaft jedenfalls teilweise durch Ersparnisse zu decken, folgende Ausgabenansätze zurzeit zu streichen und die Frage ihrer Einsetzung im Nachtragshaushalt oder einem späteren Haushalt bis zu größerer Klarheit über die Entwicklung der Einnahmen und Ausgaben zurückzustellen: (...) im Haushalt des Reichswehrministeriums die Ansätze für den Neubau des Panzerschiffs (...) zusammen 9.300 000 RM (...). Der Antrag (...) [wurde] mit 36 gegen 32 Stimmen angenommen ..." (199)

War Staatssekretär Dr. Weismann berechtigt, in seinem Antrag auf Streichung der Panzerkreuzerrate im Reichsrat von der Weisung des Staatsministeriums vom 13. Dezember 1927, die ihm auftrug, bei den „vorgesehenen Ausgaben für Bau des Panzerschiffes ... die Ablehnung für das Rechnungsjahr 1928, und die Hinausschiebung der Entscheidung über diese Aufgaben um ein Jahr zu beantragen ...", abzuweichen? Hat Dr. Weismann in diesem Falle eigenmächtig gehandelt?

„Hinausschiebung der Entscheidung um ein Jahr" kann in dem Falle nichts anderes als Streichung der Ausgaben für den Bau des Panzerschiffes im Budgetjahr 1928 bedeuten. Im Antrag Dr. Weismann wird zwar Streichung „zurzeit" verlangt, was aber die Möglichkeit offen läßt, im Rechnungsjahr 1928 die Streichung einstweilig vorzunehmen und zu einem späteren Zeitpunkt einen Zusatzantrag zur Gewährung der Ausgaben für das Panzerschiff im Budgetjahr 1928 zu erneuern, wenn die „Entwicklung der Einnahmen und Ausgaben" günstig sein wird.

Es ist aktenmäßig nicht ersichtlich, ob Dr. Weismann ermächtigt war, diese Möglichkeit für das Budgetjahr 1928 vorzuschlagen. Jedenfalls ist sein Antrag vom Reichsrat angenommen worden.

Der Streichungsbeschluß des Reichsrats war für Reichswehrminister Geßler ein unerwarteter Schlag, gerade zu einem Zeitpunkt, als die geheimen spekulativen Finanzgeschäfte des Reichswehrministeriums bekannt geworden waren. Es handelte sich um Beteiligungen an gewagten Projekten mit Etatgeldern des Reichswehrministeriums in der Absicht, dem Ministerium Mittel für militärische, dem Reichstag unbekannte und daher unbewilligte Zwecke zu ermöglichen. „Die Herren des Wehrministeriums hatten dabei manchmal sogar im heimlichen Einverständnis mit den Budgetreferenten des Reichstags gehandelt, sich aber schließlich, besonders durch Spekulationen eines Kapitäns Lohmann in eine unhaltbare Position gebracht ...“ (200)

Reichswehrminister Geßler beschloß, seinen Rücktritt zu nehmen, und bat am 4. Januar 1928 um Entlassung. Er hatte bereits im Mai 1927 – wahrscheinlich im Zusammenhang mit der Lohmannaffäre, für die er ministerielle Verantwortung trug – um Entlassung ersucht, wurde aber vom Reichskanzler Marx gebeten, sein Gesuch zurückzustellen. Diesmal wurde seinem Antrag stattgegeben. Reichspräsident v. Hindenburg entband ab 19. Januar 1928 Geßler seines Amtes und ernannte den früheren Reichsverkehrsminister und Generalleutnant a.D., Wilhelm Groener, zum Reichswehrminister (201).

Die Befürworter des Panzerschiffes hatten wirtschaftliche Gründe für den Bau angeführt. So auch Geßler selbst, der auf die Beschäftigungsnot der Kieler Werft hingewiesen hatte, die ohne neue Bauaufträge ihre Tore würde schließen müssen (202).

Andere sprachen von der Abwanderung gelernter und kaum ersetzbarer Arbeitskräfte, falls der Bau des Panzerschiffes unterbliebe. Diese und andere von Befürwortern des Panzerschiffes angeführten Gefahren waren sicherlich real (203). Kreise der Reichswehr gaben an, der Kreuzer sei zum Schutze

Ostpreußens, das auf dem Landweg von Deutschland abgeschnitten war, im Falle eines polnischen Angriffes notwendig. Der Kreuzer würde die Seeverbindung für die Zufuhr von Material und Mannschaften in das bedrohte Ostpreußen sichern.

Die Furcht vor der „polnischen Gefahr" war nicht ganz überzeugend. Die Forderung Polens auf einen Teil Ostpreußens war durch die Abstimmung im Juli 1920 zugunsten Deutschlands gelöst worden. Die Gebiete Allenstein und Marienwerder blieben deutsch. Polens Forderung auf ein autonomes Ostpreußen war von der Friedenskonferenz zurückgewiesen worden. Im März 1921 ergab die Volksabstimmung in Oberschlesien eine überwiegende Mehrheit für Deutschland. Der Versuch des polnisch-oberschlesischen Nationalisten, Wojciech Korfanty, die Teilung des Gebiets gemäß der Bervölkerungsmehrheit durch bewaffnete polnische Verbände im Mai zu verhindern, konnte vereitelt werden. Nach anfänglichen Erfolgen wurden die Milizen Korfantys durch den oberschlesischen Grenzschutz und die Selbstschutzverbände zurückgeschlagen. Als ein Jahr später die polnisch-deutsche Konvention am 15. Mai 1922 in Genf unterzeichnet und eine gemischte Kommission unter Schweizer Vorsitz zur Verwaltung des oberschlesischen Gebietes ins Leben gerufen wurde, setzte eine lebensfähige Koexistenz ein (204).

Der „Vorwärts" veröffentlichte am 15. Dezember 1927 einen Artikel mit dem Titel: „Schon 90 deutsch-polnische Verträge, alles in bester Freundschaft – Aber beim Handelsvertrag geht es um den Profit." Im Bericht wurden u.a. eine Reihe von Verträgen, wie das Rechtshilfeabkommen vom 24. April 1924, das Rechtspflege-Überleitungsabkommen vom 5. März 1924, nach welchem Urteile des Reichs- und Preußischen Kammergerichts in Polen vollziehbar waren, das

Vormundsabkommen vom 5. März 1924, das u.a. die unterschiedliche Behandlung auf Grund von verschiedener Staatsangehörigkeit aufhob, und das Nachlaßabkommen vom 27. Oktober 1926 (205). Es ist wohl kaum anzunehmen, daß die Veröffentlichung dieser Tatsachen im Dezember 1927 ein Zufall war. Die Forderung der Reichswehr auf ein Panzerschiff, begründet mit dem Schutz der Ostgebiete, ist demnach kaum haltbar.

Der „Tag", das Organ Hugenbergs, reagierte auf den Beschluß des Reichsrats: „Aber neben dem deutschen Danzig wuchert, in zäher Arbeit entwickelt, der polnische Kriegshafen Gdingen, die polnische Kriegsflotte. Und Ostpreußen, die Insel im feindlichen Meer, lebt nur von der Seestraße nach dem deutschen Mutterland." (206)

Die Rechtspresse prangerte die Streichung der Ausgaben für das Panzerschiff als Preisgabe der nationalen Belange des Reiches an.

Die „Kreuzzeitung" ,das Sprachrohr der Rechten, schrieb, daß durch den Beschluß des Reichsrats „das militärische Übergewicht Polens noch mehr gestärkt, was die Anmaßung Polens nur noch vermehren würde. Für den Ernstfall beraubte Preußen das Reich der Möglichkeit, dem abgeschnürten Ostpreußen zu Hilfe zu kommen. Zweitens habe die Ablehnung die Nichtausführung projektierter Arbeiten und daher Arbeitslosigkeit zur Folge" (207).

Wenn auch die Begründung (Polengefahr) nicht ganz plausibel war, konnte jedoch der Wunsch der Reichswehr nach völliger „Ausschöpfung" der im Rahmen des Versailler Vertrages zugelassenen Aufrüstung von ihrem Standpunkt verständlich sein, zumal das neugeplante Panzerschiff eine echte Wendung in der Panzerkonzeption und der technologischen Entwicklung dieser Schiffsgattung darstellte. Sofort nach der Ablehnung des Reichsrats, die erste Rate für den

Bau des geplanten Schiffes zu gewähren, erklärte der Reichsfinanzminister Dr. Köhler, „die Reichsregierung werde nunmehr dem Reichstag eine Doppelvorlage zugehen lassen." (208) Diese Möglichkeit besteht nach Art 69 der Verfassung. Die Reichsregierung ist berechtigt, trotz Ablehnung ihres Gesetzesvorschlages durch den Reichsrat, dem Reichstag den Gesetzesvorschlag noch einmal vorzulegen unter Beilage des Standpunktes des Reichsrats.

Der sozialdemokratische „Vorwärts" schrieb am Tage nach dem Beschluß des Reichsrates: „Zum ersten Mal ist den Anforderungen im Wehretat, die ohne alle Rücksicht auf Deutschlands schwere finanzielle Lage gestellt werden, energischer Widerstand entgegengesetzt worden." (209)

Die dem Reichstag eingebrachte Doppelvorlage bescherte dem Reichsfinanzminister nur kurze Befriedigung. Preußen beantragte daraufhin Einspruch im Reichsrat gegen die ganze Reichshaushaltsvorlage für das Jahr 1928. Ein solcher, vom Reichsrat beschlossener Einspruch, konnte vom Reichstag nur durch eine Zweidrittel-Mehrheit aufgehoben werden. Die Reichsregierung wußte, daß eine solche Mehrheit im Reichstag für die Vorlage nicht erreichbar war.

Reichsfinanzminister Dr. Köhler (Zentrum) bekam leichten Rückenwind von der Fraktion der Deutschnationalen Volkspartei im Preußischen Landtag. Im Namen der Fraktion stellte der Fraktionsvorsitzende, Friedrich Winckler im Landtag die „Große Anfrage", die alle bereits bekannten Argumente enthielt: „Im Reichsrat ist auf Antrag der Preußischen Staatsregierung die erste Rate für den Neubau eines Panzerschiffes gestrichen worden. Dieser in dem bescheidenen Rahmen des Versailler Vertrages zulässige Bau war von der Reichsregierung angefordert worden, um eine zeitgemäße Ausbildung der Reichsmarine ermöglichen , um den Seeweg nach dem abgesprengten Ostpreußen sichern, und um eine gleichmäßige Beschäftigung der Werften und ihres Arbeitsstammes durchführen zu können.

Wir fragen das Staatsministerium: 1. Wie rechtfertigt es seinen Antrag und seine Stimmabgaben? 2. Sieht es nicht, daß der von ihr herbeigeführte Beschluß des Reichsrates geeignet ist, im Auslande die Meinung hervorzurufen, daß die im Versailler Vertrage Deutschland zugestandene kleine Wehr bei uns selbst noch für zu groß gehalten wird? 3. Sieht es nicht, daß seine planmäßigen Vorstöße gegen die Reichsregierung, die nicht einmal vor der Sicherheit des Reiches haltmachen, das Ansehen Preußens im deutschen Volk immer mehr schädigen müssen?“ (210)

Diese polemisch-rhetorische „Große Anfrage“ verfolgte anscheinend nicht die Absicht, eine Änderung des Reichsratsbeschlusses herbeizuführen, zumal der Landtag keine Befugnisse hatte, einen Beschluß des Reichsrats zu ändern. Zweifellos war die „Große Anfrage“ eine politische Geste, welche die Meinung der Rechtsparteien zum Ausdruck brachte.

Otto Braun hielt es für nötig, im Landtag zu erscheinen, um auf die „Große Anfrage“ Wincklers persönlich zu antworten. Seine Ausführungen wurden häufig unterbrochen. Es besteht jedoch kein Zweifel darüber, daß seine Worte die Stellung Preußens zum Panzerkreuzerprojekt ausführlich und eindeutig zum Ausdruck gebracht haben. In einem Punkte, scheint es, ging er über die Beschlüsse des Staatsministeriums hinaus. Braun führte nämlich an: „Aus diesen finanziellen Gründen hat die Preußische Regierung geglaubt, diesen Panzerkreuzer ablehnen zu sollen, weil sie auf dem Standpunkt steht, man möge erst die finanzielle Entwicklung im nächsten und übernächsten Jahr im Reiche, wenn das Dawesabkommen seine volle Wirksamkeit zeigt, abwarten und dann darüber entscheiden, ob man eine solche – nach meiner Auffassung unproduktive – Ausgabe noch machen kann.“ (211)

Diese Worte ließen keinen Zweifel darüber zu, wo Braun selbst stand, aber es war nicht mehr der Standpunkt des Staatsministeriums, das am 13. Dezember 1927 beschlossen hatte: „die Hinausschiebung der Entscheidung über diese Ausgaben um ein Jahr zu beantragen ..."

Auf Grund der „Doppelvorlage" setzten der Reichstag und seine damit befaßten Ausschüsse alles in Bewegung, um den Marineetat zu sichern. Die Presse berichtete am 28. März 1928, daß der Reichshaushalt 1928 vom Reichstag in der 2. Lesung gegen die Stimmen der Demokraten, Sozialdemokraten und Kommunisten angenommen wurde. Dieser „Erfolg" im Reichstag besagt nicht viel, denn der Reichsrat ist berechtigt, selbst den in 3. Lesung des Reichstages bewilligten Reichshaushalt abzulehnen.

Wie so häufig in der Politik, kam es auch in diesem Falle in letzter Minute, am 31. März 1928 – am letzten Tage des gesetzlich bewilligten Reichshaushalts –, zu einem Kompromiß zwischen Reichstag und Reichsrat. Der Text des Kompromisses wurde von Dr. Brecht ausgearbeitet, nachdem er den Versuch des Staatssekretärs Weismann, die Verhandlungen in einer Sitzung der stimmführenden Beauftragten der Länder mit dem Reichswehrminister weiterzuführen, vereiteln konnte. Dr. Brecht war nur stellvertretender Stimmführer Preußens. Sein Kompromißvorschlag wurde von der Reichsregierung genehmigt und vom Reichsrat beschlossen (212).

Dies ist sein Wortlaut: „Nachdem die Beratungen des Reichstages zur Allgemeinen Finanzverwaltung die Auffassung des Reichsrats bestätigt haben, daß nach den bisher zu erkennenden Merkmalen zu befürchten ist, daß der Haushalt für 1929 nur durch weitere wesentliche Einschränkungen der Ausgaben ins Gleichgewicht zu bringen sein wird, daß auch bei den Ausgaben des Haushalts für 1928 – insbesondere im außerordentlichen Haushalt – noch vorsichtige

Zurückhaltung geboten ist, wird die Reichsregierung ersucht: ... 2. Die Arbeiten für das Panzerschiff – mit Ausnahme der reinen Konstruktionsarbeiten – nicht vor dem 1. September 1928 in Angriff zu nehmen, insbesondere Verträge über Lieferung nicht eher abzuschließen, um zu verhindern, daß infolge einer etwa notwendig werdenden Einschränkung der Ausgaben der Weiterbau vorläufig eingestellt werden muß oder andere wichtige Ausgaben des Heereshaushalts dafür beschnitten werden müssen. Der Reichswehrminister hat dieser Entschließung zugestimmt." (213) Der Reichstag hat dieser Änderung zugestimmt und in der 3. Lesung den Staatshaushalt für 1928/29 angenommen.

Die Resolution des Reichsrats vom 31. März 1928 läßt sich nicht auf der Basis der Beschlüsse der preußischen Regierung vom 6. und 13. Dezember 1927 verstehen. Der Bau des Panzerschiffes, heißt es im ersten Beschluß, stößt auf „grundsätzliche Bedenken"; im zweiten Beschluß wird die Ablehnung des Baus für das Jahr 1928 und „die Hinausschiebung der Entscheidung über diese Ausgabe um ein Jahr" verlangt.

Für den Beschluß des Reichsrats vom 17. Dezember 1927 waren die Vertreter Preußens die Initiatoren. Für sie sind die preußischen Kabinettsbeschlüsse vom 6. und 13. Dezember verpflichtend und bindend. Neue, die genannten Kabinettsresolutionen aufhebende Beschlüsse, sind in den Protokollen der Sitzungen des Staatsministeriums nicht verzeichnet. Der neue Reichsratsbeschluß enthält keine, nicht einmal andeutungsweise, grundsätzlichen Bedenken gegen den Bau des Panzerschiffs oder den Vorschlag, die Entscheidung über die Ausgaben für das Panzerschiff um ein Jahr zu verschieben. Haben die Bevollmächtigten Preußens zum Reichsrat sich über die Anweisungen des Staatsministeriums hinweggesetzt und eigenmächtig gehandelt? Haben sie etwa die Anweisungen nicht richtig ausgelegt? Haben sie im Rahmen der pragmatischen Politik im stillen Einvernehmen mit dem Ministerpräsidenten Braun oder den ihm nahestehenden Ministern gehandelt? Braun und Severing erwähnen den Punkt in ihren Erinnerungen nicht. Brecht gibt uns keinen Hinweis in seinen Memoiren und Badt scheint sich nie darüber geäußert zu haben.

Brecht erwähnt lediglich: „Ich war aber selber zu einem Kompromiß bereit. Denn ich erkannte ohne Hinterhalt an, daß die endgültige Entscheidung dem Reichtag und nicht dem Reichsrat gebührt ... Ich half daher eine Resolution formulieren, in der vom Einspruch abgesehen, aber die Reichsregierung ersucht würde, mit den Bauarbeiten nicht vor dem 1. September des Jahres zu beginnen, um dem neugewählten Reichstag und dem neuen Kabinett vorher Gelegenheit zu erneuter Stellungnahme zu geben.“ (214)

Dieser Reichsratsbeschluß vom 31. März 1928, dessen Initiatoren augenscheinlich die preußischen Beamten Dr. Weismann und Dr. Brecht waren, entzog Preußen die Handlungsfreiheit und Einflußnahme auf die spätere Entwicklung in Bezug auf den Panzerbau. Reichskanzler Dr. Marx hatte allen Grund vor dem Reichstag folgende Erklärung abzugeben: „Vor allem darf ich in diesem Augenblicke mit innerer Befriedigung feststellen, daß es Dank der aufopfernden und hingebungsvollen Mitarbeit aller dazu berufenen Stellen in diesem Jahr gelungen ist, den Reichshaushaltsplan für 1928 zuzüglich des Nachtragsplans für 1927 rechtzeitig fertigzustellen. Das deutsche Volk hat damit vor dem In- und Ausland den zähen Willen zu erkennen gegeben, über alle politischen Schwierigkeiten hinweg, die Ordnung in seiner eigenen staatlichen Wirtschaft zu erhalten und immer weiter zu festigen.

Meinen Dank für die Erreichung dieses Zieles darf ich auch auf den Reichsrat ausdehnen, der insbesondere durch die sachverständige Mitarbeit der Herrn Bevollmächtigten der deutschen Länder zur Erreichung dieses Ziels in gleicher Weise beigetragen hat." (215)

Noch am selben Tag trat eine politische Wendung ein. Der Reichspräsident verordnete am 31. März 1928, auf Grund des Artikels 25 der Reichsverfassung, wegen des Scheiterns der Reichsregierung über das Reichsschulgesetz am 18. Februar 1928 die Auflösung des Reichstags. Die Neuwahlen zum Reichstag fanden am 20. Mai 1928 statt und ergaben einen Stimmzuwachs für die SPD, der es ermöglichte, eine große Koalitionsregierung, gestützt auf das Zentrum, die Bayerische Volkspartei und die Deutsche Volkspartei, zu bilden.

Eine der Koalitionsbedingungen war die baldige Inangriffnahme des Panzerschiffbaus, für den der Reichstag, gegen die Stimmen der SPD-Fraktion, noch am Tag seiner Auflösungsverordnung die Gelder im Reichshaushaltsplan (Marine) zur Verfügung gestellt hatte. Die neue Koalitionsregierung Hermann Müller (SPD) wurde am 29. Juni 1928 vereidigt, und bereits am 10. August 1928 beschloß diese, ohne Distanzierung der vier SPD-Kabinettmitglieder, mit dem Bau des Panzerschiffes zu beginnen.

Die DAZ berichtete: „Das Reichskabinett beschloß in seiner am Freitag unter dem Vorsitz des Reichskanzlers abgehaltenen Sitzung, den Bau des Panzerschiffes in Angriff zu nehmen. Zu diesem Entschluß ist die Reichsregierung gelangt, nachdem festgestellt wurde, daß die durch den Bau des Panzerschiffs entstehenden Mehrausgaben in dem folgenden Jahre durch entsprechende Ersparnisse bei sonstigen Ersatzbauten wieder eingebracht werden." (216).

Braun fühlte sich vom Beschluß der neuen Reichsregierung, unter Vorsitz des sozialdemokratischen Reichskanzlers, hintergangen. Wußte er nichts von der Koalitionsbedingung?

Seine Erbitterung drückte er selbst, mehr als zwanzig Jahre später, mit den Worten aus: „Das empfand ich als einen Schlag gegen mich persönlich, da ich den Baubeginn bisher verhindert hatte ... Ich fühlte mich blamiert vor den Regierungen der deutschen Länder, die ich bewogen hatte, im Reichsrat mit Preußen zu stimmen, und die nun wahrnehmen mußten, daß eine Reichsregierung unter sozialdemokratischer Führung doch baute". Aus den Worten Brauns spricht die Überraschung angesichts einer Regierungsentscheidung, die über ihn hinweggegangen ist. Hatte er vielleicht vor dem Reichsratsbeschluß vom 31. März 1928 gewisse mündliche Zusicherungen von der Regierung Marx und oder dem Wehrminister Groener erhalten, die nicht im Einklang mit dem Beschluß des Reichskabinetts Müller vom 10. August 1928 standen? War er vielleicht nicht informiert, daß der Baubeginn eine der Koalitionsbedingungen war? Das ist nicht nur möglich, sondern sogar wahrscheinlich auf Grund der Tatsache, daß Brecht und Badt, zwei sehr gewissenhafte und verantwortliche Beamte und in der Angelegenheit persönlich stark involviert, den folgenschweren Beschluß des Reichsrats, den damaligen Umständen entsprechend anscheinend für notwendig erachtet hatten und bei seiner Formulierung behilflich waren. Wenn es aber eine mündliche Verständigung zwischen ihnen und den Vertretern der Reichsregierung und oder des Reichswehrministeriums gegeben hatte, muß angenommen werden, daß Ministerpräsident Braun darüber informiert war und ihr zugestimmt hatte. Schulze geht in seiner Darstellung dieses Punktes vielleicht einen Schritt zu weit, wenn er schreibt, weil „der gesamte Reichshaushalt gefährdet war, sorgte Braun für einen Kompromiß." (217) Wie aber ist zu verstehen, daß ein erfahrener Politiker wie Braun einem Beschluß zustimmte, der keinerlei Gewähr für einen Aufschub des Beginns des Panzerschiffsbaus nach dem 1. September 1928 oder zumindest für eine nochmalige Prüfung der Finanzlage enthielt? War Severing falsch oder nicht informiert, als er behauptete: „Der Reichsrat hatte sich schließlich damit begnügt, eine von seinen preußischen Mitgliedern vorgeschlagene Entschließung anzunehmen, die eine finanzielle Nachprüfung des Baues vorschrieb und ferner bestimmte, daß nach Abschluß dieser Prüfung der Bau vor dem 1. September nicht in Angriff genommen werden sollte." (218) Der Beschluß des Reichsrats enthält diese Bedingung „der finanziellen Nachprüfung" eben nicht!

Das Reichskabinett faßte seinen Baubeschluß am 10. August 1928, in dem es ausdrücklich heißt, „daß die Reichsregierung diesen Beschluß gefaßt hat, nachdem festgestellt wurde, daß die durch den Bau des Kreuzerschiffes entstehenden Mehrneuausgaben in den folgenden Jahren durch entsprechende Ersparnisse bei sonstigen Ersatzbauten wieder eingebracht werden." Reichskanzler Müller führte auf der 14. Sitzung des Reichstages am 15. November 1928 u.a. aus: „Die Prüfung der finanziellen Möglichkeiten durch das Kabinett hat ergeben, daß für den laufenden Etat 1928 durch die Verausgabung der Mittel für die erste Baurate keine Schwierigkeiten entstanden. Danach war die Genehmigung zur Vergebung der Lieferung, die nach der Entschließung des Reichsrats nicht vor dem 1. September 1928 erfolgen sollte, zu erteilen ... Es wurde mit voller Zustimmung des Wehrministers sichergestellt, daß die durch den Bau des Panzerschiffes A entstehenden Mehrausgaben durch entsprechende Ersparnisse bei sonstigen Ersatzbauten wieder eingebracht werden." (219) Der Beschluß zur Genehmigung des Baues vom 10. August 1928 bedeutet in keiner Weise eine Verletzung des Reichsratsbeschlusses, die Arbeiten für das Panzerschiff „... nicht vor dem 1. September 1928 in Angriff zu nehmen." Augenscheinlich war die Reichsregierung damit ihren Verpflichtungen nachgekommen. Sie verzichtete auf eine nicht auferlegte „Prüfung der Finanzlage", die nur durch Überprüfung der Entwicklung der Einnahmen und Ausgaben zu erhalten ist,und begnügte sich mit der „Prüfung der finanziellen Möglichkeiten", die gesichert wurden mit der „Zustimmung des Wehrministers", daß die entstehenden Mehrausgaben durch den Bau des Panzerschiffs durch „Ersparnisse bei sonstigen Ersatzbauten wieder eingebracht werden".

Braun erfuhr nachträglich, wie es zum Beschluß der Reichsregierung vom 10. August gekommen war. „Müller, dem ich am Telephon Vorhaltungen machte, die ich später in einem eingehenden Schreiben noch ergänzte, konnte mir zur Erklärung nur erwidern, der Reichspräsident hätte gedrängt, auch die Deutsche Volkspartei machte Schwierigkeiten und überdies sei ja die Sache finanziell nicht von so großer Bedeutung, so daß auch der Finanzminister keine Einwendungen erhoben hatte." (220)

Die beiden neuen Punkte, auf die unser Augenmerk gerichtet wird, sind der Druck des Reichspräsidenten und der Deutschen Volkspartei. Die Hinausschiebung des Beschlusses hätte eine ernste Regierungskrise herbeiführen und den Reichskanzler zum Rücktritt zwingen können. Dem Reichskanzler Müller und seiner Partei lagen aber nichts an Neuwahlen. Im Punkte Panzerkreuzerbau war die ganze Rechte und vielleicht die Mehrheit des Volkes geeint. Neuwahlen wegen dieser Frage waren für die Sozialdemokraten nicht vielversprechend, zumal die kommunistische Partei für die Splitterung der Wählerschaft gesorgt hätte.

Die sozialdemokratische Führung der Reichtagsfraktion sah sich genötigt, die Vorstände der Partei zu einer Sondersitzung für den 15. August aufzurufen. In der abschließenden Erklärung dieser Sitzung heißt es: „Die Vorstände der SPD und der sozialdemokratischen Reichstagsfraktion bedauern lebhaft, daß die sozialdemokratischen Minister nicht die Möglichkeit gefunden haben, in der Kabinettssitzung durch Abstimmung klar zum Ausdruck zu bringen, daß sie – in Übereinstimmung mit der gesamten Partei – entschiedene Gegner des Baues des Panzerkreuzers A sind, sich vielmehr auf formalrechtliche Gründe gestützt haben." (221)

Am gleichen Tage veröffentlichte der „Vorwärts" einen apologetischen Leitartikel „Panzerschiff A" mit dem Untertitel „Die Überraschung vom 10. August – wo steckt der Fehler?" Der Leitartikel „endeckt" den Fehler in einem Mißverständnis bzw.in einer falschen Auslegung der Bedingungen, die der Beschluß des Reichsrats vom 31. März 1928 enthält. Hier die relevanten Abschnitte des Artikels: „In der Öffentlichkeit ist vielfach die Auffassung verbreitet, der Reichsrat habe beschlossen, daß über Bau oder Nichtbau vor dem 1. September noch einmal entschieden werden solle, und er habe damit die endgültige Entscheidung in die Hände des Reichskabinetts gelegt. Einen solchen Beschluß hat der Reichsrat nicht gefaßt. Er konnte ihn garnicht fassen, weil es sich um eine Angelegenheit handelt, die nach der Verfassung nur von den Faktoren der Gesetzgebung in Form eines Gesetzes entschieden werden kann. In Wirklichkeit hat der Reichsrat am 31. März einen Beschluß gefaßt, der so gut wie nichts besagt, nämlich nur folgendes: ‚Die Arbeiten für das Panzerschiff – mit Ausnahme der reinen Konstruktionsarbeiten – nicht vor dem 1. September 1928 in Angriff zu nehmen, insbesondere Verträge über Lieferung nicht eher abzuschließen, um zu verhindern, daß infolge einer etwa notwendig werdenden Einschränkung der Ausgaben der Weiterbau vorläufig eingestellt wird oder andere wichtige Ausgaben des Heereshaushalts dafür beschnitten werden müssen'.

Von einer nochmaligen und entscheidenden Beschlußfassung durch das Reichskabinett ist, wie man sieht, hier garnicht die Rede. Für das Kabinett handelt es sich also nur noch um eine Verwaltungsmaßnahme zur Ausführung eines rechtskräftigen Reichsgesetzes.

Das Kabinett hätte unter diesen Umständen höchstens eines tun können. Es hätte den ganz außerordentlichen Beschluß fassen können, ein geltendes Gesetz nicht auszuführen und dafür vom Reichstag die nachträgliche Genehmigung zu erbitten. Diese Genehmigung hätte es aber nicht erhalten, da ja das Zentrum zu den Parteien gehört, die im alten Reichstag für den Neubau gestimmt hatten. Bis zu einer Beschlußfassung des Reichstages wäre es indessen garnicht gekommen, das Kabinett wäre schon zuvor aufgeflogen. (...)

Uns scheint der Hauptgrund für die entstandenen Widersprüche im Beschluß des Reichsrats zu liegen und in der falschen Auslegung, die er gefunden hat. Bisher war man ziemlich allgemein des Glaubens, daß der Reichsratsbeschluß vom 31. März die endgültige Entscheidung in die Hände des neuen Reichstags gelegt habe. Das hat sich nun als falsch herausgestellt. Auf dieser falschen Auffassung aber basierte die Haltung, die die Partei während des Wahlkampfes in der Frage des Panzerschiffsbaus einnahm. Der Kampf wurde – in bestem Glauben – so geführt, als ob er noch zu gewinnen wäre, während er, wie erst später klar wurde, seit der Zurücknahme des Reichsratseinspruchs schon so gut wie verloren war. Hätte der Reichsrat seinen unklaren, am staatsrechtlichen Stand der Dinge nichts mehr ändernden Beschluß nicht gefaßt, so hätten wir eine klarere Lage gehabt, und uns wären Illusionen erspart geblieben, die sich jetzt als unhaltbar herausgestellt haben.“ (222) Diese lahme Apologie hat in dem Punkte recht, daß der Reichsrat mit seiner Entschließung vom 31. März 1928 sich selbst entwaffnete und den Fortgang über den Bau des Panzerkreuzers den Händen der zukünftigen Regierung überließ. Das Zustandekommen der Koalitionsregierung war an die Bedingung geknüpft, daß der Bau des Schiffes, wofür der aufgelöste Reichstag die nötigen Haushaltsmittel bereitgestellt hatte, ihre dringliche Aufgabe war. Der Bau hätte nur durch ein Gesetz des neuen Reichstags unterbunden werfen können. Die Zahl der Baugegner unter den neuen Reichstagsabgeordneten überwog anscheinend die der Befürworter, zumal die SPD und Demokraten allein über 177 Vertreter im Reichstag verfügten und zu den Gegnern des Schiffsbaus auch die KP mit 54 Abgeordneten und vielleicht einige der 45 DVP-Vertreter gerechnet werden konnten.

Aber mit diesem Leitartikel von berufener Seite der SPD war die Angelegenheit im Grunde erledigt. Dem „beschämten" Ministerpräsident blieb das Schmollen übrig. Bald darauf traten der Parteiausschuß und die Reichstagsfraktion der SPD zusammen und veröffentlichten folgenden Beschluß: „Fraktion und Parteiausschuß halten die Beteiligung an der Regierung mit Rücksicht auf das Gesamtinteresse der Arbeiterschaft für außerordentlich wichtig. Sie leiten daher aus der Entscheidung des Kabinetts, die die Ausführung eines vom letzten Reichstag beschlossenen Gesetzes betraf, trotz ihrer grundsätzlichen abweichenden Auffassung über den Ersatzbau des Panzerkreuzers nicht die Notwendigkeit ab, unsere Genossen zum Rücktritt aus dem Kabinett aufzufordern."(223)

Hierzu wirkt illustrierend der Bericht des Sozialdemokratischen Pressedienstes vom 19. August 1928: „Die vier SPD-Reichsminister, die gegen das Projekt – nach Parteibeschluß – stimmen sollten, änderten ihre Meinung, als die Demokraten in der Regierung erklärten, sich der Entscheidung der SPD anzuschließen. Damit wäre eine Mehrheit für die Ablehnung entstanden, und das hätte die Krisis bedeutet, die unsere Genossen vermeiden wollten." Mit Krisis ist natürlich der Austritt der rechten Kabinettsmitglieder aus der Regierung gemeint, der zur Auflösung der Koalitionsregierung mit all ihren Folgen geführt hätte.

Wie linke Kreise jener Tage über die Krise dachten, erhellte der etwas ironische Artikel des „Tagebuch“, Nachtrag zur Sache Panzerkreuzer: „Hermann Müller hat sich mit der Behauptung verteidigt, die Sozialdemokraten seien ja doch die Minderheit im Kabinett; also hätte es garnichts genützt, gegen den Baubeginn zu stimmen, gebaut wäre doch worden, nur das Kabinett wäre aufgeflogen. Der Kontakt der sozialdemokratischen Führer miteinander scheint mangelhaft. Denn wenige Tage später veröffentlichte Breitscheid in der Provinzpresse einen Artikel, in dem er wörtlich erzählt: ‚Immerhin waren wir berechtigt anzunehmen, daß unsere vier Minister mit Nein stimmen würden. Sie waren dazu auch entschlossen, aber nun machten ihnen die Demokraten insofern einen Strich durch die Rechnung als sie erklärten, sich in jedem Fall der Entscheidung der Sozialdemokraten anschließen zu wollen. Damit wäre eine Mehrheit für die Ablehnung entstanden, und das hätte die Krisis bedeutet, die unsere Genossen vermeiden wollten.‘ Das Gegenteil der Müller‘schen Erklärung ist also richtig. Die Mehrheit gegen den Bau war im Kabinett bereits gesichert, und gerade darum stimmten er und seine Kollegen für den Bau.“ (224)

Die KPD gab sich mit dem neuen Entscheid des Kabinetts verständlicherweise nicht zufrieden und reichte am 29. August 1928 den Antrag auf ein Volksbegehren ein, der die nötige Stimmenzahl von etwa vier Millionen zur Unterstützung nicht erreichte. Vom 3. bis zum 16. Oktober wurde der Antrag nur von 1.216. 510 Unterschriften unterstützt (225).

Auf jeden Fall hatten Groener und die Marine nach dem 1. September 1928 freie Hand für den Baubeginn, die sie großzügig nutzten. Am 15. November 1928 bestätigte

Reichskanzler Müller dem Reichstag, „daß bereits für 32 Millionen Mark Lieferungen von dem Reichswehrministerium vergeben worden sind." (226) Er fügte hinzu: „Das Entscheidende ist aber doch, daß bisher Ausgaben nicht über die bewilligten 9,3 Millionen hinaus erfolgt sind." Das bedeutet nichts anderes, als daß das Wehrministerium die zu erwartenden Beträge im Etat für den Bau des Panzerkreuzers für die kommenden Rechnungsjahre 1929, 1930 und die Hälfte des Jahres 1931 bereits vergeben hatte. Das Reichswehrministerium hatte es anscheinend eilig, sich für die Ausgaben des Panzerbau zu verpflichten. Dies vielleicht wegen oder trotz des Schreibens, das Reichsfinanzminister Hilferding am 14. September 1928 an das Reichswehrministerium, Chef der Marineleitung, gerichtet hatte: „Unter Bezugnahme auf Paragraph 10 des Haushaltsgesetzes für 1928 bitte ich ergebenst, solange keine Verträge über die Armierung des Panzerschiffs A abzuschließen, bis ich übersehen kann, ob ich die Mittel für die Armierung zur Verfügung stellen kann, nachdem sich inzwischen durch die Erweiterung der Krisenfürsorge die Etatslage verschlechtert hat." (227)

Nach den Worten des Reichskanzlers Müller im Reichstag zu urteilen, hat das Reichswehrministerium dem Briefe Hilferdings nicht viel Beachtung geschenkt. Dieser Umstand mutet angesichts der Warnung, die Stresemann am 14. November 1928 vor der Presse gab, sonderbar an: „Ich möchte Sie bitten, bei Ihren Beurteilungen der wirtschaftlichen Lage Deutschlands und auch der anderen hiermit zusammenhängenden Fragen den Gedanken zugrunde zu legen, daß wir in Deutschland in den letzten Jahren von gepumptem Geld gelebt haben. Wenn einmal eine Krise bei uns kommt, und die Amerikaner ihre kurzfristigen Kredite abrufen, dann ist der Bankrott da. Was wir an Steuern erheben, geht bis an die Grenze dessen, was ein Staat überhaupt tun kann. Ich weiß nicht, woher neue Steuern geholt werden können. Die Statistiken zeigen, wieviel die Städte gebraucht haben, wieviel die Industrie gebraucht hat, wieviel fremdes Geld wir überhaupt aufgenommen haben, um uns aufrecht zu erhalten. Wir sind nicht nur militärisch entwaffnet, wir sind auch finanziell entwaffnet. Wir haben keinerlei Mittel mehr." (228)

Die Warnung Stresemanns wird deutlich vor dem Hintergrund der Tariflohnkämpfe in der rheinisch-westfälischen Eisenindustrie in den Monaten November bis Dezember 1928, die das Duisburger Arbeitsgericht, das Düsseldorfer Landesarbeitsgericht und den Reichsinnenminister Severing als Schlichter beschäftigten (229). Die Arbeitslosenziffer war von unter einer Million im Oktober 1927 auf knapp 2 Millionen im Winter 1928/29 und auf knapp 3 Millionen im Januar 1929 gestiegen. Die Steuereinkünfte zeigten Ende 1929 ein Kassendefizit von 7 Milliarden RM auf (230). Stresemann hatte diese negative Entwicklung der Wirtschaft anscheinend vorausgesehen.

Es nimmt daher kein Wunder, daß in den Kreisen der Sozialdemokratie die Unzufriedenheit über ihren Anteil am Bau des Panzerkreuzers ständig wuchs. Der Druck des linken Flügels der Reichstagsfraktion erreichte es, daß diese am 31. Oktober 1928 im Reichstag eine Vorlage auf die Einstellung des Panzerbaus einbrachte (231). Dieser Antrag wurde in der 15. Sitzung des Reichstages am 16. November 1928 mit 257 gegen 202 Stimmen, bei acht Enthaltungen, abgelehnt. Diesmal stimmte die ganze SPD-Fraktion geeint – d.h. auch die vier Kabinettsmitglieder – für die Einstellung des Baus (232).

Neben dem Antrag Dr. Breitscheid (SPD) vom 31. Oktober 1928: „Der Reichstag wolle beschließen: Der Bau des Panzerkreuzer A wird eingestellt", lag ein anderer Antrag von Stöcker (KPD) vor (233), der bereits am 15. Juli 1928 eingebracht worden war und lautete: „Der Reichstag wolle beschließen: die Reichsregierung aufzufordern, den Bau des im März beschlossenen Panzerschiffes ‚A' nicht in Angriff zu nehmen, die im März d.J. dafür bewilligte erste Rate von neun Millionen RM für Schulspeisungen für Volksschulkinder zu verwenden und umgehend einen entsprechenden Ergänzungsetat vorzulegen." In der Abstimmung erhielt dieser Antrag der Kommunisten 62 gegen 393 Stimmen bei fünf Stimmenenthaltungen (234).

Die Vota der SPD-Kabinettsmitglieder hätten beinahe zur Auflösung des Kabinetts Müller geführt, da diese „gegen den Paragraph 24 Abschnitt 6 der Geschäftsordnung der Reichsregierung, der alle Kabinettsmitglieder verpflichtete, im Reichstag einheitlich für die Gesetzesvorlage der Reichsregierung einzutreten, [verstießen]. Dieser Grundsatz der Solidarität des Kabinetts galt sinngemäß auch für Kabinettsbeschlüsse, die keine Gesetzesvorlagen, sondern wichtige politische Entscheidungen betrafen. Die übrigen Koalitionspartner verwahrten sich entschieden gegen das Verhalten des Reichskanzlers und ihrer anderen sozialdemokratischen Kabinettskollegen; sie drohten für den Fall einer Wiederholung mit dem Austritt aus der Koalition." (235) Doch sollte es dazu nicht kommen. Als am 18. Juni 1929 der Antrag der KPD auf Streichung der zweiten Rate für den Bau des Panzerschiffs im Reichstag zur Abstimmung kam, stimmte zwar die SPD-Fraktion für die Streichung, hingegen die vier SPD-Kabinettmitglieder stimmten gegen den Antrag, der mit 224 gegen 153 Stimmen abgelehnt wurde.

X.
HITLERS PROZESS GEGEN PREUSSEN VOR DEM STAATSGERICHTSHOF

Das Schicksal der Republik Weimar war für jeden, der sehen wollte, bereits im Jahre 1931 entschieden. Die Massenerfassung durch die NSDAP war weniger ein Erfolg ihrer Politik als die Folge der Weltwirtschaftskrise, die 1929 nach dem großen Börsenkrach der Wall Street einsetzte, der großen Arbeitslosigkeit, des sich schnell verbreitenden Elends und der aussichtslos erscheinenden Zukunft der Jugend und jungen Akademiker. Die Industrie- und Wirtschaftsoligarchie Deutschlands war über die politisch-sozialistischen Slogans der „Nationalsozialistischen Deutschen Arbeiterpartei" nicht besonders erfreut und betrachtete sie mit Argwohn. Hitler hatte auf Grund dieser Tatsache und der fehlenden Unterstützung dieser Kreise die Einsicht gewonnen, daß er ohne die Hilfe dieser machtvollen Klasse keine Aussicht hatte, jemals legal an die Macht zu gelangen, selbst wenn es ihm gelingen sollte, eine größere Anzahl der sozialdemokratischen und der kommunistischen Wähler für seine Partei zu gewinnen. Dieser Intuition folgend begann er im Jahre 1931, die maßgebenden Männer der deutschen Wirtschaft zu hofieren, ihnen in geheimen Gesprächen Versprechungen zu machen und als Entgelt von ihnen Unterstützung zu erhalten. Die Beziehungen zwischen Wirtschaftsoligarchie und Hitler entwickelten sich relativ schnell. Während Goebbels noch am 11. November 1931 über den Mangel an Mitteln klagte (236), konnte er bereits am 8. Februar frohlocken, daß die

Geldsituation sich täglich besserte (237). Der Grund für die veränderte Finanzlage der Partei war zweifellos Hitlers Treffen mit den Großindustriellen im Industrieklub in Düsseldorf am 27. Januar 1932. In einer zweieinhalbstündigen Rede, eine der besten, die er je gehalten haben soll (238), gelang es Hitler, einige dieser Wirtschaftsführer von der Gefahrlosigkeit seiner Partei für die deutsche Privatwirtschaft zu überzeugen und für sich zu gewinnen. Dieses war ein gigantischer Schritt vorwärts zur Machtergreifung.

Schachts Hebammendienste zu Hitlers Erfolg dürfen dabei allerdings nicht übersehen werden. Am 12. April 1932, nach dem zweiten Wahlgang zur Reichspräsidentenwahl, in welchem Hitler 36,8 Prozent der abgegebenen Stimmen erhielt, schrieb er an ihn: „Sehr geehrter Herr Hitler! Nachdem Sie die zweite Schlacht ruhmvoll geschlagen, erlaube ich mir, auf unsere letzte Unterredung zurückzukommen. Wenn es mir auch diesmal noch nicht gelungen ist, die großmächtigen Herren im Westen zum offenen Eintreten für Sie zu veranlassen, so konnte ich doch sehr viel Sympathie konstatieren. Zwei Bedenken finde ich immer wieder vorherrschend: Das eine ist die Furcht, sich mit der Regierung anzulegen, auf deren Wohlwollen man unter Umständen angewiesen ist, und das zweite ist die Unklarheit über das Wirtschaftsprogramm des Nationalsozialismus. Bezüglich des letzteren Punktes nun habe ich insofern Erfolg gehabt, als eine Reihe von Herren sich bereit erklärt haben, gemeinsam mit mir eine Stelle zu finanzieren, die die wirtschaftspolitischen Aussichten des Nationalsozialismus auf die Möglichkeit hin studieren sollen, sie mit dem Gedeihen privater Wirtschaft in Einklang zu bringen. Der bloße Kampf gegen das Wort Sozialismus, wie ihn Herr Hugenberg neuerdings betreibt,ist ja reichlich einfältig. Ich habe die feste Überzeugung, daß sich bei gemeinsamer Arbeit eine völlige Übereinstimmung zwischen den Grundanschauungen des Nationalsozialismus und der Möglichkeit privater Wirtschaft erzielen läßt, da der Gegensatz nicht Sozialismus und Kapitalismus lauten kann, sondern nur Individualismus und Sozialismus. Der angebliche Gegensatz zwischen Individualismus und Sozialismus muß durch die höhere Forderung des Gesamtwohls, an dem jeder nach Kräften mitzuarbeiten hat, überbrückt werden.

Ich habe mich im Einverständnis mit meinen westlichen Freunden bereiterklärt, die geistige Aufsicht über die Arbeiten der geplanten Stelle zu übernehmen. Bevor ich an die Ingangsetzung gehe, würde ich aber gern wissen, ob Sie Ihre bei unserer Unterredung gemachte freundliche Zusage aufrechterhalten können und wollen, daß Sie nämlich meine Mitarbeiter und mich selbst mit denjenigen Herren Ihrer Bewegung in Verbindung bringen, die an den wirtschaftlichen Fragen arbeiten. Es soll damit selbstverständlich nicht irgendwelche Bindung ausgesprochen werden, vielmehr handelt es sich um den Versuch, in gemeinsamem Gedankenaustausch die noch herrschenden Unklarheiten zu überwinden. Alles was von beiden Seiten dabei verlangt werden kann, ist der gute Wille, zu einer solchen Überwindung beizutragen.

Ich hoffe, daß Sie sich nach den ungeheuerlichen Anstrengungen der letzten Tage einer ausgiebigen Erholung hingeben, und nehme es deshalb in keiner Weise übel, wenn Sie mir durch einen Ihrer Mitarbeiter Antwort geben lassen. Ich habe mit diesem Brief nur deshalb nicht länger warten wollen, um unnötigen Zeitverlust zu vermeiden.

Mit allen guten Wünschen für ihr persönliches Wohl, an dem für Deutschland so vieles hängt, und für den weiteren Erfolg der nationalen Volksbewegung bin ich Ihr aufrichtig ergebener Dr. Hjalmar Schacht.“ (239)

Schachts Einfluß auf die deutschen Wirtschaftsführer kann kaum überschätzt werden. Die Hochschätzung für Hitler, die dieser Brief offenbart, kann zum Teil wenigstens auf persönlichen Motiven beruhen, die nach der Machtergreifung in Erfüllung gingen. Es darf vielleicht hinzugefügt werden, daß Hindenburg, der Hitler zum ersten Mal am 10. Oktober 1931 empfing und von ihm nicht sonderlich beeindruckt wurde, ihn allein durch die Tatsache des Empfanges hoffähig gemacht hatte.

Das Sonderbare dieses offiziellen Empfanges durch den Reichspräsidenten lag in der Tatsache, daß Hitler zu diesem Zeitpunkt zwar Führer der NSDAP, aber staatenlos war. Das Problem der Staatenlosigkeit Hitlers wurde seinerzeit nach dem fehlgeschlagenen Putsch in München akut. Der Gesandte der Reichsregierung in München, Haniel von Haimhausen, berichtete am 20. Dezember 1924 an seine Regierung: „Hitler gilt als staatenlos, und infolge der Verweigerung seiner Übernahme durch Österreich käme ein Abtransport dorthin nicht in Frage. Ausweisung eines Staatenlosen aber von einem deutschen Land in ein anderes hält Ministerpräsident (Dr.Held) aus juristischen Gründen wie aus politischen Gründen nicht für angängig." (240) Der Versuch des nationalsozialistischen Thüringischen Innenministers, Dr. Frick, Hitler 1930 durch seine Ernennung zum Gendarmeriekommissar einzubürgern, mißlang. Hitler wurde deutscher Staatsbürger im Februar 1932, auf Grund folgenden Schreibens des braunschweigischen Ministers Klagges vom 24. Februar 1932 an den Vorsitzenden des Staatsministeriums Dr. Küchenthal:

„Die Lage der braunschweigischen Wirtschaft hat sich auch in den letzten Monaten weiterhin stark verschlechtert. Stillegungen, Betriebseinschränkungen und Entlassungen von Arbeitern sind an der Tagesordnung.

Dieser Zustand ist nicht nur für die Wirtschaft, sondern durch den Rückgang der Steuereinnahmen und durch das

Steigen der Wohlfahrtslasten auch für den Staat, die Gemeinden und die Gemeindeverbände bedrohlich.

Es erscheint daher dringend erforderlich, mehr als vorher von Seiten des Staates für die Belebung der braunschweigischen Wirtschaft und die Förderung ihrer Beziehungen zum übrigen Deutschland zu wirken.

Sofern eine geeignete Persönlichkeit für diese Aufgabe gewonnen werden kann, halte ich es für zweckmäßig, den Wirkungsbereich der Braunschweigischen Vertretung beim Reich nach dieser Seite hin zu erweitern.

Wie mir bekannt geworden ist, würde Herr Adolf Hitler, München, bereit sein, in diesen Wirkungskreis einzutreten. Ich halte Herrn Hitler nach jeder Richtung hin für dieses Amt für sehr geeignet und bin überzeugt, daß seine Tätigkeit dem Lande Braunschweig von Nutzen sein wird. Da Herr Hitler zur Zeit staatenlos ist, legt er Wert darauf, daß eine eventuelle Berufung in einer Form erfolgt, die ihm zugleich die Rechte eines deutschen Staatsbürgers sichert. Ich darf anheimgeben, entsprechende Maßnahmen zu veranlassen. Klagges." (241)

Durch geschickte Zurückhaltung gewann Hitler an Gelände auf der „Harzburger Tagung" der Nationalen Opposition vom 11. Oktober 1931, zu der die „Rechte" der Republik Weimar gehörte. Zu dieser Tagung erschienen – neben Hitler – Hugenberg, Düsterberg, Seldte, General von Seeckt, ehemalige kaiserliche Generäle, wie von Dommes, von der Goltz, und Vertreter der Hochfinanz und der Industrie. Die Tagung endete mit einem Beschluß, welcher die gesamte „Rechte" in ihren nationalistischen Forderungen einte. Der Text wurde von Hugenberg und nicht von Hitler verlesen.

„Die nationale Front, einig in ihren Parteien, Bünden und Gruppen, von dem Willen beseelt, gemeinsam und geschlossen zu handeln, gibt folgendes kund: Die Nationale Opposition hat seit Jahren vergeblich gewarnt vor dem Versagen der Regierungen und des Staatsapparates gegenüber dem Blutterror des Marxismus, dem fortschreitenden Kulturbolschewismus und der Zerreißung der Nation durch den Klassenkampf, vor der planmäßigen Ausschaltung der nationalen Kräfte aus der Leitung des Staates, vor einer Politik, die in der politischen, wirtschaftlichen und militärischen Entmannung Deutschlands noch über das Diktat von Versailles hinausgeht, vor einer Politik, die die heimische Wirtschaft zugunsten weltwirtschaftlicher Utopien preisgibt, vor einer Politik der Unterwürfigkeit dem Ausland gegenüber, die weder die Gleichberechtigung Deutschlands gebracht hat noch den zerrissenen Osten vor einem kriegerischen Einbruch bewahrt.

Entschlossen, unser Land vor dem Chaos des Bolschewismus zu bewahren, unsere Politik durch wirksame Selbsthilfe aus dem Strudel des Wirtschaftsbankrotts zu retten und damit der Welt zu wirklichem Frieden zu verhelfen, erklären wir: Wir sind bereit, im Reich und in Preußen in national geführten Regierungen die Verantwortung zu übernehmen. Wir stoßen keine Hand zurück, die sich uns zu wirklich ehrlicher Zusammenarbeit anbietet. Wir müssen es aber ablehnen, die Erhaltung eines falschen Systems und Fortsetzung eines falschen Kurses in einer nur national getarnten Regierung der bisherigen Kräfte irgendwie zu stützen. Jede Regierung, die gegen den Willen der geschlossenen Nationalen Opposition gebildet werden sollte, muß mit unserer Gegnerschaft rechnen.

So fordern wir den sofortigen Rücktritt der Regierungen Brüning und Braun, die sofortige Aufhebung der diktatorischen Vollmachten für Regierungen, deren Zusammensetzung nicht dem Volkswillen entspricht und die sich nur noch mit Notverordnungen am Ruder halten; wir fordern sofortige Neuwahl der überalterten Volksvertretungen, vor allem im Reich und in Preußen.

Im vollen Bewußtsein der damit übernommenen Verantwortung erklären wir, daß die in der nationalen Opposition stehenden Verbände bei kommenden Unruhen wohl Leben und Eigentum, Haus, Hof und Arbeitsstelle derjenigen verteidigen werden, die sich mit uns offen zur Nation bekennen, daß wir es aber ablehnen, der heutigen Regierung und das heute herrschende System mit dem Einsatz unseres Blutes zu schützen.

Wir verlangen Wiederherstellung der deutschen Wehrhoheit und Rüstungsausgleich.

Einig stehen wir zu dieser Forderung. Geächtet ist jeder, der unsere Front zersetzen will.

Wir beschwören den durch uns gewählten Reichspräsidenten v. Hindenburg, daß er dem stürmischen Drängen von Millionen vaterländischer Männer und Frauen, Frontsoldaten und Jugend entspricht und in letzter Stunde durch Berufung einer wirklichen Nationalregierung den rettenden Kurswechsel herbeiführt. Die Träger dieser Nationalregierung wissen um die Wünsche und Nöte des deutschen Volkes aus ihrer blutmäßigen Verbundenheit mit diesem. Sie haben die Entwicklung der letzten Jahre vorausgesagt. Der Ablauf der Geschehnisse hat die Richtigkeit ihrer Vorschläge und Forderungen erwiesen. Darin sehen wir im tiefsten Sinne die Berechtigung zur Übernahme der Regierungsgewalt. Nur der starke nationale Staat kann Wirtschaft und Arbeitsplatz schützen, nur der starke nationale Staat kann das Leistungsprinzip in jeder Form verwirklichen und die zur Herbeiführung einer wahren Volksgemeinschaft notwendigen sozialen Maßnahmen durchführen. Wir verlangen von allen Volksgenossen Pflichterfüllung und Opfer. Wir glauben an die Erfüllung unserer Aufgabe, weil wir auf die deutsche Kraft, auf die Zukunft unseres Volkes vertrauen." (242)

Der „Völkische Beobachter" veröffentlichte einen kurzen Auszug aus dem Beitrag Hitlers auf der Tagung. Er richtete sich hauptsächlich an die Parteigenossen und ist im Ton relativ gemäßigt. Es heißt darin u.a.: „Die Regierung Brüning und jede ihr wesensgleiche oder verwandte Regierung in den Ländern besitzen heute nicht mehr die Zustimmung und das Vertrauen jenes Teiles unseres deutschen Volkes, der ziffern- und wertmäßig allein der verantwortliche Träger unseres Lebens und unserer Zukunft sein kann: Sie sind deshalb reif zum Sturz!

Wir fordern, daß die Macht und Verantwortung in die Hand der nationalen Opposition gelegt werden. Parteien, die gegen diesen von uns bekundeten Willen stehen oder Stellung nehmen, werden wir bis aufs äußerste bekämpfen. Regierungen, die ohne oder gegen uns gebildet werden oder zu regieren versuchen, lehnen wir ab. Ein System aber, das uns verfolgt, darf auch in der Zeit der Not, ja selbst der Todesgefahr, von jetzt ab nicht mehr auf unsere Hilfe oder unseren Schutz hoffen.

Nationalsozialisten! Parteigenossen und Parteigenossinnen! Ihr wißt, wir haben nie Versprechungen gegeben und tun es auch heute nicht. Wir versichern nur, daß es unser heiliger Ernst ist, aus dem Deutschland des politischen, kulturellen oder sozialen Verfalls wieder ein Reich zu zimmern, das seinen Bürgern Ehre, Freiheit und Brot zurückgeben wird." (243)

In der verlesenen Entschließung, in welcher Ideen Hitlers unverkennbar sind, ist manches vorweggenommen, was später als „Boxheimer Dokumente" bekannt wurde und viel Aufsehen erregte. Am 25. November 1931 übergab der Nazidissident Schäfer dem Hessischen Innenminister geheime

Schriften, für die der Rechtsberater der hessischen Gauleitung der NSDAP, Dr. Werner Best, verantwortlich zeichnete. Die Dokumente waren im Hause des Dr. Wagner, im Boxheimer Hof, von einer ausgewählten, verläßlichen Gruppe von hessischen Nazi-Führern, z.T. Mitglieder des Hessischen Landtags, im September 1931 als Aktionsplan ausgearbeitet worden (244).

Die „Boxheimer Dokumente" bilden anscheinend ein Drehbuch für die nationalsozialistische Machtergreifung nach der Lahmlegung der obersten Staatsgewalt und „Überwindung der Kommune". Sofort nach der Machtergreifung sollte die neue Nazi-Staatsgewalt Notstandsverordnungen erlassen, deren Durchführung von der SA und der Landwehr gesichert würde. Befehle der örtlichen Befehlshaber waren zu befolgen, ihre Zuwiderhandlung konnte mit Todesstrafe geahndet werden. Die Verordnungen griffen tief in das Privatleben ein, befahlen die Ablieferung der Lebensmittel an die Behörden und Einführung der nationalen Arbeitsdienstpflicht.

Die zentralen Naziführer, nachdem sie zuerst die Echtheit der Dokumente geleugnet hatten, mußten, nachdem Dr. Best die Echtheit und Urheberschaft der Dokumente bekundete, sie dann als „private Ausarbeitung von Parteigenossen hinstellen" (245).

„Das Dokument der hessischen Nationalsozialisten, das so ausgezeichnete Methoden für den Tag der Machtergreifung vorsah, hat begreiflicherweise die Frage erweckt, ob dieses auch die Ideen des Allerhöchsten Braunhäuslers seien und ob gewärtigt werden müsse, daß in ganz Deutschland nach diesem Plan neurasthenischer Männer verfahren werde. Der Osaf hat erklärt, daß er von diesem Dokument nichts wisse, aber er hat nicht erklärt, daß er die Methode mißbillige, und der hat wahrscheinlich alle Wahrheiten beisammen, über die Bescheid zu wissen sich verlohnt." (246)

Die Frage wurde von anderer Seite beantwortet. Es „häufen sich die Anhaltspunkte dafür, daß das Boxheimer Dokument keinen Einzelfall darstellt, sondern unter geistiger Anleitung des nationalsozialistischen Juristenbundes von allen maßgebenden Landesinstanzen der Nazis ähnliche Dokumente ausgearbeitet sind und zwar im stillschweigendem Einverständnis mit der Leitung der Nazizentrale in München." (247)

Dr. Best wurde vom Staatsdienst suspendiert. Das gegen ihn eingeleitete Verfahren wegen Hochverrats wurde nach einigen Monaten eingestellt. „Der Hessische Landtag hat den Verfasser der Boxheimer Dokumente, Dr. Best, auf Vorschlag des Ältestenrats in den Gesetzgebungsausschuß und in den hessischen Staatsgerichtshof gewählt." (248) Er kam in seiner Partei schnell vorwärts und wurde ein enger Mitarbeiter Himmlers in der Gestapo (249).

Die kritische politisch-militärische Situation Preußens reflektieren folgende Auszüge aus dem von Ministerpräsident Braun „eigenhändig" an Reichskanzler Brüning am 4. März 1932 gesandten Brief (250):

„Wie mir der Herr Preußische Minister des Innern mitteilt, hat ihn der Herr Reichsminister des Innern zu wiederholten Malen, zuletzt in einem an die Länderregierungen gerichteten Schreiben vom 4. Februar 1932 – I A 2130/ 4. Dezember 31 – mit Ernst und Nachdruck auf die Notwendigkeit eines energischen Vorgehens gegen die kommunistische Aktion hingewiesen. Soweit der Preußische Minister des Innern in Betracht kommt, bedurfte es eines derartigen Hinweises nicht. Es braucht nicht betont zu werden, daß die Gefährlichkeit der KPD von der Leitung der preußischen Polizei seit jeher richtig beurteilt wird, und daß ihre Treibereien und staatsgefährlichen Umtriebe mit allen Mitteln nachdrücklich bekämpft werden.

Für mindestens ebenso gefährlich halte ich allerdings die nationalsozialistische Bewegung. Die in Preußen gemachten Beobachtungen und Feststellungen sind in der anliegenden, im Preußischen Ministerium des Innern bearbeiteten Denkschrift eingehend erörtert und beleuchtet. Ich nehme auf ihren Inhalt Bezug und möchte nur folgendes hervorheben:

Die gerade in den letzten Wochen und Monaten in zahlreichen nationalsozialistischen Versammlungen betriebene Hetze, die sich dabei den Verbotsmöglichkeiten auf Grund der Notverordnungen meist geschickt zu entziehen weiß, ferner die häufigen unverhüllten Drohungen der nationalsozialistischen Führer, die an Schärfe kaum mehr zu überbietende Sprache der nationalsozialistischen Presse, die sich fast täglich auch in unwahren Behauptungen über angebliche Ermordung von Parteiangehörigen durch politische Gegner ergeht und dabei auf die Entfesselung niedrigster Racheinstinkte der großen Masse abzielt, haben eine bedenkliche Atmosphäre geschaffen, in der die politischen Spannungen täglich wachsen.

Diese Zuspitzung erscheint mir um deswillen besonders bedrohlich, weil sich die NSDAP in den sogenannten SA und SS (Sturmabteilungen und Schutzstaffeln) ein Machtinstrument geschaffen hat, das nach der kürzlichen Erklärung des Parteiführers Hitler jetzt auf 400.000 Köpfe angewachsen ist. Zweck und Aufgabe dieser SA und SS sind nach eigenen Angaben Hitlers innerpolitischer Natur und können deshalb, wie bei nüchterner politischer Beurteilung nicht zweifelhaft sein kann, nur stattsfeindlichen Charakter tragen. Die SA und SS stellen eine vollkommen militärisch bis ins Kleinste nach dem Vorbild der Vorkriegsarmee organisierte, in Stürme (Kompagnien), Sturmbanne (Bataillone), Standarten (Regimenter), Untergruppen (Divisionen) und Gruppen (Armeekorps) gegliederte und disziplinierte, dabei fanatische

Parteigruppe dar, der in Anlehnung an das faschistische Vorbild diejenigen Aufgaben vorbehalten sind, die in Italien die sogenannten Schwarzhemden Mussolinis zu lösen hatten. Die sogenannte oberste SA-Führung (Osaf) ist ebenfalls nach militärischem Vorbild in einer Weise und in einem Umfange organisiert, die von der Befehlsleitung über Nachrichtendienst, Personalamt und Intendantur bis zum Sanitätswesen alles vorsehen, was für Einsatz und Ausrüstung einer Bürgerkriegsarmee nur irgend denkbar ist. In letzter Zeit hat die Partei ein besonderes nationalsozialistisches Kraftfahrkorps, ein Fliegerkorps und ein Pionierkorps als Spezialzweige der SA aufgestellt. Wie bei alledem den Legalitätsversicherungen der Partei noch Glauben geschenkt und die Erklärung hingenommen werden kann, daß die SA lediglich dazu da sei, um den Versammlungsschutz gegen den angeblichen Terror politisch Andersdenkender zu gewährleisten, ist mir unverständlich. In den allerletzten Tagen hat der Herr Preußische Minister des Innern überdies noch beweiskräftige Unterlagen dafür erhalten, daß die oberste SA-Führung – offenbar zur Vorbereitung innerpolitischer gewaltsamer Auseinandersetzungen – sogenannte mobile Stäbe einrichtet, um die Kampfeinheiten der Sturmabteilungen und Schutzstaffeln an strategisch besonders geeigneten Punkten sammeln und von dort aus einsetzen zu können. Befehle und Pläne für den hierzu einzurichtenden besonderen Nachrichtendienst sind in seiner Hand.

Neuerdings ‚verleiht' die oberste SA-Führung sogar ihren Gliederungen die ‚Traditionen' der an ihren Standorten früher garnisonierenden Truppenteile der alten Armee. Ganz abgesehen davon, daß derartige ‚Verleihungen' selbstverständlich nur von einer staatlichen Hoheitsstelle veranlaßt werden könnten, sind die SA-Formationen, deren Angehörige mit den Truppenteilen der alten Armee gar nichts gemein haben, und zum größten Teile auch Leute umfassen, die weder in der alten Armee überhaupt gedient noch den Krieg erlebt haben, als ein ausgesprochen parteipolitischer Verband in keiner Weise berufen oder auch nur geeignet, die ‚Tradition' der alten Armee und ihrer einzelnen Regimenter fortzuführen (…) Braun."

Die Boxheimer Dokumente sind gewissermaßen das Vorspiel zu Vorsichtsmaßnahmen, die Preußen am Donnerstag früh, 17. März 1932, nachdem Brauns Schreiben an Brüning unbeantwortet blieb, gegen sämtliche Geschäftsräume der NSDAP und ihrer Organisationen ergriff, und die schließlich zur Klage Hitlers gegen Preußen vor dem Staatsgerichtshof für das Deutsche Reich in Leipzig führten.

Das Berliner Tageblatt brachte die „Mitteilung über die Polizeiaktionen gegen Alarmvorbereitungen der SA in Preußen 17. März 1932": „Auf Anordnung des preußischen Ministeriums des Innern hat die Polizei heute vormittag in ganz Preußen in allen Geschäftsstellen der Nationalsozialistischen Partei und ihrer Sturmabteilungen (SA) Haussuchung abgehalten. Veranlassung dafür war, daß im Zusammenhang mit der Präsidentenwahl an zahlreichen Orten Feststellungen gemacht wurden, die eindeutig erkennen ließen, daß die Nationalsozialisten ihre SA für den Fall eines Wahlerfolges zum gewaltsamen Vorgehen gegen die übrige Bevölkerung, zur Anmaßung behördlicher Funktionen und zum bewaffneten Kampf gegen die politischen Gegner der Nationalsozialisten bereitgestellt hatten. Aus dem Material, das der preußischen Regierung in dieser Beziehung vorliegt, kann im folgenden nur eine Auswahl wiedergegeben werden:

Die polizeiliche Feststellung im Gesamtgebiet des Freistaates Preußen haben ergeben, daß am Wahltage die sogenannten SA- Formationen der NSDAP in Alarmbereitschaft standen. Die Anordnung dieser Maßnahmen war von der

Münchener Befehlsstelle ergangen. Es ist belanglos, ob die Leitung der NSDAP die Vorbereitungen ihrer Parteibezirke zum Bürgerkrieg offiziell billigt oder verleugnet. Die vielfachen Feststellungen der Polizei in fast allen Gebieten des preußischen Ostens und Nordens lassen keinen Zweifel darüber aufkommen, daß „System" in den Vorbereitungen lag, daß mindestens viele Gruppen- und Unterführer der SA ernsthafte Gewaltmaßnahmen ins Auge gefaßt haben.

Im Kreise Oldenburg in Holstein war den Angehörigen der SA aufgegeben worden, sich am 12. März für längere Zeit mit Proviant zu versehen. Der Grund für diese Anordnung war die Absicht, die SA-Leute auf Kraftwagen nach Berlin zu transportieren. In die gleiche Richtungweisen die Feststellungen in Wandsbek; dort haben in den letzten Tagen vor der Wahl SA-Kommandos bei den Landwirten Quartier gemacht für das bevorstehende Zusammenziehen größerer SA-Formationen. Überall ist dann auch am Wahltage im südlichen Holstein die Zusammenziehung der SA in größeren Trupps beobachtet worden. Wie ernst es der SA-Leitung mit ihren Plänen gewesen ist, beweisen die Mitteilungen, die unter anderen im Kreise Süd-Tondern (Schleswig) ein SA-Führer in einer vertraulichen Führerbesprechung gemacht hat. Er wies auf die Notwendigkeit schleuniger Aufstellung von SA-Reserven hin, da ja nun die aktive SA vom Lande fortgezogen werden müsse. Denn die aktive SA müsse den zur Macht gekommenem Hitler in den Großstädten unterstützen, da dort die Polizeikräfte nicht ausreichten. Die aktive SA würde für diese Tätigkeit Gewehre aus den Beständen der Polizei erhalten.

In krassem Widerspruch zu der vom Führer der NSDAP beschworenen Verleugnung aller Gewaltpläne stehen auch die gerade in den letzten Tagen bei Angehörigen der SA gemachten Waffenfunde. Am 12. März 1932 ist, wie schon berichtet wurde, ein nationalsozialistischer Waffentransport im Kreise Einbeck (Hannover) von der Polizei gestellt worden. Mitgeführt wurden Infanteriegewehre, Gewehrmunition und 18 neue, vollständig gepackte Tornister, die namentlich ausgezeichnet waren und in denen sich Stahlhelme, Gewehr- und Pistolenmunition, Blechschachteln mit Sprengstoff, Sprengkapseln und Zündschnüren befanden. Die Waffen waren für SA- und SS-Leute bestimmt.

Auch im Kreise Salzwedel (Altmark) sind bei dem Ortsgruppenführer der NSDAP Karabiner, Gewehrmunition und ein schweres Maschinengewehr beschlagnahmt worden. In der Nacht vom 13. zum 14. März wurden im Kreise Pinneberg (Holstein) verschiedentlich Trupps von SA-Leuten festgestellt, denen die Polizei mehrere hundert Schuß Munition und Blinkgeräte abnahm.

Alle diese Feststellungen erfahren noch eine besondere Beleuchtung durch Aufzeichnungen, die vor einigen Tagen bei Durchsuchungen in Berlin gefunden sind. Nach diesen Plänen wurde eine Einschließung Berlins durch vorher herausgezogene Berliner SA-Einheiten mit Unterstützung der im weiteren Umkreise von Berlin in der Provinz zusammengezogenen SA-Formationen vorbereitet und sorgsam betrieben. Auf die gleiche Absicht deutet auch ein Alarmbefehl der Standarte 149 der SA im Gausturm Ostmark (Schneidemühl) hin, der vor einigen Tagen der Polizei in die Hände fiel. Dieser Alarmbefehl ist sehr umfangreich und enthält genaue Anweisungen für den Alarmfall bei innerpolitischen Auseinandersetzungen. Es sind genau ausgearbeitete Mobilmachungspläne, wie sie ähnlich auch für andere SA-Gruppierungen vorliegen.

Detailliert sind die Sammelpunkte für die einzelnen SA-Formationen angegeben. Die Waffen der Landesverteidigung sollen von dem Sturmführer beschlagnahmt und beim Transport zum Alarmsammelplatz mitgeführt werden, wo sie an die SA-Leute verteilt werden sollen. In den Unterkunftsorten, die für die einzelnen Sturmbanne genau festgelegt und verteilt werden, sollen die Gemeindevorsteher und Landjäger durch Sonderkommandos festgesetzt, die Fernsprechagenturen und Telefone besetzt und sämtliche An- und Abfahrtwege durch Wachen gesichert werden.

Auch in der Hedemannstraße, im Gaubüro der NSDAP Berlin, sind Alarmbefehle gefunden worden, die, wie sich aus dem Texte einwandfrei ergibt, für den ersten Wahlgang der Reichspräsidentenwahl vorgesehen waren und auf eine Zernierung von Groß-Berlin abzielten.

Aus allen diesen Anordnungen, Befehlen und genau ausgearbeiteten Plänen wird man folgern müssen, daß eine große Anzahl der in den SA (Sturmabteilungen) und SS (Schutzstaffeln) organisierten Mitglieder von dem Ernst der Absicht der Leitung überzeugt sein mußte, in der Zeit der Präsidentenwahl auch mit Gewaltmitteln vorzugehen. Daß die Reichsleitung selbst einiges tat, bei ihren Unterorganisationen diese Annahme hervorzurufen, geht außer den dunklen Redewendungen einiger Führer auch aus verschiedenen zentralen Rundschreiben und Anweisungen hervor. Ein Rundschreiben vom Februar d.J. des Inspekteurs der Motorstürme und -staffeln der NSDAP aus München gibt die Richtlinien und eine genau ausgearbeitete Karte für Reichsrelais, das durch Kraftwagen und Motorräder von Nord- und Mitteldeutschland bis nach München zu organinisieren ist. Dieses Reichsrelais und die dafür ausgegebenen Richtlinien treten in Kraft, wenn das ausgegebene Stichwort mitgeteilt wird. Das letzte Stichwort hieß: ‚Großmutter gestorben, Max.‘ Auf dieses Stichwort hin sollten alle die erlassenen Kriegs- und Alarmvorschriften in Kraft treten …“ (251)

Diese Mitteilung berichtet klar und deutlich über Tatsachen und Vorbereitungen, die auf die Möglichkeit eines geplanten Umsturzes in Preußen auf Grund von Anordnungen der SA-Befehlsstelle hinweisen.

Die Hausdurchsuchungen fanden vier Tage nach dem ersten Wahlgang zum Reichspräsidenten statt, in welchem Hindenburg die erforderlichen 50 Prozent der abgegebenen Stimmen nicht erzielen konnte und daher ein zweiter Wahlgang am 10. April notwendig wurde. Ob der Ausgang des ersten Wahlgangs den Beschluß Preußens, die Hausdurchsuchung in den NSDAP-Büros durchführen zu lassen, bestimmt oder erleichtert hatte? Jedenfalls schien der Erlaß die Führer der nationalsozialistischen Partei überrascht zu haben. Vielleicht waren sie aber über den Ausgang der Untersuchung des beschlagnahmten Parteimaterials in Sorge und wollten ihr Ergebnis abwarten, bevor sie zur Entscheidung über die Art und Weise ihrer Reaktion kamen.

Interessant sind die ersten Reaktionen, welche der Berichterstatter der DAZ auf Anfrage im Braunen Haus in München am Tage der Haussuchungen erhielt. Es wurde ihm gesagt, daß die Haussuchungen erwartet waren, nichts anderes als Wahlmanöver darstellten zur Desavouierung der NSDAP in den Augen des Wählers. Die Parteileitung werde alle zur Verfügung stehenden rechtlichen Mittel gegen die Maßnahmen Preußens ergreifen, um zu ihrem Recht zu kommen und Preußens Aktion als „verzweifelten Versuch" zur Erlangung von „Beweismaterial" für das Verbot der Partei bloßzulegen. Die Zusammenziehung von SA- und SS-Formationen in ihren Unterkünften vor dem Wahltag zum Reichspräsidenten sei mit der Absicht geschehen, sie von den Straßen fernzuhalten, um Zusammenstöße mit politischen Gegnern zu vermeiden, und nicht zur Vorbereitung der Machtergreifung (252).

Im Wesentlichen sind bei späteren offiziellen Verlautbarungen der NSDAP die Leitmotive, die in der ersten Reaktion zum Ausdruck kamen, wiederholt worden.

Noch am gleichen Tage veröffentlichte die Pressestelle der NSDAP eine Erklärung Adolf Hitlers, wonach die Zusammenfassung der SA- und SS- Truppen in ihren Kasernen geschehen sei, weil er die „Manöver" amtlicher und nichtamtlicher Stellen „vorausgesehen hatte". Er habe auch seinen Stabschef Röhm beauftragt, das Reichsministerium von den Maßnahmen rechtzeitig in Kenntnis zu setzen. Röhm habe den Auftrag erfüllt, das Reichsinnenministerium eine Woche im voraus benachrichtigt, ohne irgendeinen Einspruch der Behörde zu erhalten (253).

Die Erklärung Hitlers ist, nach Zeitungsberichten, vom Reichsinnenministerium bestätigt worden. Auch Preußen soll seit längerer Zeit von diesen Zusammenziehungen Kenntnis gehabt haben, aber immer neu einlaufende Informationen über die Bewaffnung der NS-Truppen und Waffenfunde haben Preußen dazu geführt, die Nachrichten über Vorbereitungen zur Machtergreifung ernst zu nehmen (254).

Am Freitag nachmittag des 18. März empfing Reichsinnenminister Groener die Reichstagsabgeordneten Göring und Frank II, welche ihm eine schriftliche Legalitätserklärung ihrer Partei überreichten. Sie soll von allen NSDAP „Reichstags- und Landtagsabgeordneten, SA-Führern und einer großen Zahl von Unterführern der Partei" unterzeichnet worden sein (255). Hitler scheint die Legalitätserklärung nicht unterzeichnet zu haben, sein Name wird in dem Bericht nicht erwähnt.

Die nationalsozialistische Presse verbreitete nach dem Besuch Görings und Frank II im Reichsinnenministerium die Nachricht, Reichsinnenminister Groener habe sich in der Unterhaltung mit ihnen über die Aktion Preußens erstaunt und wenig erfreut gezeigt. Diese Darstellung der Dinge ist vom Reichsinnenministerium dementiert und berichtigt worden. „Reichsminister Groener hat sich jeder Stellungnahme enthalten und über die schwebenden Untersuchungen des Preußischen Ministers des Innern keinerlei Urteil abgegeben." (256)

Der ungewöhnliche Schritt der schriftlichen Legalitätserklärung, mag er ausgelegt werden wie auch immer, kann darauf hinweisen, daß die Parteileitung über das Ergebnis der Haussuchungen im Unklaren war. „Noch immer ist der Öffentlichkeit vom Preußischen Innenministerium keinerlei Material über das wahre Ergebnis der phantastisch aufgebauschten Polizeiaktion gegen die nationalistische Partei mitgeteilt worden. Hat man nichts oder wird ein neuer Theatercoup vorbereitet?" (257)

Erst am Montag Abend, am 21.März, berichtet die DAZ, daß Rechtsanwalt Frank II namens Hitlers „beim Staatsgerichtshof für das Deutsche Reich Klage nebst Antrag auf Erlassung einer einstweiligen Verfügung" gegen Preußen auf sofortige Herausgabe des bei den Haussuchungen beschlagnahmten Materials eingebracht habe (258).

Die Reichsregierung drängte auf Informationen über das Ergebnis der Haussuchungen, und am Montag morgen, 21. März, berichtete Severing Reichskanzler Brüning persönlich über den Stand der Untersuchungen (259).

Am Donnerstag, den 24. März, begannen die Verhandlungen vor dem Staatsgerichtshof in Leipzig unter dem Vorsitz des Reichsgerichtspräsidenten Dr. Bumke. Dieser führte zu Beginn aus, daß es sich um die Verfassungsstreitsache zwischen den Klägern, Adolf Hitler als Führer der Nationalsozialistischen Deutschen Arbeiterpartei und Reichspräsidetenkandidaten, der Partei, der nationalsozialistischen Reichstagsfraktion und dem Preußischen Landtagsabgeordneten Kube, Führer der nationalsozialistischen Landtagsfraktion und Wahlleiter zu den Landtagswahlen und Gauleiter des Gaues Ostmark und dem Beklagten, dem Freistaat Preußen und dem Preußischen Minister des Innern Severing, handelt. Die Klage bezog sich auf Anordnungen zur Durchführung von Haussuchungen und Beschlagnahme von Akten und Werbematerial. Die Kläger waren vertreten durch die Anwälte Hans Frank II und Roland Freisler, die Antragsgegner durch Ministerialdirektor Dr. Badt, die Ministerialräte Dr. Schönner und Dr. Janich und den Regierungsassessor Dr. Österle (260).

Neben dem Antrag auf einstweilige Verfügung hatten die Kläger den Antrag gestellt, der Gerichtshof möge über die Rechtlosigkeit der Entscheidung Preußens, preußischen Beamten die Mitgliedschaft in der NSDAP und das Wirken für sie zu verbieten, beschließen. Beide Anwälte der Antragssteller sollten später besondere Rollen nach der Machtergreifung spielen, Frank II als Generalgouverneur des besetzten Polens und Freisler als Vorsitzender des Volksgerichtshofs.

Schon bei der Eröffnung der Verhandlungen machte Dr. Bumke klar, daß der Gerichtshof nur über die rechtliche und nicht über die politische Frage entscheiden werde.

Der Berichterstatter führte aus, daß die Klageschrift behauptet, die Haussuchungen und die Beschlagnahme des Materials verstießen gegen die Artikel 125 und 124 der Reichsverfassung und seien daher widergesetzlich.

Das Verbot Preußens, seinen mittelbaren und unmittelbaren Beamten die Mitgliedschaft und aktive Beteiligung in der Partei zu verschließen, widerspreche dem Artikel 130, Absatz 2 der Reichsverfassung. Die Kläger verlangten daher die Aufhebung aller gegen sie oben genannten ungesetzlichen Maßnahmen Preußens (261).

Die Vertreter der Antragssteller erklärten, Preußens Vorgehen versuche zweifelsohne, die kommenden Landtagswahlen am 24. April 1932 zu Ungunsten der NSDAP zu beeinflussen. Das sei ein klarer Verstoß gegen Artikel 125 der Reichsverfassung, der Wahlfreiheit garantiere und die Beeinflußung der Wähler durch Regierungsstellen ausschalte. Der Zeitpunkt der Haussuchungen von Parteibüros und die Beschlagnahme der Mitgliedskarten und des übrigen Materials sei auch nicht zufällig gewählt, sondern bedacht kurz vor den Wahlen durchgeführt worden. Es handelt sich nicht um eine Maßnahme zur Erhaltung der Ruhe und Ordnung oder zum Nachweis der Hochverratsvorbereitung, sondern ganz offensichtlich um eine Lahmlegung des organisatorischen Lebens der Partei. (262)

Ferner argumentierten die Vertreter der Ankläger: Artikel 124 der Reichsverfassung verfügt, daß allen Deutschen das Recht zusteht, Vereine zu gründen, wenn die Ziele nicht gesetzlich verboten sind. Dieses Recht kann „nicht durch Vorbeugungsmaßnahmen beschränkt werden“. Eine Vorbeugungsmaßnahme ist nach Paragraph 14 des preußischen Polizeigesetzes berechtigt, wenn der Allgemeinheit oder dem Einzelnen Gefahr drohe. „Der Gesichtspunkt, unter dem die Maßnahme des preußischen Ministers vom 17. März wenigstens nachträglich aufgezogen wird, daß nämlich die Beweise dafür gesichert werden sollten, daß die NSDAP den Strafgesetzen zuwiderlaufe, hätte nur nach Maßgabe des Reichsgesetzes zur Durchführung der Art. 177 und 178 des Friedensvertrags vom 22. März 1921 mit einem ganz bestimmten Verfahren erbracht werden können …“ (263)

Die Maßnahmen Preußens seien lediglich ergriffen worden mit der Absicht, einen politischen Gegner zu schädigen, in Mißachtung der Artikel 124 und 125 der Reichsverfassung. Die Führung der NSDAP ginge den legalen Weg und verlangte die gleiche Haltung von den Parteigenossen, Zuwiderhandelnde würden ausgestoßen. Die Verordnung Preußens stütze sich wohl auf die Tatsache, daß am 13. März 1932, dem Tag der Reichspräsidentenwahl, die Partei gewissen Schutzorganisationen befohlen hätte, in ihren Standquartieren „zur eigenen Sicherheit" zu bleiben (264). Diese Tatsache sei von der Preußischen Regierung als „Vorbereitung zum Hochverrat" ausgelegt worden, ohne die näheren Umstände, die zum Befehl geführt hätten, zu untersuchen. Der Entwurf des diesbezüglichen Befehls des Stabchefs Röhm sei dem Reichsinnenminister im voraus mitgeteilt worden. Groener habe keine Einwände gegen den Stabsbefehl erhoben.

Die angebliche Mitteilung Röhms an den Reichsinnenminister hat verschiedene Versionen erhalten. Es heißt in einer Bekanntgabe -anscheinend aus den Kreisen Röhms –, er habe einige Tage vor der Wahl am 13. März dem Reichsminister Groener persönlich die Mitteilung überbringen wollen über die bevorstehende Zusammenfassung der NS-Truppen in den Unterkunftslokalen. Da Herr Groener beschäftigt war, ließ sich Röhm bei General v. Schleicher melden, dem er die Nachricht für den Reichsinnenminister mündlich ausrichtete. Schleicher soll sie unverzüglich dem Minister ohne Kommentar weitergegeben haben (265). Von Regierungsseite wurde dazu mitgeteilt: „Dr.Groener habe lediglich von der Tatsache Kenntnis gehabt, daß die SA in den Unterkunftsräumen zusammengehalten werden sollten, um zu verhindern, daß Schwierigkeiten auf den Straßen entständen. Ein Befehl oder ein Befehlsentwurf habe dem Minister nicht vorgelegen. Diesen Befehl habe er erst am Freitag nach der Wahl zu sehen bekommen, und zwar bei dem Besuch, den ihm der Abgeordnete Göring und Frank II zur Überreichung der neuen Legalitätserklärungen abstatteten. Dr. Groener habe den nationalsozialistischen Vertretern erklärt, daß er, wenn er den Wortlaut dieser Anordnung gekannt hätte, sofort dagegen Einspruch erhoben haben würde." (266)

Diese Veröffentlichung rief die Pressestelle der NSDAP ihrerseits zu einer Berichtigung heraus, die das Wesentliche der amtlichen Mitteilung nicht trifft: „Die Abgeordneten Göring und Dr. Frank II haben im Verlaufe ihrer Unterredung mit Reichsinnenminister, dem General Groener, aus den Akten des Rechtsanwalt Dr. Frank II die Orginalfassung des Befehls des Stabchefs der SA vom 2. März, Vorbereitungen für den Reichspräsidentenwahlkampf betreffend, unterbreitet. Es ist unrichtig, daß General Groener im Laufe dieser Unterredung irgendwie erklärt hätte, daß, wenn er den Wortlaut des Befehls vorher gekannt hätte, er sofort Einspruch erhoben hätte. Es wird demgegenüber ausdrücklich festgestellt, daß bei diesem Empfang Reichsinnenminister Groener seinem Erstaunen über die Polizeiaktion Severings Ausdruck verliehen hat. Ausdrücklich hat Reichsinnenminister Groener erklärt, daß er persönlich an der Legalität Hitlers in keiner Weise zweifle." (267)

Eine zusätzliche Erklärung Röhms erschien am 7. April 1932, als Antwort auf Severings Äußerungen über die Vorbereitungen der NSDAP vor dem Wahltag (268). „Der nationalsozialistische Stabschef Röhm erklärt in der Parteikorrespondenz zu den Veröffentlichungen des preußischen Innenministers Severing: Irgendwelche Anordnungen der obersten SA-Führung seien nicht ergangen. Jedoch seien Wiesbaden und Frankfurt als Fälschungszentrale bekannt. Was den unerhörten Vorwurf des Landesverrats angehe, so hätten die bisherigen Erhebungen bereits die völlige Haltlosigkeit dieser Anschuldigungen ergeben. Er sehe daher dem Verfahren vor dem höchsten deutschen Gerichtshof mit völliger Ruhe entgegen." (269)

Desavouiert Stabschef Röhm seine Parteigenossen Göring und Frank II, wenn er aussagt, „irgendwelche Anordnungen der obersten SA-Führung seien nicht ergangen"? Wie kann

Frank II „die Originalfassung des Befehls des Stabschefs der SA vom 2. März“ General Groener „unterbreitet“ haben? Es ist mit großer Wahrscheinlichkeit anzunehmen, daß Röhm die „Berichtigung“ der Pressestelle der NSDAP vom 30. März, also eine Woche vor seiner eigenen Veröffentlichung, gekannt hat. Von wem stammt der angebliche Befehl des Stabschefs der SA?

Dem Staatsgerichtshof stand nur ein Tag für die Verhandlung zur Verfügung wegen des Karfreitags, der auf den nächsten Tag fiel, und des folgenden notwendigen Aufschubs durch die nahenden Ostertage. Dr. Bumke machte den Parteien klar, es werde unmöglich sein, in den wenigen zur Verfügung stehenden Stunden zu einer einstweiligen Verfügung zu kommen, wenn die rein juristischen Fragen über Legitimations- und Verfassungsfragen bezüglich der Zuständigkeit des Staatsgerichtshofs, eine einstweilige Verfügung zu erlassen, zuerst geklärt werden sollten. In der Annahme, die Parteien wären einverstanden, die Frage erst einmal auf sich beruhen zu lassen, fragte er Dr. Badt, wann der Abschluß der Sichtung des beschlagnahmten Materials zu erwarten sei.

Regierungsassessor Österle von der Landeskriminalpolizei, in deren Händen das gesamte beschlagnahmte Material zur Sichtung sich befand, sagte aus, daß die Gesamtdurchsicht innerhalb von fünf bis sechs Tagen beendet sein werde; zum Teil sei das bereits durchgesehene Material zurückgegeben oder wieder zur Verfügung gestellt worden. Das nach der Sichtung zurückbehaltene Material diene zur Klärung des „einheitlichen Plans zum Bürgerkrieg“ (270).

In diesem Zusammenhang präzisierte Dr. Badt: „Wir haben alles getan, um das Material, das der Gegner für die Wahl braucht, ihm zuzuführen, soweit es nicht innerlich mit dem Komplex, dessen Erörterung noch nicht abgeschlossen ist, zusammenhängt.“ (271)

Zur Entkräftung der Behauptung des Antragsvertreters, die Polizeiintervention Preußens sei mit der Absicht durchgeführt worden, die Aussichten der NSDAP zu der Reichspräsidentenwahl und den preußischen Landtagswahlen zu beeinträchtigen, brachte Dr. Badt ein Schreiben des Reichsinnenministers Groener vom 8. März an den Preußischen Innenminister Severing, also neun Tage vor der durchgeführten Polizeiaktion, zur Verlesung: „Eine Persönlichkeit, die mit den Verhältnissen bei der NSDAP, insbesondere bei den Sturmabteilungen, vertraut ist, hat mir folgendes mitgeteilt: In den SA-Abteilungen seien Wahrnehmungen zu machen, die zu besonderer Vorsicht Anlaß geben. Er sei an die vielen Mobilisierungsmaßnahmen innerhalb der SA gewöhnt und bestimmt nicht nervös. Aber die jetzigen Maßnahmen gingen über die bisherigen Maßnahmen hinaus. Zunächst habe man mit auffälligem Interesse dafür gesorgt, daß für alle SA-Leute die Ausrüstungen beschafft würden. Das sei erledigt. Dann habe man sich, besonders in Schlesien, mit großem Eifer bemüht, die Waffenlager der Reichswehr festzustellen und alles vorbereitet, um sie durch einen Handstreich zu nehmen. Zwar habe die Reichswehr jede Vorsichtsmaßnahme getroffen, vor allen Dingen die getrennte Lagerung von Gewehren und Schlössern. Aber auch das zur Überwindung dieser Schwierigkeiten Gebotene sei veranlaßt worden. An wichtigen Stellen, z.B. auch in Berlin, sind die Führer, die nicht ehemalige Offiziere sind, durch ehemalige Offiziere ausgewechselt worden. Das lasse darauf schließen, daß mit einem bewaffneten Handstreich der SA zu rechnen sei. Nach seinen Informationen haben ferner Frick, Goebbels und Strasser Hitler bei der kommenden Reichspräsidentenwahl die letzte Chance gewährt, sich legal in den Sattel zu setzen; sollte sich nach der Verkündigung des Wahlergebnisses herausstellen, daß die Kandidatur Hitlers aussichtslos sei, so wäre mit einem Losschlagen zu rechnen. Ich gebe den Länderregierungen Kenntnis mit der Bitte um entsprechende Veranlassung. gez. Groener." (272)

Der preußische Innenminister reagierte auf den Brief des General Groener nicht übereilt. Er wollte Gewißheit über den geplanten Umsturzplan erlangen.

„Als in den Tagen nach der Wahl sich die Nachrichten immer mehr häuften, daß Waffentransporte, Sprengladungen, Munitionskolonnen beobachtet seien, da hat es der Minister am 15. März für seine Pflicht gehalten, daß gegen diese drohend bevorstehenden polizeiwidrigen Zustände Präventivmaßnahmen ergriffen würden. Alles, was mit dieser Aktion in Zusammenhang steht, kann nicht herausgegeben werden. Für das Übrige haben wir nicht das mindeste Interesse. Im Gegenteil, der Gegner soll nicht in seiner Wahlpropaganda beschränkt werden. Es richtet sich die erstrebte Verfügung gegen die Anordnung des preußischen Ministers. Diese Anordnungen sind so, daß auch nicht einmal der Schatten eines Verdachtes bleibt, als sei diese Aktion eine Tarnung und richte sich gegen die NSDAP." (273)

Wegen des Zeitdruckes schlug Dr. Bumke den Vertretern beider Parteien vor, außerhalb der Verhandlungstagung einen Kompromiß zu versuchen, zumal Preußen von sich aus bereits begonnen hatte, den NS-Organisationen Teile des beschlagnahmten Materials, welche für die polizeiliche Untersuchung nicht mehr gebraucht wurden, zurückzugeben. Beide Parteien nahmen den Vorschlag an, worauf Bumke eine Unterbrechung der Sitzung einlegte, damit die Parteien unter sich über einen möglichen Kompromiß beschließen könnten.

Nach der Pause teilte Dr. Bumke mit, ein Kompromiß sei erzielt worden, daher erübrige sich die Fortsetzung der Verhandlungen über eine einstweilige Verfügung, und er schloß die Sitzung.

Warum haben die Vertreter Preußens dem Kompromiß zugestimmt, statt einen Urteilsspruch abzuwarten? Haben sie eine Verurteilung Preußens befürchtet? Oder waren sie mit dem Kompromiß einverstanden im Hinblick auf den bevorstehenden zweiten Wahlgang der Reichspräsidentenwahl sowie der sich nähernden Landtagswahl und bestrebt, die propagandistische Ausnutzung des Prozesses seitens der NSDAP zu verhindern?

Die DAZ brachte einen zusammenfassenden Artikel über das unvorhergesehene Ende der Gerichtsverhandlungen: „Die Verhandlung vor dem Staatsgerichtshof in Leipzig am 24. März 1932 hat dargetan, daß der Antrag der NSDAP auf Erlaß einer einstweiligen Verfügung gegen die preußische Staatsregierung durch die vom Preußischen Minister des Innern von vornherein getroffenen Anordnungen und Maßnahmen gegenstandslos war. Die Parteivertreter haben daher folgenden vom Vorsitzenden des Staatsgerichtshofes, Reichsgerichtspräsident Dr. Bumke, formulierten Feststellungen zugestimmt: ‚Die Antragsteller haben von dem Wortlaut der Verfügung des Landkriminalamtes Berlin vom 15. bis 17. März und von der Anordnung des Herrn Preußischen Minister des Innern vom 22. März, auf die in dem Brief des Herrn Preußischen Ministers des Innern an Herrn Rechtsanwalt Dr. Frank II vom 22. März hingewiesen ist, heute Kenntnis genommen.

Sie gehen hiernach davon aus, daß das gesamte über diese Anordnung hinaus noch in polizeilichem Gewahrsam befindliche Material unverzüglich an die Stellen der NSDAP, bei denen es erfaßt worden ist, zurückgegeben werde.

Die Antragsgegner stellen fest, daß die Verfügung des Herrn Preußischen Minister des Innern vom 22. März vor Zustellung der Klage und unabhängig davon erlassen worden war. Sie stellen ferner fest, daß der Sinn dieser Anordnung nur war, auf genaue Beachtung der in der Verfügung des Landeskriminalamtes Berlin vom 15./17. März bezeichneten Grenzen nochmals hinzuwirken.'

Es folgt die lange Liste der zurückzugebenden Dinge. Die Feststellungen schließen: ‚Die Beteiligten sind sich weiter darüber einig, daß durch diese Erklärungen der Antrag auf Erlaß einer einstweiligen Verfügung vom 19. März erledigt sein soll. Beide Teile behalten sich vor, im Verfahren zur Hauptsache ihrer Rechtsauffassung zur Geltung zu bringen und auch nach der tatsächlichen Seite hin mit weiterem Material zu belegen.'" (274).

Beide Parteien schienen mit der Lösung des Problems zufrieden zu sein. Andererseits wurde erwartet, daß Preußen das Ergebnis der Durchsicht und Untersuchung des beschlagnahmten Materials bekanntgebe. Es geschah nichts, und das Reichsinnenministerium sah sich veranlaßt, die Erklärung abzugeben, daß Herr Severing nach seiner Rückkehr aus seinem Osterurlaub „die Ergebnisse der preußischen Polizeiaktion gegen die nationalsozialistische Partei der Öffentlichkeit (zu) unterbreiten werde." (275)

Am 30. März forderte Rechtsanwalt Frank II im „Völkischen Beobachter" die „Bekanntgabe der tatsächlichen Ergebnisse der Severingaktion" (276).

Severing kündigte am 4. April 1932 die Veröffentlichung der Ergebnisse an. Aus der Veröffentlichung, die während einer Konferenz beim Reichsinnenminister im Beisein Gesandter mittel- und süddeutscher Länder gemacht wurde, sind uns leider nur kleine Auszüge durch die „Deutsche Allgemeine Zeitung" bekanntgeworden. Es heißt in diesen: „Die Mitteilung des preußischen Innenministers gipfelte in außerordentlich schwerwiegenden Vorwürfen gegen die nationalpolitische Zuverlässigkeit der Nationalsozialistischen Partei, wofür er sich auf gewisse Vorgänge in den östlichen Grenzbezirken und auf dort beschlagnahmtes Material bezog. Da es sich hier um einen Landesverratskomplex handelt, ist es gegenwärtg nicht möglich, die Vorwürfe Severings nachzuprüfen oder zu kommentieren." Severing soll gesagt haben, „die preußische Regierung werde es sich nicht weiter gefallen lassen, daß in dem bisher beobachteten Umfange Rüstungen für eine Privatarmee erfolgen, die innerpolitisch bereits zu einer Gefahr geworden sei und auch außenpolitisch eine Gefahr zu werden drohe ... Die Regierungen Bayerns, Württembergs, Sachsens, Badens und Hessens seien sich in der Beurteilung des genannten Materials durchaus einig." Nach einer in Hannover gefundenen Aufzeichnung sollte der nationalsozialistische Nachrichtendienst sich besonders mit Informationen über „Bahnschutz, Panzerzüge, Bahnfunkanlagen, Postfernleitungen, Postfunkanlagen, Flughäfen und Flußübergänge" befassen (277).

Die Abendausgabe der DAZ des gleichen Tages sprach vom „Bürgerkriegsgespenst" und von der ungeheuerlichen Propaganda, mit welcher Dr. Goebbels die Anhänger der Hitler-Bewegung und besonders die SA indoktriniert hatte über den zu erwartenden Sieg Hitlers. „Die SA-Leute haben das sicher auch geglaubt, und in dieser Verfassung sind dann die Befehle entworfen worden, die Herr Severing jetzt veröffentlich hat ..."

Aber nicht nur in Preußen allein gab es polizeiliche Aktionen. „Um dieselbe Zeit, als die Polizeiaktion Severings angezweifelt wurde, sind anderthalb Bahnstunden von München, im Chiem- und Inngau, große Waffenlager durch die Kriminal- und Landespolizei ausgehoben worden, um vor den Nationalisten und der neuen Bauernbewegung in Sicherheit gebracht zu werden. Es handelt sich in erster Linie um Waffenlager der Chiemgauer ..." (278)

Trotz des erzielten Kompromisses über die Rückgabe der in der Polizeiaktion vom 17. März beschlagnahmten Akten der NSDAP und ihrer Organisationen blieben die Befürchtungen des Reiches und Preußens bezüglich eines bewaffneten Umsturzversuchs der SA bestehen. Berichte wie der des Polizeipräsidenten von Hannover waren im Landespolizeiamt nicht ungewöhnlich: „An den Herrn Regierungspräsidenten in Hannover. I 786/32, 29. März 1932, Betrifft: Alarmzustand der SA der NSDAP. Bezug: Ohne Verfügung. Nach hier vertraulich beschafftem Material hat die SA der NSDAP, soweit die in Hannover und Umgebung liegende Standarte 73 in Frage kommt, für einen etwaigen Alarm folgende Anordnungen getroffen: Der Alarm gliedert sich in drei verschiedene Stufen. Für die Alarmstufe 1 ist das Kennwort ‚Friedrich der Große' vorgesehen. Dieses bedeutet: Erhöhte Aufmerksamkeit und Verschwindenlassen sämtlicher Schriftstücke und Waffen. Die Alarmstufe 2 tritt auf das Kennwort ‚Wilhelm II.' ein. Nach Eintritt haben sich die SA-Angehörigen in Zivil nach dem SA-Heim in der Möbelfabrik Dyes, Hannover, Podbielskistraße, zu begeben, ohne etwas mitzunehmen. Auf das Kennwort ‚Adolf' tritt der Alarmzustand 3 ein. Hierbei ist vorgesehen: Mobilmachung, vollständiges Gepäck, Armbinde, Zivil, eiserne Rationen, Mitbringen von Rucksack und Decken.

Als Sammelplätze für die einzelnen Gruppen sind unter anderen die Lister Mühle und der Nordhafen vorgesehen. Die vorgesehene Alarmordnung der SA der NSDAP erscheint mir in Hinsicht auf den Chiffrespruch des LKP-Amtes vom 16. März 1932 bezüglich der Beschlagnahmung von Material bei der NSDAP besonders bedeutungsvoll. Der Herr Oberpräsident und das LKP-Amt Berlin haben Berichtsabschriften erhalten." (279)

Es war nicht länger zu übersehen, daß die SA eine immanente Gefahr für die Regierung Preußens bedeutete, aber nicht für Preußen allein. Hitlers Privatarmee war eine Gefahr für den Bestand der Länder. Diese waren bereit, gegen sie vorzugehen, wenn die Reichsregierung von sich aus Schritte unternehmen würde. Der Brief Groeners vom 2. April 1932 an Generalmajor a.D. von Gleich deutete zwar darauf hin, zeigte aber andererseits ein etwas naives Verständnis für die wahre Situation und die Ziele der NSDAP: „Übermorgen kommen die Innenminister der größeren Länder zu einer Besprechung über die SA. Daran habe ich keinen Zweifel, daß wir ihrer Herr werden, schon jetzt glaube ich, daß wir ihnen die Giftzähne ausgebrochen haben. Die Loyalitätserklärungen der SA-Führer am laufenden Band lassen sich taktisch recht gut verwerten. Die SA untergräbt dadurch ihre Existenzberechtigung. Freilich gibt es noch schwere Wochen des politischen Spiels, bis die Landtagswahlen vorüber sind. Dann wird man darangehen müssen, die Nazis regierungsfähig zu machen, da die sicherlich noch mehr anwachsende Bewegung durch Gewalt nicht mehr unterdrückt werden kann. Die Nazis dürfen selbstverständlich nirgends allein an die Regierung gelassen werden, schon garnicht im Reich. Aber in den Ländern wird der Versuch hier und da gewagt werden müssen, die Nazis in eine Koalition einzuspannen.

Für die weitere Politik im Reich wird der Ausfall der Preußenwahlen mit entscheidend sein. Eine Nazimehrheit ist ganz unwahrscheinlich, aber sie werden doch sehr stark in den preußischen Landtag einziehen. Die Reichsregierung steht unerschüttert trotz der Attacken gegen Brüning; freilich sollte er auf außenpolitischem und wirtschaftlichem Gebiet bald einige Erfolge erzielen. Wenn es den Menschen wirtschaftlich besser ginge, würde der Nazispuk schnell zerstoben sein.“ (280)

Groeners und der Reichsregierung naive Einschätzung der politischen Situation und des Geschehens wirken geradezu grotesk und unverständlich auf den rückblickenden Betrachter jener Krisenzeit. Das ausführliche Protokoll der Ministerbesprechung der Länder im Reichsinnenministerium vom 5. April 1932 unter Vorsitz Groeners zeichnet das Bild jener Tage (281).

Die Sitzung befaßte sich mit dem schriftlichen Vorschlag des Bayerischen Innenministeriums vom 30. März, zur Aufrechterhaltung der öffentlichen Sicherheit und Ordnung die Alarmbereitschaften der SA für die Periode der Reichspräsidentenwahl zu verbieten.

Groener akzeptierte zwar prinzipiell den Vorschlag Bayerns, führte aber aus, daß das eigentliche Ziel nicht ein zeitweiliges Verbot der SA sein sollte, sondern die endgültige Auflösung ihres militärischen Charakters. Es waren Pläne in Vorbereitung, sagte er, eine Reichsmiliz zu errichten, in welcher die militärischen Verbände, einschließlich die SA, aufgehen sollten. Die Vertreter der Länder Bayern, Sachsen. Baden, Hessen und Preußen stimmten dem Gedanken Groeners im Grunde zu. Severing meinte warnend, es sollte nichts geschehen auf Grund des Artikels 48 der Reichsverfassung, wenigstens nicht in unmittelbarer Zukunft. Der Reichsjustizminister Joël sagte, es sei durchaus mit dem SA-Verbot zu rechnen, ohne sich auf einen Zeitpunkt festlegen zu können. Ein solches Verbot dürfe nicht den Anschein erwecken, als sei es zur Unterstützung Hindenburgs für die Reichspräsidentenwahl erlassen. Vielleicht müßte man die Landtagswahlen am 24. April unter verstärktem Schutz stattfinden lassen, ohne das Verbot zu verhängen. Zum Schluß der Aussprache faßte Groener kurz zusammen: nach der Reichspräsidentenwahl sollen die Vertreter der Länder zusammenkommen, um über das Verbot der SA zu beraten. Es bestünde Einstimmigkeit darüber, daß im Moment keine Aktion von Nöten wäre, es könnte aber für einige Länder erforderlich werden „mit polizeilichen Maßnahmen zu verhindern, was sich etwa am 10. oder 11. April gefahrdrohend auswirken könnte. Er selbst, Groener, glaube an eine solche Gefahr nicht, er habe keine Sorge." (282)

Nach dem Ausgang der Reichspräsidentenwahlen vom 10. April 1932 wurde die Gefahr eines SA-Putsches als sehr ernst angesehen. Das Verbot der militärischen Nazi-Verbände schien die geeignete Antwort auf die unmittelbar drohende Gefahr zu sein. Der zögernde Beschluß dazu wird in den Aufzeichnungen Groeners vom 12. April ersichtlich: „Ich schlug dem Reichskanzler vor, daß ich zunächst Oberst von Hindenburg aufsuchen wolle, um von ihm die Gründe zu erfahren, die ihn veranlaßt hatten, auf seinen Vater gegen das SA-Verbot einzuwirken. Ich traf Oberst von Hindenburg in großer Erregung darüber, daß man seinen Vater schon wieder zumute, eine Notverordnung zu unterzeichnen, nachdem er eben erst zum Reichspräsidenten wiedergewählt sei. Sein Vater würde nur wieder von der Rechten mit Schmutz beworfen. Man könne doch wenigstens noch einige Zeit zuwarten. Sachliche Gründe brachte er nicht vor, er betonte vielmehr, daß ihm die SA völlig gleichgültig sei. Bei seiner Erregung war eine sachliche Auseinandersetzung mit ihm unmöglich. Es bestand aber für mich kein Zweifel, daß seine Auffassung rein auf naiver und sentimentaler Empfindung beruhte. Auf seinem Schreibtisch lag der Bismarckroman von Beumelburg. Indem er auf das Buch hinwies, meinte er, der Kanzler solle das Buch lesen und daraus [für] sich eine Lehre ziehen, wie in solcher Zeit zu regieren sei. Er hatte dabei die Konfliktzeit der sechziger Jahre im Auge (283). Mehrfach wiederholte Oberst von Hindenburg, man solle doch bis nach den Preußenwahlen warten.

Um in diesem Punkt das Mögliche getan zu haben, beschlossen der Reichskanzler und ich, nochmals die preußische Regierung darüber zu hören, ob ein solches Hinausschieben des Verbots tragbar wäre. Der Kanzler hatte bereits Minister Severing aus einem anderen Grunde zu sich gebeten, mich beauftragte er, mit dem preußischen Ministerpräsidenten zu sprechen. Während ich noch bei diesem war, kam Minister Severing von der Unterredung zurück. Beide preußischen Minister hielten ein Hinausschieben des Verbots nicht für möglich und ließen keinen Zweifel, daß die preußische Regierung von sich aus das Verbot aussprechen würde, und zwar bereits am anderen Tage, wenn die Reichsregierung jetzt nicht damit herauskäme. Da mir bekannt war, daß Bayern, Württemberg, Baden, Hessen und auch Sachsen sich alsbald dem Vorgehen Preußens anschließen würden, vertrat ich beim Kanzler den Standpunkt, daß im Interesse der Autorität des Reichspräsidenten und des Reiches das selbständige Vorgehen einzelner Länder nicht geduldet werden dürfe. Es würden sonst Gebiete verschiedenen Rechts geschaffen. Auch habe es deshalb keinen Sinn, die Maßnahmen den Ländern zu überlassen, weil der Reichspräsident doch alsbald auf Grund Artikel 48 der Verfassung gezwungen sei, selbst zu entscheiden, ob er die Länderverbote bestehen lassen oder aufheben wolle. Der Reichspräsident würde nur in eine schiefe Lage kommen, und die an sich schon geringe Autorität des Reiches würde weiter geschmälert. Ein klarer und fester Entschluß sei in solcher Lage für die Reichsregierung das Beste.

Der Reichskanzler und ich gingen Nachmittags um fünf Uhr zum Reichspräsidenten. Dem Vortrag wohnte Staatssekretär Meissner bei. Der Kanzler begründete in längeren Ausführungen die Notwendigkeit des Verbots, ich ergänzte sie, indem ich die später amtlich veröffentlichte Begründung wörtlich langsam vorlas. Wesentliche Einwendungen machte der Reichspräsident nicht, überhaupt zeigte er in keiner Richtung eine grundsätzlich ablehnende Auffassung. Ich erklärte meine volle Bereitschaft, die Verantwortung vor Parlament und Öffentlichkeit zu übernehmen.

Zum Schluße meinte der Reichspräsident, man dürfe es seinem Sohn nicht übel nehmen, wenn er sich schützend vor seinen Vater stelle, er sei bereit, wenn Kanzler und Reichsinnenminister die Notverordnung für erforderlich hielten, sie zu unterzeichnen. Das sei nun sein endgültiger Entschluß. Anderntags um fünf Uhr nachmittags solle die Notverordnung ihm vorgelegt werden ..." (284)

Endlich wurden am 13. April 1932 die gesetzlichen Maßnahmen ergriffen und „die Verordnung des Reichspräsidenten zur Sicherung der Staatsautorität" veröffentlicht (285).

Es handelt sich um ein nur gegen militärische Organisationen der NSDAP gerichtetes Verbot. Der „Stahlhelm", die „Eiserne Front" und der „Rote-Front-Kämpferbund" blieben von ihm unberührt. Die Verordnung sah keine Maßnahmen gegen die Führung der militärischen Naziverbände vor. Ihre politische und erzieherische Tätigkeit wurde nicht untersagt. Jede militärorganisatorische Betätigung jedoch, selbst unter neuem Namen und in geändertem Rahmen, wurde ihnen verboten.

Am gleichen Tag wurde die amtliche Begründung der Verordnung veröffentlicht (286). Sie spricht von „Kampforganisationen", als ob nur die Nazis solche gehabt hätten.

Der Druck auf den Reichspräsidenten wegen dieser einseitigen Maßnahme – besonders aus der Mitte der Reichswehr – folgte auf dem Fuße und veranlaßte ihn zu seinem Schreiben vom 16. April an Reichsinnenminister Groener: „Sehr geehrter Herr Reichsminister! Die das Verbot der SA und SS aussprechende Verordnung vom 13. April 1932 habe ich vollzogen, nachdem Sie mir in ernsten Worten die Schwierigkeiten der politischen Lage dargelegt und den Erlaß dieser Verordnung zur Sicherung der Staatsautorität als unbedingt notwendig bezeichnet haben und nachdem die Reichsregierung einstimmig Ihrem Antrag beigetreten war. Inzwischen ist mir unter Übergabe von Belegmaterial mitgeteilt worden, daß ähnlich geartete Organisationen, wie die hier verbotenen, auch bei anderen Parteien bestehen. In Erfüllung meiner Pflicht zur überparteilichen Ausübung meines Amtes und gleichmäßigen Anwendung der Gesetze muß ich verlangen, daß – falls dies richtig ist – auch diese Organisationen der gleichen Behandlung verfallen.

Ich übersende Ihnen anbei das mir zugegangene Material mit dem Ersuchen, es mit dem gleichen Ernst zu prüfen, den ich Ihrem Antrag entgegengebracht habe, und mir alsbald das Ergebnis Ihrer Prüfung und einen entsprechenden Vorschlag vorzulegen. Mit freundschaftlichen Grüssen, von Hindenburg.“ (287)

Als Folge kam es am 3. Mai 1932 zu einer zweiten Verordnung des Reichspräsidenten zur Sicherung der Staatsautorität (288). Jedoch handelte es sich nicht um ein Verbot militärischer Verbände. Sie verpflichtete politische Verbände, die militärähnlich organisiert sind oder sich so betätigen und ihre Unterverbände, lediglich ihre Satzungen dem Reichsinnenminister zu unterbreiten und die von ihm vorgeschlagenen Satzungsänderungen vorzunehmen. Darüberhinaus ist die Klage Hitlers gegen Preußen anscheinend in Vergessenheit geraten, eingeschlafen und nicht wieder zur Verhandlung gekommen.

XI.
DIE REICHSPRÄSIDENTENWAHL 1932
BADTS VERSUCH, EINE ERNEUTE KANDIDATUR HINDENBURGS ZU VERHINDERN

Hindenburgs siebenjährige Amtszeit als Reichspräsident ging im Frühjahr 1932 zu Ende. Über seine Wiederwahl zum Reichspräsidenten herrscht ein gewisses Dunkel, das verschiedenen Versionen ihre Koexistenz ermöglicht. Dieses Kapitel soll die Zusammenhänge, die zur Wiederwahl Hindenburgs führten, klären.

Die Umstände, die zur Kandidatur und Wiederwahl Hindenburgs, des 85-jährigen Greises führten, der, nach Aussagen ihm Nahestehender, bereits an Senilität litt, sind selbst auf dem Hintergrund der Atmosphäre und politischen Situation jener Jahre nur schwer verständlich. Dr. Arnold Brecht schreibt: „Er selbst wünschte sich Ruhe. Es hatte schon Anzeichen beginnender Greisenhaftigkeit bei ihm gegeben. Brüning erzählte mir später – und hat das auch veröffentlicht –, daß Hindenburg ihn manchmal nicht mehr erkannt habe. Meissner bestreitet das zwar in seinen Memoiren, aber Brüning sollte es eigentlich besser wissen. Jedenfalls äußerte der alte Feldmarschall zunehmend verworrene Ideen, von denen Brüning ihn erst befreien mußte. Auch das Edelste, das er hatte, sein Charakter, fing unter dem Einfluß des Alters an zu bröckeln ... War es nicht frevelhaft gegen ihn und das deutsche Volk, ihn noch einmal für dieses entscheidend gewordene Amt aufzustellen? Die Frage wurde seit spätestens 1930 viel erörtert.“ (289)

Im Gespräch mit Otto Braun über die bevorstehende Wahl des Reichspräsidenten äußerte sich Hindenburg: „Ich habe jetzt sieben Jahre meine Pflicht getan und sehne mich nach Ruhe … Mir ist das mit den Parteien und den Streitigkeiten im Parlament längst zuwider. … Das Hin und Her mit den Parteien paßt mir gar nicht." (290) Nicht sehr schmeichelnd schrieb Carl Severing über den alternden Reichspräsidenten: „Von der Unzulänglichkeit Hindenburgs auf dem Posten des Reichspräsidenten waren alle Persönlichkeiten überzeugt, die mit ihm dienstlich zu tun hatten. Im Glanz der Waffentaten des Dioskurenpaares Hindenburg-Ludendorff hatte man in den letzten Jahren des Ersten Weltkriegs den ‚eisernen Hindenburg' geschaffen – eine große Holzfigur, die, mit eisernen Nägeln bepanzert, zum Opferstock für die gebefreudigen Deutschen wurde. Darüber war fast ein Vierteljahrhundert verflossen. Aus dem eisernen Hindenburg war durch Alter und Zermürbung im Amt ein anderer geworden – Ton in Töpfers Hand, ein Mann, der sich bei politischen Entscheidungen hin und her zerren ließ. Nur in einem blieb er unverrückbar: im Festhalten seiner soldatischen Tradition und soldatischen Gewohnheiten. Er war, wie er auch mir einmal offen bekannt hatte, im Grunde seines Herzens Monarchist und königlich-preußischer General geblieben. Vor allem aber hatte er sich als unfähig erwiesen, aus eigner Erkenntnis und Beurteilung der politischen Situation Entscheidungen zu treffen." (291)

Von Papens Erfahrung mit Hindenburg scheint eine andere gewesen zu sein: „Hindenburg hatte ein erstaunliches Gedächtnis. Er konnte sich jedes Gespräches erinnern und viele Einzelheiten der preußischen Geschichte." (292) Nach seiner Rückkehr von der Lausanner Konferenz im Juli 1932 besuchte von Papen Hindenburg in Neudeck zur Berichterstattung. Hindenburg – so schreibt von Papen – sei bei ausgezeichneter Gesundheit und vollem Verständnis für die vorgebrachten Probleme gewesen. Jedoch scheint diese Aussage suspekt zu sein in Anbetracht der unmittelbar darauf folgenden Ereignisse der Gleichschaltung Preußens auf Grund des Artikel 48 der Verfassung.

Ein Mann, der in jenen Jahren täglich um den Reichspräsidenten war, ihn sah und sprach, war Otto Meissner, sein langjähriger Staatssekretär. In seinen Memoiren widmet er dem geistigen Zustand Hindenburgs einen besonderen Abschnitt, in dem es heißt: „In diesem Zusammenhang muß einer Behauptung entgegengetreten werden, die im Anschluß an einen mißverständlichen oder mißverstandenen, in der Julinummer 1947 der ‚Deutschen Rundschau' veröffentlichten Brief Dr. Brünings verbreitet worden ist. Ein nachträglich entstandenes Gerücht will wissen, daß der damals bereits 84-jährige Reichspräsident im September 1931 einen geistigen Zusammenbruch erlitten habe und seither nicht mehr im vollen Besitz seiner geistigen Kräfte gewesen sei. Dr. Brüning spricht in diesem Schreiben von einem geistigen Zusammenbruch Hindenburgs im September 1931, ‚der zehn Tage anhielt'. Tatsächlich handelte es sich damals nicht um einen geistigen oder Nervenzusammenbruch, sondern um eine nur vorübergehende Grippeerkrankung Hindenburgs. Trotz Müdigkeit und Beschwerden führte der ‚alte Herr' auch in diesen Tagen seine Dienstgeschäfte weiter, und es ist nicht verwunderlich, daß er damals auf Besucher einen abgespannten und kranken Eindruck machte. Er hat sich nachher rasch wieder völlig erholt und war bis auf wenige Tage vor seinem Tod im Vollbesitz seiner geistigen Fähigkeiten. Er empfing bis kurz vor seinem Ableben häufig Persönlichkeiten des In- und Auslandes, und keiner seiner zahlreichen Besucher hat je Zweifel daran geäußert, daß der Reichspräsident geistig klar war." (293)

Die politische Situation, welche die Ereignisse um die Kandidatur zur Reichspräsidentenschaft teilweise erklären, wird sehr deutlich in den unveröffentlichen „Lebenserinnerungen" des stellvertretenden stimmführenden Bevollmächtigten Badens im Reichsrat, Ministerialdirektor Dr. Hermann Fecht. Über seine politische Zugehörigkeit kann aus seiner Niederschrift geschlossen werden, daß er weder der Linken noch der Rechten zuzuordnen ist. Als badischer Vertreter im Reichsrat und Ministerialdirektor gehörte er wahrscheinlich dem Zentrum an. Seine Aufzeichnungen lassen in ihm einen gut informierten und geschulten politischen Beobachter vermuten: „Gegen Ende des Jahres 1931 warf die Frage der kommenden Reichspräsidentenwahl bereits ihre Schatten voraus. Die ganze Hilflosigkeit der politischen Parteien kam zu Tage, als man zunächst die Möglichkeit einer Verschiebung der Wahl um ein Jahr in der Form einer Verlängerung der Amtszeit Hindenburgs durch ein verfassungsänderndes Gesetz erörterte (294). Brüning machte dabei leider insofern einen großen Fehler, als er in dieser Frage zuerst mit Hitler in einer Form verhandelte, die diesen von vornherein aus der Reihe der Parteiführer hervorhob ..." (295)

Dieser mißlungene Versuch war politisch folgenschwer, es stellte sich heraus, daß eine mögliche Verfassungsänderung nur im Einverständnis mit Hitler erreichbar und durchführbar sei. Dieser aber hatte andere Aspirationen, die zum Teil im „Boxheimer Dokument" enthüllt wurden, über die hier schon berichtet wurde. Diese Schrift enthält einen detaillierten Plan zum Sturz der Regierung und Machtergreifung mittels der SA und Landwehr. Die Reaktion der Reichsregierung läßt den Schluß zu, daß sie anscheinend eingeschüchtert war. Zwar wurde Dr. Best, wie berichtet, wegen Hochverrats angeklagt, aber der Prozeß gegen ihn im Oktober 1932 eingestellt (296). Auf Wunsch der NSDAP-Fraktion im hessischen Landtag beschloß dieser, Dr. Best in den Gesetzgebungsausschuß und hessischen Staatsgerichtshof zu wählen. Dr. Wagner, sein Komplize, wurde auf Hitlers Geheiß zum Leiter der nationalsozialistischen Kreisgeschäftsstelle in Gießen ernannt (297).

Der Plan besagte für Baden „die Aufstellung von drei sogenannten Standarten, die bei voller Ausrüstung eine Armee von 20.000 Mann darstellten. Eine solche Organisation mußte für Baden, das ohne Militär in der neutralen Zone schutzlos dastand, eine große Gefahr werden. Zahlreiche SA-Verbände waren in den Vororten der Städte gegründet worden. Im Zusammenhang mit der Tatsache, daß die NSDAP früher im Lande Übungen abgehalten hatte, die als Generalidee die Abschneidung der Lebensmittelzufuhr an die Städte vorsahen, ließ sich die Vermutung nicht abweisen, daß der Plan, auf diese Weise die Städte in die Hand zu bekommen, nicht aufgegeben war. Man hatte auch Anzeichen dafür, daß die Partei die Bauern aufforderte, die Lebensmittel nur soweit zu verkaufen, als der eigne Geldbedarf dies unbedingt erforderlich machte, alle übrigen Lebensmittel aber zurückzubehalten, um später einen Druck auf die Städte ausüben zu können. Endlich hatte man beobachtet, daß neben der SA, der man in der Stadt nicht immer Vertrauen schenkte, eine Garde von Bauernsöhnen aufgegestellt wurde." (298)

In dieser Sachlage, um die Reaktion der Reichsregierung zu ergründen, erhielt Dr. Fecht den Auftrag seiner Landesregierung, bei Reichswehrminister Groener vorstellig zu werden. Groener soll die Sache nicht ernst genommen haben; er meinte, man verhandelte in diesem Zeitpunkt mit Hitler über die Reichspräsidentenwahl, da könne man wohl nicht gegen seine Parteiorganisationen vorgehen (299). Es bleibt zu bedenken, daß zu diesem Zeitpunkt Hitler „lästiger" Ausländer war. Rein rechtlich hätte die Reichsregierung ihn des Landes verweisen können.

In der Praxis sahen die Dinge etwas anders aus: Der Polizeipräsident Berlins, Grzesinski, hatte erfahren, daß Hitler beabsichtigte, am 11. Dezember 1931 ausländischen Journalisten im Kaiserhof ein Interview zu geben. Grzesinski schlug Otto Braun vor, Hitler bei dieser Gelegenheit, in Anwesenheit der Presse, festzunehmen und ihn sofort als lästigen Ausländer abzuschieben. Braun war einverstanden und informierte Severing, der seinerseits Reichskanzler Brüning davon in Kenntnis setzte. Brüning lehnte den Vorschlag mit der Begründung ab, er verhandle gerade mit der NSDAP über die Verlängerung des Mandats des Reichspräsidenten durch den Reichstag. Der Plan mußte also aufgegeben werden. Grzesinski erfuhr später, daß Hindenburg die preußische Regierung mittels einer Notverordnung – nach Artikel 48 der Reichsverfassung – an der Durchführung der Ausweisung Hitlers gehindert hätte (300). Über diesen bedeutsamen Zwischenfall berichtet auch Severing: „In den ersten Dezembertagen 1931 war bekannt geworden, daß er (Hitler) zum 11. Dezember die englische und amerikanische Presse in den Berliner ‚Kaiserhof' geladen hatte, um den Vertretern der Zeitungen das Programm seiner Wirtschafts- und seiner auswärtigen Politik zu verkünden. Als ich vom Polizeipräsidium Berlin darüber unterrichtet wurde, habe ich überlegt, den anmaßenden Parteihäuptling während des Empfanges aus dem Kreis der versammelten Journalisten durch Polizeibeamte herauszuholen und zum Anhalter Bahnhof zum Abschube nach München befördern zu lassen. Seine Ausweisung aus Preußen wäre diesen Maßnahmen gefolgt ... Ich habe ... in der Befolgung meiner dem Reichskanzler im Juli gegebenen Zusage, ihm bei Entscheidungen größerer politischer Bedeutung vorher Mitteilung zu machen, Brüning von meinem Vorhaben unterrichtet und um seine Stellungnahme gebeten. Die mir übermittelte Antwort war ablehnend ... Von der Hoffnung

Brünings, die Nationalsozialisten für ein Reichstagsvotum zur Verlängerung der Amtsperiode des Reichspräsidententum zu gewinnen, war mir damals Näheres nicht bekannt." (301)

Hitler hätte als Ausländer nicht offizieller Kandidat seiner Partei zur Reichspräsidentenanwartschaft werden können. Um die rechtlich erforderliche Position Hitlers herzustellen, ernannte ihn, wie schon berichtet, Klagges zum Regierungsrat bei der braunschweigischen Gesandtschaft in Berlin. Hitler erhielt dadurch die deutsche Staatsbürgerschaft und wurde am 26. Februar 1932 auf die Verfassung Weimars vereidigt (302).

Politiker dieser wichtigen Periode haben in ihren Biographien Einzelheiten über Verhandlungen und Vorgänge, die der Wiederwahl Hindenburgs zum Reichspräsidenten vorausgingen, mit persönlichem Akzent erzählt. Unter diesen gibt es Niederschriften, die auf Badts Mitwirken an den Vorschlägen und Beratungen über die Wahl des geeigneten Kandidaten zur Reichspräsidentenschaft hinweisen.

Zweifellos gehört Otto Braun, Ministerpräsident Preußens, zu den Protagonisten der beteiligten Zeitgenossen. In seiner Wiedergabe der Beratungen innerhalb der Partei und der SPD-Reichstagsfraktion über die zu fassenden Beschlüsse zur Wahl des geeigneten Kandidaten zum Reichspräsidenten gibt es wesentliche Lücken, welche im folgenden aufgefüllt werden sollen. Braun führt aus: „Die Mittelparteien mit Einschluß der Sozialdemokraten hatten auf eigene Kandidaten verzichtet. Da es darauf ankam, Hitler aus dem Felde zu schlagen, was nur mit Hindenburg gelingen konnte, traten sie für diesen ein, dessen Kandidatur auch von Gemäßigten aus dem deutschnationalen Lager unterstützt wurde.

Der sozialdemokratischen Partei war dieser Entschluß sehr schwer gefallen. Meine Parteigenossen hätten für den ersten Wahlgang lieber meine Kandidatur aufgestellt und wären selbstständig in den Wahlkampf eingetreten. Das wäre unter den obwaltenden Umständen eine Kräftevergeudung gewesen, die dem bevorstehenden Wahlkampf für die Landtagswahlen in Preußen zum Nachteil gereicht hätte. Deshalb veröffentlichte ich bereits (drei Tage!!) vor dem ersten Wahlgang im ‚Vorwärts' am 10. März 1932 einen Artikel: ‚Warum Hindenburg', in dem ich nach Schilderung der Wahlsituation und unter Hinweis auf die bisherige Verfassungstreue Hindenburgs zu folgendem Schluß kam: ‚Ich wähle Hindenburg und appelliere an die Millionen Wähler, die vor sieben Jahren für mich gestimmt und an alle, die darüber hinaus mir und meiner Politik Vertrauen entgegenbringen: Tut desgleichen, schlagt Hitler, wählt Hindenburg!'" (303)

Von Papen, informiert über die aussichtslosen Bemühungen Brünings, die Parteien für eine Verfassungsänderung zu gewinnen, die es ermöglichen sollte, die Amtszeitverlängerung des Reichspräsidenten Hindenburg für zwei weitere Dienstjahre durch einen Reichstagsbeschluß zu erlangen, schreibt darüber: „Das Jahr 1932 beginnt mit dem Versuche Dr. Brünings, die Wiederwahl Hindenburgs zum Reichspräsidenten auf parlamentarischem Wege zu sichern. Am 7. Januar verhandelte er mit Hitler und der SPD. Hitler machte seine Zustimmung von einer Rücksprache mit Hugenberg abhängig und formulierte seine Gegenforderungen: Anerkennung der Legalität der NSDAP in aller Form und Wahlen im Reich und in Preußen. Die Sozialdemokraten verlangen, daß den Rechtsparteien keine Gegenleistung für ein Entgegenkommen in Aussicht gestellt werden dürfe. Aber schon am 12. Januar sind die Verhandlungen gescheitert.

Zu dem gleichen Thema berichtet Meissner: „Die Mittelparteien und – nach einigem Zögern – auch die Sozialdemokraten stimmten dem Gedanken einer Verlängerung der Amtsperiode Hindenburgs um zwei Jahre durch ein verfassungsänderndes Reichsgesetz zu ... Hitler machte seine Zustimmung von einer vorherigen Auflösung und einer Neuwahl des Reichstages abhängig." (305)

Anfang Januar lud Hitler den Staatssekretär Meissner zu einem Gespräch in den Kaiserhof ein, an dem Göring und Frick teilnahmen. Hitler kam auf den Vorschlag Brünings zurück und bat Meissner, auf Hindenburg einzuwirken, seinen Vorschlag über die Auflösung des Reichstages und Neuwahlen als Bedingung für das Einverständnis der NSDAP, im Reichstag für die Verfassungsänderung zu stimmen, anzunehmen. Allerdings sollte die Auflösung des Reichstages und das Ausschreiben von Neuwahlen vor der Abstimmung des Reichstages über die Verfassungsänderung erfolgen. Meissner lehnte im Sinne des Reichspräsidenten ab. Darauf reagierte Hitler übelgelaunt: „Wenn der Feldmarschall die Kandidatur eines Linksblocks annehmen will, so werde ich, den Wünschen der hinter mir stehenden nationalen Bewegung folgend, ihm notgedrungen als Gegenkandidat für die Präsidentschaft entgegentreten, und ich zweifle nicht daran, aus dem Wahlkampf als Sieger hervorzugehen." (306) Es darf nochmal daran erinnert werden, daß Hitler zu diesem Zeitpunkt de jure Ausländer war und gar nicht kandidieren konnte.

Die Memoiren Carl Severings ergänzen die Geschichte der Vorwahlen um zwei weitere Namen: einen bisher ungenannten Kandidaten, Dr. Hugo Eckener, und ferner den Mitarbeiter Severings, den Ministerialdirektor Dr. Hermann Badt. „Bei meiner Suche nach geeigneten Kandidaten wurde ich gegen Weihnachten auf den Chefingenieur der Zeppelinwerke, Dr. Eckener, aufmerksam, von dem man wußte, daß er in Deutschland als Pilot allgemeine Sympathien genoß, und daß er sich auch eines gewissen Ansehens im Ausland erfreute. Das wurde ein paar Wochen später durch eine Ehrung bestätigt, die ein internationaler Luftfahrtkongreß dem deutschen Mitglied, Dr. Eckener, durch die Verleihung der großen Luftfahrtmedaille bereitete, die damit zum erstenmal an Deutschland fiel. Ich hatte Eckener bis dahin persönlich nicht kennengelernt. Wiederholte Einladungen der Zeppelinwerft, an Auslandsflügen teilzunehmen, mußte ich wegen meiner amtlichen Verpflichtungen absagen. Jetzt kam ich mit einer Einladung, und Dr. Eckener nahm sie an. Im Restaurant der Krolloper trafen wir zusammen. Außer Dr. Eckener und mir nahm der Ministerialdirektor in meinem Ministerium, Dr. Hermann Badt, der schon an mehreren Zeppelinflügen beteiligt war und den ich mit der ersten Fühlungsnahme betraut hatte, an der Besprechung teil. Ohne Umschweife habe ich Herrn Eckener von meinen Sorgen um die Reichspräsidentenwahl Mitteilung gemacht und ihm die innen- und außenpolitische Situation geschildert, die ein etwaiger Sieg der Rechtsradikalen schaffen würde. Als seinen Vorzug dürfte man rühmen, politisch noch nicht abgestempelt zu sein. Das berechtige zu der Hoffnung, daß er nicht schon deshalb abgelehnt würde, weil er sich einer bestimmten politischen Partei verschworen habe. Ich ließ selbstverständlich auch keinen Zweifel darüber, daß ich von keiner Stelle beauftragt worden sei, bei ihm zu sondieren, fügte aber als meine Überzeugung hinzu, daß jeder, der über Einsicht in unsere wirtschaftliche und politische Lage verfüge, die Pflicht habe, die beste Lösung der Frage nach einer geeigneten Kandidatur zu erstreben. Dr.Eckener war von meiner Eröffnung naturgemäß sehr überrascht, und ich fand es darum durchaus verständlich, daß er es zunächst strikt ablehnte, sich in irgendeine Kombination einbeziehen zu lassen. Er begründete die Weigerung mit dem Mangel an politischer Erfahrung. Aber als ich ihm dann vorstellte, daß ein offner Blick für die dringendsten Aufgaben der Außenpolitik und der deutschen Wirtschaft, gerade Linie und Entschlußkraft heute ebenso nötig und wichtig seien wie die sogenannten politischen Erfahrungen, da hatte ich den Eindruck, als ob der grundsätzliche Widerstand schon aufgegeben sei. Einig waren wir uns darin, daß sein Name nicht früher genannt werden dürfe und solle, bevor nicht die Unterstützung seiner Kandidatur durch größere Parteien gesichert sei. Die Frage ob das zu erreichen war, habe ich in dem erforderlichen Umfange nicht mehr stellen können.“ (307)

Die Aufzeichnungen Severings über die eventuelle Kandidatur Eckeners nehmen hier ihr Ende. Dr. Arnold Brecht, Ministerialdirektor im preußischen Finanzministerium, erwähnt auch diese Episode in seinen Lebenserinnerungen. „Die Frage wurde seit spätestens Ende 1930 viel erörtert. Leider trieb die Angst, ein anderer Kandidat könne in der Wahl von Hitler geschlagen werden, die leitenden Politiker der Mitte und der gemäßigten Linken und Rechten zu der Auffassung, daß es am besten sei, Hindenburgs Amtszeit, sei es durch verfassungsänderndes Gesetz, sei es durch Neuwahl, zu verlängern.

Gegen diese Angstpsychose habe ich mich von Anfang an gewehrt. Nach den Wahlstatistiken war es zwar unwahrscheinlich, daß ein ausgesprochener Vertreter der einstigen Weimarer Koalitionsparteien eine absolute Mehrheit erhalten würde. Aber im zweiten Wahlgang war keine absolute Mehrheit erforderlich; die relative genügte. Ein hinreichend populärer Kandidat, der weltanschaulich etwas weiter rechts stand als die Weimarer Koalition, aber nach seiner ganzen Persönlichkeit die Gewähr bot, daß er politischen Anstand und Achtung vor der Menschenwürde gegen faschistische Ideale und Praktiken verteidigen würde, hatte gute Aussichten, Hitler in der Stichwahlentscheidung zu schlagen, vorausgesetzt, daß er auf der Linken der Stimmen der Sozialdemokraten sicher sein konnte.

Einen solchen Mann sah ich in Dr. Hugo Eckener. Damals 63 Jahre alt, seit 1924 Leiter der Zeppelinwerke, Führer der ersten Zeppelinfahrt nach Amerika im selben Jahre – drei Jahre vor Lindberghs erster Überquerung im Flugzeug – und der ersten Passagierfahrt nach Amerika im Jahre 1928, sogar einer Fahrt um die Welt im Jahre 1929, war er in ganz Deutschland außerordentlich volkstümlich. Man jubelte ihm zu, wo immer er sich zeigte. Mein preußischer Reichsratskollege, Ministerialdirektor Badt, der sich sonst schwer von Mißtrauen gegen Männer mit ausgesprochen nationaler Gesinnung befreien konnte, hatte die Amerikafahrt von 1928 auf Eckeners Einladung mitgemacht und war von der Solidität, Humanität, Ruhe und Klugheit des Mannes begeistert. In Badts Wohnung lernte ich ihn kennen; er war dann auch Gast in unserem Haus in Steglitz. Mein Eindruck, auch von seinem politischen Urteil, war sehr günstig. Wir unterrichteten Severing und brachten ihn bei einem Frühstück im Krollschen Restaurant mit Eckener zusammen. Severing teilte unsere günstige Ansicht und Prognose. Er zweifelte nicht, daß alle sozialdemokratischen Stimmen in der Stichwahl Eckener zufallen würden, ebenso wie viele Millionen Stimmen von Bürgerkreisen der gemäßigten Rechten, die nicht bereit waren, Hitler zu wählen.

Leider siegte die Angst. Brüning, der über die Gefahr der zunehmenden Greisenhaftigkeit Hindenburgs besser als alle andere Bescheid wußte und am meisten davon zu fürchten hatte, führte den Reigen. Er versuchte zuerst, ein verfassungsänderndes Gesetz zur Verlängerung der Amtszeit Hindenburgs durchzubringen. Als das am Widerstande der Deutschnationalen scheiterte, beschlossen die Parteiinstanzen von den Sozialdemokraten bis zur Volkspartei, Hindenburg als gemeinsamen Kandidaten für die ordentliche Wahl aufzustellen." (308)

Der Biograph Otto Brauns, Professor Hagen Schulze, erwähnt den Vorschlag der Kandidatur Eckeners lapidar: „Was als einzige Alternative zu Hindenburg blieb, war die Kandidatur eines angesehenen, demokratisch wie national ausgewiesenen Außenseiters, der vielleicht bürgerliche und sozialdemokratische Stimmen auf sich vereinigen konnte; der von Arnold Brecht und Severing kurzzeitig ausgearbeitete Plan, den populären Zeppelinflieger Hugo Eckener als demokratischen Kompromißkandidaten zu lancieren, schlug freilich fehl, denn dazu hätte es einer sehr viel längeren und gründlicheren Vorbereitung bedurft." (309)

Seinen Ausführungen darf entnommen werden, daß Braun über die Kandidatur Eckeners Bescheid wußte. „Für Braun war es daher, nachdem er alle Alternativen durchgerechnet hatte, ein Gebot simpelster Rationalität, sich für den einzigen Kandidaten einzusetzen, der die Aussicht auf eine breite sozialdemokratisch-bürgerliche Stimmenmehrheit bot, und das war nach der Lage der Dinge Hindenburg ..." (310)

Hagen Schulze scheint dem Gedanken der Kandidatur Eckeners keine Aussicht auf Erfolg geben zu wollen, weil zu seiner Realisierung nicht genügend Zeit vorhanden gewesen war. Das darf bestritten werden, da die Gespräche mit Dr. Eckener bereits im September 1931 begannen und bis gegen Mitte Februar 1932 dauerten, zu einer Zeit in der es noch keinen offiziell angekündigten Kandidaten gab. Hindenburg bestätigte seine Kandidatur erst am 15. Februar 1932; Hitler konnte nur als Eingebürgerter kandidieren. Er schwur den Eid auf die Verfassung erst am 26. Februar 1932. Außerdem schien die Position Hindenburgs für eine Kandidatur zur Wiederwahl Mitte Dezember sehr geschwächt zu sein, als die ostpreußischen Junker, seine natürliche Stütze, sogar seinen Rücktritt forderten. Die Amtszeit Hindenburgs ging offiziell am 12. Mai 1932 zuende. Jedoch am 15. Dezember 1931 beschloß und veröffentlichte die ostpreußische Landwirtschaftskammer folgende Resolution: „Die Vollversammlung bittet den Herrn Präsidenten Brandes, dem Herrn Reichspräsidenten zu erklären: ‚Der ostpreußische Landstand erkennt die Machtlosigkeit des Herrn Reichspräsidenten der heutigen Systemkraft gegenüber. In tiefster wirtschaftlicher und seelischer Not bittet er den Herrn Reichspräsidenten sowohl für seine Person als auch für das derzeitige Reichskabinett, den Weg alsbald freizumachen für Männer, die aus Kampf und Glauben zusammengeschweißt, jetzt nur noch allein in der Lage sind, nicht nur die Landwirtschaft, sondern auch das ganze deutsche Volk zu retten.'" (311) Dieser Beschluß weist darauf hin, daß die ostpreußische Landwirtschaftskammer bereits eine nationalsozialistische Mehrheit hatte. Jedenfalls war die Hindenburglegende stark ins Wanken geraten.

Ferner hatte sich die Parteiführung der SPD am 3. Dezember noch nicht für ihren Kandidaten entschieden, wie aus dem Leitartikel des Vorwärts, betitelt: „Probleme des Machtkampfes. Überlegene Taktik sichert den Sieg" hervorgeht: „Im Jahre 1925 ist der Sieg Hindenburgs über Marx nur dadurch herbeigeführt worden, daß die Kommunisten auch im zweiten Wahlgang ihre sinnlos gewordene Protestkandidatur aufrecht hielten. Das Experiment ist noch verhältnismäßig gut abgelaufen, weil Hindenburg die Hoffnungen seiner Anhänger enttäuschte. Seine Wiederholung im Jahre 1932 würde die Gefahr in unmittelbare Nähe bringen, daß ein dem Faschismus nahestehender Kandidat das Rennen macht." (312)

Die Kandidaturepisode Dr. Eckeners zur Reichspräsidentenschaft kommt in den kurzen Berichten Severings und Brechts nicht zu ihrem Recht. Sie ist wahrscheinlich wegen der Fülle der Ereignisse von 1932 bis zur Niederschrift – im Beginn der fünziger beziehungsweise sechziger Jahre – in der

Erinnerung verblaßt. Beide übernehmen die Vaterschaft des Gedankens, Eckener für die Kandidatur zur Reichspräsidentenschaft vorgeschlagen und seine Einwilligung dazu erhalten zu haben.

Im sehr spärlichen Nachlaß Dr. Badts findet sich eine humoristische Darstellung der Ereignisse um die Hindenburgwahl. Es fand sich im Nachlaß auch eine Korrespondenz mit Dr. Eckener aus dem Jahre 1932, die den Inhalt der Niederschrift Badts im Großen und Ganzen bestätigt. Die hinterlassenen Aufzeichnungen Badts und die aufgefundenen Briefe geben wichtige Informationen und werfen Licht auf die Berichte Severings und Brechts über die Eckener-Episode.

Die Beziehungen zwischen Badt und Eckener beginnen anscheinend mit den Bemühungen Eckeners in den Jahren 1925/26, Gelder für seinen geplanten Luftschiffbau aus Volks- und öffentlichen Mitteln zu erhalten. Dr. Badt war ihm bei diesem Versuch behilflich. Zum Bau des Luftschiffes „Graf Zeppelin" waren vier Millionen Reichsmark nötig. Vom Staat, der sich in den Nachwehen der galoppierenden Inflation befand, waren keine Gelder zu erwarten. Das ganze Volk sollte sich am Aufbringen dieser Summe beteiligen. Sammlungen in den Schulen wurden aber vom preußischen Kultusminister Carl Heinrich Becker untersagt. Eckener hatte mit den Eingängen aus den Schulsammlungen besonders gerechnet. In seiner Not versuchte er einflußreiche Parteiführer für die Einsetzung der für den Luftschiffbau nötigen Summen in den Staatshaushalt zu gewinnen. Reichstagspräsident Löbe, der sich für das Luftschiffprojekt interessierte, veranstaltete in seinem Haus zwei parlamentarische Abende für Eckener. Anscheinend hatte Eckeners Überzeugungskraft Erfolg: die Beihilfe des Staates betrug über eine Million Reichsmark, 2,5 Millionen Reichsmark erbrachten die Zeppelin-Eckener-Spenden (313).

Zur weiteren Förderung des Luftschiffahrtgedankens fehlte es schließlich doch an Betriebsmitteln: „So kam ich auf den Gedanken, eine Reihe entscheidender Regierungsbeamter und einflußreicher Parteipolitiker zu einer großen Fahrt einzuladen, um ihnen Gelegenheit zu geben, die Sicherheit und Annehmlichkeit des Reisens im Zeppelin, den sie zumeist doch nur in Theorie kannten, aus eigner Erfahrung kennenzulernen. Ich sprach darüber mit einem in die Geheimnisse des politischen Schachspiels eingeweihten Herrn, und wir kamen zum Entschluß, den Verkehrsminister, Herr von Guerard, den Reichstagspräsidenten Löbe, den Staatssekretär der Deutschen Reichspost, Sauter, den württembergischen Staatspräsidenten Bolz, einige Mitglieder gewisser Budgetkommissionen, ein paar einflußreiche Parteipolitiker und verschiedene Redakteure größerer Blätter einzuladen." (314)

„Der eingeweihte Herr" war Dr. Badt. Die Fahrt ging ins östliche Mittelmeerbecken. Ein Brief von Dr. Badt an Dr. Weizmann, vom 10 Januar 1929, erörtert dessen mögliche Beteiligung an dieser Fahrt (315).

Die Beziehungen der Familie Badt zu dem Erbauer des ersten Luftschiffes scheinen von 1903 herzurühren. Im Nachlaß Dr. Badts findet sich die Fotokopie eines handgeschriebenen Briefes: „Friedrichshafen im September 1903, Ew. Hochwohlgeboren, bitte ich ergebenst, mir die Durchlesung der gedruckten Anlagen freundlichst nicht versagen zu wollen. Hochachtungsvoll, Graf Zeppelin. Hochwohlgeboren Herrn Oberlehrer Professor Dr. B. Badt, Breslau." Die „Anlagen" sind leider nicht auffindbar.

Um was kann es sich dabei gehandelt haben? Es ist anzunehmen, daß es Schriftstücke waren, für die der Altphilologe, Professor Benno Badt, besonders kompetent war. Es kann sich wohl kaum um griechische oder lateinische Texte gehandelt haben; auf diesem Gebiet kannte Zeppelin wahrscheinlich Altphilologen, deren Ruf dem Benno Badts nicht nachstand. Dieser war aber nicht nur Altphilologe, sondern auch ordinierter Rabbiner. Professor Badt war in weiten Kreisen wegen seiner vielseitigen Tätigkeit innerhalb der jüdischen Gemeinde bekannt. Was kann nun den Grafen Zeppelin dazu bewegt haben, sich an diesen Mann zu wenden mit der Bitte um Einsichtnahme in gewisse Schriftstücke? Graf Zeppelin hatte die Patente von David Schwarz, geboren 1845 in Keszthely (Ungarn), bezüglich des lenkbaren Luftschiffes nach dessen plötzlichem Tode von seiner Witwe Melanie im August 1898 erstanden. Es ist möglich, daß sich unter den Schriften, die Schwarz geheim halten wollte, auch hebräische Texte befanden, über die Graf Zeppelin Auskünfte zu haben wünschte. Wahrscheinlich wandte er sich mit dieser Bitte an Professor Benno Badt (316).

Badts Aufzeichnungen über die Hindenburgwahl 1932 sind am 31. Mai 1939 und dem darauf folgenden Tage diktiert worden und müssen mindestens zwanzig Schreibmaschinenseiten umfaßt haben; nur die Seiten 1 bis 19 sind vollständig erhalten. Selbst diese etwa sieben Jahre nach den Ereignissen aufgeschriebenen Erinnerungen zeigen Gedächtnisverschiebungen auf; die angegebenen Daten bedurften einer sorgfältigen Nachprüfung. Die Aufzeichnungen Dr. Badts sind ironisch und in der dritten Person gehalten. Sie berichten von „B.“: „Und so hatte B. an die Tatsache, daß im April 1932 die erste siebenjährige Wahlperiode des Reichspräsidenten Hindenburg ihr Ende finden würde, schon zu Beginn des Jahres 1931 gedacht. Er sah diesen Zeitpunkt als einen kritischen Zeitpunkt erster Ordnung an. Er versuchte, seinen Parteifreunden klarzumachen, daß man garnicht rechtzeitig genug sich den Kopf darüber zerbrechen könne, wer der … (nächste) Reichspräsident werden solle. Ja, er sah sogar in dieser Frage die Zukunftsfrage der deutschen Republik. Immer wieder suchte er seinen Freunden auseinanderzusetzen, daß Hindenburg unmöglich noch einmal wiedergewählt werden könne. Er verwies auf das Beispiel der französischen Revolution, auf die verhängnisvolle Rolle, die Mac Mahon gespielt habe, und stellte schon, wenn wir uns recht erinnern, im Januar 1931 die These auf, daß in keinem Falle wieder ein Militär Präsident der deutschen Republik werden dürfte." (317)

Auf die Frage, wer denn der geeignete Reichspräsidentkandidat sein könnte, gab Badt zuerst eine negative Antwort. Es dürfte kein Sozialdemokrat sein: „So haben die Erfahrungen einer ersten Präsidentenwahl, bei der wir Otto Braun aufgestellt haben, gezeigt. Das deutsche Volk ist noch nicht so weit, einen Sozialdemokraten an seiner Spitze haben zu können." (318) Badt meinte, der Kandidat könne auch kein Vertreter des Zentrums sein, denn die SPD könne „nicht genügend Arbeitermassen herumwerfen, um es zu ermöglichen, daß sie einen Zentrumsmann ihre Stimmen geben." (319).

Er war der Auffassung, „der Kandidat müsse einen internationalen Namen haben, der auch im Ausland etwas gilt und unseren Kredit erhöht ..." (320). Badt war davon überzeugt, den einzig richtigen Kandidaten gefunden zu haben. Seltsamerweise soll im Gespräch über den Kandidaten mit dem Reichstagspräsidenten Paul Löbe dieser gesagt haben, der Mann, der über die gewünschten Eigenschaften verfügte, sei nur Dr. Eckener (321). In den privaten Sondierungen bei den Parteiführern stieß Badt jedoch anfangs auf starken Widerstand, als er den Namen „seines" Kandidaten nannte. „Eckener? Das ist doch der Monomane des Zeppelin? Das ist doch der, der für das hohe Amt des Reichspräsidenten nicht eben gerade qualifizierte Aussprüche getan hat? Ein Mann, der rechts steht, ein Techniker, der nichts von Politik versteht?" (322)

Eckener war in linken Kreisen als Reaktionär verschrien und als solcher von diesen nicht aufstellbar. Badt hielt ihnen entgegen: „Ich weiß, daß man sich auf sein Wort in jeder Lebenslage verlassen kann. Politisch wird er natürlich geneigt sein, oft daneben zu hauen, denn er hat sich sein Leben lang nicht mit Politik befaßt. Aber wenn man ihm einen Staatssekretär gibt, den ich für ihn ausgesucht habe, einen der besten Beamten, die je das preußische Beamtentum hervorgebracht hat, einen Mann mit weiten Gesichtspunkten und von einer unantastbaren Lauterkeit, dann wird Eckener sicher der beste Reichspräsident sein, den das deutsche Volk je gehabt hat und je haben wird …

Ein Reaktionär? Ja, wißt Ihr denn nicht, daß Eckener seine Karriere begann als Mitarbeiter eines demokratischen Blattes, der Frankfurter Zeitung? Daß er sich dann, weil es ihm damals finanziell erbärmlich schlecht ging, nach Friedrichshafen gesetzt hat, um das Werk über ‚Die periodischen Wirtschaftskrisen' in Ruhe beenden zu können? Und daß damals in Friedrichshafen ihn eine Zuschrift der Frankfurter Zeitung erreichte, der ‚verrückte' Graf Zeppelin werde demnächst wieder einen Versuch mit einem Luftschiff machen. Es lohne der Frankfurter Zeitung nicht, deshalb einen eigenen Berichterstatter nach Friedrichshafen zu schicken, und sie frage daher bei Eckener an, ob er vielleicht diese Berichterstattung, die ja eigentlich nicht in sein Fach fiele, mit übernehmen wolle?

Könnt Ihr Euch etwas Besseres wünschen als einen Mann, der geborener Schleswig-Holsteiner, Nationalökonom, ein unbeirrbarer Charakter, und besonders nach seiner zweimaligen Amerikafahrt, nach der Arktis-Fahrt, nach seiner Palästina-Fahrt, in der ganzen Welt als ein Mann angesehen wird, dem es gelang, unmöglich Scheinendes zu schaffen? Seht einmal eine der anderen Demokratien an. Seht einmal, nach welchen Prinzipien Amerika sich seine Präsidenten wählt. Glaubt Ihr, die Amerikaner wählten die Anwärter für den Präsidentenposten nur in dem engen Kreis zünftiger Politiker? Oder glaubt Ihr nicht, sie wußten nicht sehr wohl, daß der Erfolg, den ein Mann in irgend einer Sparte des Lebens gehabt hat, ihn mehr für dieses höchste Amt qualifiziert, als irgend eine politische Vergangenheit?“ (323)

Badt hatte sogar ein Wahlplakat für Eckener entworfen: „Zur Linken dunkles Gewölk, durch zackige Blitze zerfurcht, und zur Rechten der Kopf des Luftschiffes, mit der markigen Gestalt Eckeners am Steuer, die Seemannsmütze tief in die Stirn gedrückt, das leuchtende Auge von stahlharter Entschlossenheit, und darunter steht nur ein Wort, aber das in roten Lettern und sehr wirkungsvoll in den Raum gestellt, das Wort: Durch!“ (324).

Anscheinend gelang es Badt, Männer wie „den Ministerpräsidenten Otto Braun, den Innenminister Severing, den Reichstagspräsidenten Löbe und noch viele Andere“ (325) für diese Idee zu gewinnen.

Badt wußte Stimmung für seinen Vorschlag zu machen. „Er reiste in ganz Deutschland herum. Es gelang ihm, den bayerischen Minister Stützel, den badischen Staatspräsidenten Schmitt, sowie seine Lübecker, Hamburger und Bremer Parteifreunde in den entsprechenden Senaten und die führenden Persönlichkeiten in allen deutschen Ländern für seinen Plan zu gewinnen, wobei er unbedingt Wert darauf legte, daß kein Wort über diesen Plan in die Presse gelangen dürfe.“ (326)

Ende August 1931 reiste Dr. Badt in die Vereinigten Staaten zu der Tagung des Weltstudentenwerks im Mount Holyoke College, zu der er als Sprecher eingeladen war (327). In jenen Tagen wurde das Luftschiff „Graf Zeppelin“ in New York erwartet. Zufällig besuchte Dr. Badt an dem erwarteten Ankunftstag des Zeppelins das deutsche Generalkonsulat in New York, das er in Aufregung fand, weil eine Verspätung der Landungszeit angekündigt worden war. Diese unvorhergesehene Verspätung hatte die Herren des Generalkonsulats in das Dilemma gebracht, entweder bei der Ankunft Dr. Eckeners Deutschland zu vertreten oder aber der Einladung zu einem offiziellen Diplomatenessen zu folgen. Badt löste ihnen das Problem, indem er vorschlug, er werde als Ministerialdirektor und preußischer Reichsratsbevollmächtigter Dr. Eckener, seinen Freund, offiziell im Namen des Generalkonsulats begrüssen. „Als einige Stunden später das Schiff sich nach Passieren der Freiheitsstatue der Anlegestelle näherte, winkte B. schon von weitem dem Dr. Eckener zu, und Eckener freute sich ganz ungeheuer über diese unerwartete Begegnung.“ (328)

Nach den offiziellen Begrüssungen der Behörden fuhren Dr. Eckener und Badt gemeinsam in das Waldorf Astoria Hotel, wo für den Luftschiffpiloten ein Appartement reserviert worden war. Auf Badts Wunsch ließ Dr. Eckener die Telephone abstellen, „um jegliche Störung während des Gesprächs zu vermeiden. „B. setzte Eckener kurz die politische Situation auseinander. Seiner Meinung nach werde Hindenburg, wenn die Sozialdemokraten ihn nicht mit aufstellten, und in dieser Hinsicht habe er schon vorgearbeitet, nicht wieder kandidieren. Dann bliebe nur ein wirklich zu fürchtender Kandidat: Hitler. Was eine Reichspräsidentenschaft Hitlers für Deutschland bedeuten würde, brauche er nicht zu sagen.

Unermeßliches Unheil, am Schluß eine Katastrophe unermeßlichen Ausmaßes. Seiner Meinung nach gebe es nur einen Mann, den man Hitler entgegenstellen könne, und das sei Eckener. Er wisse, welches Opfer er ihm dabei zumute, aber das deutsche Volk sei berechtigt, dieses Opfer von ihm zu verlangen.

Eckener widersprach zunächst energisch. B. wisse ja, daß er durchaus unpolitisch sei. Sein Lebenswerk, dem er sich ganz verschrieben habe, sei nun einmal der Zeppelin-Gedanke, und so dankbar er B. auch für die Mithilfe sei, die er ihm dabei geleistet habe, und die er nie vergessen werde, so ausgeschlossen sei es, daß er sich auf seine alten Tage, wie er sagte, noch in die Politik stürze. Politik in jeder Form sei ihm verhaßt. Seine Erfahrungen mit dem Auswärtigen Amt hätten ihn in seiner Meinung bestärkt. B. solle doch einsehen, daß er sich mit seiner Bitte an eine gänzlich falsche Stelle gewandt habe. Damit halte er die Angelegenheit für erledigt, und er wisse, B. würde ihm das nicht verübeln.

B. liess sich nicht irre machen. Mit immer leidenschaftlicherer Beredsamkeit setzte er Eckener auseinander, daß eine Wahl Hitlers das Unglück des deutschen Volkes bedeuten müsse. Er rechnete Eckener mit Zahlenbeispielen aus, wobei er sich auf die letzten Wahlen bezog, daß Eckener bei dieser Wahl kein Risiko laufen könne. Er schilderte ihm das von ihm entworfene Wahlplakat. Er machte ihm klar, daß Eckener zwar für einen bestimmten Zeitabschnitt die Zeppelinfahrten, die Konstruktion des neuen Schiffes, die Gründung der amerikanischen Zeppelin-Gesellschaft usw. in andere Hände legen müsse und nannte ihm auch die Namen von Persönlichkeiten, die er für die Übernahme von Eckeners Arbeiten für geeignet halte. Schließlich dauerte eine Wahlperiode für den Reichspräsidenten ja nur 7 Jahre, und nach 7 Jahren sei Eckener bei seiner Bärennatur wahrscheinlich in der Vollkraft seines Schaffens und könne die Arbeiten, die er immerhin auch während seiner Reichspräsidentenperiode von der Ferne beeinflussen könne, wieder aufnehmen …

Eckener machte dann noch verschiedene Einwendungen. B. war völlig offen. ‚Ich weiß, Herr Dr. Eckener‘, sagte er, ‚daß Sie in vielen Fällen danebenhauen werden, wenn man

Ihnen nicht den richtigen Staatssekretär zur Seite stellt. Auch diesen Staatssekretär habe ich bereits gefunden. Ich habe sogar bereits mit ihm gesprochen.' Eckener kannte diesen Staatssekretär, den Ministerialdirektor Brecht, den er mehrfach im Hause B. getroffen hatte. Die Nennung dieses Namen beruhigte ihn sichtlich. Immer mehr gewann B. an Terrain. Immer mehr erschien Eckener der Gedanke zumindest erwägenswert. Am Schluß dieser denkwürdigen Unterhaltung sagte Eckener: ‚Lieber B., Ihr Plan kommt mir denkbar ungelegen und ist mir auch, wie ich Ihnen offen zugeben will, denkbar unsympathisch. Aber je länger ich mit Ihnen spreche, desto mehr fühle ich, daß Sie im Recht sind. Es gibt Situationen, wo man alle eigenen Wünsche zurückstellen muß, und hier handelt es sich ja schließlich um das deutsche Volk. Wenn einmal die Situation so sein sollte, daß die Frage gestellt wird: Hitler oder ich – dann können Sie auf mich rechnen.'" (329)

Sobald er nach Berlin zurückgekehrt war, nahm Dr. Badt die Werbung für seinen Plan wieder auf: „So kam es schließlich zu der denkwürdigen Besprechung zwischen Eckener, Ministerpräsident Braun, Minister Severing und dem Ministerialdirektor Brecht, den für Eckener in Aussicht genommenen zukünftigen Staatssekretär, im Garten von Kroll. Man saß zu dieser Zeit ganz allein und trank Tee, und kein unbefugter Lauscher war weit und breit zu erblicken.

Eckener begann, wie es seiner Art entsprach, mit Konfessionen. ‚Meine Herren', so sagte er, ‚mein Freund B. hat den und den Plan. Ich möchte bei Ihnen von vornherein keinen Zweifel darüber lassen, mit wem Sie es zu tun haben. Ich bin kein Sozialist, und ich werde nie einer sein. Ich bin ein Anhänger des Privateigentums und sehe in dem Gedanken des Privateigentums einen der fruchtbarsten Motoren unserer Wirtschaft, des Lebens, usw.'

Braun unterbrach diese Konfession: ‚So genau, Herr Dr. Eckener, wollen wir es ja gar nicht wissen. Sie sind hier nicht dazu da, um uns Bekenntnisse abzulegen. Zweck unserer heutigen Besprechung ist nur, daß Sie uns noch einmal Ihre uns bereits von B. mitgeteilte Bereitwilligkeit erklären, die Kandidatur anzunehmen. Alles andere wird sich später finden.' In demselben Sinne sprach Severing und schließlich auch Brecht. … Man trennte sich in vollster Harmonie. Alle, Braun, Severing und Brecht hatten von Eckeners Ehrlichkeit und zielbewußtem Willen den denkbar besten Eindruck.

Und so schien alles auf dem besten Wege zu sein. Da B. der Zustimmung aller anderen Länder sicher war, handelte es sich nur um die formelle Frage, von wem aus die Aufstellung Eckeners als Kandidaten erfolgen sollte. Eine Parteikandidatur kam nicht in Frage, das war B. von vornherein klar. Also einigte man sich auf einen völlig unpolitischen Ausschuß von Persönlichkeiten, die im geeigneten Augenblick an Eckener herantreten sollten, um ihn zur Übernahme der Kandidatur zu bewegen. Dieser Ausschuß sollte im Wesentlichen aus Männern der Industrie und des Handels, z. B. so rechtsstehender Männer wie Jarres (330) u. a. – keine Politiker! – bestehen, und danach sollten dann in weitem Abstand die einzelnen politischen Parteien, mehr oder minder zögernd, ihre Zustimmung geben. Es sollte im wahrem Sinne des Wortes eine Volkskandidatur werden.“ (331)

Dr. Badt glaubte, seinen Plan der Realisierung nahegebracht zu haben. Es bedurfte allerdings noch der Zustimmung der Reichstagsfraktion der SPD zu diesem Plan. Zur Fraktionssitzung des Reichstages waren nur Mitglieder des Reichstages zugelassen. An der entscheidenden Sitzung der SPD-Reichstagsfraktion, vermutet Dr. Badt, „haben Braun, Severing und Löbe, die hundertprozentig von der Richtigkeit des B'schen Planes einer Kandidatur Eckeners überzeugt waren, nicht teilgenommen. In dieser Sitzung gelang es dem Parteivorsitzenden Otto Wels ..., die ganze Fraktion umzustimmen.“ (332)

Wie ist Wels‘ Haltung zu erklären? Die Suche nach dem Protokoll dieser Sitzung war vergebens. Anscheinend sind die Sitzungsprotokolle der SPD-Reichstagsfraktion 1933 oder später vernichtet worden. Dr. Badt war überzeugt, daß Wels seinen Vorschlag aus zwei Gründen torpediert hatte: wegen des Zusammenstoßes bei der Beerdigung Eduard Bernsteins, zu der Dr. Badt als Vertreter der „Liga für das arbeitende Palästina“, dem der Verstorbene angehört hatte, eine Gedenkrede halten sollte, was Wels „mit brutaler Gewalt verhinderte“ (333), ferner wegen Badts initiativen Einsatzes im Reichsrat gegen die Bewilligung der ersten Rate für den Bau des Panzerkreuzers A im Gegensatz zur Haltung hoher Parteiinstanzen, einschließlich des Reichskanzlers Hermann Müller.

Die genauen Daten der Zusammenkunft Eckener – Braun – Severing- Brecht – Badt im Garten von Kroll sowie der Sitzung der Reichstagsfraktion der SPD sind in den vorhandenen und bekannten Quellen nicht notiert. Wir sind auf Vermutungen und Hinweise angewiesen, auf deren Grundlage die Daten sich annähernd errechnen lassen.

Badt konnte mit seinen Bemühungen für die Kandidatur Eckeners erst nach seiner Amerikareise beginnen, von der er anscheinend Ende Oktober nach Berlin zurückkehrte. Die anschließenden Gespräche mit dem Ministerpräsidenten Braun, dem Innenminister Severing und seinem Kollegen Brecht bis zum Treffen mit Dr. Eckener im Gartenkaffee der Krolloper um Weihnachten herum (334) und die nachträglichen Reisen in Deutschland, um Parteifreunde und Politiker für die Kandidatur Eckeners zu gewinnen, haben mit viel Wahrscheinlichkeit Dr. Badt bis in die ersten Wochen des Jahres 1932 beschäftigt. Die Tage nach Weihnachten bis Ende Januar 1932 war Braun wegen seines gebrochenen Arms in Ferien (335).

Am 18. Januar 1932 ersuchte Brüning Dr. Weismann, Staatssekretär im preußischen Staatsministerium, Brauns Einverständnis zur Nominierung Hindenburgs für die Wiederwahl durch ein rechtsgerichtetes Komitee zu erlangen (336). Bereits in einer weiteren Besprechung vom 25. Januar 1932 konnte Dr. Weismann den Reichskanzler informieren, daß Braun begonnen hatte, in den Gremien der SPD für das „Wahlkomitee Hindenburg", das kurz zuvor auf die Initiative Brünings vom Oberbürgermeister der Stadt Berlin, Dr.Sahm, ins Leben gerufen war, Stimmung zu machen (337). Hilferding berichtete Brüning drei Tage später, daß mit Hilfe Brauns und Severings die Tolerierung des „Wahlkomitee Hindenburg" durch die SPD zu erwarten sei (338). Es ist augenscheinlich, daß zu diesem Zeitpunkt – 28. Januar 1932 – Braun und Severing die Idee der Kandidatur Eckeners nicht weiter verfolgten. Die Reichstagsfraktionssitzung der SPD hat sicherlich erst um dieses Datum herum stattgefunden, und sie hat dabei beschlossen, die Kandidatur Eckeners abzulehnen, nachdem sie von Braun und Severing als aussichtslos bereits fallengelassen war. Die Verantwortung für den Beschluß der Fraktion trifft sicherlich nicht Wels allein, sondern die gesamte Führung der SPD, welche offenbar in Hindenburg die Gewähr für ein demokratisches Deutschland sah. Am gleichen Tage schrieb der Reichspräsident an Reichskanzler Brüning: „Ich bin nur dann bereit, erneut das Amt des Reichspräsidenten zu übernehmen, wenn ich davon überzeugt bin, daß mein Verbleiben in diesem Amte eine vaterländische Notwendigkeit ist. Ich kann ferner eine Kandidatur annehmen, wenn sie nicht auf geschlossenen Widerstand der gesamten Rechten stößt und meine Wiederwahl im ersten Wahlgang als gesichert angesehen werden kann."

(339) Diese Nachricht überraschte und enttäuschte Brüning zugleich. Die mühseligen Verhandlungen, die er seit geraumer Zeit mit den Parteien – insbesondere den Rechtsparteien – geführt oder mittels Schleicher und Groener hatte führen lassen, zeigten nicht den Erfolg, daß er dem Reichspräsidenten die verlangte Zusicherung geben konnte. Brüning fühlte seine Bemühungen zunichte gemacht, hauptsächlich durch Hugenberg und Hitler, die jeder für sich eigenen Plänen nachgingen, aber die Antwort zu den Vorschlägen Brünings vorher miteinander abstimmten. Brüning erwägte ernsthaft seine Demission, zumal er nicht sicher war, ob er noch das Vertrauen des Reichpräsidenten besaß, der anscheinend unter dem Einfluß seines Sohnes Oskar in jenen Tagen das Verabschiedigungsschreiben an Brüning vorbereitete (340). Noch gab es keinen offiziellen Kandidaten für die bevorstehende Reichspräsidentenwahl.

Es liegt ein Schreiben Eckeners an Badt vom 18. Januar 1932 vor, in dem es u. a. heißt: „Besten Dank für die Übersendung weiterer Zeitungsausschnitte, die ich zusammen mit den bereits eingegangenen Ihnen bei meiner nächsten Reise nach Berlin mitbringen werde, Ende dieser Woche – wenn Sie die Dokumente der Höhepunkte deutscher Geschichte so lange entbehren können." (341) Es ist dem Brief mit einem guten Maß von Wahrscheinlichkeit zu entnehmen, daß Badt Eckener über die Vorgänge um die Kandidatur – soweit er selbst informiert war – auf dem Laufenden hielt, und daß beide, Badt und Eckener, der Überzeugung waren, daß die Kandidatur Eckeners immer noch eine reale Möglichkeit war. Ein anderer Brief Eckeners an Badt stammt vom 5. Februar 1932. Eckener berichtete von seiner Antwort an Sahm, den bereits oben genannten Beauftragten für den Hindenburg-Ausschuß. Sahm hatte sich an Eckener gewandt, um ihn zum Beitritt in diesen Ausschuß zu bewegen. Eckener glaubte, ihm nicht beitreten zu können, und zwar wegen seiner Rundfunkrede. Was hat Eckener in dieser Rundfunkrede gesagt, das ihn hätte daran hindern können, dem Komitee beizutreten?

Die Rede wurde am 23. Januar im Rahmen der Vortragsreihe: „Deutsche Not – Deutsche Hoffnung“ gesendet. In dieser sprach sich Dr. Eckener gegen eine Schwächung der Stellung Brünings aus, die außenpolitisch Deutschland nur schaden könnte. Die Verlängerung der Amtszeit des Reichspräsidenten durch den Reichstag wäre nicht verfassungswidrig, zumal eine Zweidrittel-Mehrheit des Volkes zweifellos für die Wiederwahl Hindenburgs wäre, Frankreich hätte keine Absicht, Deutschland zu vernichten, eine deutschfranzösische Verständigung wäre eine reale Möglichkeit, sobald beide Teile die Notwendigkeit dazu eingesehen hätten … (342)

Brüning sandte sofort ein Dankesschreiben an Eckener für sein „klares Bekenntnis zu der Notwendigkeit einer politischen Einheitsfront bei den zur Zeit bevorstehenden, schwerwiegenden außenpolitischen Entscheidungen und … überzeugtes Eintreten für die Wiederwahl des Herrn Reichspräsidenten von Hindenburg.“ (343)

Es ist kaum verständlich, warum Eckener glaubte, wegen der Rundfunkrede dem Hindenburg-Ausschuß nicht beitreten zu können. Es könnte aber sein, daß Eckener mit dieser Ansprache seine eigene Kandidatur vorbereiten wollte und befürchtete, daß sein Beitritt zum Hindenburg-Ausschuß, sobald seine eigene Kandidatur offiziell bekannt würde, als Heuchelei aufgefaßt werden müßte. Wir sind geneigt, ihn nicht für einen Befürworter der Kandidatur Hindenburgs – wenigstens am Tage der Niederschrift des Briefes – zu halten. Warum? Die Antwort gibt der nachstehende Abschnitt des Briefes. Es handelt sich um eine „Panne“, die Badt widerfahren ist. Er berichtet in seinen Aufzeichnungen: „Eine Panne passierte ihm allein beim Acht-Uhr-Abendblatt, wo der Redakteur Hans Zucker, im übrigen ein guter Freund von B., in Unkenntnis der Pläne des B. seinen Plan von sich aus einmal in die Debatte warf. Sofort stürzte B. im Auto zum Acht-Uhr-Abendblatt und beschwor Zucker, nie mehr davon zu schreiben. Zucker sah das sofort ein, und es geschah nichts weiter." (344) Im Brief Eckeners heißt es: „Daß Sie das Acht-Uhr-Abendblatt eingeweiht haben, höre ich mit etwas Besorgnis. Wenn die Schriftleitung nicht sehr taktvoll vorgeht, bin ich im Handumdrehen ein abgestempelter Linksmann und mit der ‚Überparteilichkeit' ist es vorbei, und ebenso mit meinen Aussichten, ‚gewisse Gefahren' vielleicht bannen zu können." (345)

Jedenfalls läßt dieser Brief keinen Zweifel darüber zu, daß Eckener am 5. Februar 1932 sich noch als Reichspräsidentkandidaten betrachtete. Weiterhin darf angenommen werden, daß die Sitzung und der Beschluß der Reichstagsfraktion der SPD noch nicht stattgefunden hatte. Es ist andererseits nicht ausgeschlossen, daß die Sitzung, in welcher der Beschluß gefaßt wurde, doch noch im Januar 1932 einberufen worden war, aber Badt davon nicht in Kenntnis gesetzt wurde, ebensowenig wie Severing und Brecht, denn beide erwähnen den Beschluß in ihren Memoiren nicht. Übrigens gibt es außer Dr. Badts Zeugnis kein Dokument, das diesen Beschluß der Fraktionssitzung bezeugt.

Am 6. Februar 1932 schreibt Dr. Eckener an Dr. Badt, er sei auf Bitten von Robert Bosch (346) dem württembergischen Hindenburg-Ausschuß beigetreten. Es drängt sich die Frage auf, ob Eckener dem Ausschuß beitrat, weil seine eigene Kandidatur nicht mehr akut war? Diese Frage muß verneint werden auf Grund des folgenden – in Badts Nachlaß erhaltenen – Briefes, der acht Tage später, am 13. Februar 1932, geschrieben ist. Er erwähnt darin das „Projekt". Dieses kann in Zusammenhang des Textes wohl nichts anderes als seine eigene Kandidatur bedeuten. Der relevante Abschnitt lautet: „... Herr H. [war] einige Stunden am Dienstag hier, und es war unbedingt artig, mit ihm unter vier Augen über seine Vorschläge zu sprechen. Daß ich das, was Herr H. möchte, jedenfalls nicht machen kann, ist ja ohne weiteres klar. Ich würde sofort als ausgesprochener Parteimann abgestempelt werden (auch wenn ich es nicht bin) und damit wäre das ‚Projekt' wohl ziemlich sicher erledigt. Gut, daß Sie ihm Diskretion und Ruhehalten anempfohlen! Auch so, wird schon, so fürchte ich, viel, ja zu viel durchsickern."

Herr H. war anscheinend von Badt über das ‚Projekt' unterrichtet, hatte im Zusammenhang damit Dr. Eckener Vorschläge unterbreitet, die dieser nicht akzeptieren konnte, weil sie ihn zu sehr als ‚Parteimann' gekennzeichnet hätten. Zweifellos war H. ein eingeweihter Sozialdemokrat, Badt nahestehend. Sein Besuch bei Eckener kann im Auftrage der Partei gewesen sein. Wer war aber dieser Herr H.? Wir vermuten, es war Ernst Heilmann, langjähriger SPD-Fraktionsvorsitzender im Landtag und Freund Badts.

In dem gleichen Brief nahm Dr. Eckener noch einmal Bezug auf seine Rundfunkrede, welche viel Beachtung gefunden hatte: sie „verschnupfte und verärgerte" vor allem Rechtskreise. Die Wochenschrift „Die Brennessel" widmete dem Ereignis das Titelblatt, auf dem Dr. Eckener mit einem riesenhaften Ballonbauch abgebildet ist, in der rechten Hand einen Luftballon haltend, Brüning mit dem Rücken zu Eckener, aber den Kopf ihm zuwendend. Das Blatt trägt die Aufschrift „Eckener für Brüning" und unten die zwei Zeilen "Der Wind, der Wind, das himmlische Kind, / wird treu mir bleiben, wenn Brüning gewinnt". Auf der Innenseite ein neunstrophiges Gedicht „Die Weisheit der Natur" von „Orpheus der Zwote". Die beiden ersten Strophen lauten: „Herr

Eckener, der Weisheit voll. / fühlt sich jüngst bewogen / zu sagen, was ein jeder soll, / Er spuckte große Bogen. // Er stand am Rundfunk-Mikrophon / mit seinem Pfauenschwanze / und brach für Heinrich Brünings Thron / die wohlbekannte Lanze.“ (347)

Eckener reagierte auf das Titelblatt: „Zu der Anpöblung der Brennessel kann ich nur sagen, daß diese (wie so manche andere Anwürfe aus dem oppositionellen Lager) nicht mich, sondern nur die Dreckschleuderer selbst treffen kann … Wohin sollte es führen, wenn ich gegen solche Gemeinheiten immer klagend vorgehen wollte!“

Aber schon am Nachmittag hatte er seine Meinung geändert. In seinem Brief an Badt schrieb er: „Eben erst bekam ich das ganze Heft der Brennessel zu Gesicht, nachdem ich gestern nur das Titelblatt gesehen hatte. Ich klage! …“ (348).

Nach dem 13. Februar hörte die rege Korrespondenz zwischen Badt und Eckener auf und wurde erst zu Beginn des Monats März wieder aufgenommen. In der Zwischenzeit waren zwei Entscheidungen gefallen, welche der Kandidatur Eckeners zur Reichspräsidentschaft ein Ende gemacht hatten. Die wichtigste fiel am 15. Februar: Hindenburg gab die feste und unwiderrufliche Zusage zu seiner Kandidatur für die Wiederwahl. Dieser Beschluß allein genügte Eckener, seine Kandidatur erst gar nicht öffentlich bekannt werden zu lassen. Er wollte ja gar nicht gegen Hindenburg, sondern gegen Hitler kandidieren. Gleichzeitig wurde bekannt, welche Parteien die Kandidatur Hindenburgs unterstützten, u. a. auch die sozialdemokratische Partei in ihrem Aufruf vom 27. Februar. Außerdem gab Goebbels am 22. Februar die Kandidatur Hitlers zur Reichspräsidentenwahl bekannt.

Nach dem 15. Februar scheint Eckener willens geworden zu sein, sich aktiv für die Wiederwahl Hindenburgs einzusetzen. Männer des Hindenburg-Ausschusses, wie Sahm und

Bosch, waren an Eckener herangetreten, einen Wahlpropagandaflug mit dem Luftschiff „Graf Zeppelin" für den Reichspräsidentenkandidaten Hindenburg durchzuführen. Dieser Flug sollte eine Woche vor der Wahl stattfinden. Brüning bedankte sich bei Eckener für seine Bereitschaft dazu: „Wie ich zu meiner Freude gehört habe, haben Sie, sehr geehrter Herr Doktor, sich bereit erklärt, im Rahmen der Propaganda für die Hindenburgwahl eine Fahrt mit Ihrem Luftschiff ‚Graf Zeppelin' durch Deutschland anzutreten ..." (349)

Der in Aussicht gestellte Zeppelinflug mußte jedoch wegen Unbilden der Witterung und der notwendig gewordenen Verlängerung der Auffüllungszeit des Zeppelins verschoben werden, wie Eckener dem Reichskanzler Brüning schriftlich mitteilte. Dieser Brief vom 1. März scheint in Kreisen Hindenburgs und Brünings Aufregung und Mißtrauen erregt zu haben. Badt ist auch damit befaßt worden. Am 3. März1932 schrieb er an Dr. Eckener u. a: „... Für heute nur eins: eben werde ich angerufen, wie das denn möglich sei, daß der Luftschiffbau Zeppelin, der – so wird behauptet – bestimmt eine Propagandafahrt über Deutschland für die Hindenburg-Wahl für den 9. März zugesagt hatte, nun plötzlich erkläre, das Schiff sei erst am 18. März startbereit. Man will darin irgendeine nachträgliche Distanzierung von der Hindenburg-Propaganda sehen. Ich habe von der geplanten Fahrt erst durch dieses Telephongespräch gehört und auf eigne Kappe genommen, zu erklären, daß selbstverständlich nur technische Schwierigkeiten eine Änderung Ihrer Pläne veranlaßt haben könnten. Wenn ich Ihnen, sehr verehrter und lieber Herr Dr. Eckener, einen Rat geben darf, so ist es nun der: Falls eine solche Fahrt dem Hindenburg-Ausschuß gegenüber bestimmt in Aussicht gestellt war, dann scheint es mir richtig zu sein, alles daran zu setzen, um sie doch zu ermöglichen; aus vielerlei Gründen. Nicht zuletzt wegen des Planes, über den wir uns die letzten Male unterhielten und der nach wie vor m. E. sehr akute Bedeutung behält, zum mindesten sie aber über Nacht erhalten kann ..." Der letzte Satz bedarf vielleicht keiner Deutung: Der Plan ist zwar zunächst gescheitert, aber es ist möglich, daß er durch ein plötzliches Ableben Hindenburgs wieder akut werden kann. Im vorangehenden Teil dieses Briefes schreibt Badt: „Ich hab hier einen ganzen Berg von Zeitungsausschnitten für Sie zurückgelegt. Wollen Sie ihn haben? In ihm ist immerhin ein sehr interessanter Querschnitt durch die politischen Ereignisse der letzten 14 Tage enthalten, und ich glaube, es ist nach wie vor recht wichtig, daß Sie über alles im Bilde sind." Es ist diesen Zeilen zweierlei zu entnehmen: das vermutete Datum um den 15. Februar 1932 herum – als Zeitpunkt der definitiven Entscheidung gegen Eckeners Kandidatur – erhält Bestätigung. Ferner gibt es in diesem Zusammenhang Dinge, welche die Zeitungen nicht enthalten. Deshalb möchte Badt „ein halbes Stündchen" während des erwarteten Besuchs Eckeners in Berlin reserviert wissen und ihn „über nicht unwichtige Vorgänge informieren". (350)

In einem langen und ausführlichen Brief vom 4. März 1932 sah Eckener sich veranlaßt, auf das Schreiben von Badt zu reagieren und den Gedanken an „politische Krankheiten", die den Zeppelinflug angeblich unterbinden, zurückzuweisen (351).

Auch der Reichsverkehrsminister Treviranus interessierte sich bei Eckener, wann der vorgesehene Propagandaflug des Zeppelins steigen würde. Am 7. März, eine Woche vor den Wahlen, mußte Eckener diesen Flug endgültig abblasen. Er schrieb an Treviranus, mit einer Kopie an Dr. Badt (352).

Der Wahltag am 13. März 1932 brachte keine klare Entscheidung darüber, wer der nächste Reichspräsident Deutschlands sein würde, Hindenburg oder Hitler; keiner von beiden erhielt die erforderlichen 50 Prozent der abgegebenen Wahlstimmen. Auf Hindenburg entfielen 18.651.497 oder 49,6 Prozent,auf Hitler 11.339.446 der Stimmen. Im zweiten Wahlgang am 10. April 1933 wurden über 2 Millionen mehr Stimmen für Hitler abgegeben, insgesamt 36,8 Prozent.

Hindenburg aber ging als Gewählter mit 19.359.983 oder 53 Prozent der abgegebenen Stimmen hervor.

Nach beiden Wahlgängen schrieb Eckener am 4. Mai 1932 an Badt: „... Wenn man das inzwischen, seit unserer letzten Zusammenkunft Vorgefallene bespricht, wird es in der Tonart einer gewissen Resignation sein. Ich bin über die politische Einsichtslosigkeit des deutschen Volkes entsetzt und betrübt." In einem Brief vom 4. Dezember 1938 an seinen Freund und früheren Kollegen im Reichsrat, Dr. Hans Simons, der nach der Machtergreifung in die Vereinigten Staaten übergesiedelt war, schrieb Dr. Badt: „Man darf gar nicht daran denken, was geschehen wäre, wenn unsere vereinigten Bemühungen im Jahre 1932 Erfolg gehabt hätten. Ich kann nur sagen: Hier irrte Klio – Den kleinen Schritt vom Tragischen zum Komischen tat damals Otto Wels, als er in seiner täppischen Art im Gewande Klios in der Sitzung unserer Reichstagsfraktion den Umfall herbeiführte." (353)

XII.
PREUSSEN GEGEN REICH

Seit der „Gemeinsamen Erklärung des Rats der Volksbeauftragten und der Vertreter der deutschen Länder“ vom 25. November 1918, die postulierte, „die Aufrechterhaltung der Einheit Deutschlands ist ein dringendes Gebot“, war diese häufig ernsten Gefahren ausgesetzt (354).

Die Revolution im November 1918 hatte zwar die Kaiser- und König-Institution abgeschafft, aber den traditionellen gesellschaftlichen Rahmen und die konservative Zusammensetzung des Staatsapparates ziemlich intakt gelassen. Der Reichspräsident sah sich in den Jahren kurz nach der Revolution genötigt, die Ruhe und Ordnung in Ländern und Provinzen mittels Notverordnungen wiederherzustellen, um die Reichseinheit aufrecht zu erhalten. Der Freistaat Preußen blieb die Grundfeste der jungen Republik Weimar, der es nicht leicht fiel, das in allen Fugen vibrierende Deutsche Reich zusammenzuhalten und dem bis zum Zerspringen lastenden Druck des Auslandes und der Kriegsverschuldung standzuhalten.

Reich und Preußen gingen in ihren Auffassungen nicht immer konform. Es gab Probleme, die von ihnen verschieden beurteilt wurden, wie z.B. die Bewilligung des Baus des Panzerkreuzers „A“. Aber es war offenbar, daß es ein Reich ohne Preußen nicht geben konnte. Ohne Preußen würde das Reich auseinanderfallen. Preußen hatte seit der Reichsgründung die Stellung als größter und straff durchorganisierter Staat innerhalb des Reiches inne. Reich und Preußen bildeten eine Art Symbiose, welche in der Personalunion von Kaiser und König ihre unerschütterliche Grundlage besaß (355).

Nach der Revolution fehlten die Träger der Symbiose, und die divergierenden Kräfte im Reich und in den Ländern gerieten miteinander in Konflikt. Zusätzlich entwickelte sich zwischen Preußen und Reich ein stetig wachsender Antagonismus, weil die konservativ gebundenen Kräfte im Reich stärker als in Preußen, dessen Regierung von Sozialdemokraten geführt wurde, zum Ausdruck kamen und zur Macht drängten. Es entwickelte sich der Dualismus Reich gegen Preußen, der seinen Ausdruck im Satz fand: „Preußen muß sterben, damit das Reich leben kann." (356)

Wider den Dualismus Reich gegen Preußen stand der Einheitsgedanke des Reichs, der bereits 1922 im Preußischen Landtag heiß debattiert wurde und Ministerpräsident Otto Braun auf den Plan rief: „Das zeugt von einer völligen Verkennung der staatlichen Bedeutung für den Bestand des Reiches. Ich kann nicht in den Verdacht kommen, preußischer Partikularist zu sein. Ich stehe auf dem Standpunkte: die idealste Lösung unseres staatlichen Problems in Deutschland wäre der deutsche Einheitsstaat; er wäre zweifellos im Hinblick auf unsere prekäre wirtschaftliche Lage das Rationellste, was wir haben können. Aber wie die Dinge heute stehen, wäre es der aller größte Fehler, das größte deutsche Staatsgefüge, ... das ... den größten Teil unseres deutschen Vaterlandes mit seiner vielgestaltigen Wirtschaft und seiner Kultur umschließt, dieses große Verwaltungsgefüge jetzt zerschlagen zu wollen, um zu einer Einheit des Reiches zu kommen." (357)

Männer wie Delbrück, Meinecke, Rachfahl, v. Batocki, Preuß und Anschütz, die 1918/19 für die Auflösung Preußens und seine völlige Eingliederung ins Reich waren, änderten ihre Meinung darüber bereits wenige Zeit später (358). Einen nicht unähnlichen Gedanken sprach Thomas

Mann aus: „Preußens historische Sendung ist noch nicht vollendet … Welch letzter und höchster Ruhm, wenn er sich zu vollenden wüßte! … das Aufgehen Preußens in der neugegliederten Einheit des Reichs!“ (359)

Die ersehnte Reichsreform schlug immer größere Kreise und führte zu der von der Reichsregierung einberufenen Länderkonferenz von Januar 1928 bis Juli 1930. Der Bericht vom 18.Januar 1928 bekundete u.a. das Einverständnis der Konferenzteilnehmer, daß „die Lösung des Gesamtproblems … durch den Bericht eines Ausschusses vorbereitet werden (soll), der zu gleichen Teilen von der Reichsregierung und den Landesregierungen besetzt wird.“ (360)

Ministerialdirektor Brecht vertrat Preußen in dem Ausschuß. Im Resumée zum Gesetzentwurf des Ausschusses hieß es: „Er vereinigt Preußen mit dem Reich …, ermöglicht die Neugliederung, ordnet das Verhältnis der Behörden so, daß Dualismus vermieden wird, vereinigt alle wichtigen Staatsgeschäfte in höchster Instanz oder Aufsicht beim Reich, ermöglicht aber gesunde Dezentralisation, beseitigt die Tageskämpfe des Parlamentarismus in den Ländern …“ (361)

Die Reichsreform blieb ein Alptraum für die Länder, welche auf ihre Landeshoheit pochten, und ein kaum erreichbarer Wunschtraum für die, welche in Preußen den Schrittmacher des Bolschewismus sahen. Selbst der als Preuße angeprangerte Otto Braun meinte im Juli 1931: „Es sollte versucht werden, die Reichsregierung zu veranlassen, daß sie den Entwurf eines Gesetzes über die Reichsreform vorlegte. Gleichzeitig sollten wichtige Zusammenlegungen im Wege der Verwaltungsvereinbarung zwischen Reich und Preußen sofort stattfinden.“ (362)

Auf Grund dieser Haltung Brauns wurde der Vorentwurf vom 3. August 1931, der sich auf Art. 48, Abs. 2 der Reichsverfassung stützte, erarbeitet, der den Namen trug: „Verordnung des Reichspräsidenten über die Vereinfachung der deutschen Gesamtverwaltung". Diesem Entwurf lag ein zweiter bei und zwar „Die Bekanntmachung des Reichspräsidenten über die Ernennung preußischer Minister zu Reichsministern".Gemäß dieser war vorgesehen, den preußischen Ministerpräsidenten zum Vizekanzler, die preußischen Innen- und Justizminister zu Reichsministern identischer Ressorts zu ernennen (363).

In dieser „Bekanntmachung", die allgemein anscheinend nicht als gravierend empfunden wurde, lag im Grunde die unüberwindliche Hürde, wenigstens solange Sozialdemokraten diese Ämter in Preußen bekleideten. Unmittelbar nach seiner Ernennung zum Reichskanzler am 1. Juni 1932 ging v. Papen über jeden bis dahin bekannten Entwurf einer Reichsreform hinweg. Er beschritt den Weg der Notverordnung auf Grund des Art. 48 der Reichsverfassung und bereitete die Auflösung Preußens vor, die durch Hitler vollendet wurde. Bereits in der „Kundgebung der Reichsregierung v. Papen vom 4. Juni 1932" gab es klare Andeutungen über diesbezügliche Absichten, welche bei den süddeutschen Regierungschefs starke Befürchtungen hervorriefen und sie veranlaßten, beim Reichspräsidenten vorstellig zu werden (364).

In der Besprechung mit dem Reichspräsidenten, die am 12. Juni stattfand und an der v. Papen zugegegen war, trugen der Bayerische Ministerpräsident Dr. Held, der Württembergische Staatspräsident Dr. Bolz und der Badische Staatspräsident Dr. Schmitt dem Reichspräsidenten ihre Befürchtungen vor. „Die erste Sorge sei das Verhältnis des Reichs zu den Ländern. Man befürchtet in Süddeutschland, daß sich dieses Verhältnis dem Sinne der Verfassung zuwider ändern könne. Die Reichsregierung habe gestern schon beruhigende Erklärungen hierzu abgegeben"; es wird befürchtet, „daß das Reich in das innere Verhältnis der Länder und in die Bildung der Landesregierungen eingreifen wolle; man spreche von der Berufung eines Reichskommissars für Preußen. Was heute etwa in Preußen geschehe, könne sich morgen in anderen Ländern wiederholen ..."

Weiter beschäftigte Bayern lebhaft die Frage der politischen militärähnlichen Organisationen und die Aufhebung des SA-Verbots. Mindestens zwei Drittel der bayerischen Bevölkerung sähen in einer solchen Aufhebung ein großes Unglück, und „er warne die Reichsregierung davor, dieses Verbot glatt aufzuheben" (365). Die Äußerungen der anwesenden Regierungschefs bestärkten die Befürchtungen Dr. Helds auch für ihre Länder.

Von Papen versuchte die Sorgen der Länderschefs mit den Worten zu entkräften, „die Regierung stehe durchaus auf dem föderalistischen Standpunkt und sei bestrebt, die eigene Verantwortung der Länder zu erhalten und zu stärken." Der Reichspräsident schloß sich den Worten des Reichskanzlers an und fügte hinzu, „daß eine grundsätzliche Änderung zwischen Reich und Ländern von uns nicht beabsichtigt ist, und ebenso, daß an die Einsetzung eines Reichskommissars zur Zeit nicht gedacht ist." Dann brachte er sehr klar zum Ausdruck, daß er für die Aufhebung des SA-Verbots sei, zumal er hoffte, daß „durch die vorhergesehenen Kontrollbestimmungen die Bewegung mehr in die Hand der Regierung und auch in meine Hand (be)kommt." (366) Damit war die Audienz im Grunde beendet; ihr angebliches Fazit: es wird keinen Reichskommissar für Preußen geben, andererseits steht die Aufhebung des SA-Verbots unmittelbar bevor.

Die Reichsreform, wie sie anscheinend von Papen ersehnt und angestrebt wurde, war bereits von ihm festgelegt, durch Schritte, die sicherlich weder von Braun noch von Brecht vorausgesehen wurden: nicht der Ministerpräsident Preußens wird ein beinah äquivalentes Amt im Reich besetzen, sondern umgekehrt, der Reichskanzler wird gleichzeitig Ministerpräsident Preußens. Durch diese Personalunion wird Preußen in das Reich integriert.

Die preußische Regierung wurde noch vor der „Kundgebung der Reichsregierung von Papen" von der Besorgnis der möglichen Einsetzung eines Reichskommissars ergriffen. Anscheinend wurde sie schon von Ministerialdirektor Badt in der Sitzung des Staatsministeriums am 3. Juni 1932 hervorgerufen und hatte zur Folge das Memorandum des Innenministers Severing vom 6. Juni 1932. Es kommt zum Schluß, daß die Einsetzung eines Reichskommissars auf Grund von Art. 48 der Reichsverfassung verfassungswidrig sei (367).

Schon zwei Tage nach der Besprechung mit den süddeutschen Staatshäuptern erfolgte der Erlaß, den der Reichspräsident im Gespräch mit ihnen bereits angedeutet hatte, und zwar die „Kontrolle des Reichsministeriums über militärische Parteiorganisationen" vom 14. Juni 1932. Das SA-Verbot wurde aufgehoben (Abschnitt V, Paragraph 20, Art. 6), Uniformtragen, Versammlungen, Aufzüge unter freiem Himmel wurden erlaubt. Letztere „können aufgelöst werden, wenn in ihnen zum Ungehorsam der Gesetze oder rechtsgültiger Verordnungen ... der verfasssungsmäßigen Regierung oder der Behörden aufgefordert oder angereizt wird ..." Die Versammlungen und Umzüge in Uniform bedurften keiner vorherigen Erlaubnis, sie konnten jedoch von der zuständigen Polizeibehörde für „aufgelöst erklärt werden." Fernerhin, „der Reichsminister des Innern kann für das ganze Reichsgebiet oder einzelne Teile anordnen, daß politische Versammlungen sowie Versammlungen und Aufzüge unter freiem Himmel der Ortspolizei vorher anzumelden sind", die nach Ermessen der Behörde auch verboten werden können.

Die vom Reichspräsidenten angedeutete „Kontrolle des Reichsministeriums" erschöpft sich in der Anordnung Abschnitt III, Paragraph 9, welche politische Verbände verpflichtet auf „Verlangen des Reichsministers des Innern ... ihm ihre Satzungen und sonstigen Bestimmungen über ihre Organisation und Tätigkeit vorzulegen und daran jede Änderung vorzunehmen und jeder Auflage nachzukommen, die der Reichsminister des Innern zur Sicherung der Staatsautorität für erforderlich hält." (368)

Der Verordnung des Reichspräsidenten vom 14. Juni folgte am 28. Juni die zweite Verordnung gegen politische Ausschreitungen, deren Neuerung hauptsächlich darin bestand, daß Aufzüge und Versammlungen unter freiem Himmel nun auch von den Landesbehörden im Einzelfalle und für abgegrenzte Ortsteile verboten werden konnten, wenn diese die öffentliche Sicherheit gefährdeten. Eine ähnliche Bestimmung galt für das Tragen von einheitlicher Kleidung (Uniformen). Der Reichsminister des Innern konnte die gleichen Verbote für das ganze Reichsgebiet oder Teile davon erlassen. Die Verordnung enthielt ferner eine Bestimmung bezüglich der Beschlagnahme von gefährdenden Plakaten und Schriften (369).

Die schnell aufeinander folgenden Verordnungen des Reichspräsidenten lassen den wachsenden Einfluß des Reichskanzlers auf den Reichspräsidenten erkennen.

Eine Eintragung vom 1. November 1930 im Tagebuch Feders enthält eine interessante Notiz über von Papen. „Dann erzählt mir H. (370) sonderbare Sachen von den Vorbereitungen der Rechten. Ein gewisser Gudovius (ich sage ihm, es wird der Oberst G. von Küstrin sein) habe ein Verzeichnis aller zur Nationalsozialistischen Partei gehörenden oder mit ihr sympathisierenden Beamten. Dann sei ein Büro der vaterländischen Verbände in der Kaiserallee 2: 7-Zimmerwohnung, 3-Zimmer-Archiv, Leitung ein Herr von Papen sowie ein Herr von Schierfeld. Genaue Kartei über alle Beamte mit Angabe der Privatverhältnisse, politischer Gesinnung oder Qualifikationszeugnisse.“ (371) Papen hat augenscheinlich gewußt, wie man politische Karriere machen kann.

Am 18. Juli 1932 schrieb Hans Kerrl, seit Mai 1932 Präsident des Preußischen Landtags, an den Reichskanzler von Papen über die unhaltbare und gefährliche Situation in Preußen und bemerkte u.a.: „Mit tiefer Besorgnis habe ich weiter in den letzten Monaten beobachten müssen, wie sich die kommunistische und sozialdemokratische Propaganda unbehindert übersteigern durfte, wie in ihrer Auswirkung die Unsicherheit im Lande anwuchs und Überfälle und Morde sich von Tag zu Tag in erschreckendem Maße mehrten. Ich habe nicht die Überzeugung gewonnen, daß von Seiten der geschäftsführenden preußischen Regierung die ihr zu Gebote stehenden Machtbefugnisse in der Weise gebraucht worden sind, wie es zur Verhinderung des Schwindens der Staatsautorität notwendig gewesen wäre. In tiefem Verantwortungsgefühl gegenüber dem Willen der Mehrheit des Volkes, das der Landtag vertritt, und aus der Überzeugung heraus, daß die Mehrheit des Volkes den bestehenden Zustand nicht billigt, halte ich mich persönlich für verpflichtet, bei der Reichsregierung anzuregen, ob nicht bis zur Wiederherstellung verfassungsgemäßer Zustände in Preußen die Polizeigewalt besser vom Reich übernommen wird.“ (372)

Es ist nicht ausgeschlossen, daß dieses Schreiben zur gut vorbereiteten Inszenierung des Preußenschlags gehört. Eine Aufzeichnung des württembergischen Ministerialdirektors und stellvertretenden Gesandten in Berlin, Rudolf Widmann, deutet unschwer auf eine solche Inszenierung hin. Er berichtet, daß er am Spätnachmittag des Dienstags,19. Juli, zum Reichskanzler gebeten wurde. Zu der Besprechung war auch der bayerische Reichsratsbevollmächtigte Freiherr von Lersner und der Staatssekretär in der Reichskanzlei, Erwin

Planck, geladen. Der Reichskanzler bat einleitend um strengste Diskretion und führte aus, auf Grund der gefährlichen Entwicklung in Preußen habe er sich vom Reichspräsidenten zum Reichskommissar für Preußen einsetzen lassen. Die entsprechende Notverordnung des Reichspräsidenten kommt am 20. Juli zur Veröffentlichung. Der Wunsch des Reichspräsidenten, dem sich der Reichskanzler anschließt, geht dahin, daß die beiden Herren von Württemberg beziehungsweise Bayern in der Nacht von Dienstag auf Mittwoch nach Hause fahren und am Mittwoch morgen um 10 Uhr ihren respektiven Staatshäuptern diese Mitteilung überbringen. Der Reichskanzler führte Gründe an, die ihn zu diesem außergewöhnlichen Schritt veranlaßt hatten, der in keiner Weise ein Präzedenzfall für die anderen Deutschen Länder darstellt. Es mehrten sich die Versuche der SPD, die KPD anzunähern, zu welchen auch die Ausgabe von Waffenscheinen an Mitglieder kommunistischer Organisationen gehörten, wie auch die Bemühungen hoher aktiver preußischer Beamte, insbesondere im Preußischen Innenministerium, die SPD und KPD zusammenzubringen. Unter diesen Umständen bestehe höchste Gefahr auch hinsichtlich des behördlichen, insbesondere des Polizeiapparates in Preußen. (373)

Seit den preußischen Landtagswahlen vom 24. April 1932, die der NSDAP den unerwartet hohen Sieg einbrachten – statt 8 erhielt sie 162 Mandate –, war eine Pattsituation eingetreten: weder die alte Koalition, an deren Spitze die SPD gestanden, noch die Rechtsparteien, angeführt von der NSDAP, konnten eine Mehrheitsregierung bilden. Trotz dem vom neuen Landtag ausgesprochenen Mißtrauensvotum gegen die amtierende Regierung Brauns, die bereits am 19. Mai im Landtag ihren Rücktritt erklärt hatte, blieb diese geschäftsführend im Amte. Eine einfache Mehrheit für die Wahl eines Ministerpräsidenten, der eine neue Regierung hätte bilden können, war nicht erreichbar. Einer eventuellen Rechtskoalition fehlten 9 zu den erforderlichen 212 Stimmen, um eine Mehrheit im Landtag zu haben. Der SPD schien diese Situation nicht ganz unangenehm zu sein. Die von ihr angeführte alte Koalitionsregierung mußte nach dem Mißtrauensvotum die Regierungsgeschäfte weiterführen, bis eine neue Regierung gebildet wurde, was aber unter den gegebenen Umständen unmöglich war.

Nach der Ernennung von Papens zum Reichskanzler folgten am 2. Juni intensive Verhandlungen zwischen v. Papen, den Rechtsparteien, den Männern um den Reichspräsidenten und v. Schleicher, welche die Beamten in den preußischen Ministerien verunsicherten. Für Severing wurde klar, daß sich etwas vorbereitete. Am 18. Juli hatte er eine vertrauliche Unterredung mit Otto Wels, bei welcher Johannes Vogel und Dr. Paul Hertz zugegen waren (374).

Ein bedrückter Severing erzählte, er fühle sich in seinem Amt beschnüffelt von einem jungen Regierungsrat Dr. Diels, der anscheinend ein Mann Schleichers sei. Die Regierung v. Papen suchte die Landesregierungen in ihren Arbeiten zu beschränken, kündigte die Einschränkung des Versammlungsrechts an, ohne vorherige Beratung mit den Landesregierungen. Severing stellte anheim, den Beschluß, die preußischen Minister in ihren Ämtern zu belassen bis zu einer neuen Regierungsbildung, rückgängig zu machen. Wels schien die Geschichte der Einschränkung des Versammlungsrechts unglaublich und telefonierte sofort mit der Reichskanzlei, verlangte Staatssekretär Planck, und sprach in dessen Abwesenheit mit Oberregierungsrat Pukas (375).

Pukas antwortete auf die Frage Wels', daß die Reichsregierung die Ausführungsbestimmungen der Verordnung über die Einschränkung des Versammlungsrechts festgelegt habe und erlassen werde. Die weitere Frage Wels', ob gegen

Preußen etwas Besonderes in Vorbereitung sei, wurde von Pukas verneint (376).

Abweichend von Wels stellte Severing dieses Gespräch mit ihm folgendermaßen dar: nachdem er vertrauliche Mitteilungen über ernstliches Erwägen der Reichsregierung, einen Reichskommissar für Preußen einzusetzen, erhalten hatte, war er am Morgen des 16. Juli zu einer Besprechung mit dem Vorstand der sozialdemokratischen Partei, Wels, Breitscheid, Hilferding, Vogel, Crispien und Stampfer zusammengekommen (377). In dieser berichtete er, daß die Indizien für die Einsetzung eines Reichskommissars für Preußen noch vor den Reichstagswahlen am 31. Juli 1932 sich mehrten. Die Absicht, die dahinter steckte, sei wahrscheinlich einerseits, das Prestige der sozialdemokratischen Partei zu verringern und andererseits, sich den Rechtskreisen anzunähern. Ob die Einsetzung des Reichskommissars verfassungsmäßig geschehe oder nicht, für beide Eventualfälle müßte eine passende Antwort vorbereitet werden. Dabei sei zu bedenken, daß die Reichsregierung wahrscheinlich die Reichswehr gegen ungesetzliches Vorgehen der Polizei, der Eisernen Front und der Massen einsetzen würde, die jede Erhebung unschwer unterdrücken konnte. „Die Besprechung kam eindeutig zum Ergebnis, daß bei allem, was kommen möge, die Rechtsgrundlage der Verfassung nicht zu verlassen“ sei (378). Die ungleiche Verteilung der Akzente in der Wiedergabe der Besprechung macht deutlich, wie unterschiedlich Wels und Severing die Situation beurteilten.

Es war ziemlich offensichtlich, daß v. Papen überzeugt war, die Zeit sei reif für die Lösung des Problems Reich gegen Preußen, und den Beschluß gefaßt hatte, diese herbeizuführen. In der Ministerbesprechung vom 11. Juli 1932 sprach er von der durch die vermehrten Terrorakte verschärfte Situation Preußens, die eine unmittelbare Lösung notwendig mache. Reichsinnenminister v. Gayl brachte zum Ausdruck, daß nach der Erregung, welche die Verordnungen des Reichspräsidenten vom 14. und 28. Juni gegen politische Ausschreitungen besonders in Süddeutschland verursacht hatten, diese inzwischen im Abklingen begriffen sei. „In Preußen ist die Situation hinsichtlich der erwähnten Verordnungen von Anfang an gut gewesen." Jedoch entfalte die kommunistische Partei in Preußen „eine erhebliche Tätigkeit", die Nazi-Bewegung gewinne immer mehr an Boden, aber die Polizei erhalte Befehle von Severing „zur Bekämpfung dieser Bewegung". Der Preußische Landtag sei bis zum 24. August vertagt, er, v. Gayl, sei „nach sehr sorgfältiger Überlegung" zum Schluß gekommen, jetzt sei „der psychologische Moment zum Eingreifen" der Reichsregierung. Der Reichspräsident möge jetzt einen Reichskommissar für Preußen einsetzen und zwar den Reichskanzler, der von sich aus „Unterkommissare" ernennen könne. „Nach seiner Auffassung sei jetzt die historische Stunde gekommen, um die Beziehungen zwischen dem Reich und Preußen zu regeln ... Der Reichskommissar in Preußen müsse bleiben, bis die Verwaltungsreform durchgeführt sei. Eine Klage der jetzigen Preußischen Staatsregierung vor dem Staatsgerichtshof halte er für möglich, aber aussichtslos."

Reichswehrminister Schleicher stimmte diesen Worten bei. Eine Endlösung mit Bezug auf „die Beseitigung des Dualismus Reich Preußen halte er für notwendig". Schleicher fügte hinzu, „ein nationalsozialistischer Führer (habe) ihn dringend gebeten (...), keinen prominenten Nationalsozialisten als Kommissar in Preußen einzusetzen." Alle anwesenden Minister, mit Ausnahme vom parteilosen Reichsarbeitsminister Dr. Hugo Schäffer, unterstützten die vorgeschlagenen Maßnahmen. Zum Schluß der Sitzung resümierte der Reichskanzler: „Das Reichskabinett ist sich einig über die Einsetzung eines Reichskommissars in Preußen. Die Begründung und Formulierung der zu erlassenden Verordnung wird dem Reichsminister des Innern und dem Reichsminister für Justiz überlassen. Die Personalfragen sind noch zu klären." (379)

Das volle Vertrauen des Reichspräsidenten, das v. Papen genoß, führte dazu, daß er nach seinem Vortrag am 14. Juli 1932 die „Blankovollmacht" zur Einsetzung eines Reichskommissars für Preußen erhielt. Die Orginale der beiden Verordnungen des Reichspräsidenten, „betreffend die Wiederherstellung der öffentlichen Sicherheit und Ordnung im Gebiet des Landes Preußens" und „übetreffend die öffentliche Sicherheit und Ordnung in Groß-Berlin und Provinz Brandenburg", trugen seine Unterschrift, waren aber nicht datiert. Papen selbst hat sie am gegebenen Tag mit dem Datum „20. Juli" versehen. Reichsinnenminister v. Gayl hatte diese Mitteilung in einer Ministerbesprechung am 16. Juli seinen Kollegen gemacht (380).

Der Reichskanzler hatte sein Ziel erreicht, die Weichen für die Einsetzung eines Reichskommissars für Preußen waren gestellt, die Lösung des Konflikts Reich gegen Preußen war geschickt vorbereitet. Die Verwirklichung der Offensive gegen Preußen verlief wider Erwarten ohne Zwischenfälle. Über den Ablauf des Tages wurde in der Reichskanzlei eine minutiöse Niederschrift geführt (381).

Am 20. Juli 1932 platzte die Bombe, die in ihrer Folge Hitler an die Macht brachte und Weimar begrub. An diesem Tage der Veröffentlichung der Verordnung des Reichspräsidenten war das Schicksal Preußens besiegelt, obschon der Wortlaut der Verordnung nichts davon andeutete: „Auf Grund des Artikels 48 Abs. 1 und 2 der Reichsverfassung verordne ich zur Wiederherstellung der öffentlichen Sicherheit und Ordnung im Gebiet des Landes Preußen folgendes:

Paragraph 1: Für die Geltungsdauer dieser Verordnung wird der Reichskanzler zum Reichskommissar für das Land Preußen bestellt. Er ist in dieser Eigenschaft ermächtigt, die Mitglieder des Preußischen Staatsministeriums ihres Amtes zu entheben. Er ist weiter ermächtigt, selbst die Dienstgeschäfte des Preußischen Ministerpräsidenten zu übernehmen und andere Personen als Kommissare des Reichs mit der Führung der Preußischen Ministerien zu betrauen.

Dem Reichskanzler stehen alle Befugnisse des Preußischen Ministerpräsidenten, den von ihm mit der Führung der Preußischen Ministerien betrauten Personen innerhalb ihres Geschäftsbereichs alle Befugnisse der Preußischen Staatsminister zu. Der Reichskanzler und die von ihm mit der Führung der Preußischen Ministerien betrauten Personen üben die Befugnisse des Preußischen Staatsministeriums aus. Paragraph 2: Diese Verordnung tritt mit dem Tage ihrer Verkündung in Kraft. Neudeck und Berlin, den 20. Juli 1932. Der Reichspräsident von Hindenburg. Der Reichskanzler von Papen.“ (Reichsgesetzblatt I,1932 p.377)

Die Veröffentlichung der Verordnung erfolgte um 10 Uhr morgens, und daraufhin folgten die Ereignisse sturzartig aufeinander. Um diese Zeit saßen der Vorsitzende der SPD-Reichstagsfraktion, Otto Wels, und andere Mitglieder des Vorstandes der Partei in den Geschäftsräumen des Allgemeinen Deutschen Gewerkschafts-Bundes in der Inselstraße in einer Besprechung über Probleme der Erwerblosenunterstützung und der Reichstagswahl am 31. Juli, zu der die aktive Unterstützung der Gewerkschaften und die Bereitschaft des Reichsbanners für notwendig erachtet wurde. Plötzlich wurde Wels dringend ans Telefon gerufen. Am anderen Ende meldete sich die erregte Stimme des Polizeipräsidenten Berlins, Albert Grzesinski, der ihm – wie Otto Wels in seinen kurzen Erinnerungen notierte – mitteilte, „daß bei ihm Vertreter des Wehrministeriums erschienen seien und Mitteilung von der Verhängung des militärischen Belagerungszustandes gemacht hätten. Er habe sich geweigert, von ihnen Anweisungen entgegenzunehmen. Severing sei in seinem Amt nicht zu erreichen. Jetzt müsse man [sich] klar werden, was geschehen könne. Ich antwortete, daß ich mich sofort mit dem Genossen Severing in Verbindung setzen wolle, darauf antwortete Grzesinski, an sich sei der auch nicht mehr in der Lage, etwas zu unternehmen, der militärische Belagerungszustand leite seine Befugnisse auf den Militärbefehlshaber über. Jedenfalls bleibe er im Amt, die Offiziere seien gegangen, um sich weitere Instruktionen zu holen. Unmittelbar darauf rief mich die Redaktion des ‚Vorwärts' und das Büro der Fraktion an, die die gleichen Mitteilungen brachten. Sie waren von der Pressestelle des P.P. Haubach informiert worden. Dadurch kam ich erst nach zwanzig Minuten zum Gespräch mit Severing, der mir sagte, er sei erst vor wenigen Minuten aus der Reichskanzlei gekommen, und man habe ihm soeben die gleiche Eröffnung gemacht. Er denke nun auf seinem Platz zu bleiben und habe zunächst die Anweisung gegeben, die übrigen Minister herbeizurufen. Ich sagte ihm, daß ich mich in einer Sitzung mit den Gewerkschaften befände und diese über die Situation informieren wolle. Dann würde ich zu ihm ins Ministerium kommen. Vorausgesetzt, daß ich noch hinein könnte …" Wels fährt in seinen Erinnerungen fort: „Der Eindruck der Nachricht auf die Anwesenden war deprimierend. Kein Wort der Empörung, keine sichtbare Erregung war zu merken. Ich hatte den Eindruck, daß man allgemein ratlos war, was zu tun sei. Als Leipart (382) mich sodann um meine Meinung frug, sagte ich, daß ich ja ebenso wie alle von der Situation überrascht sei und man solle mir gestatten, die Lage laut zu überdenken." (383)

Die Überraschung Wels‘ scheint kaum glaubhaft zu sein, aber wir dürfen ihm dennoch glauben. Er hatte zwar Kenntnis von dem Gerücht über die Einsetzung eines Reichskommissars, aber er hatte offenbar nicht daran geglaubt. Vergeblich suchte man in den Sitzungsprotokollen des Preußischen Staatsministeriums jener Monate nach Beratungen über den Ernst der Situation oder zumindest einen Hinweis auf die Möglichkeit, daß das Reich Schritte gegen Preußen zu unternehmen gedenke. Allerdings fehlen die Protokolle des Monats Juni.

Am 18. Juli erging die Einladung v. Papens an die preußischen Minister Hirtsiefer, Severing und Klepper zu einer Besprechung am 20. Juli vormittags 10 Uhr in seinem Amtsbüro. Auf Veranlassung Severings fragte Ministerialdirektor Nobis im Kanzleramt nach den „Verhandlungsgegenständen“ der vorgesehenen Besprechung. Die erhaltene Antwort wies auf finanzielle, landwirtschaftliche und innerpolitische Fragen hin (384). Severing hegte anscheinend ein „starkes Mißtrauen“ dieser bevorstehenden Besprechung gegenüber und beriet „mit den Ministerialdirektoren Dr. Badt (vom Innenministerium) … und Dr. Brecht vom Finanzministerium die Rechts- und Sachlage.“ Severing war anscheinend seit den Hinweisen Dr. Badts, die zur Abfassung des Memorandums vom 6. Juni geführt hatten, verunsichert. Badt selbst hatte bereits am 5. Juni an den Rechtswissenschaftler in Heidelberg, Dr. Anschütz, die Anfrage gerichtet, „ob die Einsetzung eines Reichskommissars für Preußen auf Grund des Artikels 48, Abs. 2 der Reichsverfassung zulässig“ sei. In seiner Antwort vom 10. Juni 1932 führte Dr. Anschütz aus: „Die Übertragung der Regierungsgewalt eines Landes, der ‚vollziehenden Gewalt‘, an einen mit diktatorischen Befugnissen ausgestatteten Reichskommissar ist … an sich nicht unzulässig, ist übrigens auch, wie Ihnen bekannt, schon mehrfach praktiziert worden, so in Thüringen 1920, in Sachsen 1923. In diesen Präzedenzfällen ist man sogar soweit gegangen, die Diktaturkommissare zu ermächtigen, die amtierenden Landesminister abzusetzen, den Landtag zu schließen und Neuwahlen zum Landtag auszuschreiben. Diese Maßnahmen stützten sich allerdings zum Teil auf Art. 48 I (Reichsexekution), zu einem anderen Teil aber auch auf Art 48 II (Diktatur des Reichspräsidenten).

Die Einsetzung eines Reichskommissars mit dem Auftrag, die gesamte vollziehende Gewalt zu übernehmen, ist also eine ‚Maßnahme', die Abs. 2 des Art. 48 (Abs.1 kommt im vorliegenden Fall nicht in Frage, da von einer Weigerung Preußens, seine Rechtspflichten zu erfüllen, nicht die Rede sein kann) nicht verbietet, sondern gestattet ... Das Bedenken, daß eine derartige diktatorische ‚Verreichlichung' der Regierungsgewalt der Länder eine Durchbrechung der reichsverfassungsrechtlich geordneten Zuständigkeitsverteilung zwischen Reich und Ländern bedeutet ..., ist nicht stichhaltig." (385)

In den Erinnerungen Wels' wird klar, wie unvorbereitet die Führerschaft der SPD dem Schlag v. Papens gegen Preußen gegenüberstand. Wels überdenkt „die Lage laut", und sagte sodann, „daß wir vor einem offenen Staatsstreich ständen. Wir hätten immer betont, daß wir dem mit allen Mitteln entgegentreten würden. Es sei jetzt die Frage, welche Mittel ständen uns zur Verfügung? Welche Kräfte stehen auf unserer Seite? Die Erinnerung an den Kapp-Putsch liege nahe. Haben wir heute die Massen des Volkes in der gleichen Geschlossenheit hinter uns wie 1920? Die Frage müsse ich verneinen. Kommunisten und Nationalsozialisten ständen gegen uns. Die Staatsmacht, d.h. die Reichswehr desgleichen. Ebenso die Beamtenschaft und das Bürgertum in weitesten Kreisen. Trotzdem müssen wir die Frage des Generalstreiks ernsthaft erwägen. Vorbereitungen seien zu treffen. Der ADGB habe ja mit den Organisationen seine Vereinbarung getroffen und wiederholt berichtet, daß diese im Ernstfalle zu entschlossenem Handeln bereit wären! Jetzt käme es vor allem auf die Eisenbahner und die Gemeinde- und Staatsarbeiter, die Maschinisten und Heizer usw. an. Diese müßten uns heute klipp und klar sagen, woran wir wären! Weiter stände für uns die Frage, was will die Regierung mit ihrem Überfall erreichen? Wie weit will sie gehen? Ist die Behauptung, der Gegensatz zwischen Preußen und dem Reich müsse ausgeglichen werden, ernst gemeint oder hat sie weitere Pläne? Da komme ich zu der Erwägung, daß es sich bei der ganzen Aktion um eine Provokation der Arbeiterschaft handeln könne, die man blutig niederschlagen will, um der Demokratie, vor allem dem Wahlrecht, ein Ende zu machen. In zehn Tagen sei die Reichstagswahl. Käme es jetzt zu Kämpfen, so würden die Wahlen nicht stattfinden. Jetzt nicht und für lange Zeit nicht. Das Fundament der Republik sei damit erschüttert. Sollten wir unbekümmert um die Folgen einen ungleichen Kampf aufnehmen und der Reaktion den Vorwand liefern, wir selbst hätten die Wahl unmöglich gemacht, oder sollten wir sagen: vor allem Sicherung der Reichstagswahl am 31. Juli? … Es komme darauf an, zu wissen, wie die Gewerkschaften zum Generalstreik, trotz all dieser Erwägungen, ständen. Ich bitte den Genossen Scheffel mir jetzt zu sagen: Was werden, was können die Eisenbahner tun? Scheffel sagte darauf in sichtbarer Verlegenheit: ‚An sich wären unsere Leute zum großen Teil wohl bereit, es kommt aber darauf an, welche Parole wir geben können und wie lange wir denken können, daß ein Generalstreik dauern würde. Jetzt sei der Belagerungszustand vom Reichspräsidenten, der an der Spitze der Reichswehr steht, verhängt. Wir können doch nicht den Rücktritt des Reichspräsidenten zur Parole machen oder solange streiken, bis der militärische Belagerungszustand aufgehoben ist. Ich müßte da erst mit meinem Vorstand reden, wie er die Lage beurteilt.' – Ich frug dann die Gemeinde- und Staatsarbeiter, Vertreter des Verkehrsbundes war Genosse Becker, der sich noch zurückhaltender und unklarer ausdrückte als Scheffel, so daß eine einigermaßen wörtliche Wiedergabe seiner Ausführungen unmöglich ist. Bestimmt aber blieb der Eindruck, von ihm wird ein rücksichtsloser Kampf bis zum Letzten nicht zu erwarten sein. Andere Redner äußerten sich nicht.

Leipart, der dann sprach, stimmte der Deduktion: ‚Sichert die Reichstagswahl' als der vermutlich richtigen zu. Das war offenbar auch die Auffassung der ganzen Konferenz ..." (386)

Wels ließ sich von der Sitzung entschuldigen, um sich zu Severing zu begeben. Er fand dort alle Minister vor, mit Ausnahme von Ministerpräsident Braun, begrüßte sie mit „Freiheit", was von den meisten mit dem gleichen Ruf beantwortet wurde. Wels, der„starke Mann" der SPD, fragte die Minister, ob sie etwas beschlossen hätten. Der stellvertretende Ministerpräsident Preußens, Heinrich Hirtsiefer (Zentrum), antwortete: „Wir warten auf die Dinge, die kommen sollen. Hoffentlich dauert es nicht mehr lange, bis sie kommen."

Über das Gespräch mit Severing unter vier Augen berichtete Wels folgendermaßen: „Er schilderte mir, wie man ihn und Klepper in die Reichskanzlei berufen, um finanzielle Dinge zu verhandeln, daß der Kanzler v. Papen plötzlich mit der Erklärung herausgerückt sei, daß ein Reichskommissar für Preußen dem unhaltbaren Zustand ein Ende machen müsse. Er habe sofort dagegen, als gegen einen Verfassungsbruch, protestiert. Es sei ihm aufgefallen, daß ein ihm unbekannter Beamter sich in dem Zimmer befand, der sich dauernd an der Tür aufhielt und sich auf einen Blick v. Papens hin entfernte, als Severing seinen Protest erhob. Offenbar wurde in diesem Augenblick telefonisch die Anweisung zum militärischen Vorgehen gegeben. – Ich berichtete nun Severing kurz über den Verlauf der Sitzung bei den Gewerkschaften. Besonders betonte ich, daß ich nicht daran glaube, daß die Gewerkschaften zum Generalstreik greifen würden. Ich glaube auch nicht, daß er von Erfolg sein würde. Doch wollte ich seine Meinung darüber kennen lernen.

Severing sagte mir, daß der Generalstreik eine sofortige Militärdiktatur bedeuten würde, bis jetzt sei der Belagerungszustand nur auf Berlin beschränkt, der erste Schritt dehne ihn auf Preußen aus. Die Folge sei Kampf mit den Waffen. Die Schutzpolizei könne nicht gegen die Reichswehr kämpfen. Abgesehen davon, daß er keine Befehlsgewalt mehr habe, würde sie es auch in ihrer übergroßen Zahl nicht wollen. – Er würde jetzt auf die Offiziere warten, die ihn entfernen sollten. Um halb vier Uhr haben sie sich angemeldet. Was dabei passiere, könne er nicht wissen. – Als ich ihm dann die Frage vorlegte, was er zu der Auffassung meine, daß man die Wahlen verhindern und das Wahlrecht vielleicht überhaupt beseitigen wolle und deshalb die Parole: ‚Sichert die Reichstagswahl am 31. Juli' von uns als Antwort auf den Handstreich gegeben werden könnte, beantwortete er sie sofort und sehr entschieden zustimmend. Ein anderer Weg sei zur Zeit angesichts der Machtverhältnisse überhaupt nicht mehr gegeben." (387)

Der Wichtigkeit des Tages wegen war Staatssekretär Planck am 20. Juli bereits um 8 Uhr früh in seinem Büro. Kurz nach 10 Uhr erschienen die geladenen preußischen Minister Hirtsiefer, Severing, Klepper und der von Severing dazu angewiesene Ministerialdirektor im Preußischen Staatsministerium, Nobis (388). Außer diesen nahmen an der Besprechung der Reichskanzler, Reichsinnenminister v. Gayl, Staatssekretär Planck und Ministerialrat Wienstein, der Protokoll führte, teil. Die Unterredung dauerte genau 20 Minuten! Reichskanzler v. Papen berichtete über die Verordnung des Reichspräsidenten, und daß er auf Grund dieser Ermächtigung Ministerpräsident Braun und Innenminister Severing ihrer Ämter enthoben, Dr. Bracht mit der Leitung des Preußischen Innenministeriums beauftragt und selbst die Aufgabe des Ministerpräsidenten übernommen habe. Es folgte eine rege Diskussion, in welcher Severing gesagt haben soll, „daß er nur der brachialen Gewalt weichen würde." (389)

Über diesen Ausspruch gibt es abweichende Darstellungen. Hirtsiefer vermerkte in seiner Aufzeichnung, Severing „betonte ausdrücklich, daß er diese Maßnahmen als wider die Verfassung verstoßend nicht anerkennen könne und daß er deshalb nur der Gewalt weichend seinen Platz verlassen werde. Daraufhin versuchte der Herr Reichskanzler auf den Herrn Preußischen Innenminister einzuwirken. Der Herr Preußische Innenminister erklärte ihm aber, alles Zureden habe keinen Zweck; es würde jetzt Weltgeschichte geschrieben in diesen Tagen, und da sollte es nicht heißen, daß ein republikanischer Minister mit dem Odium der Desertion seinen Posten verlassen habe. Er würde seinen Posten nur der Gewalt weichend verlassen." (390)

In den Aufzeichnungen Severings über diese Besprechung heißt es: „Er sei nicht in der Lage, das Vorgehen der Reichsregierung als verfassungsmäßig anzuerkennen. Der Reichskanzler erwiderte, daß die Reichsregierung ihre Schritte reiflich erwogen habe, die sie nun auch ausführen würde. Er richte daher an den Preußischen Innenminister die Frage, ob er freiwillig seinen Posten räumen und seinem Nachfolger die Geschäfte übergeben würde. Der Preußische Innenminister erklärte hierauf, daß er bei seiner Auffasssung über das Vorgehen der Reichsregierung nicht daran denken könne, freiwillig sein Amt zu verlassen. Diese Tage schrieben Geschichte und da dürfe ein republikanischer Minister sich nicht mit dem Makel der Desertion behaften dadurch, daß er freiwillig seinen Posten räume, er weiche nur der Gewalt." Diese Darstellung hat auch in Severings „Lebenserinnerungen" Aufnahme gefunden (391).

Nobis hat dem bayerischen Gesandten Sperr sofort über die Sitzung berichtet, deren Inhalt von diesem telefonisch nach München weitergegeben wurde. Auch in diesem Bericht heißt es simpel, Severing habe geäußert, nur der Gewalt zu weichen (392).

Im Wiensteinschen Protokoll war ursprünglich notiert: Severing habe hinzugefügt: „Gegen Verfassungsbrecher müsse mit Polizeigewalt vorgegangen werden", dies wurde aber nachträglich gestrichen (393). Was Severing bei dieser Gelegenheit wirklich gesagt hat, wurde in den Verhandlungen vor dem Staatsgerichtshof verschieden dargestellt und interpretiert.

Nach dieser Unterredung überbrachte Hofrat Katerbitz, Beamter der Reichskanzlei, die Note des Reichskanzlers über die Amtsenthebung des Preußischen Ministerpräsidenten in die Privatwohnung Brauns. Der Reichskanzler, in einer kurzen Besprechung mit dem Reichsinnenminister, Staatssekretär Planck und Dr. Bracht, beschloß, den militärischen Ausnahmezustand für Berlin und die Provinz Brandenburg mit sofortiger Wirkung auszurufen, gemäß der undatierten Verordnung des Reichspräsidenten über die Verhängung des Belagerungszustands für Berlin und Brandenburg. Gegen 10 Uhr 30 erschien eine Militärwache, um die Reichskanzlei vor jedem Eventualfall zu schützen (394).

Als Ministerpräsident Braun von dem Vorfall erfuhr, beschloß er in sein Ministerium zu fahren, um sich dort verhaften zu lassen, änderte aber seinen Beschluß, als er telefonisch von Ministerialdirektor Nobis erfuhr, daß das Gebäude des

Staatsministeriums vom Militär besetzt worden sei, was zu dem Zeitpunkt aber noch nicht der Fall war (395).

Gegen Mittag kamen die Herren des verabschiedeten Staatsministeriums unter Vorsitz Hirtsiefers im Innenministerium zusammen. Die Stimmung war gedrückt; es war sofort zu beschließen, wie das Staatsministerium auf die Einsetzung des Reichskommissars in Preußen und die Enthebung des Ministerpräsidenten und des Preußischen Ministers des Innern aus ihren Ämtern mit sofortiger Wirkung reagieren sollte. Es sollte auch beschlossen werden, ob der Einladung des Reichskanzlers und Reichskommissars für Preußen zu einer „Sitzung der Staatsregierung" am Nachmittag 5 Uhr in der Kanzlei Folge zu leisten war. Zum letzten Punkt wurde man sich schnell einig, daß die Einladung abgelehnt werden müßte, mit der Begründung, die klar im Antwortschreiben der Minister zum Ausdruck kam. Sie gelangte bereits nachmittags gegen 3 Uhr in die Hände des Reichskanzlers (396) und lautete: „An den Herrn Reichskanzler. Die Preußische Staatsregierung ist der Überzeugung, daß die heute am 20. Juli in der Reichskanzlei den Ministern Hirtsiefer, Severing und Klepper eröffneten Maßnahmen der Reichsregierung sowohl eine Verletzung der Reichsverfassung wie der Preußischen Verfassung darstellen. Die Preußische Staatsregierung hat daher sofort die Entscheidung des Staatsgerichtshofs angerufen. Sie hat zugleich den Erlaß einer einstweiligen Verfügung beantragt, wonach die getroffenen Maßnahmen außer Kraft gesetzt werden. Soweit auf Grund des Art. 48 der Reichsverfassung, sei es unmittelbar, sei es mittelbar durch einen Reichskommissar in Art. 17 der Reichsverfassung eingegriffen wird, z.B. durch Absetzung von Ministern oder Ernennung neuer Minister, oder in Art. 63 der Reichsverfassung, wonach die Länder im Reichsrat durch Mitglieder ihrer Regierung vertreten werden, wird die Preußische Staatsregierung einen solchen Eingriff als ungültig und nicht vorhanden ansehen. Denn es ist in der Rechtsprechung und der Rechtslehre allgemein anerkannt, daß der Herr Reichspräsident auf Grund des Art. 48 in diese Artikel der Reichsverfassung nicht eingreifen kann, sondern an sie gebunden ist.

Infolgedessen sieht sich die Preußische Staatsregierung auch nicht in der Lage, der an sie ergangenen Einladung zu einer ‚Sitzung der Staatsregierung' unter dem Vorsitze des Herrn Reichskanzlers oder Reichskommissars Folge zu leisten; eine Sitzung der Staatsregierung kann nur unter Vorsitz eines Preußischen Ministers abgehalten werden. gez. Hirtsiefer, zugleich für die abwesenden Herren Ministerpräsidenten Braun und Staatsminister Steiger, Severing, Grimme, Dr. Schreiber, Klepper, Dr. Schmidt."

Auf Grund dieses Schreiben wurde die geplante Sitzung abgesagt. Um 3 Uhr 45 trafen sich der Reichsinnenminister v. Gayl, die Staatssekretäre Zweigert, Schlegelberger, Planck und Ministerialdirektor Gottheiner bei dem Reichskanzler. Sie besprachen die Weigerung der preußischen Minister, an der Sitzung teilzunehmen und die Absetzung dieser Minister. (397) In der darauf folgenden Ministerbesprechung um 6 Uhr verlas der Reichskanzler den Brief der preußischen Minister: Das Reichskabinett, anwesend war auch Dr. Bracht, beschloß die Absetzung sämtlicher preußischer Minister (398). Das Entlassungsschreiben vom 20. Juli an den stellvertretenden Preußischen Ministerpräsidenten lautete: „Am 19. Mai 1932 ist Ihr Rücktritt als Preußischer Staatsminister und Minister für Volkswohlfahrt dem Preußischen Landtag mitgeteilt worden. Sie führen seitdem gemäß Artikel 59 der Preußischen Verfassung lediglich die laufenden Geschäfte weiter. Nachdem Sie mir mit Schreiben vom heutigen Tage mitgeteilt haben, daß Sie es ablehnen, der von mir erlassenen Einladung zu einer Sitzung der Staatsregierung Folge zu leisten, enthebe ich Sie kraft der mir durch die Verordnung des Herrn Reichspräsidenten vom 20. Juli 1932 (Reichsgesetzblatt Teil I, S. 377) erteilten Vollmacht von der Führung der laufenden Geschäfte des Preußischen Ministers für Volkswohlfahrt. gez. v. Papen." (399)

Ähnliche Briefe, mit den notwendigen Änderungen wegen der verschiedenen Amtsbereiche, wurden den Staatsministern Schreiber, Grimme, Schmidt, Klepper und Steiger zugestellt.

Die Staatsminister beantworteten die Schreiben v. Papens am folgenden Tag: „In Ihrem Schreiben vom 20. Juli teilen Sie uns mit, daß Sie uns von der Führung der laufenden Geschäfte der Preußischen Ressortminister entheben. Als Grund geben Sie an, daß wir es abgelehnt haben, der von Ihnen erlassenen Einladung zu einer Sitzung der Staatsregierung Folge zu leisten. Welche Stellung die Preußische Staatsregierung im allgemeinen zur Frage der Rechtsgültigkeit der ergangenen Ausnahmeverordnungen und ihrer praktischen Anwendung einnimmt, ist Ihnen bekannt. Sie ist der Meinung, daß sie über den Rahmen der Reichsverfassung hinausgehen. Das gilt in erhöhtem Maße von diesem neuen Schritt.

Eine Verhandlung mit der Reichsregierung oder dem Reichskommissar haben wir in keinem Falle abgelehnt, wir haben es lediglich abgelehnt, in die Reichskanzlei auf Grund einer Einladung zu gehen, in der als Einladender und betreibender Ressortchef der Preußische ‚Ministerpräsident' bezeichnet war. Dies war eine selbstverständliche Folge unserer Rechtsauffassung darüber, wer nach der Preußischen Verfassung zur Zeit Preußischer Ministerpräsident ist. Auf Grund dieser Erklärung uns von der Führung der laufenden Geschäfte zu entheben, widerspricht der Reichsverfassung selbst dann, wenn man in anderen Fragen eine andere Rechtsauffassung vertreten wollte." (400) Die Antwort auf die Einsetzung des Reichskommissars war bereits im Briefe der Preußischen Staatsregierung an den Reichskanzler enthalten: „Die Preußische Staatsregierung hat ... sofort die Entscheidung des Staatsgerichtshofs angerufen." Wie kam es zu diesem schnellen Beschluß? (401)

Ministerialdirektor Dr. Badt schilderte die Vorgeschichte dazu dem Staatsgerichtshof: „... Der Vorgang war folgender: Die Regierung von Papen trat am 1. Juni ihr Amt an. Gleichzeitig erschienen in einigen Zeitungen Nachrichten, die Regierung Papen würde, um die Homogenität mit Preußen herzustellen, einen Reichskommissar einsetzen. Als diese Gerüchte mir zu Ohren kamen – das wird am 2. Juni gewesen sein –, habe ich in der Staatsministerialsitzung vom 3. Juni die Herrn Minister darauf aufmerksam gemacht, welche Gefahr schon eine solche theoretische Deduktion hat, als sei die Einsetzung eines Reichskommissars mit so umfangreichen Vollmachten mit der Reichsverfassung im Einklang. Ich habe dann weiter empfohlen, schon jetzt den Staatsgerichtshof anzurufen, weil ein Rechtschutzinteresse Preußens schon dann gegeben sei, wenn solche Behauptungen in die Welt gesetzt würden, ohne daß ein Dementi der Reichsregierung erfolge; es würde leichter für den Staatsgerichtshof sein, ein Urteil zu fällen, solange noch nicht eine vollendete Tatsache geschaffen sei und noch keine Verordnung mit der Unterschrift des Reichspräsidenten vorliege.

Daraufhin hat am 6. Juni Minister Severing ein Votum erstattet, das so beginnt: ‚Gemäß der Anregung, die in der Ministerbesprechung vom 3. Juni gegeben worden ist, nehme ich zu der Frage, ob die Einsetzung eines Reichskommissars in Preußen verfassungsrechtlich zulässig ist, wie folgt Stellung: Die Einsetzung eines Reichskommissars könnte nur auf Art. 48, Abs.1 oder Abs. 2 der Reichsverfassung gestützt werden.

Die Voraussetzungen des Abs. 1 liegen offensichtlich nicht vor, da von der Nichterfüllung der Preußen nach der Reichsverfassung oder in den Reichsgesetzen obliegenden Pflichten nicht die Rede sein kann …‘

Es folgt dann der eingehende Nachweis, daß auch die Voraussetzungen des Art. 48, Abs. 2 nicht vorliegen. Das Votum schließt: ‚Die Einsetzung eines Reichskommissars durch die Reichsregierung würde daher der Verfassung widersprechen; sie würde unter allen Umständen bedenkliche Folgen zeitigen. Es liegt zunächst eine starke Rückwirkung auf alle deutschen Länder nahe; wie sie im einzelnen auch Preußen gegenüberstehen mögen, sie werden erkennen, daß eine widerspruchslose Hinnahme der heute ein Land treffenden Maßnahme für sie die Gefahr eines gleichen Eingriffs in ihre Gerechtsame mit sich bringt.

Ferner wird sich das Reich vor Augen halten müssen, daß die Einsetzung eines Reichskommissars zur Leitung Preußens, die schon bei den letzten Landtagsverhandlungen von Zentrumseite als Verfassungsbruch gekennzeichnet worden ist, im Auslande das peinlichste Aufsehen und die Überzeugung verhängnisvoller Zustände im Deutschen Reich hervorrufen, damit aber den letzten Willen zur Hilfeleistung zerstören wird. gez. Severing.“ (402)

Wie Dr. Badt dem Journalisten Ernst Feder erzählte, war er am Tage der Verordnung des Reichspräsidenten am 20. Juli zu dem Gegenschritt bereit, den er wahrscheinlich nach der Staatsministersitzung vom 3. Juni begonnen und der zu seinem Brief vom 5. Juni an Professor Anschütz geführt hatte. Es ist auch höchst wahrscheinlich, daß er das Memorandum seines Ministers Severing, vom 6. Juni, vorbereitet hatte, da ihm die Verantwortung für das Verfassungsressort oblag. Die Klage Preußens gegen das Reich lag anscheinend wenige Tage später fertig in seinem Büro (403). Es fehlte ihr nur das Datum und der Ort der Klageschrift. Diese fügte Dr. Badt handgeschrieben hinzu (404). Es handelt sich um eine rein juristische Abhandlung über den Artikel 48 der Reichsverfassung, auf welchen sich die Verordnung des Reichspräsidenten zur Einsetzung eines Reichskommissars für Preußen stützt. Im Text heißt es ausdrücklich: Klage „wegen Verfassungswidrigkeit der Einsetzung des Reichskommissars in Preußen“. Es geht also um eine verfassungsrechtliche Streitigkeit über die Auslegung des Artikels 48 der Reichsverfassung. Die Klagevertreter waren Staatsrechtler, Theoretiker des öffentlichen Rechts mit wenig Gerichtserfahrung. Keiner von ihnen war Strafrechtler. Abegg bedauerte, „daß Preußen sich keinen Anwalt nimmt, Brecht und Badt behandeln die Sache mehr als theorisierende Gelehrte. Er habe immer für die Zuziehung eines Anwalts gesorgt.“ (405)

Die Verordnung des Reichspräsidenten steht und fällt mit der Antwort auf die Frage, ob der Artikel 48 der Reichsverfassung als Basis der Verordnung dienen kann. Der Artikel 48 lautet: „Art. 48. Wenn ein Land die ihm nach der Reichsverfassung oder den Reichsgesetzen obliegenden Pflichten nicht erfüllt, kann der Reichspräsident es dazu mit Hilfe der bewaffneten Macht anhalten. Der Reichspräsident kann, wenn im Deutschen Reiche die öffentliche Sicherheit und Ordnung erheblich gestört oder gefährdet wird, die zur Wiederherstellung der öffentlichen Sicherheit und Ordnung nötigen Maßnahmen treffen, erforderlichenfalls mit Hilfe der bewaffneten Macht einschreiten. Zu diesem Zwecke darf er vorübergehend die in den Artikeln 114, 115, 118, 123, 124 und 153 festgesetzten Grundrechte ganz oder zum Teil außer Kraft setzen.

Von allen gemäß Abs. 1 oder Abs. 2 dieses Artikels getroffenen Maßnahmen hat der Reichspräsident unverzüglich dem Reichstag Kenntnis zu geben. Die Maßnahmen sind auf

Verlangen des Reichstags außer Kraft zu setzen. Bei Gefahr im Verzuge kann die Landesregierung für ihr Gebiet einstweilige Maßnahmen der in Abs. 2 bezeichneten Art treffen. Die Maßnahmen sind auf Verlangen des Reichspräsidenten oder des Reichstags außer Kraft zu setzen. Das Nähere bestimmt ein Reichsgesetz."

Absatz 2 der Klageschrift Preußens sagt klar, „die Voraussetzung des Art. 48, Abs.1 liegen nicht vor; denn von der Nichterfüllung der Preußen nach der Reichsverfassung oder den Reichsgesetzen obliegenden Pflichten kann nicht die Rede sein." Weiterhin verneint die Klageschrift das Vorliegen der Voraussetzungen des Abs. 2 des Artikels 48 der Reichsverfassung. Sie geht nicht auf die besonderen Tatsachen ein, welche die Maßnahme des Reichspräsidenten als vorhanden voraussetzt, entsprechend der amtlichen Mitteilung der Reichsregierung vom 20. Juli (406). Die in der Klageschrift erwähnten Punkte, welche vermeintlich oder wahrscheinlich die Voraussetzung für die Verordnung bilden, sind Vorwürfe allgemeiner Natur, die in den Monaten vor Erlaß der Verordnung von der Opposition gegen die Preußische Staatsregierung erhoben wurden. Die Verordnung des Reichspräsidenten vom 20. Juli spricht nur von der „Wiederherstellung der öffentlichen Sicherheit und Ordnung im Gebiet des Landes Preußen", eine Formulierung, die dem Artikel 48 Abs. 2 entspricht. Die Klage konnte auch nicht auf bestimmte Anschuldigungen Bezug nehmen, da diese erst durch die Rundfunkrede Papens um 7 Uhr abends des 20. Juli bekannt wurden, als Dr. Badt mit der Klageschrift Preußens bereits auf dem Wege nach Leipzig war. Selbst die amtliche Begründung erreichte ihn nicht. Das von ihm vor dem 20. Juli vorbereitete Schriftstück war also hauptsächlich formalrechtlicher Natur.

Der Klageschrift ist anzumerken, daß sie nicht als Erwiderung auf gemachte Vorhaltungen entstanden ist, sondern sich mit den allgemeinen Voraussetzungen beschäftigt, welche den Erlaß einer Verordnung auf Grund des Artikels 48 der Verfassung rechtfertigen können. Sie bezieht sich jedoch auf einen spezifischen Fall im Absatz 11-d gegen „die verschiedentliche Auffassung, daß die von dem früheren Landtag vorgenommenen Änderungen des Paragraphen 20 Abs. 2 der Geschäftsordnung für den Preußischen Landtag mit der Verfassung nicht im Einklang stehe". Die versuchte Rechtfertigung dieser Änderung ist wenig überzeugend und wird im Anlegeheft zu der Erklärung des Preußischen Staatsministeriums vom 10. August 1932 ignoriert (407). Es heißt dort: „a. Von beachtlicher Seite waren Zweifel geäußert worden, ob überhaupt die Fassung des Paragraphen 20 der Geschäftsordnung, wie sie vor der am 12. April 1932 beschlossenen Änderung lautete, mit den Vorschriften der Preußischen Verfassung vereinbar war. Die Frage verneinte z.B. auch der Präsident des Preußischen Staatsrats, Dr. Adenauer, in einem Schreiben kurz vor der Änderung. b. Da die Geschäftsordnung ein Internum des Landtags ist, hat das Preußische Staatsministerium bei dieser Änderung in keinem Stadium mitgewirkt. Die Initiative zur Änderung ist auch nicht etwa vom Staatsministerium ausgegangen. Im Gegenteil, als die einzelnen Staatsminister um ihren Rat gefragt wurden, haben sie, insbesondere der Ministerpräsident und der Innenminister Severing, sich gegen die Änderung ausgesprochen. Das geschah nicht etwa, weil sie die Änderung für unzulässig hielten, sondern lediglich deshalb, weil ihnen der Zeitpunkt zur Vornahme der Änderung ungeeignet erschien ..." Das betreffende Schreiben des Präsidenten des Preußischen Staatsrats vom 7. April 1932 lautet: „Sehr geehrter Herr Ministerpräsident! Ehe eine Entscheidung über die Frage des Paragraphen 20 der Geschäftsordnung des Preußischen Landtags, der die Wahl des Ministerpräsidenten regelt, getroffen wird, bitte ich

Sie, auch die Frage der Rechtsgültigkeit von Abs. 2, Satz 2 und 3 dieses Paragraphen nachprüfen zu lassen. Mir scheint, daß die hier getroffenen Bestimmungen rechts- und verfassungswidrig sind und daher keine Gültigkeit haben.

Ich gehe dabei von folgenden Erwägungen aus: Der Artikel 45 der Verfassung sagt, ‚der Landtag wählt ohne Aussprache den Ministerpräsidenten'. Im Artikel 22 der Verfassung ist gesagt, ‚der Landtag faßt seine Beschlüsse mit einfacher Stimmenmehrheit. Ausnahmen kann das Gesetz und für Wahlen die Geschäftsordnung vorschreiben'.

Nun ist mir zunächst zweifelhaft, ob diese Bestimmung, daß Ausnahme von der Bestimmung des 1. Absatz des Art. 22 die Geschäftsordnung des Landtags vorschreiben kann, überhaupt für die Wahl des Ministerpräsidenten gilt. Ich bin überzeugt, daß man bei Abfassung dieses Artikels nur an die in jedem Parlamente üblichen inneren ‚häuslichen' Wahlen gedacht hat, nicht aber an die im Abschnitt 5 der Verfassung vorgesehenen Wahl des Ministerpräsidenten, die ein ganz besonderes wichtiges Recht des Landtags darstellt, das dem Landtag an sich nicht gegeben zu werden braucht. Einleuchtender wird diese meine Meinung, wenn man sich vorstellt, in der Geschäftsordnung sei unter Berufung auf Art. 22 bestimmt, daß die Wahl des Ministerpräsidenten mit drei Viertel Mehrheit zu erfolgen habe. Ich glaube, ohne weiteres würde man dazu sagen, daß eine derartige Erschwerung der Wahl eines Ministerpräsidenten nicht durch die Geschäftsordnung des Parlaments eingeführt werden dürfe.

Vor allem scheint mir die oben angeführte Bestimmung in Paragraph 20 der Geschäftsordnung deswegen ohne rechtliche Bedeutung zu sein, weil es sich hier gar nicht um eine Ausnahme von dem Grundgesetz, daß der Landtag seine Beschlüsse mit einfacher Stimmenmehrheit faßt, handelt. Der Satz 2 des Paragraphen 20, Abs. 2 der Geschäftsordnung statuiert keine Ausnahme von dem Prinzip der einfachen Mehrheit. Auch bei der in diesem Satze vorgesehenen Abstimmung soll die einfache Mehrheit entscheiden, da ja alle nicht auf die beiden höchstbestimmten Kandidaten des ersten Wahlganges lautenden Stimmzettel ungültig sind. Satz 2 des Paragraphen 20, Abs. 2 enthält etwas ganz anderes; er enthält eine Einschränkung der nach fruchtlosem ersten Wahlgang noch für das Amt des Ministerpräsidenten Wahlfähigen, in dem er bestimmt, daß nur die beiden Anwärter mit den höchsten Stimmenzahlen des ersten Wahlganges noch bei der weiteren Wahl in Betracht kommen.

Mir scheint, daß der Art. 22 der Verfassung dem Landtag ein solches Recht nicht gibt. Gibt aber die Verfassung dem Landtag ein solches Recht nicht, so kann auch im zweiten und jedem folgenden Wahlgang jeder zum Ministerpräsidenten gewählt werden, der an sich dazu nicht gewählt werden kann, gleichgültig, ob er im ersten Wahlgang schon nominiert war oder nicht. Wegen der Bedeutung, die eventuell die Frage demnächst haben kann, glaube ich, meine Bedenken Ihnen mitteilen zu sollen. Ich bin ... gez. Adenauer.“ (408)

Dieser Satz 2 des Abs. 2, den Dr. Adenauer für rechts- und verfassungswidrig erklärte, ist, zwar aus anderen Gründen, von der Mehrheit des Landtags annulliert worden. Diese Tatsache verhinderte die Wahl eines nationalsozialistischen Ministerpräsidenten in Ermangelung der einfachen Mehrheit, trotz des Sieges der NSDAP in den Landtagswahlen am 24. April 1932. Eine andere Frage ist natürlich, ob die SPD-Landtagsfraktion diese Änderung der Geschäftsordnung vorgeschlagen hätte, wenn Ministerpräsident Braun und Innenminister Severing hartnäckig gegen diese aufgetreten wären.

Von Papen wartete die Ereignisse des Tages ab und brauchte in seiner gut vorbereiteten Rundfunkrede kaum etwas zu ändern, denn in der Hauptsache bezog sie sich auf Ereignisse der Vergangenheit, die gemäß seiner politischen Konzeption und Deutungen dargestellt wurden, bis auf den Zusatz eines Abschnittes gegen Schluß der Rede, der sich auf besondere Tagesgeschehen bezog. Der Text – wenn auch gekürzt – ist für die Begründung der Verordnung und das Verstehen der späteren Ereignisse aufschlußreich.

„Lassen Sie mich zum Verständnis der Lage kurz die politische Situation in Preußen und die Gründe für die getroffenen Maßnahmen schildern. Die Preußische Staatsregierung ist bereits am 19. Mai freiwillig zurückgetreten und führt seitdem nur die laufenden Geschäfte gemäß Artikel 59 der Preußischen Verfassung. Der neue Landtag war auf Grund der vom alten Landtag, und zwar von den Parteien der Weimarer Koalition, herbeigeführten Änderung der Geschäftsordnung nicht in der Lage, die Wahl eines Ministerpräsidenten vorzunehmen (...) (409).

Die kommunistische Partei Deutschlands erstrebt nach ihrem eigenen Bekenntnis und nach zahlreichen Feststellungen des höchsten deutschen Gerichts den gewaltsamen Umsturz der Verfassung; sie arbeitet seit Jahr und Tag mit allen Mitteln an der Zersetzung von Polizei und Wehrmacht; sie versucht mit den verschiedensten Methoden die Zerstörung der religiösen, sittlichen und kulturellen Grundlagen unseres Volkstums; und endlich ist es die KPD, die durch ihre illegalen Terrorgruppen Gewalt und Mord in den politischen Kampf hineingetragen hat. Will sich das deutsche Volk diesen Tatsachen verschließen? Will es außer acht lassen, daß die Tätigkeit der KPD einen beharrlichen Kampf gegen die Lebensgrundlagen von Staat, Kirche, Familie und Millionen von Einzelschicksalen bedeutet? (...)

Weil man sich in maßgebenden politischen Kreisen nicht dazu entschließen kann, die politische und moralische Gleichsetzung von Kommunisten und Nationalsozialisten aufzugeben, ist jene unnatürliche Frontenbildung entstanden, die die staatsfeindlichen Kräfte des Kommunismus in eine Einheitsfront gegen die aufstrebende Bewegung der NSDAP einreiht (…).

Die Reichsregierung … hat seit Antritt ihres Amtes nach reiflicher Überlegung darauf verzichtet, in diese Entwicklung einzugreifen, solange sie eine Sache der Parteien blieb. Die Regierung war aber von dem Augenblick an zu eigenem Handeln verpflichtet, von dem an die zuerst nur aus parteitaktischen Gründen erfolgte Einschaltung der Kommunisten in eine Einheitsfront auch auf Maßnahmen verantwortlicher Regierungsstellen Preußens übergegriffen hat. Hier geht es um die Autorität des Staates. Hier durfte nicht gezögert werden, im Interesse des Staates sofort Klarheit zu schaffen. Diese zwingende Notwendigkeit eines Eingriffs hat sich gegenüber der preußischen Staatsregierung ergeben. Es ist kein Zufall, daß nur in Preußen die kommunistischen Kampforganisationen einen Umfang annehmen konnten, der eine beständige Bedrohung der öffentlichen Sicherheit und Ordnung darstellt. Es ist kein Zufall, daß nur in Preußen der Wahlkampf von einer erschreckenden Vermehrung blutiger Auseinandersetzungen begleitet worden ist. Die Feststellungen der letzten Zeit haben ergeben, daß die weitaus überwiegende Zahl der schweren Unruhen nur auf Angriffe kommunistischer Terrorgruppen zurückzuführen ist. Alle einzelnen polizeilichen Maßnahmen, der hingebende Einsatz der örtlichen Polizeiorgane, haben eine dauernde und sichere Herstellung geordneter Verhältnisse nicht erzielen können. Diese Aufgabe kann nur durch planmäßige und zielbewußte Führung gegen die Urheber der Unruhen gelöst werden.

Die Reichsregierung hat die Feststellung machen müssen, daß die Entwicklung der politischen Verhältnisse in Preußen einer Reihe von maßgebenden Persönlichkeiten die innere

Unabhängigkeit genommen hat, alle erforderlichen Maßnahmen zur Bekämpfung der staatsfeindlichen Betätigung der KPD zu treffen (...)

Die Maßnahmen der Reichsregierung richten sich nicht gegen die Selbstständigkeit des Landes Preußens. Sie beschränken sich bewußt darauf, die Grundlagen für die Herstellung eines ordnungsmäßigen Rechtszustandes zu schaffen. Diese Grundlage muß aber die Wiederherstellung einer Staatsautorität sein, die völlig frei von einer nur irgendwie gearteten Verbindung zur staatsfeindlichen Kommunistischen Partei ist.

Die Reichsregierung will durch ihre Maßnahmen eine geordnete Durchführung des Wahlkampfes sicherstellen. Sie wird die freie politische Betätigung nur soweit einschränken, als es zur Aufrechterhaltung der öffentlichen Sicherheit und Ordnung unbedingt erforderlich ist. Sie geht dabei von der Auffassung aus, daß die Ruhestörer – gleichgültig von welcher Seite sie kommen – so scharf in ihre Schranken zurückgewiesen werden müssen, daß dem Volke der Austrag des Wahlkampfes ermöglicht wird (...)." (410)

Die Lektüre dieser gekürzten Rundfunkrede Papens stellt unmittelbar die Frage: wenn die öffentliche Sicherheit und Ordnung in Preußen durch die Tätigkeiten der kommunistischen Partei und ihrer Kampforganisationen gefährdet sind, die auf „den gewaltsamen Umsturz der Verfassung" hinarbeiten, warum wird die preußische Staatsregierung nicht angehalten, etwas gegen die KPD und ihre Kampforganisationen zu unternehmen, oder der Reichspräsident gebeten, diese verfassungsmäßig zu verbieten? Dazu braucht es keinen Reichskommissar für Preußen. Die erwähnten Behauptungen gegen die KPD sind allgemeiner Art, unbestimmt und unerwiesen. „Die politische und moralische Gleichsetzung von Kommunisten und Nationalsozialisten", die von Papen beklagt, kann eine legitime politische Anschauung sein. Aber es kommt im Grunde gar nicht darauf an, sondern auf die Frage der relativen Verfassungs- und Staatsgefährdung durch die von Papen genannten Organisationen. Diese Frage ist von ihm weder gestellt noch berührt worden. Die Staatsgefährdung, das wurde vom Reichsgericht in der Entscheidung vom 10. Februar 1931 attestiert, war jedenfalls auch der NSDAP anzulasten. „Zwar wird in dem vorliegenden Zeitungsartikel das Ziel des bewaffneten Aufstandes nicht so offen proklamiert, wie z.B. in den kommunistischen Propaganda-Zeitschriften, aber es handelt sich dabei nur um eine vorsichtige Ausdrucksweise, wie es ja Methode in den nationalsozialistischen Zeitschriften ist, in Kenntnis der gesetzlichen Bestimmungen nach Möglichkeit das Gesetz zu umgehen, ohne dabei tatsächlich auf die vom Gesetz verbotenen Handlungen verzichten zu wollen." (411) Ähnliche Entscheidungen erließen das Reichsgericht vom 5. und 24. März 1931 und 30. September 1931 (412) und der Preußische Diziplinargerichtshof für nichtrichterliche Beamte vom 9. März 1931. In der Entscheidung des letzteren heißt es: „Das Ziel der NSDAP ist der gewaltsame Umsturz der bestehenden Staatsformen", ferner weist sie darauf hin, „daß Hitler 1923 … dem damaligen bayerischen Innenminister Schweyer … sein Ehrenwort darauf gegeben hat, er werde nie in seinem Leben einen Putsch machen und diese Erklärung zur feierlichen Bekräftigung nochmals wiederholt hat. Trotzdem unternahm er einige Zeit später den sogenannten Hitler-Putsch in Münschen … Die Schaffung derartig straff militärisch organisierter Sturmabteilungen und Schutzstaffeln, die auf soldatische Art ausgebildet werden, kann nur den einen Zweck haben, im günstigen Zeitpunkt des Losschlagens eine geübte schlagfertige Truppe zur Durchführung des Parteizwecks zur Hand zu haben … Nach alledem ist als bewiesen anzusehen, daß die NSDAP auf eine Revolution mit gewaltsamen Mitteln hinarbeitet." (413) In dieser Hinsicht waren die Reichsregierungen wie die Regierungen Preußens zweifellos immer darauf bedacht, Maßnahmen zu treffen, um die Gefahren, von welcher Seite auch immer, nach Möglichkeit einzuschränken, bis auf die Verordnung vom 14. Juni 1932, welche die bestehenden Verordnungen zur Absicherung der Situation aufhob (414).

Am 25. Juli 1930 erließ der Reichspräsident von Hindenburg die Verordnung gegen Waffenmißbrauch. Die Verordnung zur Bekämpfung politischer Ausschreitungen folgte am 28. März 1931. Die Rechtsopposition reagierte mit einer Entschließung (DNVP und NSDAP) am 29. März 1931 in Nürnberg gegen die neue Notverordnung. Diese hatte zur Folge die „Amtliche Erklärung der Reichsregierung" vom 30. März 1931, daß die Konferenz der Innenminister der Länder vom 18. März 1931 „einmütig auf die Notwendigkeit hingewiesen (hat), im Interesse des Staates und der Kultur der von der rechts- und links-radikalen Opposition geschürten Verhetzung deutscher Volksgenossen gegeneinander mit scharfen rechtlichen Waffen entgegenzutreten, dieser Verhetzung, die den Nährboden bildet für die zahlreichen politischen Morde und Ausschreitungen, die das deutsche Volk in den letzten Monaten zu beklagen hatte … Der Herr Reichspräsident, der übrigens ständig Vertreter der Rechtsopposition persönlich angehört hat und über ihre Auffassung unterrichtet ist, hat die Notverordnung in vollster Kenntnis ihrer einzelnen Bestimmungen, ihrer Handhabung und ihrer Wirkung erlassen." (415) Wenige Zeit darauf, am 10. August 1931, folgte die zweite Verordnung zur Bekämpfung politischer Ausschreitungen (416).

Am 25. August 1931 veröffentlichte der preußische Innenminister Severing seinen Erlaß über die Zusammenstöße von Kommunisten mit Andersdenkenden, in welchem es heißt: „Die in jüngster Zeit in verstärktem Maße von Kommunisten hervorgerufenen Zusammenstöße mit politisch Andersdenkenden und zahlreiche Überfälle auf Organe der Polizei lassen auf ein planmäßiges Vorgehen kommunistischer Ruhestörer schließen. Nach den polizeilichen Beobachtungen in verschiedenen Teilen des Staatsgebietes sind die Ruhestörungen und Überfälle auf die Aktivität besonderer kommunistischer Trupps oder Gruppen, die auch vor Mordtaten nicht zurückschrecken, zurückzuführen ... Die Polizeibehörden werden daher angewiesen, das Vorhandensein solcher Trupps zu ermitteln, sie mit besonderer Aufmerksamkeit zu beobachten und ihre gesetzwidrige Betätigung mit allen zu Gebote stehenden Mitteln auf das nachdrücklichste zu unterbinden ..." (417)

Am 13. April 1932 kam das sogenannte SA-Verbot, die Verordnung des Reichspräsidenten zur Sicherung der Staatsautorität, die ausschließlich gegen „militärähnliche Organisationen der NSDAP" gerichtet war (418). In der veröffentlichten Begründung der Verordnung heißt es u.a: „Die Auflösung dieser Organisationen ist gemäß den Grundgesetzen des staatlichen Lebens notwendig, um die öffentliche Sicherheit und Ordnung aufrecht zu erhalten und die Staatsautorität vor weiteren schweren Beeinträchtigungen zu bewahren." (419)

Die Verordnung zur Sicherung der Staatsautorität vom 13. April 1932 sollte General Groener und auch den Regierungen Brünings und Brauns zum Verhängnis werden und v. Papen in den Regierungssattel heben. In kürzester Zeit war in der Öffentlichkeit eine breite Kampagne gegen den Reichswehrminister Groener entfacht worden, die ihm Parteilichkeit gegen die NSDAP und ihre militärischen Verbände unterstellte. In einem persönlichen Schreiben vom 14.

April schreibt ihm der Exkronprinz Wilhelm u.a.: „Es ist mir auch unverständlich, wie gerade Sie als Reichswehrminister das wunderbare Menschenmaterial, das in der SA und SS vereinigt ist, und das dort eine wertvolle Erziehung genießt, zerschlagen helfen..."

Der englische Militärattaché erstattete seinem Botschafter in Berlin einen Bericht über die Stimmung in den höheren Reichswehrkreisen, die beinah ausnahmslos die Verordnung verurteilten: „Die Offiziere insgesamt fühlen, daß die Nazibewegung das beste verfügbare Mittel ist, die Jugend des Landes, für die ja kein Dienst in der Armee möglich ist, zu disziplinieren. Das hält sie auch aus den Reihen der Kommunisten heraus. Dazu ist es für die Deutschen als Gesamtheit eine reizvolle Methode, ihre Hingabe gegenüber dem Lande auszudrücken."

Selbst der Reichspräsident war anscheinend der Verordnung und ihrer politischen Folgen wegen unter Druck gesetzt worden, den er auf seinen Reichsinnenminister in seinem Schreiben vom 16. April zurückgab. Es heißt darin: „Die das Verbot der SA und SS aussprechende Verordnung vom 13. April 1932 habe ich vollzogen, nachdem Sie mir in ernsten Worten die Schwierigkeiten der politischen Lage dargelegt und den Erlaß dieser Verordnung zur Sicherung der Staatsautorität als unbedingt notwendig bezeichnet haben und nachdem die Reichsregierung einstimmig Ihrem Antrag beigetreten war.

Inzwischen ist mir unter Übergabe von Belegmaterial mitgeteilt worden, daß ähnlich geartete Organisationen, wie die hier verbotenen, auch bei anderen Parteien bestehen. In Erfüllung meiner Pflicht zur überparteilichen Ausübung meines Amtes und gleichmäßigen Anwendung der Gesetze muß ich verlangen, daß – falls dies richtig ist – auch diese Organisationen der gleichen Behandlung verfallen.

Ich übersende Ihnen anbei das mir zugegangene Material mit dem Ersuchen, es mit dem gleichen Ernst zu prüfen, den ich Ihrem Antrag entgegengebracht habe, und mir alsbald das Ergebnis Ihrer Prüfung und einen entsprechenden Vorschlag vorzulegen."

Die vom Reichspräsidenten erwartete „gleichmäßige Behandlung" führte zur zweiten Verordnung zur Sicherung der Staatsautorität vom 3. Mai, welche alle militärähnlich organisierten politischen Verbände ausnahmslos betraf. (420)

Am 1. Juni 1932 wurde v. Papen zum Reichskanzler ernannt und am 14. Juni schienen ihm die politische Situation und die Gefahr für die Sicherheit und Ordnung sich so weit geändert zu haben, daß er den Reichspräsidenten veranlaßte, die Verordnungen vom 14. und 28. Juni nacheinander zu erlassen, die de facto die Verordnungen vom 13. April – das SA-Verbot – und das Uniformverbot vom 28. März 1931 aufhoben. (421)

Anscheinend waren diese Verordnungen ohne vorherige Abklärung mit den Ländern erlassen worden. Die Chefs der süddeutschen Länder, im Rückblick auf ihre Besprechung mit dem Reichspräsidenten am 12. Juni 1932, und der Parteivorstand der SPD standen der Aufhebung des Uniformverbots ohne Verständnis gegenüber.

Nach der Aufhebung des SA-Verbots „setzte eine Welle politischer Gewalttaten und politischer Morde ein, wie sie selbst Deutschland bisher nicht erlebt hatte. Kampflustig und blutrünstig schwärmten die Sturmabteilungen durch die Straßen, und ihrer Herausforderung wurde häufig entsprochen, vor allem seitens der Kommunisten. Allein in Preußen kam es in der Zeit zwischen dem 1. und 20. Juli 1932 zu 461 Straßenschlachten, in denen 82 Menschen getötet und 400 schwer verletzt wurden. Von den im Laufe des Juli bei Zusammenstössen getöteten 86 Personen waren 38 Hitler-

Angehörige und 30 Kommunisten. Am Sonntag, dem 10. Juli, fanden 18 Menschen ihren Tod auf der Straße, und am Sonntag darauf, als die NSDAP unter Polizeischutz einen Marsch durch das Arbeiterviertel von Altona veranstaltete, wurden 19 Personen erschossen und 285 verwundet. Der Bürgerkrieg, dem das Kabinett der Barone hatte Einhalt gebieten sollen, nahm von Tag zu Tag größere Ausmaße an. Alle Parteien, außer NSDAP und KPD, verlangten von der Regierung Wiederherstellung der Ordnung." (422)

Diese Tatsachen lassen die Begründung zu Papens Ernennung zum Reichskommissar für Preußen ziemlich fadenscheinig erscheinen. Die „Chronik" der DAZ schreibt am 20. Juli: „Eine Notiz des Reichsinnenministers erhellt den Hintergrund des Staatsstreichs: ‚Die junge, immer weitere Kreise umfassende Bewegung Adolf Hitlers mußte, um die in ihr lebendigen nationalen Kräfte dem Wiederaufbau des Volkes nutzbar zu machen, von den ihr unter Brüning und Severing angelegten Fesseln befreit und zum erfolgreichen Kampf gegen den internationalen Kommunismus gestützt werden '".

Diese „lebendigen nationalen Kräfte" fanden anscheinend ihren geziemenden Ausdruck in einer Veröffentlichung der „Nationalpost", die statt des „Angriffs" erschien und von der „Vossischen Zeitung" am 20. Juli teilweise zitiert wurde:„Kapituliert v. Gayl vor Rotmord? ... Angesichts des offen ausgebrochenen Bürgerkrieges, der allein am letzten Sonntag 16 Tote und mehr als 100 Schwerverletzte zur Folge hatte, geht eine ungeheure Welle der Empörung durch alle Teile unseres Volkes. Wenn nicht bald durch schärfste Maßnahmen der Staatsgewalt diesen traurigen Folgen des wochenlangen Blutschreies der jüdischmarxistischen Presse ein Ende gemacht wird, dann wird das Chaos des blutigen Bürgerkriegs mit ganzer Furchtbarkeit über unser Land hereinbrechen. In unbegreiflicher Schwäche hat die Regierung Papen-Gayl bisher diesem verbrecherischen Treiben zugesehen. Das jetzt erlassene Demonstrationsverbot ist unseres Erachtens nicht imstande, die Rotmord-Offensive einzudämmen. Das ganze Volk verlangt die rücksichtslose Ausräucherung der jüdischen Mordzentralen und das Standrecht für die rote Mord-Kanaille."

Weder die Klageschrift Preußens noch die Entscheidung des Staatsgerichtshof über den Antrag auf Erlaß einer einstweiligen Verfügung gegen die Verordnung vom 20. Juli 1932 haben diese Tatsachen vorgebracht, als Argument gegen die Einsetzung eines Reichskommissars für Preußen. Nur der stellvertretende Preußische Ministerpräsident Hirtsiefer hat in der kurzen Besprechung beim Reichskanzler, am 20. Juli, die relevante Frage an v.Papen gerichtet, die allerdings unbeantwortet blieb. Er fragte ganz schlicht: „Weshalb habe die Reichsregierung nicht Preußen gegenüber gemäß Art. 15 der Reichsverfassung die Mängel gerügt, die nach seiner Ansicht zu rügen seien? Weshalb habe insbesondere das Reichsministerium des Innern nicht mit dem Preußischen Innenministerium in dieser Hinsicht Fühlung genommen?" (423)

In seiner Rundfunkansprache vom 20. Juli 1932 behauptete v. Papen: „Wenn beispielsweise hohe Funktionäre des preußischen Staates ihre Hand dazu bieten, Führern der kommunistischen Partei die Verschleierung illegaler Terrorabsichten zu ermöglichen, wenn offen ein preußischer Polizeipräsident seine Parteigenossen auffordert, man möge die Kreise der Kommunisten nicht stören – dann wird die Autorität des Staates von oben her in einer Weise untergraben, die für die Sicherheit des Reiches unerträglich ist." (424)

Es handelt sich im ersten Fall um eine Anspielung auf die sogenannte Affäre Abegg, Staatssekretär des preußischen Innenministeriums. In diese spielt der bereits von Severing erwähnte Regierungsrat Rudolf Diels hinein, der spätere Chef der Gestapo. Am 4. Juni 1932 hatte Abegg den kommunistischen preußischen Landtagsabgeordneten Wilhelm Kasper und den kommunistischen Reichstagsabgeordneten Ernst Torgler in seinem Büro zu einer Unterredung, der auch Diels beiwohnte, empfangen. Dr. Brecht sagte im Staatsgerichtshof zu den Anschuldigungen Papens gegen Dr. Abegg aus, dieser hätte den kommunistischen Besuchern geraten, „die Kommunisten sollten alle Terrorakte lassen und sollten nicht nur so tun, als ob sie sie ließen, sondern sollten mit allen Mitteln, die ihnen als Führer zu Gebote ständen und stehen müßten, sonst wären sie keine Führer, dafür sorgen, daß sie tatsächlich unterlassen würden." (425)

Ministerialrat Häntzschel meinte Feder gegenüber: „Abegg habe unklug gehandelt, daß er Diels zu der Unterredung mit den kommunistischen Abgeordneten zuzog. Diels habe sich auf eine dienstliche Äußerung festgelegt, die zu Abeggs Erklärung im Gegensatz steht, so als habe Abegg den Kommunisten geraten, ähnlich wie die Nationalsozialisten einen nicht ernst gemeinten Geheimbefehl zur Verdeckung ihre wahren Absichten den Behörden in die Hände spielen." (426)

Wer war dieser Diels? Feder erwähnte ihn einige Male in seinem Tagebuch. Eines Abends im Verbande der Auswärtigen Presse im Hofbräu (Europahaus), nach 12 Uhr, „kommt ein Herr auf mich zu, den ich gar nicht erkenne, und der sich dann als Diels entpuppt. Will mich über den Fall Abegg informieren. Darüber besondere Aufzeichnungen, macht den Eindruck eines Schwätzers und dummen Jungen." (427) Feder hat eine Abschrift der Niederschrift dieser Unterhaltung mit Diels an Abegg geschickt, der seinerseits Abschriften davon an Badt und Brecht sandte. Feder fügte in seiner Eintragung hinzu, Abegg „ist entzückt." (428)

In einer weiteren Aufzeichnung heißt es: „Abegg erzählt mir, ein Bekannter von ihm hat mit Diels gesprochen, der sagt, er werde jetzt aus dem Demokratischen Klub austreten, sei Antisemit geworden. Abegg erzählt: Herr v. Osten sagte auf einem Adelstag: ‚Antisemiten können wir nicht sein, sonst müßten wir die Hälfte unserer Standesgenossen ausschließen.'" (429) Bracher fügte ein weiteres Detail hinzu: „Diels mußte bereits 1932 vom Demokratischen Klub, dem er und Abegg und viele Juden angehörten, austreten." (430)

Die Affaire Abegg hatte einen weiteren Schritt zur Folge, der aus unbekanntem Grunde ohne Konzequenz blieb. Der Anwalt Abeggs richtete in dessen Auftrag an Reichskanzler v. Papen einen persönlichen Brief, der mit dem Abschnitt endet: „Ich appelliere deshalb, Herr Reichskanzler, an Ihr Rechts- und Ehrgefühl und bitte Sie, meinem Herrn Auftraggeber Gelegenheit zu völliger Klarstellung der Tatbestände zu geben, die ihm zur Last gelegt werden." (431) Dr. Gottheiner erhielt vom Kanzleramt eine Abschrift des Briefes. Ob der Brief beantwortet wurde, konnte nicht festgestellt werden.

Die zweite Anspielung richtet sich gegen den Polizeipräsidenten Berlins, Grzesinski, und behauptet, er habe in seiner Rede auf dem Parteitag der SPD in Magdeburg gesagt, die SPD solle die "kommunistischen Kreise nicht stören". Das Manuskript der Rede ist vorhanden und relevante Teile daraus sind von Ministerialdirektor Brecht in den Verhandlungen vor dem Staatsgerichtshof verlesen worden, um die Anschuldigung gegen Grzesinski zurückzuweisen. „Hierzu Kameraden, noch ein Wort. Die Kommunisten rufen jetzt laut nach der Einheitsfront und hören gar nicht auf, sie uns immer wieder anzubieten. Ich kann den Kommunisten bei dieser Gelegenheit eine Bemerkung nicht schenken. Wenn die Kommunisten eine Einheitsfront mit dem sozialistischen Proletariat wollten, so hätten sie seit Jahren die beste Gelegenheit dazu gehabt, sie hätten uns bereits bei der Errichtung der deutschen Republik im sozialistischen und demokratischen Sinne helfen können. Wir können heute behaupten, daß die Arbeiterschaft in Deutschland niemals so weit zurückgeworfen wäre, wie das heute der Fall ist …

Aber sei dem, wie ihm wolle. Die Frage der Einheitsfront ist ja nicht schlechthin von der Hand zu weisen. Mir scheint, Genossen und Kameraden, die Antwort nicht schwer. Ich würde etwa folgendes antworten: Kommunisten und Sozialdemokraten sollten gegenseitig jeden Angriff einstellen … nämlich untereinander … und sollten darauf verzichten, in Wort, Schrift und Bild, oder durch Anträge im Parlament, sich gegenseitig Schwierigkeiten zu machen. Sie sollten allein ihre Arbeit darauf konzentrieren, wie sie den faschistischen Gegner zum Stehen bringen. Sie sollten eine Art Wettbewerb veranstalten, wer mit den richtigsten, den lautersten, wirksamsten und gesetzmäßigsten Mitteln am besten zum Ziele kommt … Ich bin der Überzeugung, daß bei einem solchen Wettbewerb (… nicht etwa die Kommunisten, sondern) die Eiserne Front überlegen gewinnt, und darum kann ich abschließend sagen, die Eiserne Front ist die wahre Einheitsfront …!" (432)

Es ist ziemlich augenscheinlich, daß der Kolporteur der Rede, einem Mißverständnis oder einer Vereinfachung wegen, den Sinn dieses Zitates mit „man möge die Kreise der Kommunisten nicht stören" weitergegeben hat (433).

Es ist nicht ausgeschlossen, daß Animositäten innerhalb der Führung der SPD dazu geführt hatten, diese Stelle der Rede Grzesinskis – wissentlich oder unwissentlich – ungenau wiederzugeben. In einem an Dr. Badt gerichteten Brief vom 29. August 1932 bemerkt Grzesinski: „Daß Severing meine Magdeburger Rede nicht billigen würde, habe ich vorher gewußt, außerdem hat er es mir nachher auch noch gesagt. Es war aber niemals mein Bestreben gewesen, so zu reden, wie Severing es gern gesehen hätte. Gerade die Magdeburger Rede entsprach aber der Stimmung der Partei und (unklarer

Text), wurde sie in den weitesten Kreisen der Partei als eine notwendige und begrüßenswerte Tat von mir angesehen. Daß Severing das übersehen haben könnte, kann ich mir nicht denken." (434)

Das Anlageheft, das der Antwort des Reichskanzlers vom 25. August 1932 auf die Klagebegründung beigelegt ist, besagt, daß Polizeipräsident Grzesinski die beanstandete Rede „auf dem Reichsarbeitersporttag im ‚Stadium der Neuen Welt'" in Berlin am 26. Juni 1932 gehalten und gesagt haben soll: „Es wird höchste Zeit, daß die Reichsregierung den Drohungen und dem Terror der Nazis nicht mehr tatenlos zusieht ... Papen dagegen hat die Uniform und SA im Lande wieder gestattet und Deutschland in eine furchtbare Lage versetzt ... Wir haben bereits den latenten Bürgerkrieg ... Die Reichseinheit ist bedroht ... Wollten die Kommunisten eine Einheitsfront haben, so hätten sie schon jahrelang daran helfen können ... Dann wäre die Arbeiterschaft niemals so weit zurückgeworfen worden. Sozialdemokraten und Kommunisten sollten sich an keiner Stelle Schwierigkeiten bereiten." (435) Dieser Text des Anlagehefts weicht von dem verlesenen Text Dr. Brechts vor dem Staatsgerichtshof ab. Ganz abgesehen von der Tatsache, daß Grzesinski, wie Brecht bezeugt, gar nicht in Berlin vor der Arbeiterschaft gesprochen hat, ist in der Fassung der angeblich gehaltenen Rede nichts, was einem sozialdemokratischen Politiker in einer Wahlkampfrede als verfassungswidrig oder verfassungsgefährdend angelastet werden könnte.

Der Vorwurf der Reichsregierung gegen Gzesinski, er habe als früherer preußischer Innenminister dem Wunsch des Reichsinnenministers, den Roten-Front-Kämpferbund zu verbieten, nicht entsprochen, wurde von ihm zurückgewiesen. In seiner Stellungnahme dazu führte Grzesinski aus: „Ebensowenig erscheint es mir zulässig, die Vorgänge um das Verbot des

Roten-Front-Kämpferbundes in den Jahren 1928 und 1929 im Zusammenhang mit der jetzigen Klage der Preußischen Staatsregierung beim Staatsgerichtshof wegen Verfassungswidrigkeiten der Reichsregierung im Jahre 1932 auf ihre Zweckmäßigkeit hin zu erörtern. Ganz abgesehen davon, daß die damaligen Entscheidungen von mir als dem verfassungsmäßig zuständigen Minister in Preußen und im Rahmen meiner Zuständigkeit erfolgt sind, haben sie auch die ausdrückliche Billigung des Landtages gefunden und sind damit jeglicher verfassungsrechtlichen Nachprüfung entzogen. Die Entscheidungen haben sich im Übrigen auch durch die Entwicklung als durchaus richtig getroffen erwiesen. Wenn ich im Jahre 1928 das Verbot des Roten-Front-Kämpferbundes, weil nicht ausreichend zu begründen, abgelehnt habe, obwohl der damalige Reichsminister des Innern, Herr v. Keudell, das Verbot von mir gefordert hatte, so hat mir darin nicht nur die Entscheidung des angerufenen Staatsgerichtshofes recht gegeben, ich stand auch sonst mit meiner Auffassung nicht allein. Wie das Anlageheft auf Seite 43 ausdrücklich hervorhebt, hat nicht nur Preußen, sondern haben auch die anderen Landeszentralbehörden sich geweigert, dem Ersuchen des Reichsminister des Innern vom 16. April 1928 nachzukommen, und das Reichsgericht hat in der Sitzung vom 2. Mai 1928 diese Weigerung für begründet erklärt …" (436)

„Gleichwohl hat der Preußische Minister des Innern Grzesinski, als im Mai 1929 nach seiner Ansicht die Voraussetzung für ein Verbot des Roten-Front-Kämpferbundes nunmehr vorlagen, nicht gezögert, dieses Verbot, – und zwar, wie ausdrücklich bemerkt sei, mit Zustimmung des damaligen Reichsminister des Innern – auszusprechen. Der damalige Reichsminister des Innern, Severing, ersuchte darauf sämtliche Landesregierungen in gleicher Weise gegen den Rotfrontkämpferbund vorzugehen." (437)

Die Erfolge der Maßnahmen und der Politik des Reichskommissars für Preußen, die angeblich gefährdete öffentliche Sicherheit und Ordnung wieder herzustellen, ähneln der Überzeugungskraft seiner Begründung für seine Ernennung zum Reichskommissar. Noch vor dieser Ernennung haben die von ihm vorgeschlagenen und vom Reichspräsidenten proklamierten Verordnungen vom 14. und 28. Juni 1932 – trotz der in Wort und Schrift ausgedrückten Befürchtungen und Warnungen der Chefs der Süddeutschen Länder und der Parteiführung der SPD – die Situation vom Standpunkt der öffentlichen Sicherheit und Ordnung maßlos verschärft. Seit Beginn des Monats Juli hatten sich die Straßenkämpfe, Schießereien und Totschläge zwischen Parteigängern der Kommunisten und Nationalsozialisten vermehrt. Am 5. Juli veröffentlichte die D.A.Z., Nr.309, unter der Rubrik „Unsere Meinung": „Der Wahlkampf für die in knapp vier Wochen stattfindende Reichstagswahl unterscheidet sich von allen früheren Volksbefragungen schon äußerlich in augenfälliger Weise. Er ist ein Wahlkampf der Parteiuniformen."

Die Situation verschlimmerte sich nach den Wahlen und veranlaßte den Reichspräsidenten zur Veröffentlichung der Verordnung gegen den politischen Terror vom 9. August 1932, die gegen Totschlag aus politischen Motiven die Todesstrafe vorsah (438). Eine zusätzliche Verordnung des gleichen Tages etablierte Sondergerichte für die Aburteilung dieser Delikte (439). Nur wenige Stunden nach der Veröffentlichung der neuen Verordnungen wurde in Potempa, Landkreis Gleiwitz, der als Kommunist bekannte Arbeiter Konrad Pietrzuch von uniformierten SA-Leuten in seiner Wohnung ermordet. Fünf der Angeklagten wurden am 22. August vom Sondergericht in Beuthen zum Tode verurteilt. Andere Mitbeteiligte erhielten Zuchthausstrafen und die restlichen Angeklagten wurden freigesprochen (440).

Am nächsten Tag schickte der Führer der NSDAP an die Verurteilten folgendes Telegramm: „Meine Kameraden! Angesichts dieses ungeheuerlichen Bluturteils fühle ich mich Euch in unbegrenzter Treue verbunden. Eure Freiheit ist von diesem Augenblick an eine Frage unserer Ehre. Der Kampf gegen eine Regierung, unter der dieses möglich war, unsere Pflicht. Adolf Hitler." (441) Außer Hitler äußerten sich auch Göring, Rosenberg und Goebbels zum Urteil des Sondergerichts. Goebbels drückte seine Gefühle darüber folgendermaßen aus: „Vergeßt es nie, Kameraden! Sagt es Euch hundertmal am Tage vor, so daß es Euch bis in Eure tiefsten Träume verfolgt. Die Juden sind Schuld! Und sie werden dem Strafgericht, das sie verdienen, nicht entgehen!" (442) Die Todesstrafe wurde nicht vollstreckt. Die Verurteilten wurden auf Druck der NSDAP auf dem Gnadenwege zu lebenslänglichen Zuchthausstrafen verurteilt und am 23. März 1933 aus dem Zuchthaus entlassen (443).

In der Niederschrift über die Ministerbesprechung mit dem Reichskanzler vom 10. August 1932 heißt es u.a.: „Bei den Nationalsozialisten sei eine gewisse Enttäuschung unverkennbar, daß sie trotz stärkster Propaganda nur 37,5 Prozent der Wählerstimmen auf sich vereinigt hätten. Die Bewegung dränge nunmehr dahin, durch gewaltsame Vorstöße das zahlenmäßige Manko auszugleichen. Die Terrorakte der letzten Zeit seien ein Teil dieses Planes." (444)

Nach der Besprechung Hindenburgs mit Hitler am 13. August sagte Hitler zu v. Papen, gemäß der Aufzeichnung Meissners, „... die weitere Entwicklung würde doch unaufhaltsam zu der von ihm vorgeschlagenen Lösung und zum Sturz des Reichspräsidenten führen. Die Regierung würde in eine schwierige Lage kommen; die Opposition werde sehr scharf werden, und er übernehme keine Verantwortung für die Folgen, die sich ergeben." (445)

In einer Aktennotiz des Chefs des Ministeramtes im Reichswehrministerium, Oberst von Bredow, vom 26. Juli 1932 berichtet er über eine Unterredung mit Göring und Röhm, bei der Oberleutnant Ott zugegen war. Der Oberst hatte die beiden Naziführer in sein Büro gebeten, um mit ihnen Vorgänge zu besprechen, hauptsächlich in Pommern und in Hamburg, die im engen Zusammenhang mit der SA standen.

Es war dem Amt bekannt geworden, daß die SA zu oder direkt nach den Wahlen irgendeinen Plan zur Bewaffnung oder zu Terrorakten vorbereitet hatte. Es hatte erfahren, daß SA-Führer von Flotow den Wehrkreis Stettin besuchte und Waffen für den Bedarfsfalle sichern wollte. Lastkraftwagen mit SA-Leuten sollten von Pommern auf dem Weg nach Berlin sein. In der Stettiner Gegend wurden Unterkünfte für SA-Leute besorgt. SA-Leute sind von der Ernte zum Dienst beordert worden.

Die Antworten Görings auf diese vier Informationen waren in der gestellten Folge: „Stimmt, Waffen waren nur für den ‚Bedarfsfall' gewesen“, „Unausgeprochener Ulk“, „Vorsichtsmaßnahme um die SA nicht dem roten Terror auszusetzten“ und „nicht bekannt“. In der Unterredung gewannen von Bredow und Ott den Eindruck, daß die SA in der Tat etwas geplant hatte, was aber unausführbar geworden war, weil der Plan bekannt wurde (446). Die Erwähnung dieser Tatsachen zeigt deutlich wie die „lebendigen nationalen Kräfte dem Wiederaufbau des Volkes nutzbar“ wurden, aber auch den „Erfolg“ der Maßnahmen des Reichskanzlers und Reichskommissars zur Wiederherstellung der öffentlichen Sicherheit und Ordnung.

Der bayerische Ministerpräsident Dr. Held hielt am 1. November 1932 in Stuttgart eine Rede, in der er ausführte, er sei „gegen die letzten Maßnahmen der Reichsregierung, die man nicht mehr als föderalistisch, sondern als rein zentralistisch-unitarisch ansehen muß. Die Erbitterung darüber ist am größten in Bayern, weil das ganze Vorgehen der Reichsregierung in schroffstem Gegensatz zu den Versprechungen steht, die Bayern gerade bei den letzten Besuchen des Reichskanzlers v. Papen und des Reichsinnenministers v. Gayl erhalten hat, und das Mißtrauen ist um so größer, als man die Empfindung hat, die Reichsregierung lasse sich bei ihren letzten Aktionen von Kräften treiben, die zwar nicht sichtbar sind, deren Wirkung aber um so verhängnisvoller nicht bloß für Bayern, sondern für das ganze Deutsche Reich ist." Er fügte noch hinzu, daß Baden und Württemberg seine Meinung teilten (447).

Nach den Juliwahlen konnte keine neue Mehrheitsregierung gebildet werden, und nach vielen fruchtlosen Verhandlungen sah der Reichskanzler v. Papen sich gezwungen, dem Reichspräsidenten nahezulegen, am 12. September die Auflösung des Reichstages zu dekretieren.

Vor dem Staatsgerichtshof erging es v. Papen besser. Trotz der Verbote der Reichsbehörden, ein Flugzeug zu benutzen, gelangte Dr. Badt (mit seinem Personenkraftwagen) nach Leipzig und konnte noch am Abend des 20. Juli die Klage Preußens dem Vertreter des Präsidenten des Staatsgerichtshofs, Ögg, übergeben.

Badt erzählte Feder, daß in der Verhandlung am Sonnabend den 23. Juli die Stimmung des Staatsgerichtshofs für Preußen war, jedoch während des Sonntags veränderte sie sich, als Hindenburg mit Rücktritt drohte. Der Staatsgerichtshof gab daraufhin den naheliegenden Gedanken der Teilung der Gewalten auf, obschon, wie Badt meinte, es Präzedenzfälle dafür gab (448). In der von Dr. Badt vorbereiteten Anklageschrift, dem die Fraktionen des Zentrums und der Sozialdemokraten beigetreten waren, forderte der Antragsteller „im Wege der Einstweiligen Verfügung anzuordnen, daß sich der durch Verordnung des Reichspräsidenten für das Land Preußen eingesetzter Reichskommissar einstweilen jeder Dienstausübung zu enthalten habe." (449)

Wie der Staatsgerichtshof ausführt, haben die Kläger zur Begründung ihres Antrages „in ihren schriftlichen Darlegungen geltend gemacht, daß bei den unausbleiblichen widersprechenden Anordnungen des Reichskommissars und des Staatsministeriums eine geordnete Verwaltungstätigkeit in Preußen ohne die beantragte vorläufige Regelung nicht mehr möglich sein werde. Durch die von ihnen erstrebte Einstweilige Verfügung werde der Entscheidung in der Hauptsache nicht vorgegriffen und ebensowenig würden durch sie Interessen des Antragsgegners verletzt werden, die den Belangen der Antragsteller an ihrem Erlaß gleichwertig gegenüberständen." (450)

Der Antrag Preußens auf Einstweilige Verfügung wurde zur mündlichen Verhandlung geändert, was darauf hinweisen mag, daß der Fokus des Problems in den Augen der preußischen Staatsregierung sich geändert hatte. Es ging ihr nicht mehr um die Tätigkeit des Reichskommissars überhaupt, sondern nur um bestimmte Tätigkeiten und zwar: „1. Daß die Reichskommissare sich nicht als Preußischer Ministerpräsident oder Preußischer Staatsminister oder Mitglied der Preußischen Landesregierung bezeichnen dürfen; 2. daß sie den Preußischen Staatsministern nicht die Eigenschaft als Staatsminister absprechen dürfen; 3. daß sie und ihre Vertreter nicht ohne Vollmacht der Staatsminister Preußen im Reichsrat vertreten oder den Mitgliedern der Preußischen Staatsregierung das Recht zur Vertretung Preußens im Reichsrat und zur Instruktion der Reichsratsbevollmächtigten entziehen dürfen; 4. daß sie auch Beamtenernennungen und -absetzungen mit dauernder Wirkung nicht vornehmen dürfen." (451)

Die Landtagsfraktionen des Zentrums und der Sozialdemokraten sind dem Staatsministerum im Änderungsantrag nicht gefolgt und bestanden auf ihrem ursprünglichen Antrag. Der Staatsgerichtshof stellte sich auf den Standpunkt des Antragsgegners, daß der Antrag Preußens auf Teilung der exekutiven Gewalt nur Verwirrung in der tag-täglichen Ausübung der Verwaltung hervorrufen werde und der Entscheidung in der Sache selbst vorgreife (452).

Nach der Ablehnung der einstweiligen Verfügung, und um eine schnellere Lösung des unerfreulichen Zustandes herbeizuführen, veranlaßten Brecht und Badt den stellvertretenden Preußischen Ministerpräsidenten Hirtsiefer folgendes Schreiben am 16. August 1932 an den Reichspräsidenten zu richten: „Hochverehrter Herr Reichspräsident! Erst aus der Anklagebeantwortung der Reichsregierung vom 5. August haben die Preußischen Staatsminister die Vorwürfe näher kennen gelernt, welche gegen das Land Preußen erhoben werden. In der anliegenden Erklärung vom 10. August haben die Staatsminister hierzu Stellung genommen. Wir bitten Sie, Herr Reichspräsident, von unserer Entgegnung auf die Vorwürfe Kenntnis zu nehmen, nachdem wir leider keine Gelegenheit hatten, vor dem Erlaß der Verordnung uns zu äußern.

Durch dieses Schreiben wollen wir Sie, hochverehrter Herr Reichpräsident, über den Sachverhalt unterrichten.

In einer von dem Herrn Vorsitzenden des Staatsgerichtshofs abgehaltenen Besprechung hat sich ergeben, daß die Entscheidung des Staatsgerichtshofs aus prozessualen Gründen frühestens Mitte September ergehen wird. Auf Grund des hiermit überreichten Materials wiederholen wir daher unseren Antrag, die Verordnung vom 20. Juli über die Einsetzung eines Reichskommissars für Preußen wieder aufzuheben. gez. Hirtsiefer, zugleich für den Ministerpräsidenten und die übrigen Staatsminister.“ (453)

Das Schreiben wurde am 18. August abgeschickt; eine Antwort konnte nicht aufgefunden werden.

In seinem Bericht an Ministerpräsident Braun vom 27. August schrieb Brecht über ein Memorandum vom 24. Juli 1932 Dr. Höpker-Aschoffs, Vertreter der Staatspartei im Land- und Reichstag. Dieser hatte an Ministerialdirektor Pötzsch-Hefter, den Bevollmächtigten Sachsens im Reichsrat, seinen Vorschlag über eine gütliche Lösung des Problems und die Aufzeichnung seines Gesprächs darüber mit Reichsinnenminister v. Gayl übersandt. Der Reichsinnenminister soll sich geäußert haben, persönlich wäre er auch für „einen positiven Ausgang des Konflikts“ und werde darüber dem Reichskanzler berichten. Einen Tag darauf war Dr.Höpker-Aschoff bei v. Gayl, der ihm die Antwort Papens übermittelte: „Die Reichsregierung könne einen solchen Vorschlag nur machen, wenn sie vorher wisse, daß er nicht von den preußischen Ministern zurückgewiesen würde.“ Gesprächsweise erörterten v. Gayl und Dr. Höpker-Aschoff die Möglichkeit, daß vielleicht der Reichspräsident von sich aus den Vorschlag machen und dabei auch versöhnliche Worte Preußens gegenüber zum Ausdruck bringen könnte. Brecht fügte hinzu: „Es erscheint an sich sehr unerwünscht, auf die Entscheidung des Gerichts zu verzichten. Wenn es mit rechten Dingen zugeht, müßte das Gericht uns mindestens hinsichtlich der Kardinalpunkte Recht geben. Aber ich muß zugeben, daß die bisherige Haltung der Richter und der zunehmende Umfall von Professoren in den Rechtsfragen, auch das Ausweichen der Reichsregierung, die jetzt plötzlich behauptet, sie habe die Minister nicht abgesetzt, sondern nur vorläufig suspendiert (was sie allerdings auch nicht durfte), Zweifel über den Ausgang offen lassen, daß außerdem die Entscheidung sich möglicherweise noch weiter verzögert. Obwohl es mir schwer wird, auf den Gedanken der Austragung des Prozesses zu verzichten, so schlage ich doch vor, daß die Staatsminister eine solche Fühlung nicht einfach zurückweisen, sondern grundsätzlich und vorbehaltlich der Einzelheiten sich einverstanden erklären. Man darf in der großen Frage nicht kleinlich scheinen. Es ist hierbei sehr viel mehr zu überlegen, als ich in diesen wenigen Zeilen niedergelegt habe. Ich habe das zusammen mit Badt nach Kräften getan." (454)

Braun antwortete postwendend in einem sehr langen handgeschriebenen Brief aus Bad Gastein, in welchem er den Vorschlag Hoepker-Aschoffs begrüßte. Zur Sache selbst schrieb er: „Das Ziel, das Hoepker-Aschoff vorschwebt, ist seit Jahren auch mein Ziel, nur daß ich glaube, es etwas geschickter unter richtiger Würdigung der in den poltischen Machtverhältnissen liegenden Widerstände verfolgt zu haben.

Zuletzt habe ich nach dem Volksentscheid über die Landtagsauflösung in einem Zeitungsartikel die Frage Preußen gegen Reich vorsichtig angeschnitten, um sie zur Diskussion zu stellen, zu sehen wie die Öffentlichkeit reagierte. Leider veröffentlichte kurz danach Höpker-Aschoff seine mehr detaillierten Vorschläge für die Zusammenfassung Reich gegen Preußen, die von der Presse sehr zu Unrecht als eine von mir gewollte Konkretisierung meiner Anregung aufgefaßt und so behandelt wurde. Während ich meinen Ballon hatte steigen lassen, warf H.-A. sogleich einen Knochen hin, in den sich nunmehr alle partikularischen Beißhunde wütend verbissen. Damit war der Zweck der Übung, eine Besprechung des Grundgedankens ohne Erörterung konkreter Einzelvorschläge herbeizuführen und damit für den Zusammenlegungsgedanken in der Öffentlichkeit Stimmung zu machen, vorerst, wenn auch ungewollt, vereitelt.

Ich habe dann den Gedanken weiter verfolgt. Anfang dieses Jahres, wenn ich nicht irre, habe ich in einer Unterredung mit Brüning diesem ganz vertraulich erklärt, daß, gleichviel wie die Landtagswahlen ausfielen, ich aus gesundheitlichen und sonstigen Gründen unter keinen Umständen im Amte bleiben würde. Deshalb würde ich am liebsten schon jetzt zurücktreten und der Weimarer Landtagskoalition vorschlagen, ihn, Brüning, zum preußischen Ministerpräsidenten zu wählen. Dadurch würde seine, von Intriganten aller Art berannte Stellung als Kanzler fester untermauert, und da die Wahlen für die Weimarer Koalition wohl kaum eine Mehrheit ergeben würden und sonach für einige Zeit mit einem geschäftsführenden Kabinett gerechnet werden müßte, könnte er als Kanzler und Ministerpräsident auch Ersprießlicheres leisten als ich, der ich ohnehin völlig abgekämpft wäre. Vor allem aber würde durch dieses Vorgehen der Gedanke, der mir besonders am Herzen läge, Union Preußen-Reich ungemein gefördert werden. Brüning hat mir nach Überlegung in einer späteren Unterredung mitgeteilt, daß er es mit Rücksicht auf den Reichspräsidenten, der das wohl kaum billigen würde, ablehnen müsse. Sie wollen aus Vorstehendem, das ich hier zum ersten Mal niedergeschrieben habe, ersehen, wie ich zu dem Gedanken Reich und Preußen unter einheitlicher Leitung stehe; es wird Ihnen auch erklären, warum ich in dem Rechtsstreit gegen das Reich mich nicht mit der Verve einsetze, die Ihnen und Badt, die Sie in dankenswerter und aufopfernder Weise unsere Rechte vertreten, vielleicht erwünscht erscheint. Ich habe innere Hemmungen, die daraus resultieren, daß der Zustand, wie er jetzt geschaffen ist, meiner Grundidee entspricht, freilich nicht in der Art des Zustandekommens und noch weniger in dem geschaffenen Zerrbild meine Billigung findet. Ich würde mich daher Vergleichsverhandlungen mit dem Ziel einer vernünftigen Zusammenfassung der Regierungsgewalt Reich – Preußen nicht entgegenstellen, um so mehr als der Ausgang des Rechtsstreits, nachdem das Reich in der Hauptrechtsfrage einen teilweisen Rückzieher gemacht hat, doch wenig befriedigend ausfallen würde. Freilich, Voraussetzung für das Zustandekommen eines Vergleichs, der die Zusammenfassung der Regierungsgewalt in Preußen und dem Reich in vernünftiger Form bringen müßte, wäre, daß von der preußischen Regierung das Odium genommen wird, sie hätte ihre Pflicht dem Reiche gegenüber verletzt und in Preußen nicht Ruhe und Ordnung gesichert. Mit dieser wahrheitswidrigen, mich und meine Kollegen im Kabinett und unsere treuen Mitarbeiter schwer verletzenden Begründung darf dieser geschichtliche Akt nicht behaftet bleiben. Auf die Einzelheiten eines evt. Vergleichs kann ich hier nicht eingehen; lieb wäre es mir, wenn Sie einmal herkämen, damit wir uns eingehend aussprechen könnten. Doch das stelle ich anheim. Grüßen Sie bitte die Herren im Kabinett und auch Badt und seien Sie bestens gegrüßt von Ihrem gez. Braun." (455)

In seinem Schreiben vom 19. September 1932 übersandte Dr. Badt an Braun, der mit seiner kranken Frau zur Erholung in Ascona weilte, die Einladung zur Kabinettsitzung, wahrscheinlich die letzte vor den Verhandlungen in Leipzig, und berichtete von seinem Ferngespräch mit dem Reichsgerichtspräsidenten Bumke, der ihm mitteilte, daß die Verhandlungen in Leipzig frühestens am 3. Oktober, wahrscheinlich später, beginnen würden (456).

In diesem Zusammenhang soll das Kuriosum erwähnt werden, daß die Reichsdrucksache Nr.4 vom September 1932 die Liste der Bevollmächtigten Preußens zum Reichsrat, die Namen sämtlicher Minister der preußischen Regierung enthält. Die „Berliner Morgenpost" erklärt dazu: „Damit ist also klargestellt, daß die Reichsregierung und auch der die Drucksachen kontrollierende Reichstagspräsident dem Urteil in dem vor dem Staatsgerichtshof schwebenden Prozeß über die Rechtsgültigkeit der Einsetzung des Staatskommissars nicht vorgreifen wollen." (457)

Nach der Ablehnung des Staatsgerichthofs, eine einstweilige Verfügung auszusprechen, stellte Preußen einen neuen Antrag, der die Begründung der Ablehnung berücksichtigte und aus drei Forderungen bestand. „Der Staatsgerichtshof möge erkennen“: 1. daß die Einsetzung des Reichskanzlers zum Reichskommissar, zur Wiederherstellung der öffentlichen Sicherheit und Ordnung in Preußen und die durch ihn zu diesem Zwecke berufenen Kommissare, der Reichsverfassung widerspricht; 2. daß das Reich auf Grund des Art. 48 Abs 1 und 2 nur jene der Funktionen selbst übernehmen kann, soweit sie dem bundesstaatlichen Charakter nicht widersprechen, und zur Wiederherstellung der gestörten Sicherheit und Ordnung erforderlich sind; 3. daß die vier vom Reichskanzler in seiner Rundfunkrede vom 20. Juli vorgebrachten Behauptungen, die Regierung Preußens habe ihre Pflichten gegenüber dem Reich nicht erfüllt, grundlos sind. (458)

In Beantwortung der Anklageschrift beantragte die Reichsregierung die Zurückweisung des preußischen Antrags mit der Begründung: Die Klage Preußens gegen den Erlaß des Reichsprasidenten wäre unbegründet, da 1. im Sommer 1932 eine Art Bürgerkriegslage bestanden hatte, die in blutigen Zusammenstößen organisierter Kampftruppen zum Ausdruck kam; 2. der Ministerpräsident, verantwortlich für die Politik Preußens und sein Innenminister, verantwortlich für die Polizei, versäumten, gegen die Staatsfeindlichkeit der KPD einzugreifen, und in der Hoffnung auf Bildung einer gemeinsamen Front mit ihr gingen sie mit schweren Maßnahmen gegen die Nationalsozialisten vor; 3. die Änderung der Geschäftsordnung des Landtags vom 12. April 1932 geschah mit der Absicht, die Wahl eines neuen Ministerpräsidenten im neuen Landtag zu hintertreiben; 4. der Staatssekretär im Preußischen Innenministerium habe KPD-Führern nahegelegt, sie möchten die Terrorabsichten ihrer Kampforganisationen verschleiern; 5. der Polizeipräsident Berlins habe seine Parteigenossen aufgefordert, die KPD gewähren zu lassen und nicht gegen sie einzugreifen; 6. Waffenscheine in großer Anzahl wurden an SPD und KPD Anhänger ausgegeben; 7. Gelder aus dem Staatssäckel Preußens wurden in der Wahlzeit für Parteizwecke benutzt.

Die Verordnung des 20. Juli, auf Grund des Art. 48 der Reichsverfassung, war daher notwendig und gerechtfertigt zur Wiederherstellung der gefährdeten öffentlichen Sicherheit und Ordnung (459).

Dem Reichspräsidenten sind weite Ermessensgrenzen gesetzt in der Ausübung seiner Befugnisse auf Grund des Art. 48. Ob ein Ermessensmißbrauch begangen, ist gerichtlich vom Staatsgerichtshof nachprüfbar. Die Reichsregierung hält das Erlassen der Verordnung des Reichspräsidenten für verfassungsmäßig im Rahmen seines pflichtgemäßen Ermessens. Es ist auch die Meinung des preußischen Innenministers, in seinem Gespräch vom Juni 1932 mit dem Reichsinnenminister v. Gayl, gewesen, daß die Einsetzung eines Reichskommissars zur Wiederherstellung der öffentlichen Sicherheit in Preußen bald notwendig werden könnte. Es ist ferner die Meinung der Reichsregierung, daß wer auf Grund von Art. 48, Abs. 1 die Geschäfte einer Landesregierung führt, auch ihre Funktionen im Reichsrat zu übernehmen hat (460).

Die Preußische Regierung wies die vorgelegten Anschuldigungen der Reichsregierung mit der Begründung zurück, daß: 1. den Ministern des Preußischen Staatsministeriums vor dem Erlaß der Verordnung vom 20. Juli niemals der geringste Hinweis gemacht worden war, daß sie die dem Lande Preußen obliegenden Pflichten gegenüber dem Reiche nicht erfüllten. 2. Beim Zusammentritt des neugewählten Landtags traten die preußischen Minister zurück und führten seitdem die Geschäfte des Landes – der preußischen Verfassung gemäß – als Mitglieder des geschäftsführenden Kabinetts weiter und sind als solche von den Parteien des Landtags, inklusiv der KPD, unabhängig; 3. Die Anschuldigungen gegen Innenminister Severing, Grzesinski und den Staatssekretär Abegg sind gegenstandslos und lassen sich anhand ihrer langjährigen Haltung und der von ihnen getroffenen Maßnahmen gegen kommunistische Umtriebe nicht substantiieren; 4. Die Wahl des Ministerpräsidenten ist Sache des Landtags und nicht des Staatsministeriums; 5. das Berliner Polizeipräsidium hat aus sachlich gerechtfertigten Gründen Waffenscheine an Mitglieder linksstehender Gruppen ausgegeben. Gelder für Parteizwecke sind der Staatskasse nicht entnommen worden. Im Zweifelsfalle ist das Problem ein preußisches und stellt keinen Verstoß gegen das Reich dar. 6. Der Standpunkt des Reichskommissars, daß nur die von ihm bestellten Kommissare berechtigt seien, Preußen, als Bevollmächtigte der Preußischen Regierung im Reichsrat zu vertreten, ist ultra vires und darum widerrechtlich. Nur landesverfassungsmäßige und besonders dazu berufene Instanzen können, gemäß Art. 63 der RVf, die Vertretung des Landes bei den Reichs- und Staatsorganen ernennen. 7. das Gespräch zwischen v. Gayl und Severing hat sich nur auf eine mögliche Zusammenarbeit von Polizeikräften Preußens mit den Sicherheitsorganen des Reichs bezogen.

Zusammenfassend stellt das Staatsministerium fest, daß die Vorwürfe der Reichsregierung von „politischen Meinungsverschiedenheiten" handeln, die dem Ermessen der Regierung des hoheitlichen Landes Preußens unterstehen und keine verfassungsmäßige Pflicht Preußens gegenüber dem Reich verletzen. (461)

Der Staatsgerichtshof unterschied zwischen den Anträgen Preußens, d.h. des Staatsministeriums und den der Länder

Bayern und Baden. Hier werden nur die Anträge des Staatsministeriums Preußens berücksichtigt.

Nach seinen Erwägungen kam der Staatsgerichtshof zum Urteil: „Die Verordnung des Reichspräsidenten vom 20. Juli 1932 zur Wiederherstellung der öffentlichen Sicherheit und Ordnung im Gebiet des Landes Preußen ist mit der Reichsverfassung vereinbar, soweit sie den Reichskanzler zum Reichskommissar für das Land Preußen bestellt und ihn ermächtigt, preußischen Ministern vorübergehend Amtsbefugnisse zu entziehen und diese Befugnisse selbst zu übernehmen oder anderen Personen als Kommissaren des Reichs zu übertragen. Diese Ermächtigung dürfte sich aber nicht darauf erstrecken, dem Preußischen Staatsministerium und seinen Mitgliedern die Vertretung des Landes Preußen im Reichstag, im Reichsrat oder sonst gegenüber dem Landtag, dem Staatsrat oder gegenüber anderen Ländern zu entziehen.

Soweit den Anträgen hiernach nicht entsprochen wird, werden sie zurückgewiesen." (462)

Der Staatsgerichtshof unterschied zwischen drei Gruppen von Anträgen: 1. „die sich unmittelbar gegen die Verordnung vom 20. Juli 1932 und deren Ausführungen richten"; 2. „daß gewisse Maßnahmen auf Grund des Art. 48 der RVerf niemals und unter keinen Umständen getroffen werden dürfen"; 3. „daß die Behauptungen des Reichs, wonach Preußen bestimmte Pflichten gegen das Reich nicht erfüllt habe, nicht begründet und nicht erwiesen seien." (463)

Antrag 2 blieb vom Staatsgerichtshof unberücksichtigt, weil die Antragsteller Bayern und Baden im Gegensatz zu Preußen, das sich diesem Antrag ausgeschlossen hatte, sich nicht in einer Verfassungsstreitigkeit mit dem Reich befanden. Jedoch hat der Antrag Bestand in Bezug auf das Recht der Landesregierungen, ihre Bevollmächtigten zum Reichstag zu ernennen und zu instruieren, ein Recht, daß das Reich sich gegenüber Preußen anmaßt und damit das Recht der anderen Länder in „Mitleidenschaft“ zieht. Zu diesem Punkte und nur zu diesem Punkte des verletzten Rechtes eines Landes als unvereinbar mit Art. 48 der Reichsverfassung stellt der Staatsgerichtshof fest: „Der Reichsrat ist eine ausgesprochen bundesmäßige Einrichtung, in der die Länder zu Worte kommen sollen. Durch den Reichsrat üben sie ihr verfassungsmäßiges Recht auf Mitwirkung bei der Gesetzgebung und Verwaltung des Reiches aus ... Die Auffassung der Reichsregierung, daß die Stellung der Länder im Reichsrat nur als eine tatsächliche Auswirkungsmöglichkeit des objektiven Verfassungsrechts, als sogenannte Reflexwirkung, anzusehen sei, ist mit Art. 60 ff. RVerf unvereinbar.“ (464)

Der Staatsgerichtshof konnte sich nicht der Meinung der Reichsregierung anschließen, daß die Nichterfüllung der Landespflicht gegenüber dem Reich eine reine Ermessensfrage wäre, die sich der gerichtlichen Untersuchung entzöge. Nach Prüfung der Sachlage verneinte der Staatsgerichtshof die Zulässigkeit des Art. 48, Abs. 1 für die erlassene Verordnung vom 20. Juli (465):

„Die Behauptungen, auf die das Reich den Vorwand der Nichterfüllung von Pflichten gründet, betreffen zu einem Teil Handlungen, die nicht von den verantwortlichen Trägern der Staatsgewalt in Preußen, sondern von nachgeordneten Persönlichkeiten, dem Staatssekretär im Preußischen Ministerium des Innern und dem Berliner Polizeipräsidenten, vorgenommen worden sind. In solchen Handlungen kann eine Pflichtverletzung des Landes Preußen nicht gefunden werden ...“ (466)

Wie steht es mit der Pflichtverletzung Preußens gegenüber dem Reich?

„Das gilt insbesondere für die Darlegungen des Verhaltens des Preußischen Landtags bei Abänderungen der Geschäftsordnungsbestimmungen, betr. die Wahl des Ministerpräsidenten, und über die Unterlassung der Wahl selbst, ferner über die Verausgabung staatlicher Mittel für partei-politische Zwecke. Hierbei handelt es sich um innerpreußische Angelegenheiten. Eine Verletzung des Art. 17 RVerf. liegt nicht vor, weil es das Bestehen geschäftsführender Regierungen, die im Art. 59 Abs. 2 PrVerf. und in anderen Landesverfassungen ausdrücklich vorgesehen sind, nicht ausschließt ..." (467)

Kann von einer Verletzung der Treuepflicht von preußischen Ministern gegenüber dem Reich gesprochen werden?

„Die Prüfung der Äußerungen des Ministers Dr. Severing ergibt aber, auch wenn man sie im Lichte der gesamten damaligen Lage vornimmt, daß sie die Grenzen der gebotenen Zureckhaltung nicht derart überschreiten, daß darin eine Pflichtverletzung des Landes gegenüber dem Reich erblickt werden kann! " (468)

Die Vorwürfe, die Preußische Regierung hätte es an der erforderlichen Tatkraft bei der Bekämpfung der kommunistischen Bewegung fehlen lassen, konnten nicht genügend bezeugt werden (469). Selbst „die nach den Feststellungen des Reichskommissars mit Bezug auf die Altonaer Vorgänge vom 17. Juli 1932 gefallene Äusserung des Ministers Severing, wenn er frei wäre, würde er sowohl den Polizeipräsidenten Eggerstedt wie den Regierungspräsidenten Abegg abberufen, weist nach dem Zusammenhang, in dem sie gefallen ist, nicht auf eine Abhängigkeit von den Kommunisten hin. Sie würde vielmehr höchstens andeuten, daß der Minister, weil er auf die Politik der Reichsregierung Rücksicht zu nehmen habe, nicht mit der von ihm an sich für angebracht gehaltenen Entschiedenheit gegen jene Beamten einschreiten könne, die durch allzu große Willfährigkeit gegen die Nationalsozialisten deren Umzug ermöglicht und damit die kommunistischen Ausschreitungen verschuldet hätten."

(470) Abschließend stellt der Staatsgerichtshof fest: „Auf Art. 48. Abs. 1 kann hiernach die Verordnung vom 20. Juli nicht gegründet werden. Damit erübrigt sich die Stellungnahme des Staatsgerichtshof zur Frage, welche Befugnisse für den Reichspräsidenten der Abs.1. in sich schließt und ob und inwieweit bei einem Vorgehen auf Grund dieser Vorschrift gewisse Formen zu beobachten sind." (471)

Der Staatsgerichtshof nahm keine Stellung zur Frage, ob er das Bestehen der Voraussetzungen des Art. 48, Abs. 2 nachprüfen oder die Entscheidung des Reichspräsidenten einfach hinnehmen sollte. Es wäre „offenkundig, daß die Verordnung vom 20. Juli 1932 in einer Zeit schwerer Störung und Gefährdung der öffentlichen Sicherheit und Ordnung erlassen worden ist ... Der Reichspräsident konnte in dieser Lage nach pflichtmäßigem Ermessen zu der Auffassung gelangen, daß es geboten sei, zu diesem Zweck nicht nur die polizeilichen Machtmittel des Reichs und Preußens in die Hand des Reichs zu legen, sondern die gesamten staatlichen Machtmittel des Reichs und Preußens in einer Hand zusammenzufassen und die Politik des Reichs und Preußens in einheitliche Bahnen zu lenken. Hieran würde es nichts ändern können, wenn die Behauptung Preußens zuträfe, daß die Gefahrenlage zum mindesten zu einem Teil auf die eigenen innerpolitischen Maßnahmen der Reichsregierung zurückzuführen sei." (472)

Der Staatsgerichtshof folgerte daraus: „Von dieser Grundauffassung aus erledigt sich die Einwendung Preußens, daß die Verordnung vom 20. Juli 1932 einen Ermessensmißbrauch oder doch eine Ermessensüberschreitung enthalte. Ein Ermessensmißbrauch werde nur in Frage kommen, wenn sich erweisen ließe, daß der Reichspräsident die Verordnung nicht zu dem Zwecke der Wiederherstellung der öffentlichen Sicherheit und Ordnung, sondern zu anderen, außerhalb des Art.

48, Abs. 2 liegenden Zwecken erlassen habe." (473) Einem Historiker ist es vielleicht in der Retrospektive gegeben, auf Grund von Material, das zur Zeit der Ereignisse oder der Gerichtsverhandlung nicht zugänglich war, die Dinge anders zu sehen. In den nachstehenden Ausführungen soll aber nur Material herangezogen werden, das auch dem Staatsgerichtshof zur Verfügung stand oder erreichbar war und eine andere Interpretation der Tatsachen zuläßt.

Die DAZ veröffentlichte am 20. Juli „Eine Notiz des Reichsinnenministers erhellt den Hintergrund des Staatsstreiches: Die junge, immer weitere Kreise umfassende Bewegung Adolf Hitlers mußte, um die in ihr lebendigen nationalen Kräfte dem Wiederaufbau des Volkes nutzbar zu machen, von den ihr unter Brüning und Severing angelegten Fesseln befreit und zum erfolgreichen Kampf gegen den internationalen Kommunismus gestützt werden."

Der Reichsinnenminister sah augenscheinlich den Grund der Verordnung nicht in einer bestehenden Gefahr für die öffentliche Sicherheit und Ordnung, in welcher das Reich oder Preußen schwebten, sondern in der Notwendigkeit, die „lebendigen nationalen Kräfte" der Bewegung Hitlers von den Fesseln zu befreien, die ihnen durch den Reichskanzler Brüning und den preußischen Minister des Innern angelegt wurden. Die Befreiung hat noch einen weiteren, tieferen Sinn: den Kampf gegen den internationalen Kommunismus. Der Reichsinnenminister wußte, wovon er sprach und hatte dies bereits in der Ministerbesprechung vom 11. Juli treffend zum Ausdruck gebracht (474).

Der Staatsgerichtshof adoptierte die These der Reichsregierung von der Bürgerkriegslage und stellte fest: „In jenem Zeitpunkt – am 20. Juli – standen große politische Parteien einander kampfbereit in erbitterter Feindschaft gegenüber. Die Feindseligkeiten entluden sich fast täglich in blutigen, zahlreiche Menschenleben vernichtenden Zusammenstößen. Zugleich aber bestand die ernste Gefahr, daß die innerpolitische Spannung sich noch weiter steigern und zu einer Bedrohung der Grundlagen unseres Verfassungslebens auswachsen würde." (475)

Bereits im Bericht der DAZ vom 25. März 1932 über Verhandlungen im Prozeß Hitler gegen Preußen vor dem Staatsgerichtshof in Leipzig, unter Vorsitz des Präsidenten des Reichsgerichts Dr. Bumke, heißt es: „Dr. Badt verlas daraufhin ein Schreiben des Reichsinnenminister Dr. Groener vom 8. März d.J. an die preußische Regierung, in dem erklärt wird, daß eine Persönlichkeit, die mit den Verhältnissen bei der NSDAP und besonders bei der SA ... vertraut sei, Wahrnehmungen gemacht habe, die zu Besorgnissen Anlaß gäben. Der Gewährsmann habe über Maßregeln der NSDAP berichtet, die über das bisherige Maß wesentlich hinausgegangen seien. In allen Teilen des Reiches, besonders aber in Schlesien, habe die SA die Waffenlager der Reichswehr feststellen lassen, um diese durch Handstreich zu nehmen ... überall dort, wo die SA-Führer nicht ehemalige Offiziere gewesen seien, seien sie durch solche ersetzt worden ..."

Die angebliche Bürgerkriegslage begann also nicht mit den Ereignissen in Altona am 17. Juli 1932, wie die amtliche Verlautbarung der Reichsregierung vom 20. Juli andeutet. Zeugnis dafür legen auch die zahlreichen Verordnungen des Reichspäsidenten ab, die er gestützt auf den Art. 48, Abs. 2 der RVerf, vom März 1931 bis Mai 1932 erlassen hat:. 1. Verordnung zur Bekämpfung politischer Ausschreitungen vom 28. März 1931, Reichsgesetzblatt, Jhrg. 1931, Teil 1, p.79; 2. Verordnung zur Bekämpfung politischer Ausschreitungen vom 17. Juli 1931, RGBl. Teil 1, p.371; 3. Verordnung zur Bekämpfung politischer Ausschreitungen vom 10. August 1931, RGBl. Jg. 1931, Teil 1, p.435; 4. Verordnung zur Sicherung von Wirtschaft und Finanzen und zur Bekämpfung politischer Ausschreitungen vom 6. Oktober 1931, RGBl. Jg. 1931, Teil 1, p.566; 5. Verordnung zur Sicherung von Wirtschaft und Finanzen und zum Schutze des inneren Friedens vom 8. Dezember 1931, RGBl. Jg.1931, Teil 1, p.742; 6. Verordnung zur Sicherung des inneren Friedens vom 17. März 1932, RGBl. I p.133; 7. Verordnung zur Sicherung der Staatsautorität vom 13. April 1932, RGBl. Jg. 1932, Teil 1, p.175; (SA-Verbot) 8. Verordnung zur Sicherung der Staatsautorität vom 3. Mai 1932, RGBl. Jg. 1932, Teil 1, p.185.

Sieben dieser acht Verordnungen wurden durch die Verordnung des Reichspräsidenten am 14. Juni 1932 aufgehoben, trotz der klar ausgesprochenen Warnung der süddeutschen Regierungschefs in ihrer Besprechung mit dem Reichspräsidenten am 12. Juni, nur zwei Tage zuvor. In der Niederschrift dieser Besprechung von Staatssekretär Dr. Meissner heißt es: „... weiter beschäftigten Bayern die Fragen der politischen militärähnlichen Organisationen und die Aufhebung des SA-Verbots. Mindestens zwei Drittel der bayerischen Bevölkerung sähen in einer solchen Aufhebung ein großes Unglück, und er warne die Regierung davor, dieses Verbot glatt aufzuheben. In der Aufhebung läge nach der bayerischen Auffassung eine Legalisierung des Terrorismus, der von diesen Verbänden früher ausgeübt wurde ... Unmittelbare Gefahr drohe, ließe man die Schaffung von Privatarmeen zu, die zum Bürgerkrieg führten. Er bitte dringend, das Verbot dahin zu erweitern, daß alle militärähnlichen Organisationen der Parteien grundsätzlich verboten werden, und daß von Reichs wegen eine Organisation der Jugend zur Wehrerziehung geschaffen wird ... Alles andere sei der Anfang vom Ende des Staates. Dadurch würde den Leuten der Weg geebnet, die zur Diktatur kommen wollen." (476)

In dieser Besprechung sagte Dr. Bolz, Staatspräsident Württembergs u.a.: „Auch in Württemberg bestehe große Sorge gegen die Aufhebung des SA-Verbots..." Der badische Staatspräsident Dr. Schmitt meinte: „Durch das Verbot der SA und SS sei ihnen kein Unrecht geschehen; er verweise auf drei Erkenntnisse des Reichsgerichts (4. Strafsenat vom 6.November 1930, 10. Februar 1931 und 30. Dezember 1931), welche die Illegalität der SA aussprechen. Die badische Regierung müsse jede Verantwortung für die Aufrechterhaltung der öffentlichen Ordnung in Baden ablehnen, wenn das Verbot aufgehoben würde, weil in Baden kein Militär stehe. Auch halte er die Ausdehnung des SA-Verbots auf alle militärähnlichen Verbände für zweckmäßig." (477)

Diese Warnungen waren also dem Reichspräsidenten und dem Reichskanzler bekannt, als sie zwei Tage später die neue Verordnung verkündeten, die ihre Unterschriften trug und u.a. das SA-Verbot aufhob. Der Reichskanzler konnte in der Besprechung mit den süddeutschen Staatshäuptern nur das Gegenargument vorbringen, „daß die Gleichheit wiederhergestellt werden müsse; durch das seinerzeitige Verbot ist eine ungleiche Behandlung eingetreten." (478)

Sei dem so. War aber die Wiederherstellung der Gleichheit – damals – für das Reich wichtiger als die Sicherheit und Ordnung, die durch das zeitweilige Opfer des Verzichts auf die Gleichheit vielleicht erreicht werden konnte? Haben Reichspräsident und Reichskanzler nicht gerade das Argument der Wiederherstellung der öffentlichen Sicherheit und Ordnung zur Verordnung vom 20. Juli benutzt, die höchstwahrscheinlich eher durch den Vorschlag des badischen Staatspräsidenten, das Verbot auf alle militärähnlichen Verbände auszudehnen, erreicht worden wäre?

Anscheinend hat Reichsgerichtspräsident Dr. Bumke die Gefährdung der öffentlichen Sicherheit und Ordnung nicht im Zusammenhang mit der Aufhebung des SA-Verbots gesehen, obschon er sicherlich die Entscheide des Reichsgerichts vom 6. September 1930, 10. Februar 1931 und 30. Dezember 1931 und die Verhandlungen der Klage Hitlers gegen Preußen vor dem Staatsgerichtshof im März 1932 gut kannte (479). Dr. Bumke stimmte trotz allem dem Ermessen zu, Preußen dem Mann in die Hand zu legen, der die Lage in Preußen verunsichert hatte. Er fügte seiner Entscheidung hinzu: „Hieran würde es nichts ändern können, wenn die Behauptung Preußens zuträfe, daß die Gefahrenlage zum mindesten zu einem Teil auf die eigenen innerpolitischen Maßnahmen der Reichsregierung zurückzuführen sei." (480)

Die DAZ berichtet am 18. März 1931 über die Innenministerkonferenz, welche vom Reichsinnenminister Dr. Wirth einberufen worden war. „Die Einbeziehung Hamburgs in den Kreis der vertretenen Länder läßt darauf schließen, daß es Dr. Wirth besonders darauf ankommt, auch über die Abwehr der politischen Bluttaten zu einem Übereinkommen mit den Ländern zu gelangen ..." Es geht also auch anders, wenn die öffentliche Sicherheit und Ordnung gewährleistet werden soll.

Am 13. April 1932 berichtet die DAZ: „Im Reichsinnenministerium werden gegenwärtig die Anträge verschiedener Länderregierungen geprüft, die darauf hinauslaufen, daß ein allgemeines SA-Verbot erfolgen soll."

Werden solche Anträge grundlos gestellt ohne unerträglichen Notzustand?

Viel ist darüber diskutiert worden, ob es eine Abmachung zwischen Papen und Hitler gegeben habe, daß letzterer unter gewissen Bedingungen die Regierung Papens tolerieren würde.

Dr. Badt erzählte am 11. Oktober 1932 dem Staatsgerichtshof: „Als ich gestern abend hier aus dem Verhandlungssaal kam, sah ich an den Anschlagsäulen ein großes rotes Plakat der nationalsozialistischen Partei, einen offenen Brief an den Reichspräsidenten. Jeder Absatz begann mit den Worten ‚Herr Reichspräsident' und in dem einen Absatz heißtes etwa: ‚Sie wissen, daß wir uns bereit erklärt hatten, die Regierung Papens zu tolerieren.'" (481)

Papen ließ durch Ministerialdirektor Gottheiner ein Dementi vor dem Staatsgerichtshof verlesen: „Verhandlungen oder Vereinbarungen der in der Erklärung des Vertreters der Reichsregierung vom 11. Oktober 1932 bezeichneten Art sind weder von mir persönlich noch in meinem Auftrag durch Mittelpersonen erfolgt und zwar auch nicht vor meinem Antritt als Reichskanzler. gez. v. Papen." (482)

Dr. Badt sagte vor dem Staatsgerichtshof aus: „Die Regierung Papen trat am 1. Juni ihr Amt an. Gleichzeitig erschienen in einigen Zeitungen Nachrichten, die Regierung Papen würde, um die Homogenität mit Preußen herzustellen, einen Reichskommissar einsetzen." (483)

Dem Staatsgerichtshof war es anscheinend klar, was Dr. Badt mit „Homogenität mit Preußen" meinte. Er ist nicht gefragt worden, was er darunter verstand oder damit zum Ausdruck bringen wollte.

Der „Völkische Beobachter" brachte am 3. Juni 1932 die Mitteilung der Pressestelle der NSDAP vom 2. Juni 1932 über die Kabinettsbildung Papens: „... daß ein Kabinett des besonderen Vertrauens vorerst die Aufgabe zu lösen habe, den Reichstag nach Hause zu schicken, Neuwahlen auszuschreiben, die Organisations-Propaganda- und die Demonstrationsfreiheit für die bisher so maßlos unterdrückte nationalsozialistische Bewegung wiederherzustellen und durch den Appell an die Nation Übereinstimmung zu schaffen zwischen dem Willen des Volkes und seiner parlamentarischen Vertretung ... Die Stellungnahme der Partei zum neuen Kabinett und seinen Maßnahmen wird zu gegebener Zeit erfolgen." (484)

Die Erwartungen der NSDAP sollten voll und ganz erfüllt werden. Zwei Tage nach der Mitteilung der Pressestelle der NSDAP geschah in zwei Teilzahlungen genau das, was die NSDAP von Papen erwartet hatte. Am 4. Juni wurden der Reichstag aufgelöst und Neuwahlen ausgeschrieben und zehn Tage später, am 14. Juni, wurde die Verordnung erlassen, welche „die Organisationspropaganda und Demonstrationsfreiheit“ wiederherstellte.

Absprache, Koinzidenz? Jedenfalls hatte v. Papen den von ihm geforderten Einsatz bezahlt, gemäß den Spielregeln der NSDAP, und glaubte nun, die Stellungnahme der Partei zum neuen Kabinett und seinen Maßnahmen in Ruhe erwarten zu können. Diese Tatsachen waren jedem aufmerksamen Zeitungsleser im Reiche zugänglich.

Das Einsetzen des Reichskommissars zur Wiederherstellung der öffentlichen Sicherheit und Ordnung, ohne mit den zuständigen Ministern darüber vorher verhandelt zu haben, ist erstaunlich, zumal diese „Notwendigkeit“ keine plötzlich eingetretene Naturerscheinung war. Es gab zumindest zwei wichtige Präzedenzfälle für Kontakte des Reiches mit den Ländern in Gefahrensituationen. Reichsinnenminister Wirth, wie bereits erwähnt, hatte die Innenminister der Länder zu einer Konferenz am 18. März 1931 eingeladen, um mit ihnen zu beraten, was geschehen soll, um die schweren politischen und blutigen Ausschreitungen abzuwehren. Reichsinnenminister v. Gayl selbst hatte mit dem Minister des Innern Preußens eine längere Besprechung im Juni 1932, die auch Gegenstand der Verhandlung des Staatsgerichtshof wurde. Ganz gleich, welche Darstellung des stattgefundenen Gesprächs zutreffend ist, es bleibt unbestreitbare Tatsache, daß die gefährdete öffentliche Sicherheit zur Sprache kam. In diesem Gespräch herrschte Übereinstimmung in dem Punkte, daß die Möglichkeit des gemeinsamen Handelns der preußischen Polizei und der Reichskräfte, um der Gefahr entgegenzutreten, sich ergeben könnte. Nach dem Tenor dieses Gesprächs ist es doch sehr verwunderlich, daß v. Gayl nicht auf die Idee kam, vor dem Erlaß der Verordnung seinen preußischen Kollegen Severing zur nochmaligen Beratung über die Situation heranzuziehen. Diese Tatsache war dem Staatsgerichtshof bekannt.

Dieser jedoch kam zum Schluß, daß das Ermessen des Reichspräsidenten bezüglich der ernsten Gefahr der Situation ihn dazu bewog, gestützt auf Art. 48, Abs. 2, die Verordnung zu erlassen. Deshalb sind alle Maßnahmen, die von dieser Verordnung herleiten und ihr nicht widersprechen, verfassungsgemäß. Die Anträge Preußens, die sich darauf beziehen, sind daher abzuweisen.

„Der Staatsgerichtshof geht, wie oben dargelegt, davon aus, daß der Reichspräsident für geboten erachtet hat und angesichts der außergewöhnlichen politischen Gefahrenlage für geboten erachten konnte, die staatlichen Machtmittel des Reichs und des größten deutschen Landes in einer Hand zusammenfassen und die preußische Landespolitik nach Möglichkeit der Reichspolitik anzugleichen. Zur Erreichung dieses Zweckes konnte es ohne Überschreitung des pflichtmäßigen Ermessens nötig erscheinen, auch die ministeriellen Geschäftsbereiche zu erfassen, deren Aufgaben nicht unmittelbar auf dem Gebiet der allgemeinen Politik oder der Aufrechterhaltung der polizeilichen Ordnung liegen.

Die Frage aber, ob der Reichskommissar bei seinen Maßnahmen gegen diese anderen preußischen Minister sachgemäß verfahren ist, hat der Staatsgerichtshof nicht nachzuprüfen. Soweit die dem Reichskommissar erteilte Ermächtigung mit der Reichsverfassung in Einklang steht, war er befugt, von dieser Ermächtigung nach seinem eigenen Ermessen Gebrauch zu machen. Wie er von der Emächtigung innerhalb ihrer Grenzen Gebrauch gemacht hat, hat er nur gegenüber dem Reichspräsidenten zu verantworten. Die Maßnahmen des Reichskommissars könnten daher als solche den Staatsgerichtshof nur beschäftigen, soweit sie etwa die Grenzen der ihm erteilten Ermächtigung überschritten haben sollten." (485)

Der ernannte Reichskommissar für Preußen übernahm im Rahmen der ihm gegebenen Vollmachten die Regierungsfunktionen der bisherigen Regierung Preußens, enthob sie des Amtes, ernannte an ihrer Stelle einen Reichskommissar für jedes Ministerium Preußens. Trotz dieser Änderungen und des aufgehobenen SA-Verbots änderte sich die gefährliche Situation der öffentlichen Sicherheit und Ordnung in Preußen nicht zum Besseren, sondern wurde eher gefährdeter. Weniger als drei Wochen nach der Ernennung des Reichskommissars für Preußen sah sich der Reichspräsident veranlaßt, die Verordnung gegen politischen Terror, vom 9. August 1932, welche für krasse Fälle sogar die Todesstrafe vorsah, zu erlassen. Am gleichen Tag veröffentlichte die Reichsregierung eine Zusatzverordnung über die Bildung von Sondergerichten (486). In beiden Fällen betrafen die Verordnungen nicht das Land Preußen sondern das Reich als solches. Die Verordnungen wurden ordnungsgemäß von den zuständigen Reichsministern gezeichnet. Die Reichskommissare wurden von diesen Verordnungen nicht berührt. Es ergibt sich aus dieser Situation, daß trotz der Einsetzung des Reichskommissars wie im Falle Preußens, der Reichspräsident zur Überwindung einer Gefahrsituation für innere Sicherheit und Ordnung, auf Grund des Art. 48, Verordnungen zur Wiederherstellung der Sicherheit und Ordnung in allen Gebieten des Reiches verhängen kann, ohne einen Reichskommissar für gefährdete Gebiete einzusetzen. Es gab also am 20. Juli mehr als eine Möglichkeit, der gefährlichen

Situation in Preußen Herr zu werden. Der Staatsgerichtshof hat davon abgesehen, die anderen Möglichkeiten zu erörtern, anscheinend im Glauben, daß das pflichtmäßige Ermessen des Reichspräsidenten, das sein verfassungsmäßiges Privileg ist, die entsprechende und erforderliche Antwort auf die Situation gibt. Dieses Privileg ist nicht in Frage gestellt. Jedoch der Staatsgerichtshof ist, seiner eigenen Aussage gemäß, nicht nur berechtigt, sondern in bestimmten politischen und rechtlichen Situationen angehalten, die Möglichkeit eines Ermessensmißbrauchs oder einer Ermessensüberschreitung zu prüfen. Das ist in diesem Fall nicht geschehen. Gesetzt den Fall, daß eine Untersuchung darüber stattfindet, aber nicht ergibt, daß es sich um eine Überschreitung oder einen Mißbrauch des Ermessens, sondern um eine fehlgeleitete oder mißverstandene Auffassung der Situation handelt, deren absehbare Folgen für die Verfassung und die Erhaltung der Ruhe und Ordnung im Staate weit gefährdender ist als die bestehenden Gefahrensituation? Diese Frage ist nicht von den Vertretern der Klage und nicht vom Präsidenten des Staatsgerichtshofs gestellt worden, obschon sie auf der Hand lag auf Grund der bekannten Greisenhaftigkeit des Reichspräsidenten. Gibt es nicht neben der Ermessensüberschreitung und dem Ermessensmißbrauch auch die Ermessensfähigkeit ?

Über die gesundheitliche Situation Hindenburgs schreibt Braun nach der Besprechung mit dem Reichspräsidenten vom 29. Oktober 1932, über die weiter unten berichtet wird: „Ich hatte den Reichspräsidenten lange nicht gesehen. Bei dieser Unterredung, der letzten, die mich mit ihm zusammengeführt hat, machte Hindenburg einen erschütternd greisenhaften Eindruck, so daß meine Empörung über seine Verordnung zurückgedrängt wurde durch das Mitleid mit diesem alten Mann, der aus Pflichtgefühl die Bürde der

Reichspräsidentenschaft nochmals auf sich genommen hatte und nun von skrupellosen Menschen so infam mißbraucht wurde." (487)

In diesem Zusammenhang sei noch auf das Gesetz über die Änderung des Art. 51 der Reichsverfassung vom 17. Dezember 1932 hingewiesen: „Der Reichspräsident wird im Falle seiner Verhinderung durch den Präsidenten des Reichsgerichts vertreten. Das gleiche gilt für den Fall einer vorzeitigen Erledigung der Präsidentenschaft bis zur Durchführung der neuen Wahl". Die Änderung der Reichsverfassung in diesem Punkte und zu diesem Zeitpunkt scheint nicht zufällig zu sein.

Das Kolorit der Verhandlungen vor dem Staatsgerichtshof in Leipzig hat der Sonderberichterstatter der „Vossischen Zeitung", Dr. Carl Misch, in seinem Bericht von Leipzig festgehalten: „Vorm Staatsgerichtshof fehlen die Rechtsanwälte, möglicherweise nicht ganz zum Segen der Sache. Um so zahlreicher sind die Hochschullehrer vertreten. Anschütz, der den ‚kanonischen' Kommentar zur Weimarer Verfassung schrieb, ist aus freien Stücken hinzugetreten, weil er die Not sieht, in die Rechtsstaat und Staatsrechtswissenschaft geraten sind durch die modernen, der Macht anhängenden Lehren. Er spricht mit Feuer, hastig, glühend vor Erregung. Sein Widerpart ist Carl Schmitt, der noch junge, glänzende Repräsentant der neuen Lehre. Wenn Schmitt spricht, so hat er das Ohr des Saales. Seine Beredsamkeit ist kühl und glatt, seiner Beweisführung dienend, indem sie es schwer macht, den Knick zu finden, den die Kette der Argumente unweigerlich bei ihm erhält. Er ist das beste Pferd im Stall des Reiches. Sein ‚Hafer' ist auch bei spärlichem ‚Ausritt' verdient. Um so häufiger traben Kollege Bilfinger und Kollege Jacobi aus; sie hörend, überlegt man ständig, welcher Universität von den beiden, denen sie zugehören, man mehr Glück wünschen soll ...

Neben Anschütz steht zunächst Giese, ebenfalls Urheber eines rühmlich bekannten Verfassungskommentars; seine Ausführungen zeichnen sich durch prägnante Kürze aus. Peters, jung, kampfesfroh, ist in dieser Verhandlung als erster, noch am späten Abend, gegen Carl Schmitt in die Schranken getreten. Heller, kaum älter, ein Mann, der nicht nur die Literatur, sondern auch die Welt kennt, scharfer Polemiker, führt eine gute Klinge. Zwischen diesen sieben Professoren sitzt als achter der Föderalist, der Münchener Professor Nawiasky, ein eigenwilliger, unabhängiger Kopf, dem deshalb die Studenten schon übel aufzuwarten suchten. Seine Lehre ist nicht unsere, aber mit seiner Argumentation kann grade die Reichsregierung, die Bayern bajuvarisch kam, schwer fertig werden.

Acht Professoren – und vier Ministerialdirektoren. Die preußische Phalanx führt Brecht, das Fähnlein des Reiches Gottheiner. Welch Gegensatz! Brecht: der hohe, schlanke Lübecker, blond, nordisch in Haltung und Sprüche, von schönem Ethos und Pathos bewegt, kein glänzender, aber stets ein sympathischer Redner. Und Gottheiner: Haltung und Sprache verraten, wie dieser Mann an sich gearbeitet haben muß, bis er so weitgehend die Herrschaft über sich gewann. Eine Kälte strahlt von ihm aus, lähmend manchmal bis zur Richterbank. Feuchtwanger in seinem neuen Roman hat römische Staatsmänner etwa so gezeichnet. Man atmet auf, wenn auch bei ihm zuweilen das Temperament durchschlägt.

Neben Gottheiner Schütze, ein Preuße. Neben Brecht Badt, ein anderer Preuße. Er ist der beweglichste von allen, er hatte wenige Stunden nach dem Gewaltakt des 20. Juli die Klageschrift fertig und war bereit, ins ihm vertraute Flugzeug zu steigen, um die Klage in Leipzig anzubringen; doch die Reichsregierung drohte, dem Flugzeug den Abflug zu verbieten. So setzte er sich ans Steuer seines Wagens, und abends, bald nach 9 Uhr, hielt der amtierende Vizepräsident des Staatsgerichtshofs den Antrag auf einstweilige Verfügung in Händen. Das Gemeinwohl geht Badt, dem Dogmen-Gläubigen und Dogmen-Strengen, vor jedem Dogma.

Eine Neuentdeckung für uns Berliner ist der Bayer von Jan. Ein guter Jurist, ein ausgezeichneter Sprecher und ein Mann von Witz und Geist. Schade, daß er so sehr Bayer ist, daß er wohl reichstreu, aber nicht reichisch ist, während die Preußen nie in preußischen Kategorien denken, sondern stets ‚reichisch'.

Vier aktive Ministerialdirektoren, aber der Präsident, Herr Bumke, war, bis er oberster Richter wurde, ebenfalls Ministerialdirektor, im Reichsjustizministerium. Diesen Streit muß ein Mann als Vorsitzender des Richterkollegiums entscheiden helfen, der aus der gleichen Sphäre hervorgegangen ist. Das ist charakteristisch für die Rolle, die das hohe Beamtentum heutzutage spielt. Sie sind alle aus dem gleichen Holz geschnitzt, deshalb kennen sie einander so gut. Brecht war lange im Reichsdienst, Gottheiner war preußischer Landrat. Badt würde als Reichsgerichtsrat gute Figur machen, Schütze diente noch vor kurzem unter Severing: es ist ein Unsinn, hier „mit bewaffneter Macht" einander zur Pflichterfüllung anzuhalten. Jetzt kämpfen sie mit scharf gespitzten Paragraphen gegeneinander. Bumke wirft dann und wann mit klangvoller Stimme in vorsichtig wägende Frageform gekleidet Anregungen ein. Man glaubt zu sehen, wohin er steuert. Aber er wehrt ab: keine Schlußfolgerung sei auf die Urteilsbildung des Gerichts gestattet. Nun man wird bald wissen, ob sie nicht gestattet, oder ob sie nicht zulässig war." (488)

Auf der Rückreise von Leipzig nach Berlin, am 25. Oktober 1932, war Dr. Brecht „erfüllt von dem Bewußtsein, dem größten Verfassungsprozeß in der Geschichte beigewohnt und einen Sieg für Wahrheit, Gerechtigkeit und Freiheit ...

errungen zu haben." (489) Schon wenige Tage nach der Urteilsverkündung mußte Dr. Brecht die Erfahrung machen, daß politisch gesehen, Wahrheit, Gerechtigkeit und Freiheit nicht so eindeutig sind wie ihre juristischen Definitionen. Er schreibt später: „Es hätte sich … gehört, nachdem der Staatsgerichtshof die Amtsentsetzung der Minister als verfassungswidrig annulliert hat, daß ihnen der Reichskommissar ihre Amtsräume wieder zur Verfügung stellte und die Kommissare sich mit anderen geeigneten Räumen begnügten. Eines der Mitglieder des Staatsgerichtshofs, Reichsgerichtsrat Schwalb, erklärte das in einem Aufsatz im Reichsverwaltungsblatt für selbstverständlich. Man ließ auch einige der Minister wieder in ihre Amtsräume zurückkehren, aber den beiden Sozialdemokraten Braun und Severing wurden sie weiter vorenthalten und statt dessen Räume im alten Herrengebäude in der Leipzigerstraße 3 angewiesen.

Ebenso erging es dem Finanzminister Klepper. Braun war im Interesse einer friedlichen Schlichtung bereit, sich mit Arbeitsräumen in der neben seinem Amtsgebäude, Wilhelmstraße 63, gelegenen Ministerwohnung [Wilhelmstraße 64] zu begnügen. Aber v. Papen und Bracht schlugen auch das ab, angeblich weil es zu Straßendemonstrationen zugunsten Brauns führen würde. Sie blieben dabei, obwohl Braun versicherte, er werde seine Räume ohne öffentliches Aufsehen in Besitz nehmen, und darauf hinwies, daß ja die Wilhelmstraße zur Bannmeile gehöre, wo Demonstrationen nicht zugelassen waren. Nichts hätte eine friedliche Ausführung der Staatsgerichtsentscheidung in diesem Punkte verhindert." (490)

Die Gespräche zwischen Brecht und Bracht führten auch nicht weiter. Braun bat deshalb um Audienz bei dem Reichspräsidenten. Es kam am 29. Oktober zu einer Besprechung unter Teilnahme Papens, welche eine Stunde und fünf Minuten dauerte.Der Reichspräsident sagte einleitend u.a.: „Der

Streit zwischen Preußen und dem Reich ... sei durch das Urteil des Staatsgerichtshofs erledigt. Es sei selbstverständlich, daß die Reichsregierung sich auf den Boden dieses Urteils stelle. Wir wollen loyal versuchen, auf diesem Boden zu einer Zusammenarbeit zu gelangen, welche den der preußischen Regierung vom Staatsgerichtshof zugesprochenen Rechten Rechnung trägt und auf der anderen Seite die Befugnisse des Reichskommissars und die Notwendigkeit einer einheitlichen Reichspolitik währt."

Nach einleitenden Worten, die Ausdruck des Vertrauens für den Reichspräsidenten und die Rechtssprechung des Staatsgerichtshofs waren, meinte Braun: „Aus dem Urteil ergeben sich für die Praxis eine Reihe von Schwierigkeiten. Aber in einem Punkte ist das Urteil klar, nämlich darin, daß die Amtsentsetzungen der preußischen Minister verfassungswidrig waren und nicht erfolgen durften; ebenso hat der Staatsgerichtshof den Vorwurf zurückgewiesen, daß die preußische Regierung ihre Pflicht dem Reich gegenüber verletzt habe ... Der Staatsgerichtshof hat zwar erkannt, daß der Reichskommissar nach Artikel 48,2 Amtsbefugnisse der Minister übernehmen kann, aber Voraussetzung dafür ist immer die Notwendigkeit, eine Gefährdung der öffentlichen Sicherheit und Ordnung abzuwehren. Es fragt sich, ob diese Gefährdung der öffentlichen Ordnung, nachdem der Reichskommissar seit mehreren Monaten amtiert und die Ruhe wohl wieder hergestellt hat, diese Voraussetzungen noch gegeben sind. Nach meiner Auffassung dürfen Maßnahmen, die die preußische Regierung beschränken, nur solange aufrecht erhalten werden, als dies im Interesse der öffentlichen Sicherheit notwendig ist. Ich muß bestreiten, daß es heute notwendig ist, ... ich würde es verstehen, wenn bis auf weiteres die Polizeikraft usw. ihm (dem Reichskommissar) unterstellt werden ... Der Artikel 48 darf nicht dazu verwandt werden, die Verfassungs- und Verwaltungsreform durchzuführen ...

Mein Verlangen ist also, daß die Anordnungen des Reiches auf solche Maßnahmen beschränkt werden, die notwendig sind zur Aufrechterhaltung der öffentlichen Sicherheit." Braun schlug Verhandlungen zwischen Reichs- und Staatsregierung vor über „die Zusammenfassung der Verwaltung im Reich und Preußen ..."

Reichskanzler v. Papen, der darauf das Wort ergriff, sagte „... es hat uns ferngelegen, die persönliche Integrität des Ministerpräsidenten Braun und seiner Ministerkollegen anzuzweifeln." Er sei gewillt, „das Urteil loyal auszuführen." Seinem Verständnis nach habe der Staatsgerichtshof entschieden, die Exekutive liege „im vollen Umfange beim Reichskommissar, die Vertretung des Landes bei der bisherigen Regierung. Die Exekutive kann nicht geteilt werden ... Die politische Lage hat sich in den letzten drei Monaten weiter verschärft ..." Er führte aus, daß im Unterschied zu Braun er der Meinung sei, „daß es bei der gegenwärtigen Lage notwendig ist, aufgrund der nach Maßgabe des Artikel 48 gegebenen Vollmachten auch die Verwaltungsreform durchzuführen und die Verfassungsreform vorzubereiten", um dem ungesunden Dualismus zwischen Preußen und Reich ein Ende zu machen.

Braun machte geltend, daß die Bitte um Rückgabe der alten Amtsräume an die Minister, Informationen von den Referenten zu erhalten und Akteneinsichtnahme, keinen Eingriff in die Exekutive bedeute. Papen antwortete, daß dem Wunsch nach Information über den Reichskommissar oder seine Vertreter nachgegeben werden kann. Die Herren erreichten keine Übereinstimmung und der Reichspräsident schlug vor, daß die ausstehenden Einzelheiten zwischen der Preußenregierung und dem Reichskanzler und Reichskommissar verhandelt und geregelt werden und schloß die Besprechung mit den Worten: „Das Reich könne aber nur eine einheitliche Politik führen und zu diesem Zwecke müßten bei der gegenwärtigen Lage die Machtmittel des Reiches und Preußens in einer Hand zusammengefaßt sein. Anders käme man nicht aus den Schwierigkeiten heraus." (491)

Der Reichskanzler, im Gegensatz zu Braun, war mit dem Ergebnis der Besprechung nicht unzufrieden. Bereits vor der Besprechung zwischen Hindenburg und Braun am 29. Oktober 1932 äußerte sich v. Papen in der Sitzung seiner Reichskommissare: „Die in dem Urteil vorgenommene Zweiteilung der Gewalt sei zwar im höchsten Maße unbequem; die Reichsregierung sei aber entschlossen, sich in keiner Weise durch das frühere Preußische Staatsministerium in die Exekutive hineinreden zu lassen. Sie wolle dem Kabinett Braun Räume anweisen und ihm mitteilen, daß über alle streitigen Einzelfragen nur mit dem Herrn Reichskommissar Dr.Ing. Bracht verhandelt werden dürfe. Auf diesen Standpunkt werde er, der Reichskanzler, sich bei der bevorstehenden Besprechung mit Herrn Ministerpräsidenten Dr. Braun beim Herrn Reichspräsidenten stellen. Die Reichsregierung erwäge, ob es zweckmäßig sei, den Ministerialdirektor Dr. Brecht als Mittelsperson zwischen dem alten preußischen Kabinett und Herrn Reichskommissar Dr. Ing. Bracht zu bestellen ..." (492)

In der darauf folgenden Sitzung des kommissarischen Preußischen Staatsministeriums führte er nicht ohne Genugtuung aus: „Der Streitfall zwischen der früheren Preußischen Staatsregierung und der Reichsregierung vor dem Staatsgerichtshof in Leipzig habe die kommissarische Staatsregierung nicht daran hindern können, die von ihr aus notwendig erachteten Maßnahmen auch personeller Natur zu treffen. Er, der Reichskanzler, sei bei der Unterredung mit Herrn Ministerpräsidenten Dr. Braun bei dem Herrn Reichspräsidenten der Auffassung entgegengetreten, daß die kommissarische Preußische Regierung nur dazu berechtigt sei, für Ruhe und Ordnung zu sorgen. Da sich der Preußische Landtag nicht in der Lage gezeigt habe, eine verfassungsmäßige Staatsregierung zu bilden, so bestehe noch immer Gefahr für den Preußischen Staat und die Notwendigkeit für die kommissarische Regierung, die Staatsautorität zu wahren. Deshalb dauere ihre Aufgabe an. Die Ernennung von neuen Reichskommissaren auf Grund der Verordnung vom 20. Juli 1932 und die Ernennung des Herrn Reichskommissars Dr. Ing. Bracht und des Herrn Staatssekretärs z.D. Professor Dr. Popitz zu Reichsministern ohne Geschäftsbereich solle eine Verklammerung der kommissarischen Preußischen Staatsregierung mit der Regierung des Reiches darstellen. Die Reichsregierung und die kommissarische Preußische Staatsregierung bedeutet eine Kampfgemeinschaft, die davon überzeugt sei, daß die Geschichte ihr dereinst recht geben werde, und die sich in ihrem Kampfe für die Sache und das Land nicht beirren lassen werde.“ (493)

Papens Schritt führte zur Verwaltungsreform ohne Vefassungsänderung, zur „Verklammerung“ der Regierungen Preußens und des Reichs, und das Urteil der Geschichte darüber ließ nicht lange auf sich warten.

Da die Verhandlungen zwischen Preußen und dem Reich im Sande verliefen und die schwierige Situation nicht erleichterten, erließ der Reichspräsident – auf Anraten Papens – am 18. November 1932 die Anordnung über die Abgrenzung der Zuständigkeiten in Preußen, die auf eine Sanktionierung der Papen‘schen Schritte hinauslief. Der Reichspräsident verordnete im Grunde die völlige Loslösung der Exekutive vom preußischen Staatsministerium und übertrug sie auf die Kommissare des Reiches, einschließlich des Rechts zu Verhandlungen mit den Reichsbehörden zur Durchführung ihrer Aufgaben und zur Teilnahme an von diesen einberufenen Sitzungen (Art. 5).

Der Art. 2 der Anordnung lautet klar: „Verordnungen, deren Erlaß nach Reichsrecht oder preußischem Recht der Preußischen Landesregierung, dem Preußischen Staatsministerium oder einzelnen preußischen Staatsministern zusteht, haben ausschließlich die Kommissare des Reichs oder der nach seinem Geschäftsbereich zuständige Kommissar des Reiches zu erlassen." Gemäß dem Art. 7 werden dem Ministerpräsidenten und den Staatsministern die Ministerialdirektoren Badt, Brecht und Cossmann als ständige Bevollmächtigte Preußens zum Reichsrat im Hauptamt „ständig zur Verfügung" gestellt. Art. 9 verordnet, daß die Kommissare des Reiches in dieser Eigenschaft an den Sitzungen des Reichstags, des Reichsrats, des Landtags und des Staatsrats und deren Ausschüsse nicht teilnehmen. Werden jedoch Anfragen dieser Körperschaften an das Staatsministerium gerichtet, „wird der Reichskanzler als Reichskommissar für das Land Preußen dem Ministerpräsidenten oder der nach seinem Geschäftsbereich zuständige Kommissar des Reichs dem zuständigen Staatsminister die erforderlichen Unterlagen, die zur Abgabe einer Erklärung oder Antwort in der in Frage kommenden Körperschaft instandsetzen, zur Verfügung stellen." Art. 10 bestimmt, daß der Ministerpräsident und die Staatsminister in der Erfüllung der ihnen verbliebenen Aufgaben über den zuständigen Staatssekretär Auskünfte und Akten, die sie benötigen, jeweils erhalten können (494).

Mit dieser Verordnung ist die Grenzlinie zwischen dem Preußischen Staatsministerium und den eingesetzten Reichskommissaren endgültig gezogen worden. Am Tage der Verordnung sandte der Reichspräsident ein Schreiben an Ministerpräsident Braun, in dem er u.a. ausführte: „Ich bedauere, daß die bisherigen Verhandlungen nicht zu einer Einigung geführt haben. Es erscheint mir aber nicht möglich, die Klärung der Verhältnisse weiter aufzuschieben. Das Interesse des Reichs und des Landes Preußen verlangt vielmehr eine beschleunigte Bereinigung aller durch das Urteil des Staatsgerichtshofs entstandenen Schwierigkeiten, um Reibungen für die Zukunft auszuschließen, und ein verträgliches Zusammenarbeiten zum Wohle des Landes und des Reichs zwischen den Kommissaren des Reichs und den Preußischen Staatsministern im Geiste des Urteils sicherzustellen. Dies bezwecken meine Anordnungen." (495)

Dieses Schreiben des Reichspräsidenten gelangte gleichzeitig mit seiner Anordnung zur Veröffentlichung. Ohne nach den Gründen der Veröffentlichung des Schreibens zu suchen, genügt der Hinweis auf die Formulierung: „Bereinigung aller durch das Urteil des Staatsgerichtshofs entstandenen Schwierigkeiten." Der Staatsgerichtshof ist also an allen Schwierigkeiten schuld und nicht die Interpretation der Reichsregierung, wie die Verordnung vom 20. Juli durchzuführen ist. Der Staatsgerichtshof hat zu dem Problem der Büroräume des Staatministeriums und des Ministerpräsidenten keine besondere Stellung genommen, die Reichsregierung behielt darin freie Hand.

Die preußische Regierung schwieg zu der Verordnung des Reichspräsidenten vom 18. November 1932. Nicht so der Preußische Staatsrat, der in seinem Schreiben vom 24. November 1932 an das Preußische Staatsministerium zu dieser Verordnung Stellung nahm und u.a. zum Schluß kam: „Der Erlaß des Herrn Reichspräsidenten vom 18. November 1932, der die Ausübung der Befugnisse der Landesregierung (Staatsministerium) und des Reichskommissars für das Land Preußen regeln will, trägt nach der Auffassung des Staatsrats in wesentlichen Punkten der Entscheidung des Staatsgerichtshofes nicht Rechnung und widerspricht der Reichs- und Landesverfassung.

Die Verordnung des Herrn Reichspräsidenten, betreffend die Wiederherstellung der öffentlichen Sicherheit und Ordnung im Gebiet des Landes Preußen vom 20. Juli 1932, sowie der Erlaß des Herrn Reichspräsidenten vom 18. November 1932 greifen so tief in die durch die Reichsverfassung garantierten Rechte Preußens ein, daß die Selbstständigkeit des Landes Preußen und seine Stellung im Reich nicht mehr gewahrt sind.

Nach dem Urteil des Staatsgerichtshofs ist aussschließlich die Landesregierung (das Staatsministerium) berechtigt und verpflichtet, dem Staatsrat gegenüber die Befugnisse und die Obliegenheiten der Landesregierung wahrzunehmen.

Der Reichskommissar ist deshalb verpflichtet, der Landesregierung die Ausübung der ihr zustehenden Rechte und der ihr obliegenden Pflichten gegenüber dem Staatsrat zu ermöglichen." (496)

Das von Konrad Adenauer unterschriebene Schreiben hält „eine Klage Preußens beim Staatsgerichtshof für notwendig". Die Klage in diesem Falle ist entfallen, Preußen schien den neuen Reichskanzler abzuwarten, von dem es sich viel versprach. Ein schwacher Versuch wurde daraufhin von der SPD-Fraktion des Landtags mit dem Urantrag Nr.1271 vom 24. November 1932 unternommen, von dem wahrscheinlich niemand einen Erfolg erwartete. Der Antrag verlangte „die sofortige Einsetzung des Staatsministeriums in alle die Rechte, die zur Durchführung der Aufgaben des Landtags als Vertretung des preußischen Volkes erforderlich sind. Er erneuert im übrigen ihr Verlangen auf sofortige Aufhebung der Verordnung vom 20. Juli 1932 und der Verordnung vom 18. November 1932." (497) Eine Entschließung des Landtags im gewünschten Sinne hätte wahrscheinlich seine Kompetenzen überschritten, da gemäß der Reichsverfassung, Art. 48, Abs. 3 nur der Reichstag befugt ist, Verordnungen, die der Reichspräsident auf Grund des Art. 48. Abs. 1 und 2 erläßt, außer Kraft zu setzen. „Die sonstige Gültigkeit der ... kraft der Diktaturgewalt getroffenen Maßnahmen, insbesondere die Frage, ob die auf Grund der Abs. 2 und 4 erlassenen Verordnungen sich in den durch Art. 48 gesetzten Schranken halten, [ist] dem richterlichen Prüfungsrecht nicht entzogen ...", weil das Gericht, zum Unterschied von Gesetzen, Verordnungen jeden Ursprungs auf ihre Verfassungs- und Rechtsgültigkeit zu prüfen berechtigt ist. (498)

Die SPD-Fraktion des Landtags hätte wahrscheinlich mehr Erfolg gehabt, einen Entschluß des Landtags herbeizuführen, die Rechtmäßigkeit der Anordnung des Reichspräsidenten vom 18. November 1932 vom Staatsgerichtshof überprüfen zu lassen, falls dieser die Zuständigkeit des Antragsstellers anerkannt hätte. Es wäre auch ein Urantrag der SPD-Fraktion des Reichstags auf Aufhebung der Verordnungen vom 20. Juli und 18. November zu erwägen gewesen mit der Begründung, daß die aktuelle Situation in Preußen den Voraussetzungen des Art. 48 Abs. 2 nicht bzw. nicht mehr entspricht. Der Erfolg eines solchen Antrages wäre nicht unbedingt gesichert, aber auch nicht ganz aussichtslos bei der Zusammensetzung des Reichstags und nach dem Rücktritt der Regierung Papens am 17. November 1932. Es ist nicht ausgeschlossen, daß Hitler die Möglichkeit, den Reichspräsidenten und seinen verabschiedeten Reichskanzler durch den Reichstag desavouieren zu lassen, nicht ungern gesehen hätte, nachdem seine erhoffte Bestellung zum Reichskanzler sich nicht realisierte. In diesem Zusammenhang ist bemerkenswert, daß eine der Bedingungen des Reichspräsidenten zur Ernennung Hitlers war: „die Gewähr dafür, daß keine Rückkehr zum Dualismus Reich – Preußen eintrete." (499)

Die Verordnung des Reichspräsidenten vom 18. November ist im Rahmen des Urteils vom 25. Oktober 1932 verfaßt. Bei genauerer Prüfung des Urteils kann und darf die Frage gestellt werden, wie ist der „vorübergehende“ Entzug der Amtsbefugnisse des preußischen Minister zu ermessen? Wer bestimmt die Dauer bzw. das Ende des Entzugs? Zwar kann der Reichstag darüber beschließen, sonst aber hängt die Dauer des „Vorübergehens“ ausschließlich vom Ermessen des Reichspräsidenten ab.

Die offensichtlich guten Vorbereitungen Papens zum Erlaß der Verordnung vom 18. November 1932 und zum Schreiben des Reichspräsidenten vom gleichen Tage an den preußischen Ministerpräsidenten konnten seinen Rücktritt und den seiner Regierung am 17. November nicht aufhalten. Die Lokomotive stand bereits unter Dampf und mußte losfahren. Die Publizierung der Verordnung war vorher beschlossen. Es stellt sich rückblickend die Frage, ob die Verordnung rechtskräftig gewesen ist. Sie trägt nur die Unterschrift des Reichspräsidenten. Weder der Reichskanzler noch der zuständige Reichsinnenminister haben gegengezeichnet. Artikel 50 der Reichsverfassung sagt ausdrücklich: „Alle Anordnungen und Verfügungen des Reichspräsidenten, auch solche auf dem Gebiete der Wehrmacht, bedürfen zu ihrer Gültigkeit der Gegenzeichnung durch den Reichskanzler oder den zuständigen Reichsminister. Durch die Gegenzeichnung wird die Mitverantwortung übernommen.“

Reichswehrminister v. Schleicher folgte Papen als Reichskanzler. Braun hoffte, den neuen Reichskanzler überzeugen zu können, es wäre auch in seinem Interesse, die Verordnung vom 20. Juli zu revidieren (500). Die Hoffnung schlug fehl – noch vor der Ernennung Hitlers zum Reichskanzler.

Nach der Ernennung Hitlers am 30. Januar 1933 trat v. Papen wieder auf die Regierungsbühne und nahm die Entmachtung Preußens mit Beschleunigung wieder auf. Wie die Dinge sich entwickelt hatten, konnte v. Papen sich mit der Macht der Exekutive Preußens, welche die Verordnung des Reichspräsidenten vom 18. November dem Reichskommissar für Preußen zugesprochen hatte, nicht begnügen. Er wollte eine ihm genehme Preußenregierung, die aber nur durch die Auflösung des Landtags und Neuwahlen zu erzielen war. In der gegebenen Situation konnte aber nur das Dreimännerkollegium, bestehend aus dem Ministerpräsidenten Braun, dem Präsidenten des Landtags, Kerrl, und dem Präsidenten des Staatsrats, Adenauer, den Beschluß fassen, den Landtag aufzulösen. Braun und Adenauer wurden am 4. Februar von Kerrl gebeten, mit ihm die Auflösung zu beschließen, lehnten aber den Wunsch ab. Papen wußte einen Ausweg. Er überzeugte mit Leichtigkeit den Reichspräsidenten, daß die Regierung Preußens, d.h. der Ministerpräsident Braun, durch seine Weigerung, der Auflösung des Landtags zuzustimmen, die Geschäfte des Landtags beeinträchtigte und „Verwirrung im Staatsleben" hervorrief. Es sei unbedingt nötig, der Preußenregierung die noch rechtlichen Befugnisse zu entziehen und sie auf den Reichskommissar zu übertragen. Hindenburg willigte ein und erließ die von Papen gewünschte Verordnung am 6. Februar, die dieser noch am gleichen Tag den Preußischen Staatsministern übersandte (501).

Der Text der Verordnung steht zweifellos im Widerspruch zum erlassenen Urteil des Staatsgerichtshofs am 25. Oktober 1932.

„Verordnung zur Herstellung geordneter Regierungsverhältnisse in Preußen. Auf Grund des Art. 48, Abs1 der Reichsverfassung verordne ich folgendes:

Paragraph 1: Durch das Verhalten des Landes Preußen gegenüber dem Urteil des Staatsgerichtshofs für das Deutsche Reich vom 25. Oktober 1932 ist eine Verwirrung im

Staatsleben eingetreten, die das Staatswohl gefährdet. Ich übertrage deshalb bis auf weiteres dem Reichskommissar für das Land Preußen und seinen Beauftragten die Befugnisse, die nach dem erwähnten Urteil dem preußischen Staatsministerium und seinen Mitgliedern zustehen.

Paragraph 2: Mit der Durchführung dieser Verordnung beauftrage ich den Reichskommissar für das Land Preußen.

Paragraph 3: Diese Verordnung tritt mit dem Tage ihrer Verkündung in Kraft".

Wie erinnerlich, beabsichtigte das salomonische Urteil des Staatsgerichtshofs die „Verwirrung im Staatsleben" zu vermeiden und bestimmte die Befugnisse und den Aufgabenkreis des Reichskommissars und des Staatsministeriums.

In dem Begleitbrief v. Papens an die Staatsminister heißt es selbstbewußt: „Ich bitte Sie ergebenst, sich fortan jeder Diensthandlung enthalten zu wollen. Die Vertretung des Landes Preußens im Reichsrat wird diesseits geregelt. Unter diesen Umständen darf ich Sie bitten, nach Abwicklung der laufenden Geschäfte die bisher innegehaltenen Büroräume sobald als möglich zur Verfügung zu stellen."

Die Verordnung trägt offenbar die Unterschrift des Reichspräsidenten und ist nicht vom Reichskanzler oder vom Reichskommissar, sondern vom Stellvertreter des Reichskanzlers, v. Papen, gegengezeichnet (502). Der vermutliche Grund liegt vielleicht in der kürzlich vorher gemachten Erfahrung Papens, daß das Amt des Reichskommissars für Preußen auch Hitlers ersehnter Wunsch war. Hitler hatte diesen Wunsch schon vorher ausgesprochen. Papen schien darüber ungehalten und beschrieb die Situation, die sich im Büro Meissners abspielte, als der Reichspräsident bereits Hitler und sein Kabinett am 30. Januar 1933 zur Vereidigung erwartete: „Hitler erneuerte sofort den Anspruch auf die Übertragung der Vollmachten des Reichskommissars für

Preußen. Es bedeutet eine außerordentliche Beschneidung seiner Rechte, wenn man dieses Amt mir übertrage. Ich sagte ihm, daran sei jetzt nichts zu ändern, aber ... könne man später über diesen Punkt reden." (503)

Nachdem die Verordnung vom 6. Februar die Befugnisse der Regierung Preußens auf den Reichskommissar und seine Beauftragten übertragen hatte, beeilte sich v. Papen am gleichen Tage mit Hilfe der Stimme Kerrls und gegen die Stimme Adenauers, den Landtag aufzulösen.

Das Preußische Staatsministerium reichte noch am selben Tage eine Klage beim Staatsgerichtshof wegen Verfassungsbruch ein. Bereits am 4. Februar 1933 durfte der Reichskommissar v. Papen, in der Sitzung der Kommissare des Reichs, seinen neu ernannten „Kommissar für den Geschäftsbereich des Preußischen Ministerium des Innern, Herrn Reichsminister Göring" begrüßen. (504)

Der Vizekanzler wollte seinen Sturm auf die Festung Preußen bis zu ihrem totalen Fall schnell durchführen. Am 15. Februar 1933 richtete er an Ministerpräsident Braun ein Schreiben, in dem es hieß, er möchte bis zum 25. Februar das Personal dem Reichskommissar wieder zur Verfügung stellen, und daß Dr. Simons, die Ministerialräte Pfeffer und Hirschfeld wie auch Regierungsassesor Arian ihren Dienst am 25. Februar 1933 beenden (505).

Die Klage vor dem Staatsgerichtshof kam nicht mehr zur Verhandlung. Am 4. März erreichte Braun mit Badts Hilfe die Schweiz. Die Wahlen zum Reichstag am nächsten Tag, 5. März 1933, brachten der NSDAP 43,9 Prozent aller abgegebenen Stimmen, also keine absolute Mehrheit im neugewählten Reichstag. Die Wahlen für den Landtag Preußens wurden am gleichen Tag abgehalten; die Nationalsozialisten erhielten 211 Mandate, die übrigen Parteien insgesamt nur 200 Mandate.

Am 27. März 1933 brachte die D.A.Z. die folgende Nachricht: „Ehemalige Regierung Braun verzichtet endgültig. Der amtliche preußische Pressedienst teilt mit: der bisherige Ministerpräsident, Dr. Braun, und die bisherigen Staatsminister Dr. Hirtsiefer, Dr. Severing, Dr. Schreiber, Dr. Schmidt-Klepper, Dr. Steiger und Grimme haben dem Reichskommissar für das Land Preußen, Vizekanzler v. Papen, mitgeteilt, daß sie auf Grund des Beschlusses des Preußischen Landtages vom 22. März 1933 von der Verpflichtung aus der Vorschrift des Artikels 59, Abs. 2 der preußischen Verfassung entbunden fühlten und ihre Ämter endgültig niederlegten. Der Reichskommissar für das Land Preußen, Vizekanzler v. Papen, hat die Kenntnisnahme dieses Entschlusses bestätigt."

Papen hatte sein Ziel erreicht, mußte sich aber am 7. April 1933, als Göring vom preußischen Landtag zum Ministerpräsidenten gewählt wurde, mit seiner Vizekanzlerschaft begnügen.

An diesem Tage beendete der Reichskommissar für Preußen sein Amt, ohne besondere Verordnung oder Annullierung der bestehenden Verordnung des Reichspräsidenten vom 20. Juli 1932.

Am 7. April erließ Hitler ein Gesetz, daß sämtliche Landesregierungen Reichsstatthaltern unterstellt werden, nachdem sein erstes Gesetz vom 31. März 1933 auf Grund des Ermächtigungsgesetzes vom 23. März alle Landtage aufgelöst hatte, die allerdings ohne Neuwahlen und nur aufgrund der abgegebenen Stimmen der Länder zur letzten Reichstagswahl – 5. März 1933 – wieder eingesetzt wurden. Sic pereat gloria mundi.

XIII.
EPILOG

Die als Monographie über Dr. Badt konzipierte Arbeit hat sich notwendigerweise zu einer Geschichte über das Ende der Weimarer Republik erweitert.

Wie war es möglich, daß die junge Republik ein solch jähes Ende nahm, und die kurze Dauer ihrer Existenz ihr auch noch selbst angelastet wurde?

Die Revolution 1918 hatte die Abschaffung der Monarchie zur Folge, aber die Stütze des alten Systems blieb unangetastet.

Die erzwungene Abdankung des Kaisers und der Könige war für das Reich und die Länder ein traumatisches Erlebnis, das sie ihrer gottnahen Vatergestalt – von Gottes Gnaden – beraubte. Das Reich fühlte sich verwaist. Die freigewordenen Positionen wurden von Männern eingenommen, welche die Vatergestalt nicht ersetzen konnten und vielleicht auch nicht ersetzen wollten. Die alte Bürokratie des Kaiserreichs blieb im Amte und formte das republikanische System nach der alten Tradition. Sie wurde die Brücke zwischen dem Kaiserreich und der neugeborenen Republik.

Der erste Präsident der Republik, Friedrich Ebert, war mehr ein ehrwürdiger Sohn des Volkes als eine geliebte Vatergestalt. Es irrte der erste Präsident der Nationalversammlung, Eduard David, der nach der Wahl Eberts durch die verfassungsgebende Nationalversammlung ausrief: „Zum ersten Male hat sich das deutsche Volk ein Oberhaupt aus freier Selbstbestimmung gegeben … Verschwunden ist der Vormund aus ererbtem Recht. An seiner Stelle steht der selbstgewählte Führer!“ Der letzte Satz scheint eine ungewollte Prophetie der nahenden Ereignisse gewesen zu sein.

Paul Löbe, der erste Präsident des Reichstags, mußte wenig später eingestehen: „Nur ein Teil des Volkes folgte solchen Gedankengängen, ein anderer schien sich zu schämen, daß ein einfacher Mann, ein früherer Sattlergeselle, ein Arbeitersekretär, ein Ratgeber der Ärmsten den ersten Platz im Reich bezog.“ (506)

Das deutsche Volk brauchte seine Vatergestalt und erhielt sie in Hindenburg, der Zeit seines Lebens dem Kaisertum treu blieb.

Obschon die Republik respektable Erfolge aufzuzeigen hatte – wie Reichsverfassung, Reichseinheit, Rapallo, Locarno, Mitgliedschaft im Völkerbund –, entstand keine neue Vatergestalt, nach der das Volk sich sehnte, bis diese sich schließlich im „selbstgewählten Führer“ fand. Möglicherweise konnte Deutschland nach dem Zusammenbruch 1945 so schnell wieder aufbauen, weil das Volk in Adenauer eine ihm gemäße Vatergestalt gefunden hatte.

Ohne in die Frage einzutreten, welche Rechte Adolf Hitler durch seine freiwillige Teilnahme am Ersten Weltkrieg in den Reihen des deutschen Heeres erworben hat, bleibt die Tatsache bestehen, daß er den Putsch in Bayern am 9. November 1923 gegen die Landesregierung Bayern mitorganisiert hat, zu einem Zeitpunkt, als er Ausländer gewesen ist. Er wurde erst im Jahre 1925 aus der österreichischen Staatsbürgerschaft entlassen. In Deutschland – staatenlos, aber politisch tätig – war er in einem nicht geringen Maße verantwortlich für die Verunsicherung der öffentlichen Ruhe und Ordnung. Als Staatenloser in Deutschland wurde er Führer einer Partei, schuf für sich und seine Partei eine große Privatarmee, die den Treueid auf ihn geschworen und nur ihm ergeben war. Bereits am 10. Oktober 1931 wurde der staatenlose Hitler vom Reichspräsidenten zu einer Besprechung über innerdeutsche politische Fragen empfangen.

Die Reichsverfassung schweigt über eine mögliche politische Tätigkeit eines Ausländers. Offensichtlich hat diese Lücke der Reichsverfassung es Hitler ermöglicht, seine politische und paramilitärische Tätigkeit im Reiche zu entfalten, obschon sie die Verfassung, die öffentliche Sicherheit und Ordnung gefährdete.

Die Gefahr, die der jungen Demokratie drohte, war offenbar, aber anscheinend dachte keiner an verfassungsmäßige Mittel, sie abzuwenden. Verfassungsrechtler schwiegen, der gesetzgebende Souverän, der Reichstag, unternahm nichts, das Reich vor einer solchen Gefahr durch einen Verfassungszusatz oder ein Gesetz abzuschirmen, der Reichspräsident erließ keine Verordnung, die politischen und staatsgefährdenden Umtriebe eines Ausländers zu verbieten.

Die verblassende, aber immer noch dominierende Vaterersatzfigur Hindenburg wurde 1932 zum zweiten Mal Kandidat der maßgebenden Parteien.

Sein Wahlerfolg war keinesfalls gesichert, auf keinen Fall ohne die Stimmen der SPD. In dieser Situation war Badts Idee der Kandidatur Eckeners, parteilos und eine sehr populäre Figur in allen Kreisen Deutschlands, die auch im Ausland großes Ansehen genoß, nicht wenig erfolgversprechend. Nach den Aufzeichnungen Badts hatten Spitzenführer der SPD seinem Vorschag zugestimmt. Badt schien sicher zu sein, die SPD werde, zusammen mit Parteien der Mitte, Eckener zum Kandidaten für die Reichspräsidentenwahl ernennen. Was nachher geschah, wissen wir nur von Badt. Er bedauerte nachträglich die politische Unreife des SPD-Fraktionsführers im Reichstag, Otto Wels. Badt fragte sich anscheinend nicht, ob er von sich aus alles getan hatte, um seinem Vorschlag den gewünschten Erfolg zu sichern. Er hatte Severings und anscheinend auch Brauns und Löbes Interesse für die Kandidatur Eckeners geweckt, aber es bleibt ungewiß, ob er ihre endgültige Zusage für die Unterstützung seines Kandidaten erhalten hatte. Andererseits ist es fraglich, ob Brauns und Severings Fürsprache in den hohen Parteigremien der SPD genügt hätte, Eckeners Kandidatur zu sichern.

Hatte Badt nicht aus seinen Erfahrungen im Kampfe gegen den Panzerschiffsbau gelernt, daß die Partei über die Auffassungen Brauns hinweggehen konnte? Als Beamter scheint er sich fast ausschließlich mit der Zustimmung seiner direkten Vorgesetzten für seinen Vorschlag begnügt zu haben. Die Schliche der Politik und der Politiker scheinen nicht ganz die seinigen gewesen zu sein.

Dies läßt sich vielleicht auch im Prozeß Preußens gegen das Reich aufzeigen. Badts Flügel waren zwar durch das Eingreifen Hirtsiefers geknickt (507), aber er trug zusammen mit Dr. Brecht die Verantwortung für die Klage Preußens vor dem Staatsgerichtshof. Die Klageschriften und die dazugehörenden Anlagen waren prozessual-juristisch makellos. Es stellen sich aber Fragen bezüglich der Strategie und Taktik beider Vertreter Preußens während der Verhandlungen.

Erst die Änderung des Antrags zur mündlichen Verhandlung hat anscheinend den Gedanken der Teilung der Regierungsfunktionen nahegelegt und damit zur Ablehnung der einstweiligen Verfügung geführt.

Nach der Verkündung des Urteils in der Hauptklage schrieb Brecht: „Als ich am 25. Oktober von Leipzig nach Berlin zurückfuhr ... war ich still in mich gekehrt, erfüllt von dem Bewußtsein, dem größten Verfassungsprozeß in der Geschichte beigewohnt und einen Sieg für Wahrheit, Gerechtigkeit und Freiheit, meine alten Lebensideale, errungen zu haben.“ (508) Kann das Urteil des Staatsgerichtshofs schiefer beurteilt werden? Die Folgen dieses vermeintlichen Sieges „für Wahrheit, Gerechtigkeit und Freiheit“ hat Brecht nach dem 25. Oktober selbst auskosten dürfen ...

Ist es wahr, daß v. Papen die Nemesis der Weimarer Republik war, daß ohne ihn Hitler nicht zur Macht gekommen wäre? Es gibt dafür Indizien, doch der Beweis ist nicht eindeutig. Auch v. Papen handelte nicht im luftleeren Raum.

Die Reichstagswahlen zum 7. Reichstag, am 6. November 1932, brachten der NSDAP zwei Millionen weniger Stimmen als die Wahl zum 6. Reichstag am 31. Juli 1932. Von 37,4 Prozent der Stimmen am 31. Juli fiel ihr Stimmenanteil in den Wahlen am 6. November auf 33,1 Prozent. Die Reaktion findet sich in Goebbels‘ Tagebuch an diesem Wahltag: „Jede neue Meldung meldet eine neue Niederlage.“ Drei Wochen später werden die Folgen der Reichstagswahl noch deutlicher. Goebbels notierte am 6. Dezember: „Die Lage ist katastrophal. In Thüringen haben wir seit dem 31. Juli 1932 nahezu 40 Prozent Verluste erlitten.“ (509) Eine weitere Aufzeichnung Goebbels vom 5. Januar 1933 ist wieder zuversichtlicher: „Die Unterredung zwischen dem Führer und Herrn v. Papen in Köln hat stattgefunden. Sie sollte geheim bleiben, aber durch eine Indiskretion ist sie in die Öffentlichkeit gedrungen, und Schleicher läßt sie nun ganz groß in der Presse ausposaunen. Man scheint zu ahnen, was hier gespielt wird. Die Journaille lügt das Blaue vom Himmel herunter. Eins wird die amtierende Regierung auch wissen: daß es im Ernst um ihren Sturz geht. Wenn dieser Coup gelingt, sind wir nicht mehr weit von der Macht entfernt.“ (510)

Goebbels sollte diesmal Recht behalten. Ein unpolitischer Beobachter schreibt über seinen Besuch beim Reichskanzler v. Schleicher: „Am 8. Januar 1933 besuchte ich Schleicher früh morgens gegen 8 Uhr. Ich tat es gewöhnlich zweimal in der Woche. Es war ihm eine Beruhigung, wenn ich seinen Gesundheitszustand kontrollierte. Er behielt mich an dem genannten Tage zum Frühstück. Wir saßen zu dritt, er, seine Gattin und ich, am Tisch. In ziemlich erregter Stimmung ließ er sich über die Intrigen aus, die gegen ihn von allen Seiten im Gange waren. Dabei beklagte er sich insbesondere über den Reichspräsidenten und seinen Sohn Oskar von Hindenburg, der den Einflüssen seiner Gegner ein williges Ohr leihe. Der alte Herr, meinte er, sei überhaupt nicht mehr im Vollbesitz seiner geistigen Kräfte. ‚Denken Sie, seit gestern trägt er das eine Auge verbunden und ist in seinem Wesen verändert. Offensichtlich hat er einen Schlaganfall erlitten. Ich habe Sauerbruch noch nicht sprechen können. Ich wollte gern, daß Sie ihn sehen. Natürlich habe ich keine Zeit, mich um den Alten zu bemühen und den Aktionen der Herren Hitler und Genossen zu begegnen.‘ Inzwischen klingelte das Telephon im Nebenraum fast unaufhörlich. Ein Bedienter bat den Kanzler an den Apparat. Er verließ uns, kam aber nach kurzer Zeit in großer Erregung und totenblaß zurück. Er sah uns eine Weile an, dann sagte er: ‚Gestern vormittag um elf Uhr sind Hitler und Papen im Hause des Baron Schröder in Köln zusammengekommen. Über seinen Sohn haben sie den Alten gegen mich gewonnen.‘ Schleicher war von dieser Nachricht um so mehr betroffen, als er Papen als seinen Freund betrachtete. Beide waren sie Mitglieder des feudalen Herrenclubs. Schleicher nannte ihn den Ritter ohne Schuld und Fehl. Sinnend sagte Schleicher jetzt: ‚Was ist zu tun?‘ Aber es war eine rein rhetorische, nicht an mich gerichtete Frage. Halb abwesend reichte der Kanzler mir die Hand. Ich ging. Die Lawine kam ins Rollen.“ (511)

Papens Rolle, die Machtübernahme Hitlers zu ermöglichen, kann nicht überschätzt werden. Er hatte das Ohr und im Allgemeinen die Zustimmung des greisen Reichspräsidenten zu seinen politischen Vorschlägen und Entscheidungen. Darin wurde er vom Sohn des Reichspräsidenten, Oskar von Hindenburg, weitestens unterstützt. Diese Stellung v. Papens ist zum Teil auf die Tatsache der geriatrischen Erscheinungen bei dem Reichspräsidenten zurückzuführen. Seine Entscheidungen waren von Papen suggeriert.

War v. Papen mit Blindheit geschlagen oder so ehrgeizig und von seinen eigenen Fähigkeiten so felsenfest überzeugt, daß er sicher war, er werde – mit oder ohne Hitler – die Zukunft der Geschichte Deutschlands für längere Zeit in seiner Hand halten und formen? Es ist wahrscheinlich, daß sein rasender Ehrgeiz ihn verkennen ließ, daß Hitler letzten Endes am längeren Hebel saß, die Macht seiner Partei und seiner Privatarmee hinter sich hatte und nicht zögern würde, sie gegen ihn, v. Papen, ins Feld zu schicken, sollte es zu einem Kampf zwischen ihnen kommen. Papen hätte von der Erfahrung Ludendorffs, der Seite an Seite mit Hitler im Münchener Putsch marschierte, lernen können.

Am 1. Februar 1933 schrieb General a.D. Ludendorff an den Reichspräsidenten u.a.: „Sie haben durch die Ernennung Hitlers zum Reichskanzler unser heiliges deutsches Vaterland einem der größten Demagogen aller Zeiten ausgeliefert. Ich prophezeie Ihnen feierlich, daß dieser unruhige Mann unser Reich in den Abgrund stürzen und unsere Nation in unfaßbares Elend bringen wird. Kommende Geschlechter werden Sie wegen dieser Handlung in Ihrem Grabe verfluchen.“ (512) Hat Hindenburg den Inhalt dieses Schreibens erfahren? Auf jeden Fall kam dieser Brief zu spät und konnte den Lauf der Geschichte nicht mehr aufhalten.

Die Notizen über Badt wären zu unvollständig ohne einen – wenn auch kurzen – Bericht über seinen weiteren Lebensweg, der ihn und seine Familie ins „Altneuland“ führte.

Noch am 10. Februar 1933 richtete v. Papen folgendes Schreiben an Badt: „Nachdem auf Grund der Verordnung des Herrn Reichspräsidenten, vom 6. d.M. zur Herstellung geordneter Regierungsgeschäfte in Preußen, die Gesamtheit der Regierungsgeschäfte in Preußen auf die Herren Kommissare des Reiches und mich übergegangen ist, ersuche ich Sie hiermit ergebenst, sich jeder Dienstausübung zu enthalten." (513)

Diesem Schreiben folgte am nächsten Tag ein anderes, ebenfalls von Papen unterzeichnet, das ihn „unter Gewährung des gesetzlichen Wartegeldes sofort einstweilen in den Ruhestand" versetzt. (514)

Nachdem Badt Ministerpräsidenten Braun am 4. März 1933 in die Schweiz in Sicherheit gebracht hatte, erreichte er auf längeren Umwegen am 10. März seine Familie, die inzwischen Deutschland verlassen hatte, im tschechoslowakischen Johannisbad. Von hier fuhr er auf Skiern über die „Grüne Grenze" nach Krummhübel im Riesengebirge, um aus deutschem Postgebiet an den stellvertretenden Ministerpräsidenten, Dr. h.c. Hirtsiefer, am 14. März 1933 folgenden Brief zu senden: „Hochverehrter Herr Staatsminister, Sie werden verstehen, daß ich mir Tag und Nacht die Frage vorlege, ob es im Interesse des Staatsministeriums liegt, daß ich wieder, zusammen mit Herrn Dr. Brecht, die Vertretung der Preußischen Staatsregierung vor dem Staatsgerichtshof in Leipzig übernehme.

Ich darf daran erinnern, daß Sie vor der ersten Verhandlung im Oktober v.J. in einer Sitzung des Staatsministeriums ausführten, es sei eigentlich unter den gegenwärtigen Umständen eine schwere Belastung des Staatsministeriums, wenn es in dieser Zeit durch einen Juden und Sozialdemokraten – vertreten würde. Darauf seien Sie, sehr geehrter Herr Staatsminister, insbesondere auch aus Kreisen ihrer Partei aufmerksam gemacht worden. Auch aus Kreisen des Reichsgerichtes seien solche Hinweise erfolgt.

Ich habe damals erklärt, ich würde selbstverständlich nicht nach Leipzig fahren, wenn irgendeiner der Herren Staatsminister das im Interesse der Sache für richtig hielte. Im Übrigen würde ich, ohne irgendwie gekränkt zu sein, meine volle Mitarbeit, insbesondere auch bei der Vorbereitung der Verhandlung dem Staatsministerium nach wie vor zur Verfügung stellen. Die Herren Staatsminister waren jedoch damals einmütig der Ansicht, ich sollte doch nach Leipzig fahren, freilich sollte ich mich in der Verhandlung selbst nach Möglichkeit zurückhalten. Ich glaube, daß das nunmehr vorliegende Stenogramm der Leipziger Verhandlung beweist, wie sehr ich mich an diesen Auftrag gehalten habe.

Inzwischen hat sich die Situation so gestaltet, daß ich volles Verständnis dafür habe, wenn nunmehr das Staatsministerium etwa beschließen sollte, daß diesmal Herr Dr. Brecht allein die Vertretung Preußens übernimmt. Darüber hinaus darf ich noch folgendes bemerken: Falls etwa das Preußische Staatsministerium beschließen sollte, daß bei dem geringen Umfang der ihm verbliebenen Befugnisse die Vertretung durch drei hauptamtliche Bevollmächtigte nicht mehr erforderlich ist, zumal ja auch seit längerer Zeit eine der drei Stellen im Haushalte als k.w. bezeichnet ist, halte ich mich als der jüngste der drei Bevollmächtigten für verpflichtet, mein Amt zur Verfügung zu stellen. Sollte das Staatsministerium meine Zurdispositionstellung erst mit Wirksamkeit vom 1. Juli d. J. beschließen und mich bis dahin beurlauben, so würde sich das mit Rücksicht darauf rechtfertigen lassen, daß ich an diesem Tage ein volles Vierteljahrhundert im Dienste des Preußischen Staates stehe. Ich bin auch damit einverstanden, daß ich zu einem früheren Zeitpunkte zur Disposition gestellt werde.

Für den Fall meiner Zurdispositionstellung bitte ich, zu genehmigen, daß ich eine längst geplante, etwa einjährige Studienreise ins Ausland unternehme. Mein Wohnsitz wird weiterhin Berlin bleiben. " (515)

Badt und seine Familie erreichten Palästina am 9. April 1933, dem Vorabend des jüdischen Feiertages Pessach, als Touristen. Am ersten Festabend traf Dr. Badt mit Professor Chajim Weizmann zusammen. Die Unterhaltung beider muß die Situation und Zukunft der Juden in Deutschland berührt haben, besonders das Eigentum derjenigen, die sich zur Auswanderung vorbereiteten, aber keine ausreichende wirtschaftliche Zukunft in einem Emigrationslande ohne die Mitnahme wenigstens eines Teiles ihrer Habe sahen. Während des Gesprächs kam Badt ein Gedanke zur Lösung des Problems. Er versprach Weizmann, ihm schon in wenigen Tagen darüber ein Memorandum zu unterbreiten. Am 17. April überreichte er das Memorandum, das zwei Briefentwürfe an einen ungenannten Adressaten enthielt. Der Anonymus war der Reichsfinanzminister Graf Schwerin v. Krosigk, den Badt aus gemeinsamer Tätigkeit im Reichsrat gut kannte. Der Entwurf erwähnt, daß Badt mit schriftlicher Genehmigung des damals noch zuständigen Ministerpräsidenten Braun für längere Zeit eine Studienreise angetreten habe, die ihn über Italien nach Palästina geführt habe, das er bereits aus früheren Besuchen in den Jahren 1914 und 1926 näher kennengelernt hatte. Das Anliegen des Briefes findet sich in den Sätzen: "Durch die Ereignisse in Deutschland haben viele der mich beschäftigenden Fragen nun eine besondere Aktualität gewonnen, zuletzt auch für Ihr Ressort. Ich habe daher den Versuch gemacht, sie in der Anlage so gedrängt als möglich zu skizzieren." (516)

Die stichwortartige Anlage – der zweite Briefentwurf – enthält den Gedanken, daß der neuen deutschen Regierungspolitik die These zugrunde liegt: für die wirtschaftlichen Schwierigkeiten des Reiches und der Bevölkerung tragen die Juden die Schuld. Infolgedessen ergreift die Regierung Maßnahmen gegen die Juden, die sich außenpolitisch ungünstig auswirken. Badt schlägt eine planmäßig geführte Auswanderung der Juden vor auf Grund einer Vereinbarung, die es den Emigranten ermöglichen soll, ihre Vermögen ohne Kapitalflucht zu überführen, ohne die deutsche Devisenlage zu gefährden. Ein solches Abkommen könnte im Gespräch zwischen Hitler und Weizmann angebahnt werden. Schwerin-Krosigk wird gebeten, sich den Gedanken zu überlegen und, wenn er diesen gutheiße, ihn Hitler zu unterbreiten. (517)

Der Gedanke ist anscheinend nicht näher erörtert worden, da Weizmann die Entwürfe Badts – wegen seiner unmittelbaren Reise nach Kairo – am 19. April an den Leiter der politischen Abteilung der Jewish Agency, Dr. Chujim Arlosoroff, zur Beurteilung weitergeleitet hat.

Arlosoroff selbst stand vor einer Europareise, die ihn dringend nach Deutschland bringen sollte. Jedenfalls kam es zu keiner Besprechung mit Badt. In Berlin führte Arlosoroff Verhandlungen über die mögliche Organisation der Auswanderung von Juden und eines Kapitaltransfers. Unmittelbar nach seiner Rückkehr von der Reise wurde er am Tel Aviver Strand, am 16. Juni 1933, von Unbekannten erschossen. Badts Versuche, Weizmann in London zu treffen, scheiterten wegen der vielen Verpflichtungen, die beide vorher eingegangen waren.

Der Grundgedanke Badts war, die Ausreise der Juden aus Deutschland und ihre Ansiedlung in Palästina durch Warentransfer, bezahlbar mit blockiertem Vermögen der Auswanderer, zu erleichtern und dadurch der deutschen Industrie zusätzlichen Export zu verschaffen und die Arbeitslosigkeit zu verringern. Dieser Gedanke ist noch im gleichen Jahr durch die “Haavara“-Transfergesellschaft realisiert worden (518). Es ist nicht mit Gewißheit anzunehmen, daß die Verhandlungspartner des Transfervertrages die Entwürfe Badts gekannt haben. Es ist möglich, daß Badts Ideen sich herumgesprochen und als Auslöser gewirkt haben.

Pinchas Ruthenberg, der Gründer der Palestine Electric Corporation, die Palästina mit Strom versorgte, hatte der Jewish Agency einen Plan unterbreitet, eine “Palestine Development Corporation“ zu gründen mit einem Grundkapital von 10 Millionen Sterling zur Ansiedlung von Juden aus Deutschland in Palästina. Das Aktienkapital sollte zur Hälfte von der Jewish Agency und zur Hälfte durch Aktienverkauf an die Weltjudenheit aufgebracht werden. Für die Durchführung sollten in den verschiedenen Ländern Komitees gegründet werden. Nach langwierigen Diskussionen hatte die Exekutive der Jewish Agency am 23. April 1933 diesen Plan adoptiert (519).

In London gab es bereits ein auf Ruthenbergs Initiative gegründetes Komitee, bestehend aus englisch-jüdischer Prominenz, wie Lionel de Rothschild, Sir Herbert Samuel und Sir Hugo Hirst. Ruthenberg war nun auf der Suche nach einer Persönlichkeit, die in Mitteleuropa Ansehen besaß und ihm bei der Gründung von Landeskomitees helfen konnte. Dabei stieß er auf Dr. Badt und bat ihn, in dieser Sache für zwei Monate nach Europa zu gehen. Badt willigte ein und war bereits am 8. Mai 1933 auf dem Wege nach Italien, Schweiz und Holland. Über den Erfolg seiner Reise ist nichts bekannt, zumal die Idee der “Palestine Development Corporation“ wegen vehementen Widerstands wichtiger Persönlichkeiten der Jewish Agency fallengelassen werden mußte (520).

Auf seinen Reisen begegnete Badt bemittelten Flüchtlingen aus Deutschland, denen der Boden unter den Füßen entzogen war und über ihre Zukunft in Sorge waren. Badt, der Zionist, verstand es, sie für Palästina zu begeistern, wo eine kreative Tätigkeit bei der Ansiedlung von Mittelstandseinwanderern aus Deutschland sie erwartete. In Palästina hatten die Jewish Agency und die Arbeitergewerkschaft Histadruth gerade begonnen, Pläne für die jüdischen Einwanderer aus Deutschland zu schmieden. Sie umfaßten „Umschichtung" (Umschulung für neue Berufe) und Schaffung von kooperativen landwirtschaftlichen Siedlungen – Moschawim – auf national-jüdischem Boden. Badt verfolgte die Idee der Umschichtung auch für den einwandernden Mittelstand; sein detaillierter Plan zeigte, daß eine vierköpfige Familie auf einem Hektar privaten Bodens mittels Anbau von Gemüse, Obst, Milch- und Eierproduktion sich bereits im zweiten Siedlungsjahr ernähren konnte. Ausgaben für Land, Wohnhaus, Ställe, Kühe und Hühner, Saatgut, Beratung und Anleitung durch erprobte Landwirte waren insgesamt mit 1250 Sterling veranschlagt (521).

Badt schlug diesen bemittelten Flüchtlingen vor, eine Siedlungsgesellschaft mit einem Aktienkapital von 60.000 Sterling zu gründen. Die in Aussicht genommenen Gründer der Gesellschaft waren froh, eine neue Aufgabe vor sich zu sehen, stellten an Badt die Bedingung, daß er die Siedlungsgesellschaft leiten, ihr als Aktionär angehören, die Verhandlungen mit den jüdischen Behörden über Landkauf und die nötigen Vorbereitungen für die Realisierung der Siedlungspläne führen sollte. Badt kamen die „Bedingungen" im rechten Moment; er mußte seine eigene Zukunft planen.

Badt ging mit großem Eifer ans Werk: die Gesellschaft wurde von vier Aktionären, Badt inbegriffen, mit einer Beteiligung von je nur 5.000 Sterling gegründet. Er bekam die Erlaubnis der deutschen Behörden, diese Summe von seinem blockierten Konto zu transferieren. Nach langen, aber unermüdlichen Verhandlungen mit den Siedlungsbehörden wurde der Gesellschaft Boden auf der Ostseite des Tiberiasees zum Kauf angeboten. Der Boden war steinig und seit Jahrhunderten unbebaut. Das Land lag an der syrischen Grenze, reichte bis an das Ufer des Sees, war in der Hauptsache hügelig bis gebirgig und befand sich zu einem kleinen Teil jenseits der palästinensischen Grenze, auf syrischem Boden. Das Land gehörte einer persischen Familie, die in der Gegend Plantagen besaß, auf welchen quasi leibeigene Bauern arbeiteten und lebten. Auf der ganzen Ostseite des Sees gab es nicht eine einzige jüdische Siedlung. Es gab viel Ödland, Sonne, Seewasser, starke Ostwinde – die Scharakiya – und die Gefahr häufig sich wiederholender Raubüberfälle aus Syrien. Die erwarteten und unerwarteten Schwierigkeiten, mit welchen diese junge Siedlungsgesellschaft, namens Kidmat Kinnereth, bar jeglicher Siedlungserfahrung, insbesondere landwirtschaftlicher, zu kämpfen hatte, sind kaum vorstellbar. Es gab in Palästina keinerlei Erfahrung über Boden- und Klimabedingungen, Anbau von Obst und Gemüse, Aufzucht von Vieh auf der Ostseite des Tiberiasees. Badt ließ daher eine landwirtschaftliche Versuchsstation in relativer Nähe der geplanten Siedlung auf Kosten der Gesellschaft errichten.

Die Vorbereitungen des Siedlungsplanes wurden mit großer Energie und Umsicht betrieben. Verhältnismäßig großes Interesse wurde ihm von Juden in Deutschland entgegen gebracht, die ihre Auswanderung vorbereiteten. Das Applanieren des Bodens, Entsteinen, Tiefpflügen, sowie die Ausgaben für die Versuchsstation erforderten jedoch ein Vermögen, welches das geringe Grundkapital der Gesellschaft mehrfach überstieg. Badt hatte von vornherein auf sein Direktorengehalt verzichtet. Die Versuchsstation hatte einige schöne Erfolge zu verzeichnen; sie brachte verschiedene Gemüsesorten zu vorher ungewohnten Jahreszeiten auf den Markt. Sie exportierte Probesendungen von Gemüse, hauptsächlich Tomaten, per Eisenbahn nach Europa. Das Gemüse erreichte die Märkte in gutem Zustand und war sehr gefragt. Es handelte sich allerdings um Versuche, die nicht immer wirtschaftlich waren. Außerdem fehlte es an Straßen und guten Transportmöglichkeiten in dem völlig abgelegenen, kaum bewohnten und nur schwer zugänglichen Gebiet im Nordosten des Landes.

Als die Gesellschaft hoffen durfte, in das Stadium der Verwirklichung ihres Projektes gelangt zu sein, trat etwas völlig Unerwartetes ein: Die Unruhen, welche im Frühjahr 1936 im Lande ausbrachen und sich schnell verbreiteten, verunsicherten die Wege und Siedlungen, gefährdeten und vernichteten Menschenleben und Besitz. Dieser Umstand machte Privatsiedlungen in einem schwer zugänglichen Gebiet, das hauptsächlich von militanten Arabern umgeben war, nicht besonders attraktiv. Die Gesellschaft konnte in der Folge ihren finanziellen Verpflichtungen nicht mehr nachkommen, beschloß, sich aufzulösen und zur Deckung der angewachsenen Schulden den Boden an den Jüdischen National Fonds (KKL) zu verkaufen. Die vier Aktionäre verloren 90 Prozent des investierten Kapitals. Auf dem Boden der Kidmat Kinnereth wurden 1937 von den jüdischen Siedlungsbehörden junge Menschen – hauptsächlich aus Deutschland – angesiedelt. Heute ist es der erfolgreiche und blühende Kibbuz Ejn-Geb, der schwere wirtschaftliche Zeiten durchzumachen und in den Kriegen Israels gezielten Angriffen aus Syrien zu widerstehen hatte.

Der Tatsache, daß Badt Boden auf der Ostseite des Tiberiasees für sein Projekt gekauft hatte, ist es zweifellos zu verdanken, daß die Ostseite des Sees und das anliegende Land sich innerhalb der Grenzen Israels befinden.

Die Schicksalsschläge wirkten sich schon bald auf Badts Gesundheitszustand aus. Die nationalsozialistische Herrschaft, die sich steigernde Judenverfolgung, ernste Unterhaltssorgen – seit 1936 wurde sein Ruhegehalt nicht mehr aus Deutschland überwiesen –, das mit großen Geldverlusten gescheiterte Siedlungsprojekt, der Zweite Weltkrieg, in welchem seine beiden Söhne als britische Soldaten in Übersee dienten, beschleunigten sein Ende.

Nach längerem Leiden verschied Dr. Badt in Tel Aviv im Alter von 59 Jahren am ersten Tag des jüdischen Neujahrsfestes, am 16. September 1946.

XIV.
ANHANG

VERZEICHNIS DER ABKÜRZUNGEN

ADCB	American Document Center, Berlin
ADGB	Allgemeiner Deutscher Gewerkschaftsbund
ASD	Archiv der sozialen Demokratie, Friedrich Ebert Stiftung, 53 Bonn 2
BAK	Bundesarchiv Koblenz
DAZ	Deutsche Allgemeine Zeitung
DNVP	Deutschnationale Volkspartei
DVP	Deutsche Volkspartei
GDAP	Geheimes Staatsarchiv Preußischer Kulturbesitz,Berlin-Dahlem
Kl.Erw.	Kleine Erwerbungen
KPD	Kommunistische Partei Deutschlands
MdL	Mitglied des Landtags Preußen
MdR	Mitglied des Reichstags
NiRt	Niederschrift des Reichsrats
NL	Nachlaß
NLB	Nachlaß Dr. Badt
NSDAP	Nationalsozialistische Deutsche Arbeiterpartei
PrGes	Preußische Gesetzessammlung
PrLT	Preußischer Landtag
PT	Parteitag
RGBL	Reichsgesetzblatt
RT	Niederschriften des Reichstags
RR	Reichsrat
SIG	Internationales Institut für Sozialgeschichte,Amsterdam
SPD	Sozialdemokratische Partei Deutschlands
SPST	Sitzung des Preußischen Staatsministeriums
StGh	Staatsgerichtshof
USPD	Unabhängige Sozialdemokratische Partei Deutschlands
ZAJ	Zionistisches Archiv Jerusalem
ZAM	Zentrales Staatsarchiv, Merseburg, König Heinrichstr. 37

NAMENSREGISTER

ANMERKUNGEN

1. Friedrich Meinecke, Vom geschichtlichen Sein und vom Sinn der Geschichte, Koehler & Amelang, Leipzig 1939, p.8
2. ibidem
3. zitiert nach Meinecke, op. ct. p. 52
4. Meinecke, op. ct. 53
5. zitiert nach Meinecke, op. ct. p. 18
6. Trauerrede an der Bahre des Herrn Professors Dr. Benno Wilhelm Badt s.A, am Sonntag den 18.April 1909; gehalten von Dr. Jacob Guttmann, Rabbiner der Synagogengemeinde zu Breslau, Druck von S. Lilienfeld (Inh. S.W. Meyer), Breslau I, Schweinitzer Straße 37
7. Alle nicht besonders bezeichneten Dokumente befinden sich im Nachlaß Dr. Badts
8. Zentrales Staatsarchiv, Merseburg (Badt-Akten)
9. Franz Rosenzweig, Ein Buch des Gedenkens, Berlin 1930, Soncino Gesellschaft, pp. 45-50
10. Gebet-und Lehrstuben
11. Gebet- und Lehrstuben der Sekte der Chassidim
12. Unterrichtsklassen für Knaben in Lesen, Schreiben, Pentateuch und leichten Talmudtexten
13. Trauerzeit, nach dem Hinscheiden eines nahen Verwandten
14. Nachmittagsgebet
15. Gebetstube der Chassidim
16. Abendgebet nach Sonnenuntergang
17. Gebet während des Trauerjahres und Trauertages für die Seele des Gestorbenen
18. Gebetsgemeinde, mindestens von 10 Personen männlichen Geschlechts, ab 13 Jahre alt
19. gebetet
20. Gebet
21. Begeisterung, Inbrunst
22. Vorbeter
23. Pseudonym von Nathan Birnbaum (1864-1937), politischer und philosophischer Schriftsteller
24. Schüler Ben Sakkais, Lehrer Rabbi Akibas
25. Monatsname im jüdischen Kalen-der, entspricht etwa dem Monat November/Dezember. Rosenzweig starb am 10.12.1929
26. Brauch, Tradition
27. Land Israel
28. Gebetsmantel
29. Zur Zeit der Zerstörung Jerusalems durch Titus; Pharisäer, Talmudgelehrter, Gründer der Talmudschule in Javne nach dem Fall Jerusalems
30. gen. der Fromme, (Hechassid), in der Mischna erwähnt, 1.- 2. Jhr.

31. Zeitgenosse Ben Sakkais
32. „Zion! Nicht fragst Du den Deinen nach, die Joch tragen". Jehuda Halevi. Zionslieder p.64, Bücherei des Schocken-Verlags, Berlin 1933; (ins Deutsche übers. v. Franz Rosenzweig), deutsch p. 148f.
33. „Ich bin ein Hebräer", oder wortgetreu „Ich bin ein Jenseitiger", jenseits des Flusses
34. Note des Ministers des Innern an Ministerpräsidenten Braun, vom 19.8.1921, ZAM
35. Nachlaß Dr. Badt (im Besitz des Autors)
36. Über Badts Tätigkeit im Landtag, siehe Kapitel IV
37. Severing, Mein Lebensweg, Bd.II, p.279, Greven Verlag, Köln, 1950
38. GPAD, Rep. 77 Nr. 55;
39. ibidem
40. 26.10.1926
41. vide 38
42. Berliner Tageblatt, Nr. 509, 28.10.1926
43. Aus den Lebenserinnerungen eines badischen Beamten, von Dr. Hermann Fecht, Ministerialdirektor a.D., vormals stimmführender stellvertretender Bevollmächtigter Badens beim Reich. p.447. Das Manuskript befindet sich im Landesarchiv, Karlsruhe
44. Dr. Walter Schreiber, Minister für Handel und Gewerbe, Dr. Hermann Höpker-Aschoff, Finanzminister Preußens
45. Otto Braun. Von Weimar zu Hitler, Europa-Verl., N.Y. 1940, p.311
46. Braun. op.ct. p.312
47. Brief Dr. Hamburger vom 15.2.1972 an Dr. Hagen Schulze. Die Abschrift verdanke ich Prof.Schulze
48. Im Reisepaß Dr. Badts ist seine Größe mit 169 cm angeben
49. Braun, op.ct. p.225
50. Siehe Kapitel VII
51. Arnold Brecht, Mit der Kraft des Geistes, Lebenserinnerungen, zweite Hälfte, 1927-1967, p.51, Deutsche Verlags-Anstalt, Stuttgart 1967
52. Braun, op.ct. p.451
53. Hagen Schulze, Otto Braun oder Preußens demokratische Sendung, 1977, Ullstein Verlag, Frankfurt a/M-Berlin-Wien, p.785
54. Mündliche Mitteilung der Tochter Ruth des Dr.Jacob Zucker, Frühjahr 1988
55. Hagen Schulze, op.ct. p.511
56. Note Grzesinskis an den Ministerpräsidenten v. 15.10.1926, ZAM
57. 9 Sitzungen des Preußischen Staatsministeriums im September-Oktober 1926, Sitzung vom 27.9.1926, Rep. 90. A, 9. G.P.A.D. Protokollführer Ministerialrat Dr. Cohn
58. Rep. 90, BD.3 II, 3322, G.P.A.D.

59. Brief Badts an Grzesinski vom 5.3.1930, SIG G,8
60. NL Severing, Mappe 23 (69) ASD. Brief vom 25.2.1924
61. Hagen Schulze, op.ct. p.514; Badt wurde bereits am 25. März 1926 zum stellvertretenden Bevollmächtigten Preußens zum Reichsrat ernannt. (siehe Anm. 67)
62. DAZ, 28.10.1926, Donnerstag Abend, Nr. 505
63. Pr.Lt. 1925/28, Drucksache, 18. Band, p.10738
64. Jüdische Rundschau, Berlin, Jahrg.31, Nr.85, v. 29.10.1926, p.604
65. Mitteilungsblatt des Verbandes nationaldeutscher Juden e.V., November/Dezember 1926, p.9
66. NLB
67. ZAM-Akten Badt
68. GPAD ST. M. I. 13437/26
69. Pr.Lt. 26.Sitzung, Sp.1599
70. Pr.LT.46.Sitzung, Sp.3132/3.-30.September 1921: Dr. Badt, Ministerialrat, Vertreter des Staatsministeriums: Die Vorgänge in Ostrowo, Bromberg und anderen Orten der ehemals preußischen Landesteile sind der Reichs- und Staatsregierung durch eingehenden Bericht der deutschen Vertretung in Posen bekannt. Die deutsche Reichsregierung hat bei dem Botschafterrat in Paris, bei der polnischen Regierung in Warschau und bei dem polnischen Teilministerium in Posen gegen die Ausschreitungen nachdrücklichst Einspruch erhoben und verlangt, daß eine Wiederholung solcher Vorgänge verhindert und der durch den Friedensvertrag garantierte Schutz der Minderheiten unbedingt gesichert werde. Die Geschädigten haben ihre Schadenersatzansprüche bei der zuständigen polnischen Behörde angemeldet.

    Polnischerseits wurde behauptet, daß die Ausschreitungen auf die Erregung unter der polnischen Arbeiterschaft über in Deutschland erfolgte umfangreiche Entlassungen und massenhafte Ausweisungen polnisch denkender Arbeiter zurückzuführen seien, welche unter Zurücklassung des größten Teils ihre beweglichen Habe Hals über Kopf aus Deutschland hätten fliehen müssen. Demgegenüber ist zu bemerken, daß von Seiten der Regierung und ihrer Behörden weder Entlassungen polnischer Arbeiter wegen ihrer Nationalität veranlaßt wurden, noch – von Einzelfällen abgesehen, in welchen sich polnische Staatsangehörige als übelste Hetzer betätigten und so das Gastrecht mißbrauchten – Ausweisungen erfolgt sind. Was die Entlassungen betrifft, so ist der Sachverhalt der, daß im Niederlausitzer Kohlenrevier infolge rein wirtschaftlicher Kämpfe zwischen den polnischen Berufsorganisationen und der Deutschen Freien Gewerkschaft etwa 20 Polen selbst gekündigt und etwa 40 Polen selbst ihre Entlassung gefordert haben, trotzdem die Verwaltungen der Bergwerke sie zum Verbleiben zu bewegen versuchten. Das Ziel der Deutschen Freien Gewerkschaft ging dahin, in den polnischen Berufsorganisationen befindliche Arbeitsgenossen zur Stärkung ihrer

eignen Organisation zu sich herüberzuziehen.
Auf die deutschen Arbeiterorganisationen ist in dem Sinne eingewirkt worden, daß sie in Zukunft gegenüber den polnischen Berufsorgenisationen größte Zurückhaltung üben möchten.
Jedenfalls geht aber aus dem Zweck ihres Verhaltens unzweifelhaft hervor, daß es sich nicht gegen die Polen als solche gerichtet hat; Ausnahmen sind auch hier nur festgestellt worden bei solchen Personen,welche sich zu einer Zeit in provozierendster Weise agitatorisch betätigten, als die deutsche Arbeiterschaft über die polnischen Gewalttaten in Oberschlesien außerordentlich erregt war. Die abwandernden Personen sind jedoch in keiner Weise Gewalttätigkeiten ausgesetzt gewesen oder in ihren Vermögensrechten benachteiligt worden. Auch wurde ihnen zur Abwicklung ihrer Geschäfte jede Erleichterung gewährt. So erhielten sie von den Bergwerksverwaltungen sogar bis zu 6 Tagen Urlaub zur Erledigung ihrer Angelegenheiten. Auch wurde ihnen ihre bewegliche Habe, soweit sie sie nicht mitnehmen wollten, abgekauft, wie beispielsweise sogar die Sträucher in ihren Gärten.
Auf Wunsch der deutschstämmigen Bevölkerung der an Polen abgetretenen Gebiete ist es einer gemischten Privatkommission, welche sich aus 3 deutschen und 3 polnischen Herren zusammensetzte, gestattet worden, sich an Ort und Stelle in Westfalen und in der Niederlausitz über die tatsächlichen Verhältnisse zu unterrichten.
Die Kommission hat nach Beendigung ihrer Reisen bereitwillig zugegeben, daß die polnische Minderheit in Deutschland wegen ihrer Stammeszugehörigkeit keinerlei Verfolgung ausgesetzt sei und daß auch die einzelnen Fälle von Ausweisungen und Entlassungen, insbesondere auch die Vorgänge im Niederlausitzer Kohlenrevier in keiner Weise geeignet waren, einen Anlaß zu den Deutschenverfolgungen zu bieten, welche in dem an Polen abgetretenen Gebiete stattgefunden haben. Dieserhalb darf auf die beiden Veröffentlichungen in der Presse verwiesen werden.
Die Kommission, insbesondere auch ihre polnischen Mitglieder, haben zugesagt, daß sie auf die Behörden, die Presse und die Organisationen, insbesondere auch auf die Arbeiterschaft ihrer Heimat unter Richtigstellung der dort verbreiteten Lügengerüchte beruhigend einwirken werden, um für die Zukunft eine Wiederholung der Ausschreitungen zu verhindern. Es besteht insbesondere dann die Hoffnung, daß sich die Ausschreitungen gegen die Deutschen im abgetretenen Gebiete nicht wiederholen werden, wenn diese Zusage erschöpfend erfüllt wird und sich überhaupt bei der polnischen Regierung und Bevölkerung die Erkenntnis durchs etzt, daß ein gedeihliches Nebeneinanderleben beider Staaten nur möglich ist unter der Voraussetzung, daß gewissenlosen Hetzereien entgegengetreten und nicht alles als bare Münze genommen wird, was Leute berichten, die im Trüben fischen wollen.

71. Pr.Lt. 46. Sitzung am 20. Januar 1923, Sp. 14234/5/6
72. Pr.Lt. 214. Sitzung am 28. Februar 1923, Sp. 15225-15330
73. Pr.Lt. 344. Sitzung am 6. Oktober 1924. Sp. 24163
74. Ludwig Frank, Jude, sozialistischer Politiker, geb. 23.5.1884, seit 1907 Reichstagsabgeordneter, Kriegsfreiwilliger, am 3.9.1914 bei Luneville gefallen
75. Pr.Lt. 344. Sitzung am 6. Oktober 1924, SP.24165-24175. Der Fall Borkum hatte eineinhalb Jahre später eine unerwartete Fortsetzung in einer Landtagsdebatte, an der Dr. Badt wiederum beteiligt war. Auszug aus seiner Rede: „... Die erste Stelle ist aus einem offenen Briefe des Herrn Dr. med. Bensch an den Pfarrer Münchmeyer. Sie lautet: ‚Nachdem nunmehr durch eidliche Zeugenaussage erhärtet ist, daß Sie eine meiner Patientinnen nächtlich besucht und geküßt haben, und nachdem Sie selbst vor dem Untersuchungsrichter zugegeben haben, daß Sie gelegentlich dieses Besuches den Unterleib der jungen Dame abgetastet haben, ... um angeblich die vorhandene Operationsnarbe zu fühlen, unterstelle ich erneut dem Urteil der Öffentlichkeit, ob Sie noch weiter für die Tätigkeit als Pfarrer und Seelsorger geeignet und würdig sind. Der Vorwand, daß Sie die Narbe nur betastet hätten, um ‚Material gegen mich zu sammeln', da Sie mich der fahrlässigen Tötung für verdächtig hielten, ist ebenso gewissenlos wie unglaubwürdig, zumal Sie mit dieser unsinnigen Behauptung erst jetzt und offensichtlich zu Ihrer Entlastung hervorgetreten sind. Sollten Sie trotzdem jetzt den Anschein erwecken wollen, daß man Sie mit Ihrer Ausrede ernst nehmen sollte, so erwarte ich von Ihnen ... unverzüglich gegen mich bei der Staatsanwaltschaft Strafanzeige ... unterlassen Sie diese Anzeige, so sind Sie ein gemeiner Verleumder. Dr. med. Bensch.' Ich werde im übrigen, dem Wunsche des Herrn Präsidenten entsprechend, das weitere, sehr interessante Material nicht verlesen und mache nur darauf aufmerksam, daß der Pastor Münchmeyer in einem Brief vom 11. November 1925 selbst die Richtigkeit der Beschuldigungen in gewissem Umfange zugegeben hat, freilich will er Fräulein H. nur mit dem ‚Kusse des Apostel Paulus' - Römerbriefe Kap.16, Vers 16 - geküßt und die Operationsnarbe nur betastet haben, um ‚Material' zu sammeln. Nicht verlesen will ich auch den sehr temperamentvollen Brief, den Fräulein H. darauf am 24. November an Dr. B. geschrieben hat und in dem sie ausführt, es sei eine Schande, daß Münchmeyer sich in einer Weise reinzuwaschen versuche, die ihresgleichen nicht habe. M. habe sie zweimal ganz richtig geküßt, daran lasse sich gar nichts ändern und dafür gebe es keine Ausrede. Nicht verlesen will ich auch den Brief des Dr. B. an das Landeskirchenamt Hannover vom 6. Dezember 1925, in dem von Münchmeyer gesagt wird: ‚Und einen solchen Schuft deckt das Landeskirchenamt und der Talar!' Aber genug damit! Das Hohe Haus ist ja nunmehr wohl in der Lage, feststellen zu können,

wer in diesem Falle die Unwahrheit gesagt hat ..." Pr.Lt. 142. Sitzung, 6.3.1926, Sp. 9611-9613

76. Ernst Rudolf Huber, Dokumente zur Deutschen Verfassungsgeschichte, Kohlhammer Verl., 1966, Bd. 3. Siehe Fußn. 17, p.103
77. ibidem, pp.103-105
78. ibidem, p.104, Fußnote 18
79. Reichstag 1. Wahlperiode 1923. Stenographische Berichte, Bd.360. Interpellation der Abgeordneten Dittmann und Genossen, betreffend die Rechtsprechung des bayerischen Volksgerichts in München im Landesverratsprozeß Fechenbach (Drucksache Nr. 5154); 372. Sitzung, Montag den 2. Juli 1923, Sp. 11525 und 11545
80. ibidem, Sp.11534/11535
81. Lessing, Nathan der Weise, 4. Aufzug, 2. Auftritt
82. P. Dreyfus und Paul Mayer, Recht und Politik im Fall Fechenbach, Berlin, Rowohlt Verlag 1925, p.367
83. dem Gerichtshof gehörten zusätzlich 1 Jurist und 3 Laien an, die in die Verhandlung nicht eingriffen, Dreyfus und Mayer, op.ct. p.310
84. ibidem, p.307
85. ibidem; p.425. Das Fechenbach-Urteil vor dem Deutschen Reichstag, G. Birk und Co. München, p.10
86. Dreyfus und Mayer, op.ct. pp. 311-313
87. ibidem, p.314
88. Das Fechenbach-Urteil, op.ct. p.11
89. Hans Kühner, Lexikon der Päpste, Fischer Bücherei, Frankfurt/M. 1960, p.182
90. Dreyfus und Mayer, op.ct. p.311
91. Das Fechenbach-Urteil, op.ct. p.3
92. Dreyfus und Mayer, op.ct. p.480
93. Reichstag, op.ct. 373. Sitzung, Dienstag den 3.7.1923, Sp.11577
94. E.R. Huber, op.ct. Bd.3, p.103, Anm.17
95. Dreyfus und Mayer op.ct. p.489
96. Reichstag, 65.Sitzung, Montag den 25. Mai 1925, Sp,1998-2011. Zweite und dritte Beratung des von den Abgeordneten Müller (Franken) und Genossen eingebrachten Entwurfs eines Gesetzes über die Wiederaufnahme des Verfahrens gegenüber Urteilen der bayerischen Volksgerichte, (Nr. 183 der Drucksachen)
97. Reichstag Drucksache, Nr. 183, III. Wahlperiode 1924/25, Anlage über Reichstagsabstimmung: Müller (Franken) und Genossen: Der Reichstag wolle beschließen, folgendem Gesetzentwurf die verfassungsmäßige Zustimmung zu erteilen. Entwurf eines Gesetzes über die Wiederaufnahme des Verfahrens gegenüber Urteilen der bayerischen Volksgerichte.

    Der Reichstag hat folgendes Gesetz beschlossen, das mit Zustimmung des Reichsrats hiermit verkündet wird. Artikel I. Gegenüber den Urteilen der bayerischen Volksgerichte und Standgerichte findet die Wiederaufnahme des Verfahrens nach den Vorschriften der

Strafprozeßordnung mit folgenden Änderungen statt.
Paragraph 1: Die Wiederaufnahme zu Gunsten des Verurteilten findet auch dann statt, wenn aus tatsächlichen oder rechtlichen Gründen die Nachprüfung der Sache im ordentlichen Verfahren notwendig erscheint.Die Vorschrift des Paragraphen 363 der Strafprozeßordnung bleibt unberührt.
Paragraph 2: Darüber, ob der Antrag auf Wiederaufnahme des Verfahrens zulässig und begründet ist, entscheidet die Strafkammer. Bildet den Gegenstand der Verurteilung allein oder zusammen mit anderen Straftaten eine Straftat, die nicht zur Zuständigkeit der Landesgerichte gehört, so entscheidet über die sofortige Beschwerde (Paragraph 372 der Strafprozeßordnung) das Reichsgericht.
Paragraph 3: Die erneute Hauptverhandlung findet vor dem Gericht statt, das zur Zeit der Anordnung der Erneuerung der Hauptverhandlung für die Sache zuständig ist. Ist das Amtsgericht zuständig, so kann die Staatsanwaltschaft, solange der Termin zur Hauptverhandlung noch nicht bestimmt ist, beantragen, daß ein zweiter Richter hinzugezogen werde.
Paragraph 4: Wer in dem wiederaufzunehmenden Verfahren als Richter mitgewirkt hat, ist von der Mitwirkung bei der Entscheidung über die Wiederaufnahme und in der erneuten Hauptverhandlung ausgeschlossen. Artikel II. Das Gesetz tritt mit dem Tage nach der Verkündigung in Kraft. Berlin, den 8. Januar 1925. Siehe RGBlI Nr. 29 p.95

98. Vorwärts Nr. 247, Ausgabe B, 7.5.1925
99. Niederschriften des Reichsrats 1925, p.263
100. Vorwärts, 29.5.1925, A. Nr. 129
101. Pr.Lt, 1925/26, 50.Sitzung, 17.1.1925, Sp. 2418 f
102. Niederschriften des Reichsrats 1925, p.263 f.. Das wahrscheinlich übertriebene Bedürfnis Bayerns auf staatliche Selbstständigkeit und Unabhängigkeit vom Reich beruht in nicht geringem Maße auf der traditionellen Animosität zwischen Bayern und Reich, d.h.Preußen – dessen König Kaiser des Reichs war.
Zum Verständnis der unmittelbaren Gründe der Auslösung der Konflikte zwischen Bayern und dem Reich, im Jahre 1921 und 1922, seien hier einige Tatsachen kurz erwähnt. Erzbergers Ermordung löste die „Verordnung des Reichspräsidenten zum Schutz der Republik vom 29. August 1921" aus (Reichsgesetzblatt 1921, p.1239). Die Verordnung stützte sich auf den Artikel 48 Abs. 2 der Reichsverfassung „zur Wiederherstellung der öffentlichen Sicherheit und Ordnung für das Reichsgebiet".
Die bayerische Regierung ließ ihren Bevollmächtigten zum Reichsrat, von Preger, in der Sitzung vom 1. September 1921 gegen diese Verordnung protestieren, weil sie „ohne jede Fühlungnahme mit den hauptbeteiligten Landesregierungen erlassen wor-

den sei." Er brachte die Bedenken seiner Regierung gegen den Paragraphen 6 der Verordnung, der als Beschwerdeinstanz einen siebenköpfigen Ausschuß, bestehend aus Reichsratsmitgliedern, also Beamten, vorsah. Bayern war der Ansicht, daß nur ein Gericht über die Beschwerde zu entscheiden hatte.
Daraufhin wurde eine zweite Verordnung des Reichspräsidenten zum Schutz der Republik vom 28. September 1921 veröffentlicht (Reichsgesetzblatt 1921, p.1271), welche dem Einwand Bayerns darin Rechnung trug, daß der Reichsinnenminister die Landesbehörden um den Ausspruch eines Verbots oder einer Beschlagnahme zu ersuchen habe , diese aber die Aufforderung des Reichsministers infrage stellen können und berechtigt sind, die Entscheidung darüber dem vom Reichsrat bestellten Ausschuß zu überlassen.. Damit war der erste Konflikt zwischen Bayern und dem Reich beigelegt.
Der zweite Konflikt ereignete sich – nach der Ermordung Rathenaus – auf Grund der Verordnung des Reichspräsidenten zum Schutze der Republik vom 26.6.1922 (Reichsgesetzblatt 1, p.521). Das Neue in dieser Verordnung war die Errichtung des Staatsgerichtshofs zum Schutze der Republik, an das der Reichsinnenminister sich wenden konnte im Falle der Weigerung der Landeszentralbehörden, seinem Ersuchen auf Verbotsmaßnahmen statt zu geben. Gegen diese Verordnung erhob der bayerische Ministerpräsident Protest in seiner Erklärung im Landtag am 28.6.1922. Er machte geltend, daß die Vorschriften über den Staatsgerichtshof ein schwerer Eingriff in die von der Reichsverfassung garantierte Justiz- und Polizeihoheit der Länder sind. Im Verlauf des Konfliktes erließ das bayerische Gesamtministerium die Verordnung zum Schutz der Verfassung der Republik am 24. Juli 1922. Bayern setzte durch ihre Verordnung, anstelle des Reichsgesetzes zum Schutze der Republik vom 21. Juli 1922 für das rechtsrheinische Bayern ein bayerisches Gesetz in Kraft, das sich von jenem hauptsächlich in 2 Punkten unterschied: statt der Reichsregierung trat das bayerische Gesamtministerium und statt des Staatsgerichtshofs zum Schutz der Republik das bayerische Volksgericht. Nach konzilianten Verhandlungen zwischen Bayern und dem Reich, kam es gemäß dem „Berliner Protokoll" vom 11.8.1922, zur Aufhebung der bayerischen und Inkraftsetzung der Reichsverordnung auch in Bayern. (Gesamtministerium Verordnungsblatt 1922, p.426) Eine neue Krise zwischen beiden Ländern wurde heraufgerufen durch den versuchten Hitlerputsch, als Bayern den auf Grund des Reichsrechts am 23. September 1923, verhängten Ausnahmezustand durch den Erlaß des Generalstaatskommissars Dr. v. Kahr aufhob und selbst den Ausnahmezustand für Bayern verfügte.
Die Beilegung des langen Konfliktes endete mit dem Rücktritt Dr. v. Kahr am 18.2.1924 und dem Beschluß des bayerischen Gesamtministeriums betreffend den Vollzug des Gesetzes zum Schutze der

Republik vom 12. April 1924. Siehe: Huber III op.ct. p.p. 248-358

103. Das Tagebuch, Jahrg. 6, H. 52, Berlin 24.12.1925, pp. 1917-1922

104. ibidem, pp.1917 ff

105. Encyclopädia Judaica,Bd.16, Stichwort. Waldmann, Jerusalem 1971

106. Pr.Lt. 2.Wahlperiode, Nr.1328, Antwort auf „die Kleine Anfrage" Nr. 580 des Abgeordneten Dr. Badt, Drucks. Nr. 1297, über den in Lemberg schwebenden Prozeß wegen des am 5. September 1924 begangenen Bombenattentats gegen den polnischen Staatspräsidenten. Berlin, 20. Oktober 1925

107. Pr. Lt. 2. Wahlperiode, 1.Tagung 1925, Nr.1340, Kleine Anfrage Nr. 584

108. Pr. Lt. 2. Wahlperiode, Drucksache Nr. 1340, 26. Oktober 1925

109. Das Tagebuch, op.ct. p. 1920

110. ibidem, pp. 1920/1921

111. ibidem, pp. 1921/1922

112. ibidem, p. 1922

113. Art. 66 Abs.1 der Reichsverfassung lautet: Im Reichsrat hat jedes Land mindestens eine Stimme. Bei den größeren Ländern entfällt auf 700.000 Einwohner eine Stimme. Ein Überfluß von mindestens 350.000 Einwohnern wird 700.000 gleichgerechnet. Kein Land darf durch mehr als zwei Fünftel aller Stimmen vertreten sein.
Die Verfassung des Deutschen Reichs vom 11. August 1919. Ein Kommentar für Wissenschaft und Praxis von Dr. Gerhard Anschütz. 3. und 4. völlig umgearbeitete Auflage. Verlag Georg Stilke, Berlin 1926, p. 202

114. 68. Gesetz über die Bestellung von Mitgliedern des Reichsrats durch die Provinzialverwaltungen vom 3. Juni 1921, Auszug:
§ 1. (1) Die von den Provinzialverwaltungen gemäß Artikel 63 der Reichsverfassung zu bestellenden Mitglieder des Reichsrats werden gewählt. (2) Wahlkörper sind unbeschadet der Vorschriften des § 10 die Provinszialausschüsse und für die Stadt Berlin der Magistrat.
§ 2. (1) Zur Vornahme der Wahl treten die Wahlkörper einzeln an den von dem Staatsministerium bestimmten Tagen an ihren Sitzen zusammen. (2) Jeder Wahlkörper wählt in gesonderten Wahlgängen ein Mitglied und ein stellvertretendes Mitglied zum Reichsrat.
§ 3. (1) Wählbar sind alle reichsdeutschen Männer und Frauen, die das 25. Lebensjahr vollendet und ihren Wohnsitz ein Jahr im Bezirke des Wahlkörpers haben …
§ 5. Die gewählten Mitglieder des Reichsrats üben ihr Amt bis zum Eintritt ihrer Nachfolger aus. Sie werden unmittelbar nach der Neuwahl des Wahlkörpers neu gewählt, für Berlin nach jeder Neuwahl der unbesoldeten Magistratsmitglieder.
§ 6. (1) Die Mitgliedschaft erlischt nach Wegfall einer der Voraussetzungen der Wählbarkeit, durch Niederlegung und durch nachträglichen Eintritt eines Ausschließungsgrundes. (2) An die Stelle eines ausscheidenden Mitglieds tritt für den Rest der Amtszeit sein

Stellvertreter. Für einen wegfallenden Stellvertreter ist sofort ein neuer zu wählen.
§ 8. (1) In den Ausschüssen des Reichsrats führt ein vom Staatsministerium bestimmtes Mitglied die Stimme des Landes Preußen jedoch kann jedes der gewählten Mitglieder vorherige Beratung des Gegenstandes mit dem Staatsministerium verlangen . (2) In den Vollsitzungen des Reichsrats steht den gewählten Mitgliedern freies Stimmrecht zu jedoch sollen die Gegenstände der Tagesordnung vorher zwecks Herbeiführung einheitlicher Stimmabgabe in gemeinschaftlicher Beratung der bestellten und der gewählten Miglieder beraten werden.

115. Pr.Lt. Sitzung am 9. Juni 1923, Sp. 17788
116. ibidem, Sp. 17855
117. ibidem, 251.Sitzung am 11. Juni 1923, Sp. 17877/8
118. ibidem, 2. Wahlperiode, 1. Tagung 1925, Drucksache Nr. 1710, p. 3212 (12) Ausschußsitzungen vom 21. und 24. September
119. ibidem, p.p. 3212/3
120. ibidem, p. 3214 (16)
121. vide 113, Anschütz. Stellungnahme zu dem Punkte seitens Verfassungsjuristen, zitiert p.p. 204 (6)-207
122. Pr. Lt., 251. Sitzung am 11.6.1923, Sp. 17873/4
123. ibidem, Sp. 17876/7
124. Pr. Lt., 135. Sitzung, Sp. 11109/10, 1921-1924
125. Pr. Lt. 2.Wahlperiode, 1. Tagung 2. 2. 1925, Drucksache Nr.192
126. ibidem, 37. Sitzung am 9. Mai 1925, p.p. 1717/8
127. vide 118, p. 3207 (2) und p. 3208 (3)
128. ibidem, p. 3208 (3 und 4)
129. Pr. Lt., 110. Sitzung am 16.12.1925, Sp. 7581
130. ibidem, Sp. 7601-7609
131. Pr. Lt., 117. Sitzung am 15. 1. 1926, Sp. 8021/22. Der Sitzung lag zur Beratung der Änderungsantrag, Drucksache Nr. 1956, vor
132. ibidem, Sp. 8021-8023
133. Pr. Lt., Drucksache Nr. 2782 vom 7.3.1926
134. Pr. Lt., 24.3.1926
135. Pr. Ges., Nr. 21, 19.5.1926
136. NLB
137. Brecht, op.ct. p.p. 36/37
138. ibidem
139. NLB
140. Brecht, op.ct. p.16, u. Allg. Preußische Staatszeitung 1928, p.21
141. Pr. Lt, 163. Sitzung, 6. Mai 1926, Antrag Nr. 3135, Sp. 11195 und 173. Sitzung am 18. Mai 1926, Sp.11989.

Der Beschluß verlangte unter anderem die Wahrung der studentischen Rechte aller vollimmatrikulierten deutschen und ausländischen Studenten im vollen Umfange und die Zulassung eines Gesamtverbands gebildet „mit solchen Studentenschaften an den übr. deutschen Hochschulen, die in gleicher Weise zusammengesetzt sind wie die Studentenschaften der preußischen Hochschulen"

142. E.R. Huber, op.ct., Bd. 4, p. 1016
143. Schulze, pp. 531-534 und Reichskanzlei R 43 I 1031, p.p. 246/7, Aktenvermerk vom 19.7.1927, BAK
144. NR. 1927 3.Wahlperiode, Anlagen, Drucksache Nr. 3428, Antrag Müller (Franken) Erkelenz und Genossen, betreffend den Entwurf eines Gesetzes über den Nationalfeiertag
145. NIRt. 1927, Paragraph 409, p.p.211-213
146. NR. 1927,. 3. Wahlperiode, Anlagen, Drucksachen Nr. 3443
147. NIRt. 1927, 33. Sitzung, Paragraph 448, p.p. 265/6
148. Bundesarchiv Koblenz, Reichskanzlei R 43 I, 1031, p.242
149. Braun, op.ct. p.225
150. NIRt. 1927, Paragraph 451, p. 274/5. Die Niederschrift der Plenarsitzung des Reichsrats vom 30.6.1927 erwähnt weder den Initiativantrag der SPD im Reichstag, noch die Ausführung Dr. Weismanns über den Beschluß, die Verhandlungen im Plenum über den Initiativantrag um eine Woche zu verlegen
151. BAK, Reichskanzlei R 43 I 1031, Reichsratsausschuß VIII, Ausführungen des Berichterstatters in der Sitzung vom 23. Juli 1927. p. 1ff (260-271)
152. ibidem, p.13
153. ibidem, p.14
154. ibidem, p.15
155. ibidem, p.16f
156. ibidem, p.18
157. ibidem, p.19
158. ibidem, p.22f.
159. ibidem, p.286
160. ibidem, p.292
161. ibidem, p.302
162. ibidem, p.303
163. ibidem, p.303 - umseitig
164. ibidem, p.321
165. ibidem, p.327
166. ibidem, p.325
167. ibidem. p.329
168. ibidem. p.329, handschriftliche Zusätze
169. ibidem, 20.10.1927, Absatz I
170. ibidem, Absatz IV
171. NiRt. 1927, Paragraph 599, p.p. 351-353
172. ibidem, p.353
173. ibidem
174. ibidem
175. Severing, Bd.1, p.280
176. Braun, op.ct. p.39 und p.41

177. ibidem
178. Vorwärts, Berlin 9.12.1927, Nr. 581
179. Vorwärts, Berlin 15.12.1927, Nr. 591
180. Vorwärts, ibidem
181. zitiert nach Wolfgang Wacker, Der Bau des Panzerschiffes A und der Reichstag, J.B.C. Mohr, Tübingen,1959, p.100
182. J.R. von Salis, Weltgeschichte der Neuesten Zeit, III.Band, Orell-Füssli-Verlag, Zürich 1962, p.313
183. ibidem, p.309
184. ibidem, p. 321. Am 2. 10. 1929, am Sterbebett Stresemanns, sagte der Direktor der 11. Medizinischen Klinik der Charité, Dr. Kraus, zum behandelnden Arzt, Professor H. Zondek, dessen Erregung ihm nicht entgangen war: „Ich fühle mit Ihnen. Sie verlieren einen großen Freund. Mehr noch ist es um Deutschland schade, am meisten aber um das des deutschen Judentum. Er stirbt in dieser Nacht“. Hermann Zondek, Auf festem Fuße. Erinnerungen eines jüdischen Klinikers, DVA Stuttgart 1973, p.141/2
185. 1) Richard Freyh. Stärke und Schwache der Weimarer Republik, p.145 in Walter Tormin,. Die Weimarer Republik, Edition Zeitgeschehen, 1973, 10. Auflage; 2) von Salis, op.ct. p.321
186. RT. 3. Wahlperiode, 127. Sitzung, 27.11.1925, p.p. 4659-4668
187. von Salis, op.ct. pp.322f; Walter Tormin, op.ct. p. 120f
188. Richard Freyh, op.ct. p.163; R 43 II 1308 fol. 1 BAK;
189. von Salis, op.ct. p. 321f
190. RT. 3. Wahlperiode 1924/27. Drucksache 3850. Anlage, Haushalt des Reichswehrministeriums ... D.Reichsmarine
191. RT. 3. Wahlperiode, 1927/28, Anlagen, Bd.421, Nr. 3854, Beilage 10, p.p.81-84
192. R 43 I 2287, Staatsministerium 1927-1929, 6.12.1927, BAK; Rep90 A/16 GDAP
193. ibidem
194. Darüber Kapitel: Lex Badt
195. R 43 I 2287, Staatsministerium 1927-1929, 13.12.1927, BAK
196. Brecht, op.ct. p.51
197. Baenneker an Regierungsrat Erwin Planck der Reichskanzlei, BAK, R 43 I, 606. Es ist nicht klar um welche “Bemerkungen Preußens“ es sich handelt; die Stellungnahme des Reichswehrministerium war noch nicht auffindbar. Es könnte sich jedoch um den 2. Beschluß des Staatsministeriums vom 6.12.1927 handeln.
198. Brecht, op.ct. 51
199. NiRt. 1927, p.406, Paragraph 686; Vorwärts, Nr.597, 18.12.1927
200. Brecht, op.ct. p.51
201. R 43, I/1308, fol.1BAK;
202. Wacker, op.ct. p.63 siehe auch p.165, Anm. 51
203. Vorwärts Nr. 599, 20.12.1927
204. Severing I, op. ct. p.326; von Salis, op.ct. pp.104-107

205. Vorwärts, Nr. 592, Berlin, 15.12.1927
206. ibidem, Nr. 598, 19.12.1927
207. Vorwärts Nr. 599, vom 20.12.1927
208. Vorwärts Nr. 597, 18.12.1927, Frankfurter Zeitung 19.12.1927
209. Vorwärts, 18.12.1927, Nr. 597
210. Pr.Lt. 2. Wahlperiode, 1925/28 p. 9007, Band 15, Drucksachen Nr. 7503. Große Anfrage Nr. 246, - 27.12.1927
211. Pr.Lt. 1925/28, 354. Sitzung 9.3.1928, Sp. 25200-25210, insbesondere Sp. 25202
212. Brecht, op.ct. p. 52f
213. ibidem, p.409. NiRt. 1928, § 223, 31.3.1928
214. Brecht, op.ct. pp.52/53. Es muß daran erinnert werden, daß die Verordnung des Reichspräsidenten über die Auflösung des Reichstags und der Beschluß des Reichsrats beide vom 31.3.1928 datieren
215. RT. 3. Wahlperiode, stenographische Berichte, Bd. 395, 415. Sitzung vom 31.3.1928 p. 13984
216. DAZ, Nr. 373, vom 11.8.1928, zit. nach Huber III Nr. 366 p. 395
217. Schulze, op.ct. p. 547
218. Severing II, op.ct. p.157
219. RT. 4. Wahlperiode 1928/29, 14. Sitzung, 15.11.1928, p. 340
220. Braun, op.ct. p.252
221. DAZ, 16.8.1928, zit. nach Huber III Nr. 367 p.395
222. Vorwärts, 15.8.1928
223. Vorwärts, 19.8.1928, zit nach Huber III Nr. 368 p.395
224. Das Tagebuch, Berlin 25. 8. 1928, Heft 34, Jahrgang 9, p.1890
225. Richard Freyh, op.ct. p.166. Bei Volksbegehren müssen wenigstens 10% der Stimmberechtigten im Eintragungsverfahren dafür stimmen
226. RT. 4. Wahlperiode, stenographische Berichte, 14. Sitzung, 15.11.1928
227. R 43 I /1308 Fol.1, BAK
228. Gustav Stresemann, Vermächtnis, Der Nachlaß in 3 Bänden, Ullstein Verlag, Berlin, 3. Band, S. 385
229. Richard Freyh, op.ct. p.183;
230. ibidem
231. RT. 4. Wahlperiode, Drucksachen, Bd. 431 Nr. 389, 31.10.1928
232. RT. 4. Wahlperiode, 1928/29, Bd. 423, 15. Sitzung, 16.11,1928
233. RT. 4. Wahlperiode 1928, Bd. 430 Drucksachen Nr. 53
234. RT. 4. Wahlperiode 1928/29, Bd. 423, 15. Sitzung, 16.11.1928
235. E.R.Huber, op.ct. Bd. 3, p.394
236. Goebbels Tagebücher, Hrsg. Louis Lochner, Zürich 1948; William A. Shirer: Aufstieg und Fall des 3. Reiches, Bd. 1. Knaur 1963 pp 204,199
237. Wie es um Goebbels Zuversicht bestellt war, läßt folgender Ausschnitt aus dem Tagebuch (27.2.1932, Heft 9, 13. Jg., p.311) erkennen: „Als Herr Dr. Goebbels vor den Berliner Nationalsozialisten Adolf Hitlers Kandidatur zur Reichspräsidentenwahl prokla-

mierte, stellte er neben eine begeisternde Schilderung der Folgen im Falle eines Sieges ein sehr trübes Bild, das sich für den Nationalsozialismus im Falle einer Niederlage ergäbe. Alles würde in Trümmer gehen, meinte der Duce von Berlin, die ganze nationalsozialistische Arbeit seit 1918 wäre dann vergebens gewesen und würde nochmals von vorne anfangen müssen."

238. Ursachen und Folgen VII. Vom deutschen Zusammenbruch 1918-1945 bis zur staatlichen Neuordnung Deutschlands in der Gegenwart. Herausgeber und Bearbeiter Dr. Herbert Michaelis und Dr. Günter Scheel. Bd. VII, Dokumentenverlag Dr. Herbert Wendler & Co, Berlin, (ohne Jahresangabe), pp. 380-383
239. ibidem, Bd.VIII, p.424, (gemeint ist wahrscheinlich der 2. Wahlgang zum Reichspräsidenten)
240. ibidem, Bd. V, p.461
241. ibidem, Bd. VII, p.383/4
242. ibidem Bd. VIII, pp.365/366
243. ibidem, Bd. VIII, pp.363/364 nach Völkischer Beobachter, (Süddeutsche Ausgabe) Nr. 286 vom 13.10.1931
244. Severing, Bd. II, p.311-312 Ursachen und Folgen, Bd. VII, pp.377/379
245. Andreas Hillgruber. Die Auflösung der Weimarer Republik, p.214 in Walter Tormin, Die Weimarer Republik, Edition Zeitgeschehen, 10. Auflage, 1975; Severing II p. 312
246. Das Tagebuch, Heft Nr. 49, 5.12.1931, Jahrgang 12, p.877
247. Vorwärts, 10.12.1931, Nr. 578, 48. Jahrgang
248. ibidem
249. William A. Shirer, Aufstieg und Fall des Dritten Reiches, Knaur Verlag, 1963, Bd.1, p.304
250. Der verpaßte Nazi-Stopp. Die NSDAP als staats- und republikfeindliche, hochverräterische Verbindung. Preußische Denkschrift von 1930. Herausgegeben und mit einer Einführung von Robert M.W. Kempner, Ullstein Sachbuch, April 1983, p.141 f
251 Berliner Tageblatt Nr. 131 vom 17.3.1932; zit. nach Ursachen und Folgen VIII, p.p. 447-449
252. DAZ, 17.3.1932, Abend, Nr. 130
253. DAZ, 18.3.1932, Morgen, Nr. 131
254. DAZ, 18.3.1932, Abend, Nr. 132
255. DAZ, 19.3.1932, Abend, Nr. 133
256. ibidem
257. DAZ, 20.3.1932, Sonntag, Nr. 134
258. DAZ, 21.3.1932, Abend, Nr. 136
259. DAZ, 22.3.1931, Morgen, Nr. 137
260. Stenogramm der Sitzung des Staatsgerichtshofs in der Klage Hitler gegen Preußen, 1932, p.21, American Document Center, Berlin
261. Die besagten Artikel der Reichsverfassung lauten:
Artikel 124: „Alle Deutschen haben das Recht, zu Zwecken die

den Strafgesetzen nicht zuwiderlaufen, Vereine oder Gesellschaften zu bilden. Dieses Recht kann nicht durch Vorbeugsmaßregeln beschränkt werden. Für religiöse Vereine und Gesellschaften gelten dieselben Bestimmungen. Der Erwerb der Rechtsfähigkeit steht jedem Verein gemäß den Vorschriften des bürgerlichen Rechts frei. Es darf einem Vereine nicht aus dem Grunde versagt werden, daß er einen politischen, sozialpolitischen oder religiösen Zweck verfolgt"
Artikel 125: „Wahlfreiheit und Wahlgeheimnis sind gewährleistet. Das Nähere bestimmen die Wahlgesetze."
Artikel 130 Absatz 2: „Die Beamten sind Diener der Gesamtheit, nicht einer Partei. Allen Beamten wird die Freiheit ihrer politischen Gesinnung und die Vereinigungsfreiheit gewährleistet …

262. ADCB, p. 24/25
263. ADCB, p. 25
264. ibidem, pp.23/24
265. DAZ, Nr. 142 vom 24.3.1932
266. DAZ, Nr. 146 vom 29.3.1932
267. DAZ, Nr. 147 vom 30.3.1932
268. DAZ, Nr. 159 vom 6.4.1932
269. DAZ, Nr. 162 vom 7.4.1932
270. ADCB, pp.33/34
271. ibidem, p.39
272. ibidem, p.41
273. ibidem
274. DAZ, Nr. 144 vom 26.3.1932
275. DAZ, Nr. 146 vom 29.3.1932
276. DAZ, Nr. 148 vom 30.3.1932
277. DAZ, Nr. 159 vom 6.4.1932
278. DAZ, Nr. 148 vom 30.3.1932, zit. nach Leitartikel der sozialdemokratischen Münchner Post
279. Ursachen und Folgen VII, p.384
280. Ursachen und Folgen VIII, pp.449/450
281. ibidem, pp.450/453
282. ibidem, p.456
283. ibidem, p.456; Anm. 3. „Der Konflikt der Preußischen Regierung mit dem Abgeordnetenhaus um die Bewilligung der Gelder für die Heeresvermehrung, der 1860 einsetzte und, nachdem Bismarck die Ministerpräsidentenschaft 1862 übernommen hatte, sich zu einem Verfassungskonflikt ausweitete.
284. Ursachen und Folgen VIII, pp. 456/7
285. ibidem, pp. 457/8
286. ibidem, pp. 458/460
287. ibidem, p464f
288. ibidem, pp. 467/8
289. Brecht, op.ct. p. 152

290. Braun, op.ct. p. 368
291. Severing, op.ct.p. 314
292. Franz v. Papen, 1). Der Wahrheit eine Gasse. Paul List Verlag Innsbruck 1952, p.141; 2). Memoirs, London 1952, p. 189
293. Otto Meissner, Staatssekretär unter Ebert, Hindenburg, Hitler, Hamburg 1950, p.213f
294. Braun, op.ct. p.370; Brecht, op.ct. p.153; Severing, op.ct. p.315; v. Papen, Memoirs, p.146; p.143 behauptet v.P., Vater des Gedankens zu sein
295. Fecht, op.ct. S.565/6
296. Hillgruber, op.ct. p.213
297. Vorwärts, 10.12.1931, bzw. 24.12.1931
298. Fecht, op.ct. p.566/7
299. ibidem
300. Schulze, op.ct. p.720
301. Severing, op.ct. p.316
302. Hillgruber, op.ct. p.215
303. Braun, op.ct. p.372
304. v. Papen, Wahrheit, op.ct. p.172
305. Meissner, op.ct. p.216
306. ibidem
307. Severing, op.ct. p.314f
308. Brecht, op.ct. p.152/3
309. Schulze, op.ct. p.717
310. ibidem, p.718
311. Vorwärts, 22.12.1931
312. Vorwärts, 3. 12.1931
313. Hugo Eckener. Im Zeppelin über Länder und Meere, Erlebnisse und Erinnerungen, Flensburg, 1949, p.102f
314. ibidem, p.178
315. s. Brief Badt an Dr. Weizmann vom 10.1.1929. Weizmann Archiv, Rehovot
316. Franz Lehmhof. Die Vorgeschichte des Zeppelinluftschiffs. Sonderdruck der Zeitschrift. Das neue Europa, o.D.
317. NLB, Die Hindenburgwahl 1932, p.3
318. ibidem. Dr. Badt bezieht sich hier auf den Strafantrag Eberts gegen den Redakteur Rothardt, der „Mitteldeutschen Presse“, der in einem Artikel seiner Zeitung vom 23.2.1924 Ebert aufforderte, den Beweis zu erbringen, daß er kein Landesverräter sei, trotz seines Beitritts in die Streikkommission der Munitionsarbeiter im Januar 1918. Landgerichtsdirektor Bewersdorff verurteilte Rothardt zu einer Gefängnisstrafe von 3 Monaten. Im Urteilsspruch führte er jedoch aus, daß Ebert durch seine Betätigung am Berliner Massenstreik im Jahre 1918, Landesverrat begangen habe. Siehe Friedrich Ebert und seine Zeit, Glass & Co Verlag, Charlottenburg (ohne Jahresangabe), pp. 37-42

319. NLB, p.5
320. ibidem
321. ibidem, p.7
322. ibidem. Anscheinend bezieht sich der Hinweis auf den Bericht von Andreas Dorpalen Hindenburg and the Weimar Republic, Princeton, 1964, p.258. „Politically he stood on the right - his political views had long been close to the Stahlhelm's.,One must as sume a criminal intend on the part of those states which imposed the Young-Plan on Germany', he had declared in a public address in 1930, and ,only a warrior people will get ahead in the world'". Leider gibt Dorpalen keinen Quellennachweis
323. NLB, Hindenburg, p.8
324. ibidem
325. ibidem, p.10
326. ibidem
327. Dr. Badt hatte bereits an der 2. Tagung des Weltstudentenwerks in Nyon (13.-18. April 1931) teilgenommen, und zum Thema Die Rolle der Juden im politischen Leben der Gegenwart gesprochen, als Gegenreferent zu Wilhelm Stapel aus Hamburg
328. NLB Hindenburg. p.13
329. ibidem
330. Karl Jarres, 1914-1923 Oberbürgermeister Duisburg, 1923-1925 Reichsinnenminister, 1925 Reichspräsidentenkandidat der DNVP gegen Braun im ersten Wahlgang
331. NLB, Hindenburg p.16/17
332. ibidem, p.18
333. ibidem, p.19; Das Verhältnis zwischen Braun und Wels war ziemlich gespannt. Schulze, op.ct. p.406, spricht von „Eifersucht", „Nebenbuhler", „Antipathien", „Rivalitätsverhältnissen" zwischen beiden und sagt (p.541): „Die Parteiorganisation stand hinter Wels ..."
334. Severing, op.ct. p.313
335. Schulze, op.ct. p.712
336. H. Brüning, Memoiren 1918-1934, Deutsche Verlagsanstalt, Stuttgart 1970, p.514; R43I/583, BAK
337. ibidem, p.516
338. ibidem, p.518. Otto Braun war auf Urlaub und kehrte erst am 31. Januar 1932 nach Berlin zurück. Es ist nicht ganz ersichtlich, wie Braun, fern von Berlin, es in die Wege leitete, auf die SPD im Sinne Brünings einzuwirken. Es ist eher anzunehmen, daß die Antwort Brauns, auf die Anfragen Weismanns und Hilferdings, offen und unverpflichtend blieb
339. Brüning, op.ct. pp.518/9
340. ibidem, p.507
341. NLB
342. Vorwärts Nr. 39, 24. Januar 1932
343. R 43 I/585, BAK

344. NLB Hindenburg, p.10
345. NLB
346. R. Bosch arbeitete mit Edison in der USA, entwickelte die Hochspannung-Magnetzündung für Kraftfahrzeuge
347. Die Brennessel, 2. Jhrg., Folge 6, 10. Februar 1932
348. Brief vom Nachmittag, 13. Februar 1932, im Nachlaß Dr. Badt
349. R 43 I /585, Brief vom 27. Februar 1932, BAK
350. NLB
351. ibidem
352. ibidem
353. NLB
354. Reichsanzeiger vom 26. November 1918, Nr. 279, Beilage 1, zit. nach Huber, Bd. III, p.29
355. Gerhard Anschütz. Das preußisch-deutsche Problem, Skizze zu einem Vortrage, Mohr-Verlag, Tübingen 1922
356. Wilhelm Heile, zitiert nach Anschütz, op.ct. p.13
357. Pr. Lt. 153. Sitzung, Sp. 11109, 22.Juni 1922
358. Gerhard Anschütz, op.ct. p.13
359. Braun, op.ct. p.356 f, zit. nach Hannoverschen Kurier, 9.10.1927
360. Huber, III, op.ct. p.418
361. Berliner Tageblatt, 28.8.1931, Leitartikel. Reichsreform und Notverordnung. Zit. nach Brecht, op.ct. p.428
362. Brechts Leitartikel in der Vossischen Zeitung, 21.8.1932. Stationen der Reichsreform, zit. nach Brecht op.ct. p.431
363. ibidem, p.432, Huber, Bd. III, p.325 f, widmet den Versuchen zur Reichsreform ein besonderes Kapitel: Deutschland am Rande des Bürgerkriegs
364. Niederschrift über die Besprechung der süddeutschen Regierungschefs mit dem Reichspräsidenten in Berlin am 12.6.1932; Huber, Bd. III, pp.488-491. Zit. nach: W. Besson, Württemberg und die deutsche Staatskrise 1928-1933, 1959, p.401 ff
365. ibidem, p.488
366. ibidem, p.490
367. Kleine Erwerbungen, BAK, Nr. 371-1, fol. 1-476, p.454 (Handakten Dr. David Arian, Ministerialrat)
368. RGBl. I, Nr. 36, 14.6.1932. Die Verordnung erwähnt explizit das Tragen von Uniformen nicht. Jedoch ist das Verbot von Uniformen implizit aufgehoben durch Paragraph 20, Abschnitt 1. Anscheinend mußte dieser Punkt 14 Tage später deutlicher gesagt werden in der zweiten Verordnung des Reichspräsidenten vom 28. Juni, Paragraph 2, Abschnitt 2 – siehe folgende Anmerkung
369. RGBl. I, Nr. 40, 28.6.1932, p.339
370. Häntzschel, Ministerialrat im Reichsinnenministerium
371. Arnold Pauker, The diaries of Ernst Feder, Publications of the Leo Baeck Institute, Year Book XIII, p.200

372. Huber, Bd. III, Nr. 440, p.500f
373. Huber, Bd. III, Nr. 441, p.504, zit. nach W. Besson, op.ct. p.405 ff
374. Dr. Paul Hertz, SPD, MdR; Johannes Vogel, SPD, Parteivorstandsmitglied. (Das Datum, 18.7., ist von Wels - anscheinend irrtümlicherweise - angegeben)
375. Otto Wels, Um den 20. Juli; Erinnerungen, Sopade, Persönliche Materialen IV p.2, A.S.D.
376. ibidem
377. Severing, op.ct. p.347
378. ibidem
379. Ursachen und Folgen VIII, Nr. 1858, p.560 f.
380. Rudolf Morsey. Zur Geschichte des ‚Preußenschlags' am 20.7.1932, im Vierteljahrheft für Zeitgeschichte, 9.Jhrg., München 1961, pp.432-436, Anm. 22, p.433
381. ibidem, vide R43 I/2280, Seiten 221-231, BAK
382. Theodor Leipart, Gewerkschaftsführer, Bundesvorstand des ADGB
383. Wels, p.4 f
384. Severing, op.ct. p.348
385. Anschütz, Antwort an Badt, 10.6.1932. Bundesarchiv Koblenz, Kleine Erwerbungen, Nr. 337-1, p.419 f.
386. Wels, p.5 f
387. Wels, p.7 f
388. Bracher, Die Auflösung der Weimarer Republik, (5.Auflage, Ring-Verlag, p.286) erwähnt mit Bezug auf das Verlassen der preußischen Minister nach der Unterredung mit dem Reichskanzler am 20.7.: „Ministerialdirektor Nobis allerdings blieb bei Papen zurück, da dieser preußische Beamte nach Hirtsiefers Darstellung, ohne Weisung seiner Vorgesetzten an der Sitzung teilgenommen hatte und wenig später mit Material gegen die preußische Regierung offen in den Dienst der Papen'schen ‚Enthüllungs'-Kampagne trat, darf sein Beitrag zur Vorbereitung und Begrün dung des Staatsstreiches nicht gering eingeschätzt werden." Aber selbst die Angaben Hirtsiefers bedürfen der Überprüfung.
Nach Severings Darstellung (Kleine Erwerbungen Nr. 337-1, S. 136-138, Bundesarchiv Koblenz. Anlageheft zu der Erklärung des Preußischen Staatsministeriums vom 10.8.1932. Aufzeichnungen der Staatsminister Hirtsiefer und Severing über die Besprechung in der Reichskanzlei am 20.7.1932 (10 Uhr Vormittags), über die Beteiligung Nobis. Er habe Nobis angewiesen bei der Sitzung zugegen zu sein, da er in Abwesenheit Brauns für die Niederschrift des Protokolls sorgen sollte.Severing fügte hinzu: „Auf Einladung der Reichsregierung begaben sich die preußischen Minister Hirtsiefer, Severing und Klepper, sowie der Ministerialdirektor Nobis am 20.7. vormittags 10 Uhr in die Reichskanzlei".
In seinen Lebenserinnerungen (Bd. II., p.350) schreibt Severing,

daß Nobis nach der Sitzung zurückblieb, da er vom Reichskanzler zu einer Besprechung in sein Zimmer gerufen wurde. Nobis' Haltung wird vielleicht am besten durch Brecht gekennzeichnet. Als Brecht am Morgen des 20.7. im Sitzungssaal des Staatsministeriums von der Ernennung des Reichskanzlers zum Reichskommissar Preußens erfuhr, soll er impulsiv ‚Verfassungsbruch' ausgerufen haben. Der anwesende Nobis richtete an ihn sofort die Frage: ‚Wieso, wenn es doch Hindenburg anordnet?' Brecht antwortete daraufhin: ‚Weil er nicht das Recht hat, so etwas anzuordnen.'"
Brecht II, op.ct. p.175

389. Morsey, op.ct. p. 434f
390. Anlageheft zu der Erklärung des Preußischen Staatsministeriums v. 10.8.1932, Kleine Erwerbungen Nr. 337-1, Seiten 135/6 BAK
391. Severing, op.ct. p.349 f
392. Morsey, p.436. Anm. 37
393. Morsey, p.437. Anm. 40
394. Morsey, p.434. Anm. 29 und 30
395. Morsey, p.434
396. Huber Bd. III, p.510f, Nr. 447
397. Morsey, p.435
398. ibidem
399. Preußen contra Reich, p.485 f. Verhandlungen vor dem Staatsgerichtshof in Leipzig vom 10. bis 14. und vom 17.10.1932, mit einem Vorwort von Ministerialdirektor Dr. Brecht, Dietz-Verlag, Berlin 1933, p.485 f
400. ibidem, p.486
401. Ursachen und Folgen VIII, Nr. 1862, p.576 f
402. Preußen contra Reich, p.61
403. Pauker, p.227
404. Badts handschriftliche Notiz befindet sich rechts oben auf der Klageschrift, R 43 I-2283, K 618837 BAK
405. Pauker, p.222
406. Huber, Bd. III, Nr. 445, p.508
407. Kleine Erwerbungen, BAK, Nr. 337-1, Anlage 9, p.163; R43I2283 K618844
408. ibidem, p.165 f, R 43I 2283 K 618846
409. Papens Behauptung ist demagogischer Natur, denn 1) vor wie nach der Änderung der Geschäftsordnung bedarf der gewählte Ministerpräsident der absoluten Mehrheit der abgegebenen Stimmen im Landtag; 2) die Geschäftsordnung des Preußischen Landtags ist dem Ermessen des Landtags überlassen; 3) bestehende Koalitionen, welche die Regierung bilden, sind legitimerweise bestrebt und berechtigt, ihre Amtszeit - wenn nötig - durch legitime Mittel zu verlängern. Daraus ist ihnen kein Vorwurf zu machen. Der Beschwerdeweg zum Staatsgerichtshof - wenn es sich um einen Verfassungsverstoß handelt - bleibt der Opposition offen

410. Preußen contra Reich, p.482 f; Ursachen und Folgen VIII Nr. 1861 p.574f
411. 4. Senat des Reichsgerichts, 10.2.1931, Preußen contra Reich, p.42
412. Preußen contra Reich, p.42 f
413. ibidem, p.43
414. RGBl. I, 1932, Nr. 36, p.297 f, 14.6.1932. Diese kurzsichtige Verordnung mußte am 19.12.1932 durch eine weitere Verordnung widerrufen werden RGBl I,p.548
415. Ursachen und Folgen, VIII, p.158, Nr. 1694b
416. ibidem, p.166, Nr. 1697
417. ibidem, p.339, Nr. 1772a
418. ibidem, p.457 f, Nr. 1818a
419. ibidem, p.458 f, Nr. 1818b
420. RGBl I, 1932, Nr. 26, Seite 185, 3.5.1932; Brief des Kronprinzen, Ursachen und Folgen, op.ct. p.462 f.; Bericht des Militärattaches Oberst Thorne, vom 19.4.1932, an Botschafter Sir Horace Rumbold, ibidem p.465; Schreiben des Reichspräsidenten an General Groener, ibidem, p.464 f
421. RGBl I, 14.6.1932, Nr. 36, p.297, 28.7.1932, Nr. 40, p.339.
422. Shirer, Bd. 1, p.190
423. Morsey, op.ct. p.437
424. Preußen contra Reich, p.484
425. ibidem, p. 24
426. Pauker, op.ct. p.222, 3.9.1931
427. ibidem, op.ct. 230, 27.10.1932
428. ibidem, 29.10.1932. Die Aufzeichnungen Feders über seine Unterhaltung mit Diels befinden sich im International Instituut voor Sociale Geschiedenes, Amsterdam, NL Braun, 626
429. Pauker, op.ct. p.230, 7.11.1932
430. Bracher, op.ct. p.578
431. Brief des Anwaltsbüros Dr. Ernst Feder und Arthur Löwe, 27.7.1932, R 43 I, 2280, K 618276 f, BAK
432. Preußen contra Reich, p.25
433. ibidem, p.484
434. SIG. G 2058
435. Anlageheft zu der Gegenerklärung der Reichsregierung vom 5.8.1932, p.10, Kleine Erwerbungen Nr. 337-1, BAK
436. Beilage zum Brief Grzesinskis vom 29.8.1932 an Dr. Badt, s.o. 434. Im Anlageheft zu der Erwiderung der Reichsregierung vom 25.8. heißt es: Reichsinnenminister v. Keudell, 16.4.1928, ersuchte auf Grund § 17, Abs. 2 des Republikschutzgesetz vom 21.7.1922 den Preußischen Minister des Innern Grzesinski um Verbot und Auflösung des Roten-Front-Kämpferbundes nebst seinen Sektionen „Rote Marine“ und seiner Jugendorganisation „Rote Jungfront“. Grzesinski wandte rechtliche und politische Gründe ein und verlangte Entscheidung des Reichsgerichtshofs, dessen 4.

Strafsenat am 2.5.1928 die Weigerung der Landeszentralbehörden, dem Ersuchen des Reichsminister sdes Innern vom 16.4.1928 nachzukommen, für begründet hielt. (p.212)

437. Anlageheft zu der Erklärung des Preußischen Staatsministeriums vom 10.8.1932, Anlage 4, Kleine Erwerbungen Nr. 337-1, BAK
438. RGBl I 1932, p.403 f
439. ibidem, p.404 f
440. Ursachen und Folgen VIII, Nr. 1890 a und b, p.644 f
441. Hillgruber, op.ct. p.233 f
442. ibidem, p.234
443. DAZ, 2.9.1932
444. Huber, Bd. III, op.ct. p.516
445. ibidem, p.517
446. Ursachen und Folgen VIII, p.606 f
447. ibidem, p.597, zit nach Berliner Börsenzeitung, Nr. 516, 2.11.1932
448. Pauker, p.227
449. Preußen contra Reich, p.488
450. ibidem
451. ibidem
452. Preußen contra Reich, p.490
453. NL, Severing, Mappe 63, ASD
454. Nachlaß Braun 626/1, A SIG
455. Brecht, op.ct. Bd. II, p.438/9
456. Nachlaß Braun, 624, SIG
457. Berliner Morgenpost Nr. 217, 9.9.1932
458. St.M.3004; Schreiben des Preußischen Ministerpräsidenten Braun Nr. 315, vom 21.11.1932 an den Präsidenten des Preußischen Staatsrats, beigelegt die Entscheidung des Staatsgerichtshofs vom 25.10.1932. Sp. 3-5, GPAD
459. ibidem, Sp. 5-7
460. ibidem, Sp. 7
461. ibidem. Sp. 8-10
462. Preußen gegen Reich, p.493
463. Note Brauns Nr. 315 an den preußischen Staatsrat, Sp.21
464. ibidem, Sp. 23
465. ibidem, Sp. 31/2
466. ibidem. Sp. 31
467. ibidem, Sp. 33
468. ibidem
469. ibidem, Sp. 35
470. ibidem
471. ibidem
472. ibidem, Sp. 37
473. ibidem
474. Ursachen und Folgen VIII, Nr. 1858, p.560 f

475. Nr. 315, Preußischer Staatsrat, Sp.37
476. Huber, Bd. III, Nr. 435, p.488 f. Sprecher Bayerns war Dr. Held
477. ibidem
478. ibidem
479. ibidem, s. auch Preußen gegen Reich, p.42 f
480. Nr. 315. Preußischer Staatsrat, Sp. 37
481. Preußen gegen Reich, p.79
482. ibidem, p.308, p.109, p.189
483. ibidem, p.61
484. Ursachen und Folgen, VIII, Nr. 1853a, p.547
485. Preußischer Staatsrat, Sp. 39
486. RGBl I, 1932, p.404 f
487. Braun, op.ct. p.417
488. Vossische Zeitung, 14.10.1932. Carl Linz, Senatspräsident beim Reichsgericht und Mitglied der Akademie für Deutsches Recht schreibt in seinen unveröffentlichten Memoiren: „Wohl hatten sich schon in den ersten Tagen (nach 30.1.1933) untere und mittlere Beamte als PG entpuppt, die glaubten, sich in die Verwaltung eingliedern und mit Anordnungen kommen zu dürfen. Leider war der Präsident Bumke ihnen gegenüber viel zu schwach. Statt seine Stellung zu wahren und jede Einmischung entschieden zurückzuweisen, räumte er diesen Leitern der Fachschaft gewisse Rechte ein.“ (Das Manuskript ist in meinem Besitz.)
489. Brecht, op.ct. p.233
490. ibidem, p.236
491. R 43 I 2281, K 618442-618448, BAK
492. R 43 I 2288, K 284699 f, BAK
493. R 43 I 2288, K 284703 f, BAK
494. Reichsanzeiger Nr. 271, vom 19.11.1932. Huber, Bd. III, p.542 f
495. Huber, Bd. III, Nr. 478, p.544 f
496. R 43 I 2282, p.363 f, K 618760 f. BAK, 24.11.1932
497. PrLt, Urantrag Nr. 1271, 24.11.1932. Winzer und die übrigen Mitglieder der Fraktion der sozialdemokratischen Partei
498. Anschütz, op.ct. p.171
499. Huber, Bd. III Nr. 486, 21.11.1932, p.554
500. Braun, op.ct. p.434 f
501. Brief von Papen an Severing, 6.2.1933, ST.M.T. 1124. Severing-Mappe 10 (84), ASD; v. Papen, Memoirs, p.294
502. Die Abschrift der Verordnung, die dem Brief Papens an Severing (s. 501) beigefügt ist, weist keine Unterschrift auf
503. Papen, Memoirs, p.243, Papen, Wahrheit, p. 275
504. Rep 90 A. Sitzungsprotokolle 1933, Sitzung der Kommissare des Reiches, 4.2.1933. ST.M.I. 1318 GDAP
505. Severing, NL, 103/10, ASD
506. Friedrich Ebert und seine Zeit, op.ct., p.VII und VIII
507. Brief Badts an Hirtsiefer am 14.3.1933

508. Brecht, op.ct. p.233
509. Brecht, op.ct. 243
510. Ursachen und Folgen VIII, p.744
511. Zondek, op.ct., p.157 f, Shirer I op.ct.p.206f
512. Ursachen und Folgen VIII, p. 766, Nr. 1958
513. NLB
514. NLB
515. NLB
516. ZH 17192 Zionistisches Zentralarchiv Jerusalem
517. ibidem
518. Ludwig Pinner, Vermögenstransfer nach Palästina 1933-1939, in: In zwei Welten, Siegfried Moses zum 75. Geburtstag, Verlag Biaton, Tel Aviv 1972, p.133-166
519. Sitzungsprotokolle Exekutive Jewish Agency Jerusalem Band 22, 23.4.1933
520. ibidem
521. Sterling=13,53 RM (Wert 1934)

Yehiel Ilsar, 1912 geboren, wuchs in Dortmund auf und studierte ab 1932 Medizin in Köln. Nach zwei Semestern mußte er sein Studium abbrechen, emigrierte nach Palästina. 1947 bis 1948 war er Sekretär von Golda Meir in der Jewish Agency, von 1948 bis 1978 Beamter im israelischen Außenministerium, u. a. als Konsul in Rom, als Generalkonsul in Zürich, als Botschafter auf den Philippinen, in Thailand, Laos, Sri Lanka, in Panama und Haiti. 1972 promovierte er in Zürich.